AF635198

Geheimnisvolle Pfade
Fränkische Schweiz

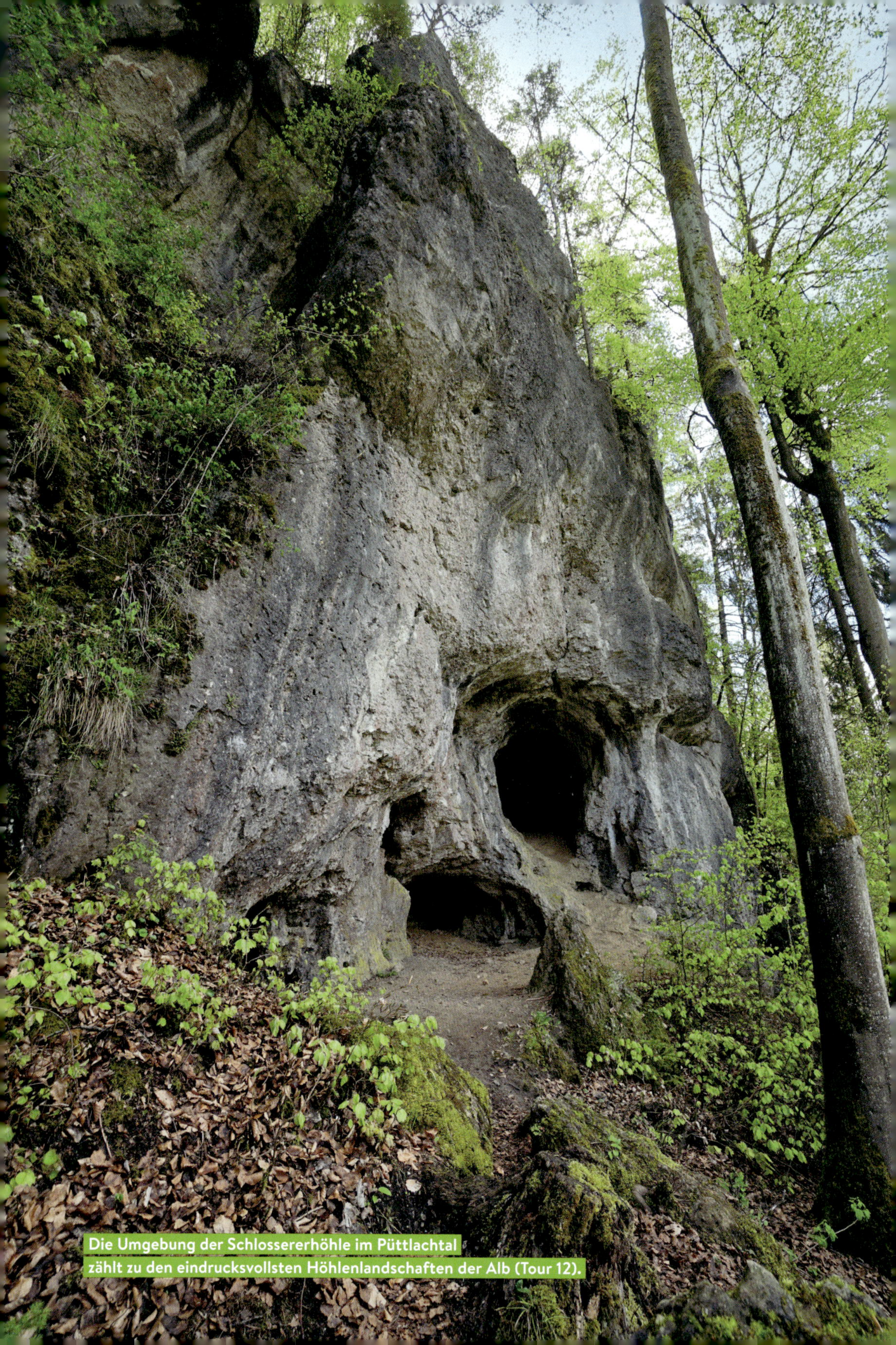

Die Umgebung der Schlossererhöhle im Püttlachtal
zählt zu den eindrucksvollsten Höhlenlandschaften der Alb (Tour 12).

Bernhard Pabst

Geheimnisvolle Pfade
FRÄNKISCHE SCHWEIZ

30 Wanderungen zu magischen Orten
aus Sage und Vorzeit

MIT HERSBRUCKER SCHWEIZ

BRUCKMANN

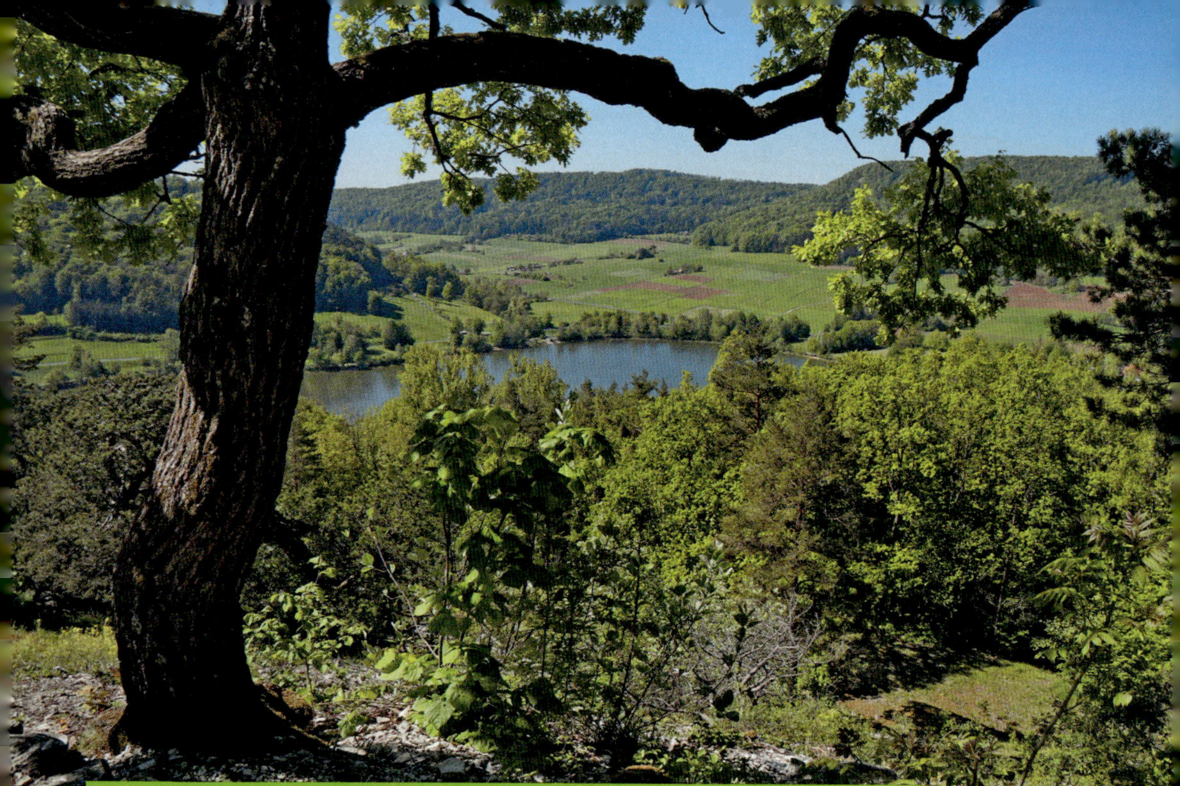

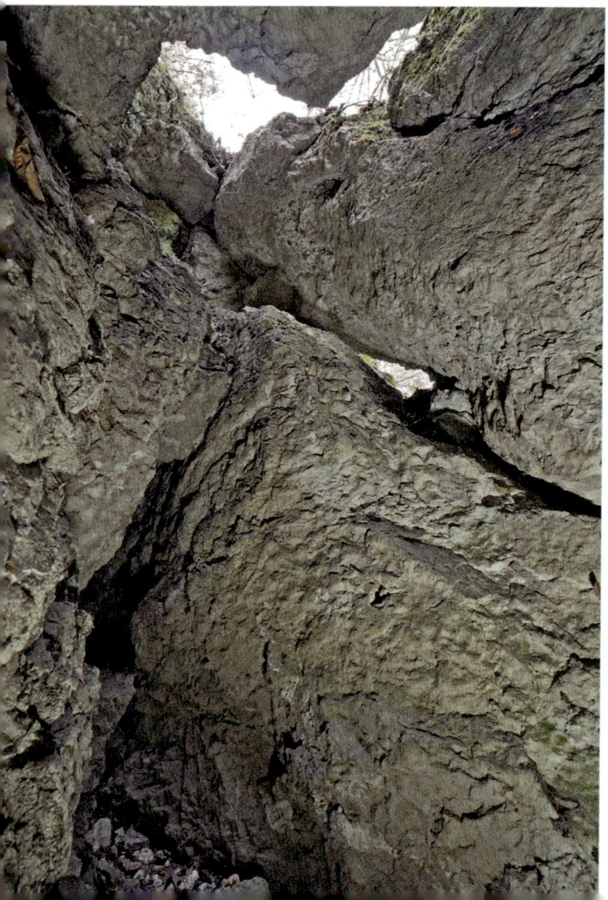

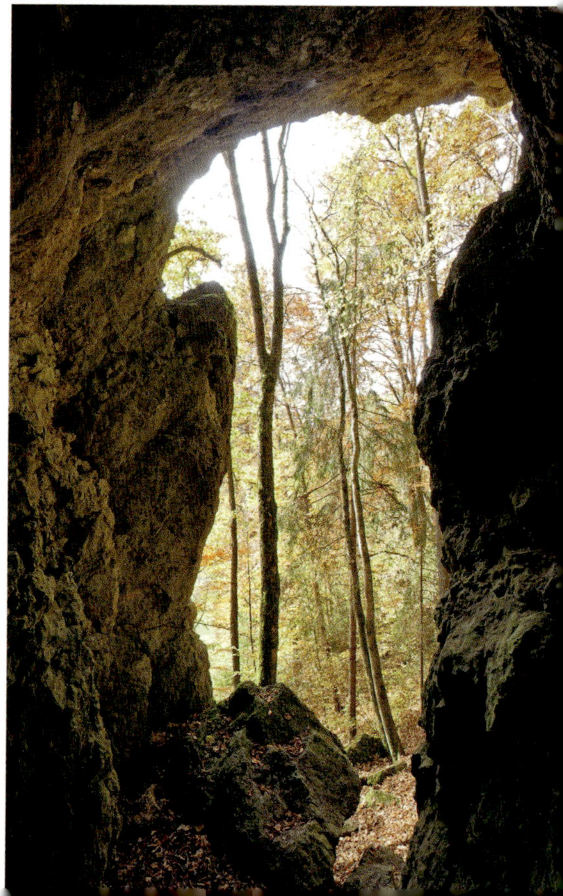

↑ Beim Steinernen Gassl: Traumblick auf Happurger See und Jungfernsprung (Tour 28)
↓ Die Lohwitzenberghöhle begeistert mit wildem Versturz (Tour 3),
↘ die Hans-Straßner-Höhle mit beachtlichen Dimensionen (Tour 8).

INHALT

DIE TOUREN

Fränkische Schweiz

Hersbrucker Schweiz

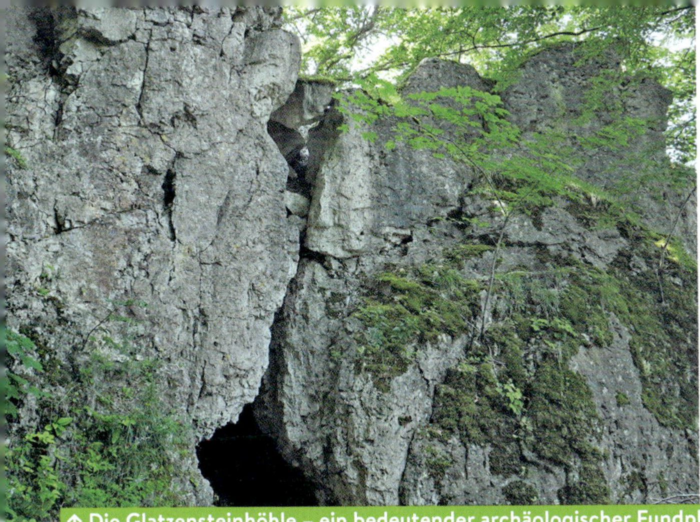

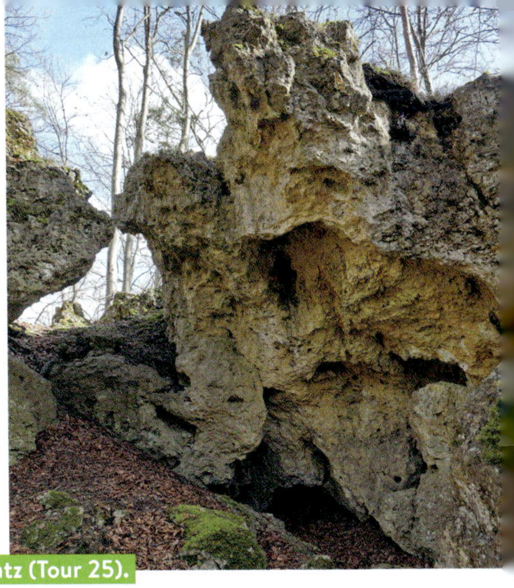

↑ Die Glatzensteinhöhle – ein bedeutender archäologischer Fundplatz (Tour 25).
↗ Die Viehtrift-Höhlenruine fesselt mit bizarren Formen (Tour 21).

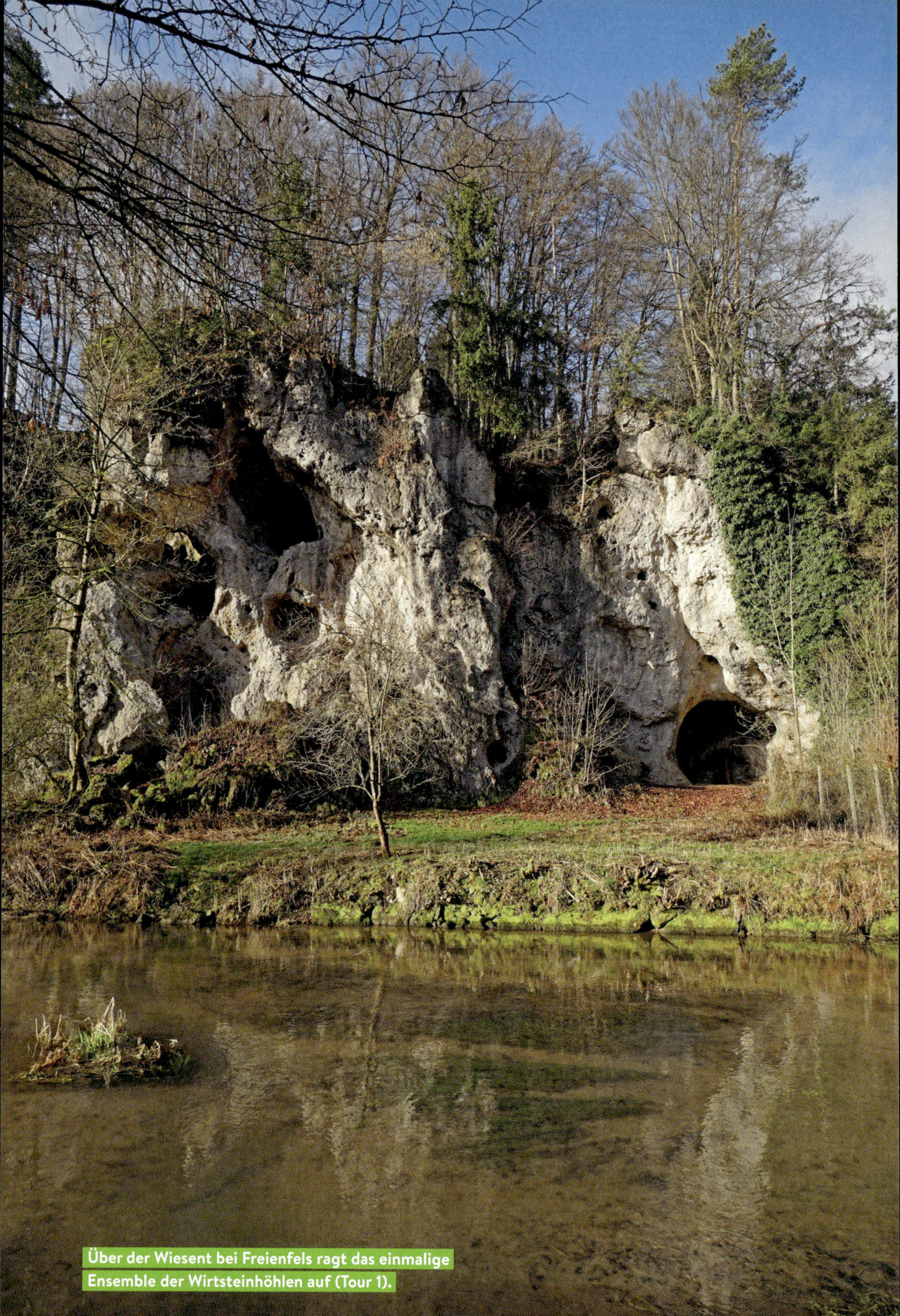

Über der Wiesent bei Freienfels ragt das einmalige Ensemble der Wirtsteinhöhlen auf (Tour 1).

Vorwort

»VORGESCHICHTE UND SAGEN – geht es auch diesem Autor nur darum, ein Standard-Wanderprogramm mit netten Geschichten aufzupeppen?« Nein, die Idee war eine ganz andere; ob es mir gelungen ist, diese umzusetzen, müssen Sie, liebe Leserinnen und Leser, entscheiden. Ich möchte das Bewusstsein dafür wecken, dass das Verhältnis Mensch – Natur im Großteil der über 100 000-jährigen Besiedlungsgeschichte der Frankenalb ein ganz anderes war als heute. Was heute für die einen ein schwierig zu bewirtschaftendes Waldgebiet, für die anderen ein nur in Teilen erschlossenes Wochenend-Ausflugsgebiet ist, war die allermeiste Zeit der Lebensraum früherer Generationen, der ihnen vieles bot (sicher auch vieles abverlangte) und dem sie mit großem Respekt begegneten. Viele Jahrtausende lang war die einzigartige Natur der Alb voller heiliger Orte und Kultstätten an Felsen und Höhlen, später (als die Kirche die höheren Mächte offiziell anderswo ansiedelte) zeigte sich in schaurigen Sagen immer noch eine ehrfürchtige Scheu vor den bizarren Gebilden. Die heutige Einstellung manifestiert sich in ganz anderem: Während die Höhlenmaler der Grotte Chauvet in Frankreich vor 35 000 Jahren Tropfsteine in ihre Kunstwerke einbezogen, ohne sie zu beschädigen, wurde der Tropfsteinschmuck in vielen der fränkischen Höhlen in den letzten 250 Jahren sinnlos abgeschlagen und zertrümmert. Wann und warum haben wir die Ehrfurcht verloren? Und wie können wir sie wiedergewinnen (denn das ist wohl eine Grundvoraussetzung für das Überleben unserer Spezies)? Solche Fragen kann ein Wanderführer natürlich nicht beantworten; er kann nur zum Nachdenken anregen. Und den ersten Schritt tun, indem er Sie zum Staunen über die einst verehrten Wunder der Natur bringt. Und nochmals nein: Ein Standardprogramm soll es auch nicht werden. Ich möchte Sie zu meist verborgenen Orten mit einzigartiger Aura führen, darunter über 130, die nie zuvor in der Wanderliteratur vorgestellt wurden, zu Orten, die mich jedenfalls mit Staunen und Ehrfurcht erfüllten.

Mein herzlicher Dank gilt allen, die mit Hilfe und Rat zum Gelingen dieses Projekts beigetragen haben: allen voran meiner Schwester Angela, die mich auf einer Reihe von Wanderungen begleitete, und Brigitte Hilpert vom Höhlenkataster Fränkische Alb, die mir nicht nur hilfsbereit Auskunft über Namen und Nummern zahlreicher sonst nirgends verzeichneter Höhlen erteilte, sondern auch wertvolle fachliche Tipps zur Literatur u.a. gab. Allen Lesern wünsche ich viel Freude bei ihren Entdeckungen und bei der Begegnung mit unseren Ursprüngen.

Willkommen in der Fränkischen Schweiz

Nur dem flüchtigen Betrachter erscheint sie als liebliches Mittelgebirge. Wer sich näher mit ihr beschäftigt, erlebt eine wilde Karstlandschaft, deren größte Wunder sich oft abseits der markierten Routen verbergen.

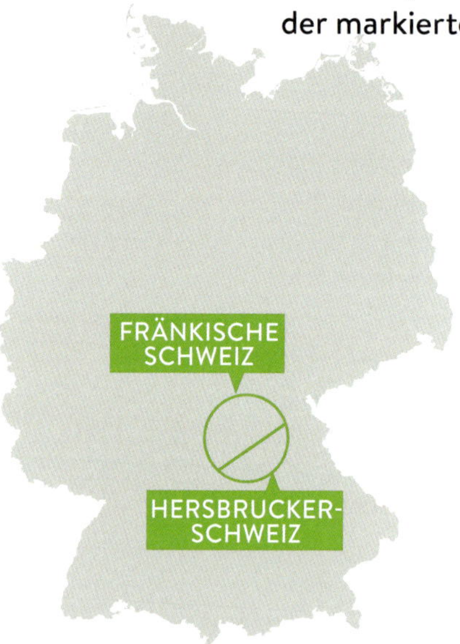

Natur und Kultur

Und das Besondere ist: Diese wilde Natur befindet sich in unmittelbarer Nähe zu kulturellen Hotspots wie der alten Reichsstadt Nürnberg, der mittelalterlichen Welterbestadt Bamberg und der Barock-Metropole Bayreuth. Doch die Formel »Hier Kultur – dort Natur« täuscht: Jahrzehntausende lang waren die Höhlen, Felstürme und Kuppen der Alb Zentren der Kulturentwicklung der frühen Menschheit, und die dort gefundenen Kostbarkeiten füllen heute die Vorzeit-Abteilungen in den Museen der genannten Metropolen (siehe S. 21).

Zwei ebenbürtige Schwestern

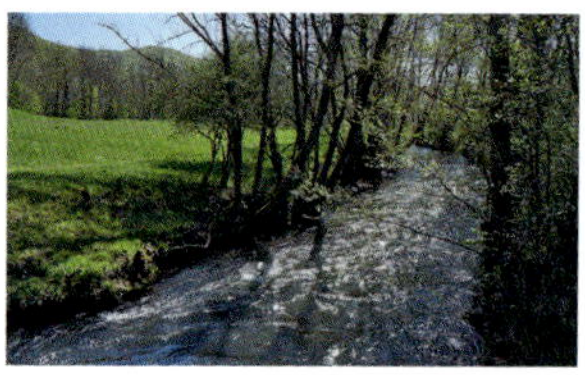

An Schönheit und Bedeutung für die Vorzeit steht die kleinere Hersbrucker Schweiz (Hauptfluss Pegnitz) ihrer größeren Schwester (Hauptfluss Wiesent) nicht nach.

2800 Höhlen und andere Karstgebilde

sind für unsere Region im Höhlenkataster Fränkische Alb verzeichnet (die Katasternummer finden Sie zu jeder Höhle im Register dieses Buches). Viele davon wurden von den Menschen der Vorzeit als Rast- oder Kultplätze genutzt.

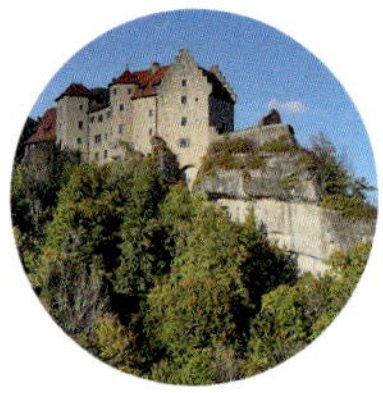

Burgen-Romantik

Von den unzähligen Burgen auf fast allen Felskuppen sind heute noch weit über 100 unversehrt oder als eindrucksvolle Ruinen erhalten.

2346 km²

geschützte Natur

Der Naturpark »Fränkische Schweiz – Frankenjura« umfasst neben den zwei Schweizen auch Teile des Oberpfälzer Juras und zählt zu den größten Deutschlands.

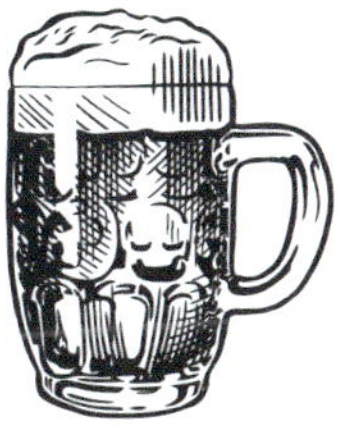

Brauereien-dichte

4 Brauereien bei 1500 Einwohnern machen Aufseß laut Guinness-Buch der Rekorde zum Ort mit der weltweit höchsten Brauereiendichte. Doch auch der Rest der Region ist für seine Bier-Vielfalt berühmt.

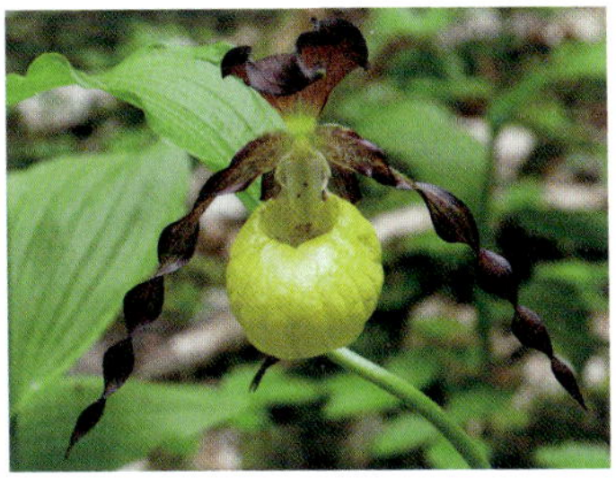

43 Orchideenarten

(darunter der spektakuläre Frauenschuh) gedeihen in der Region und machen sie zu einem Dorado für Pflanzenfreunde. Alle sind streng geschützt, ebenso die wundervollen Frühblüher wie Küchenschellen auf den Magerrasen oder Märzenbecher und Buschwindröschen in den Buchenwäldern.

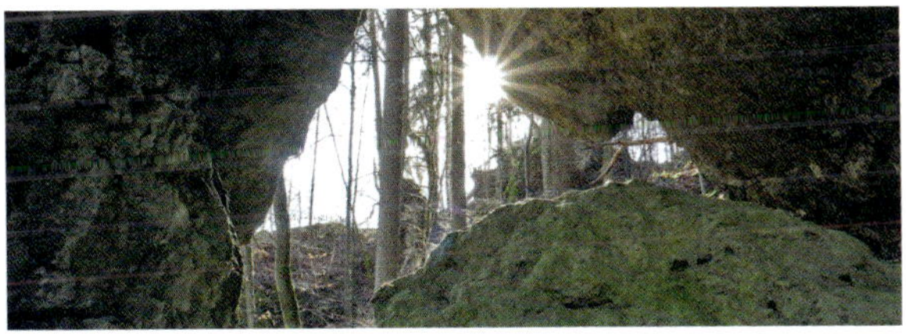

500

Felsentore gibt es nach vorsichtiger Schätzung in der Frankenalb. Wohl keine Region Europas weist ähnlich viele dieser oft versteckten Naturwunder auf – wenn ich ihre genaue Zahl ermittelt habe, könnte es durchaus für einen Eintrag im Buch der Natur-Rekorde reichen.

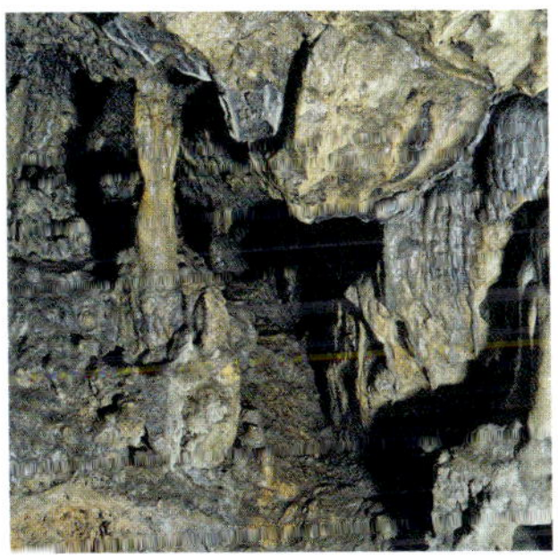

155 000 000

Jahre sind die Gesteine der Alb im Durchschnitt alt. Im Jurameer bildeten Kieselschwämme riesige kuppelförmige Riffe aus Kalk aus, der durch Zufuhr von Magnesium in harten Dolomit umgewandelt wurde. Seitdem hatte die Natur viel Zeit, daraus wundersame Gebilde zu formen – und tut dies noch heute: Indem Kalk durch kohlensaures Wasser gelöst und dann wieder abgeschieden wird, entsteht Sinter: der Baustoff nicht nur für Tropfsteine, sondern auch für Sinterstufen an den Bächen.

Bruckmann-Tourenfinder

Für jeden Tag die richtige Tour

			km	Hm	Std						
1	Um Wiesent- und Freienfels	🔵	13	250/250	4:00	✓	✓	✓	✓	✓	✓
2	Ellerbachschlucht, Jungfernhöhle, Eulenstein	🔵	7,5	260/260	2:30	✓	✓	✓	✓	✓	✓
3	Plankenstein, Wachstein, Lohwitzenberghöhle	🔵	13,5	450/450	4:15		✓		✓	✓	✓
4	Heroldsstein, Seigelstein, Harziger Stein	🔵	18	470/470	5:15	✓	✓	✓	✓		✓
5	Fuchslöcher, Wachstein, Hohloch	🔵	18	380/380	5:30	✓	✓	✓		✓	✓
6	Schaukanzeln und Höhlen um Waischenfeld	🔴	15	480/480	5:00	✓	✓	✓	✓	✓	✓
7	Streitberger Schild, Kummetsloch	🔴	10	340/340	3:15		✓	✓	✓	✓	✓
8	Aufseßblick, Bettelküche, Hexenküche	🔴	13	390/390	4:15	✓	✓		✓	✓	✓
9	Kreizgraben, Sparnagles, Zauppenberger Wand	🔴	10,5	450/450	3:45	✓	✓	✓	✓	✓	✓
10	Geisloch, Brille, Muggendorfer Höhlen	🔴	15,5	700/708	5:30	✓	✓	✓		✓	✓
11	Sagenweg, Martinswand, Obere Wände	🔵	7	320/320	2:30	✓	✓	✓	✓	✓	✓
12	Hasenlöcher, Schlossererhöhle, Vierloch	⚫	8	350/350	3:15					✓	✓
13	Moritzbrunnen, Dreiländereck, Erbesbühl	🔵	14,5	400/400	4:15		✓	✓			✓

			km	Hm	Std						
14	Felsenreich um Affalterthal	●	11,5	430/430	4:00		✓		✓	✓	✓
15	Dietersberghöhle, Teufelsloch, Büttnerloch	●	18	540/540	5:45	✓	✓	✓		✓	✓
16	Zinterfelsen, Trudenleite, Seitzenberg	●	14	400/400	4:30	✓	✓		✓	✓	✓
17	Burgstall, Schwarze Ecken, Silberloch	●	9	310/310	3:30				✓	✓	
18	Felsen, Höhlen und Gipfel um Pegnitz	●	22	730/730	7:00			✓		✓	✓
19	Polsterweiherhöhle, Felsenloch, Lettenlöcher	●	20,5	510/510	6:00		✓	✓	✓	✓	✓
20	Karstwunder bei Neuhaus	●	19,5	680/680	6:00		✓	✓	✓	✓	✓
21	Petershöhle, Kühloch, Teufelstritt	●	7	340/340	3:00	✓	✓		✓	✓	✓
22	Burg Hohenstein, Bolzenstein, Bärenloch	●	5,5	220/220	1:45	✓	✓	✓	✓	✓	✓
23	Reichental, Kohlberg, Windloch, Falkenberg	●	12,5	380/397	4:00	✓	✓		✓	✓	✓
24	Grubenloch, Windloch, Klingloch, Sieben Brüder	●	10	360/351	3:15	✓		✓	✓	✓	✓
25	Um Glatzenstein und Hansgörgel	●	10	360/360	3:15		✓	✓	✓	✓	
26	Hohenstadter Geißkirche, Bienertstube	●	11,5	520/520	4:00	✓	✓	✓		✓	✓
27	Houbirg, Hohler Fels, Wachfelsen, Mühlkoppe	●	12,5	540/527	4:15	✓	✓	✓	✓	✓	✓
28	Steinernes Gassl, Reicheneck, Jungfernsprung	●	11	510/510	3:45	✓	✓	✓			✓
29	Johannisburg, Hochberg, Spurzelgrub	●	15	685/670	5:30	✓	✓	✓	✓	✓	✓
30	Weißer Fels, Geiskirche, Kuhfels	●	15,5	580/580	5:00	✓	✓	✓	✓		✓

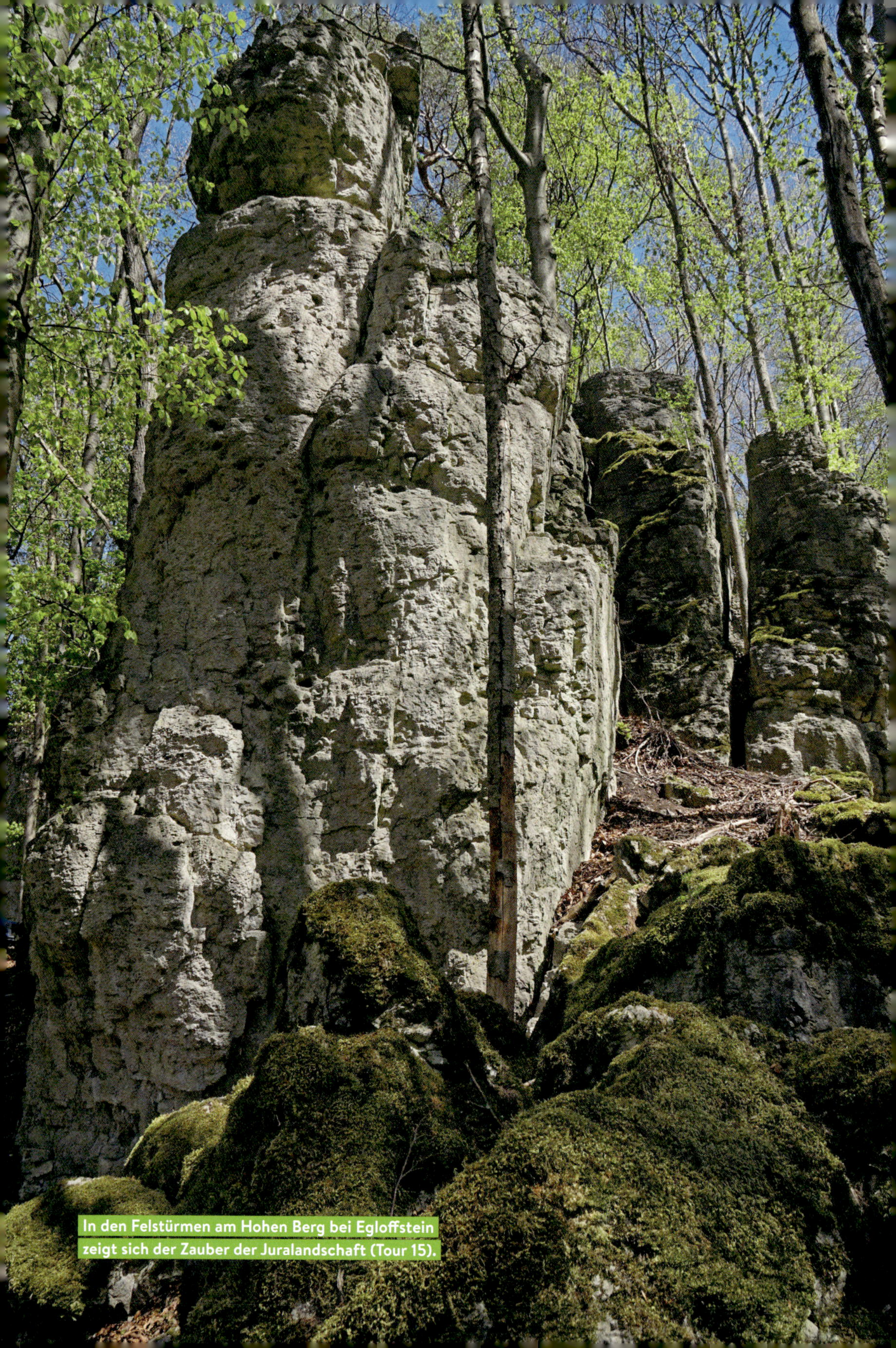

In den Felstürmen am Hohen Berg bei Egloffstein zeigt sich der Zauber der Juralandschaft (Tour 15).

INFO

PIKTOGRAMME ERLEICHTERN DEN ÜBERBLICK

Gehzeit | Länge | Höhenunterschied

Einkehr

kindergeeignet

Sehenswürdigkeit

wintergeeignet

Höhle (Lampen nötig)

ÖPNV

ANFORDERUNGEN

Alle Touren können von geübten Wanderern mit durchschnittlicher Kondition problemlos begangen werden. Die genannten Gehzeiten entsprechen dem Zeitbedarf von Wanderern, die mit mittlerem Tempo unterwegs sind und die Landschaft genießen. Pausen und die Besichtigung der Naturwunder (v.a. der Höhlen) sind nicht mit eingerechnet. Angaben über Höhendifferenzen beziehen alle (durch Täler und Senken bedingten) Gegenanstiege mit ein und spiegeln so die konditionellen Anforderungen wider. Bei sieben längeren Touren ist eine Aufteilung in zwei bequemere Wanderungen möglich und im jeweiligen Tipp genau beschrieben. Die drei Schwierigkeitsgrade beziehen sich vorrangig auf die Beschaffenheit des Geländes und der Wege/Pfade:

● LEICHT

Wanderungen auf guten, nur mäßig steilen Wegen und problemlos zu begehenden Pfadspuren.

● MITTEL

Wanderungen mit steileren und felsigen Wegstrecken, die eine gewisse Trittsicherheit erfordern.

● ANSPRUCHSVOLL

Wanderungen über felsiges Terrain und auf schmalen, über längere Strecken unmarkierten Pfaden, für die eine hohe Trittsicherheit und oft auch gutes Orientierungsvermögen nötig sind.

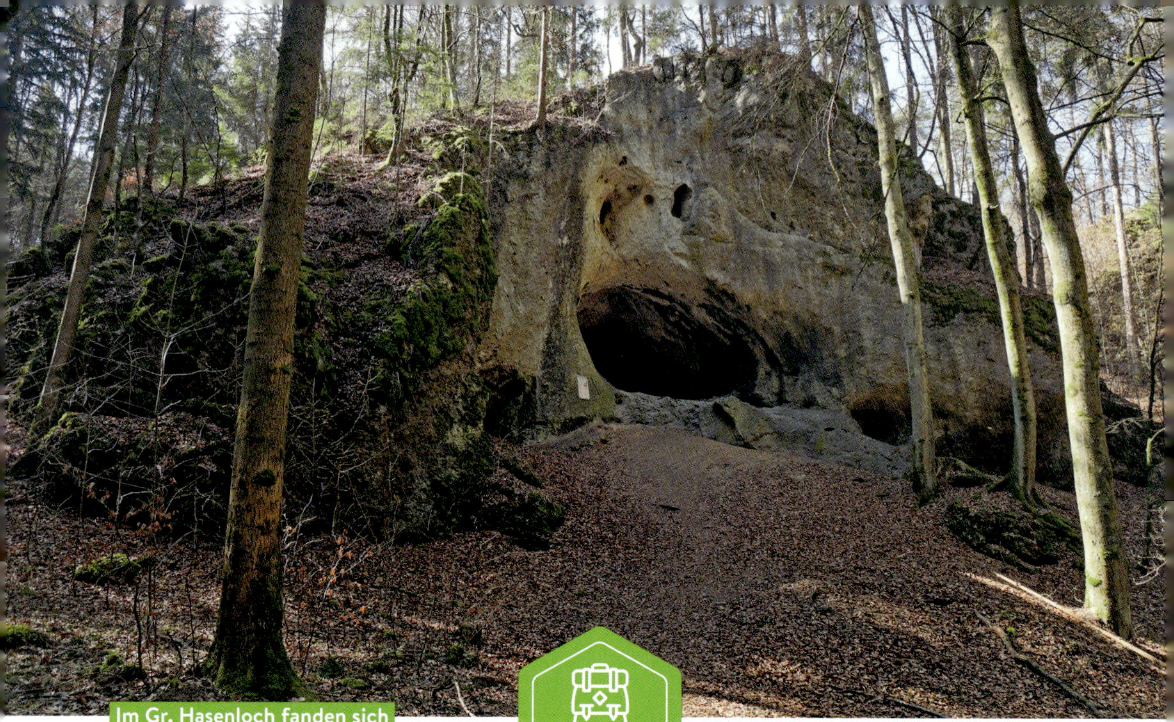

Im Gr. Hasenloch fanden sich Spuren der Neandertaler (Tour 12).

Eine einzigartige Natur schafft Lebensraum

Was macht die Einzigartigkeit der nördlichen Frankenalb aus? Aus geologischer Sicht ist es v.a. das hohe Alter dieser Karstlandschaft. Es geht dabei nicht um das Alter des Dolomit- und Kalkgesteins an sich, das sich vor 160–150 Millionen Jahren im flachen Jurameer bildete.

Entscheidend ist vielmehr, wie früh die Verkarstung einsetzte: Schon in der Zeit der Unterkreide, vor 135 Millionen Jahren, hob sich der Meeresboden und es entstand, begünstigt durch warmes Klima, ein riesiger subtropischer Karst mit gewaltigen Höhlen. Seitdem hatte die Natur enorm viel Zeit, aus diesem Rohmaterial durch die Kräfte der Tektonik (Bildung von Rissen und Klüften im Gestein), der Erosion (Abtragung) und der Korrosion (Lösung durch kohlensäurehaltiges Wasser) einen unerschöpflichen Formenschatz zu kreieren: Neben zahlreichen anderen Karsterscheinungen (s. meine »Entdeckertouren Fränkische Schweiz«, S. 13f.) machen so v.a. die Höhlenruinen, Abris (Felsdächer) und Felsentore die Besonderheit unserer Region aus.

Zugleich schufen die Kräfte der Erde einen einzigartigen Lebensraum gerade auch für die frühen Menschen. Zwei wichtige Rohstoffe wurden schon in der Phase der Gesteinsbildung bereitgestellt, einer sogar noch vor den Gesteinen des Weißen Jura: In einer älteren (= tieferen) Ablagerungsschicht des Jurameers, den Sandsteinen des Braunen Jura (Dogger), bildeten sich vielerorts bedeutende Eisenerzvorkommen, die von der Eisenzeit bis ins 20. Jh. abgebaut wurden (s. Tour 26). Ein anderes Material, das für eine viel frühere Epoche entscheidend war, entstand im Weißen Jura: Durch Einwirkung von Kieselsäure bildeten sich in Kalk und Dolomit harte Knollen aus Hornstein (Siliziumdioxid), aus dem in unserer Region praktisch alle Werkzeuge der Steinzeit hergestellt wurden.

Doch erst die folgenden geologischen Prozesse formten diese Urlandschaft zu einem attraktiven Lebensraum um. Von großer Bedeutung ist ein erneuter Vorstoß des Meeres in der Zeit der Oberkreide (vor etwa 100 Millionen Jahren), bei dem das gesamte Karstrelief mit tonigen und sandigen Sedimenten überdeckt wurde. Auf diese gehen die relativ fruchtbaren Böden auf der Albhochfläche zurück, die erst reiche Vegetation und später Landwirtschaft möglich machten. Als sich das Land in der Erdneuzeit (Tertiär und Quartär) wieder hob, blieben diese Böden zwar in Ebenen und Senken erhalten, generell setzte aber eine erneute Verkarstung ein: In exponierten Lagen, an den Rändern der sich immer stärker eintiefenden Flusstäler und auf den Gipfeln der Kuppenalb, wurden die kreidezeitlichen Sedimente abgetragen und das alte Karstrelief wieder herauspräpariert – allerdings in durch die genannten Kräfte fragmentierter Form. Doch gerade die nun schroff und isoliert dastehenden Reste früherer Dolomitriffe und die Ruinen einst tiefer Höhlen, die zwar Schutz boten, aber nun hinreichend vom Tageslicht erhellt wurden, kamen den Bedürfnissen eines neuen Bewohners entgegen.

DIE FRANKENALB IN DER VORGESCHICHTE

Wären die Höhlen und Abris der Frankenalb bis ins 21. Jh. unbekannt geblieben, so besäßen wir heute ein einzigartiges Archiv der frühen Menschheitsgeschichte, das auch Tierwelt und Klimageschichte der Eiszeit beleuchten würde. Doch es kam anders: Nachdem der Pionier der Höhlenforschung Johann Friedrich Esper 1774 seine bahnbrechenden Entdeckungen in der Zoolithenhöhle bei Burggaillenreuth publiziert hatte, waren die Fundstätten über zwei Jahrhunderte lang einem Heer von Amateuren, Plünderern und Raubgräbern ausgeliefert. Die Folgen sind beträchtlich: Eine große Zahl spektakulärer Funde ist über die Museen in aller Welt verstreut, noch viel mehr für immer verschollen, nur ein kleiner (immer noch beeindruckender) Teil in den Museen der Region (s. Tipp) zu besichtigen. Umso größeres Forschungsinteresse galt den wenigen Objekten, die noch im Originalzustand Schicht für Schicht akribisch untersucht werden konnten, wie die Steinberg-Höhlenruine bei Hunas (nahe Hartmannshof, s. Tour 30). Dort fand man auch eine der wahrscheinlich ältesten Spuren menschlicher Anwesenheit im Fran-

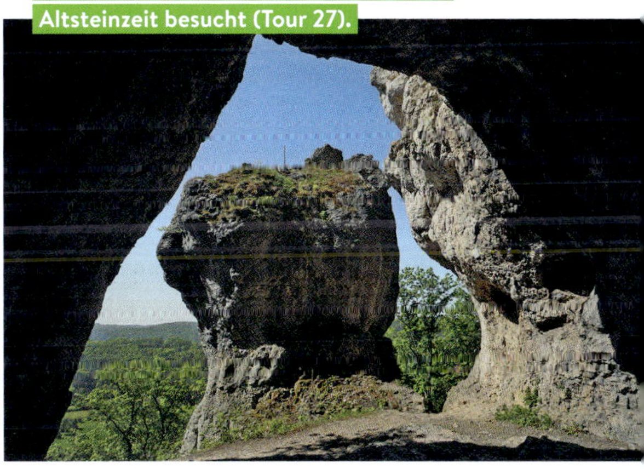

Auch der Hohle Fels wurde schon in der Altsteinzeit besucht (Tour 27).

kenjura: Auch wenn die Forschungsdebatte darüber noch im Gange ist, deutet der Schichtzusammenhang darauf hin, dass ein dort gefundener Weisheitszahn einem Neandertaler zuzuordnen und vielleicht über 100 000 Jahre alt ist. Doch auch im geplünderten Zustand ist die Bedeutung der Frankenalb für die Vorgeschichte unbestreitbar. Man braucht sich nur im BayernAtlas die Bodendenkmäler anzeigen zu lassen: Eine enge Folge roter Punkte signalisiert eine nahezu einzigartige Fundstättendichte. Umfassende Informationen über die daraus gewonnenen Erkenntnisse bietet die

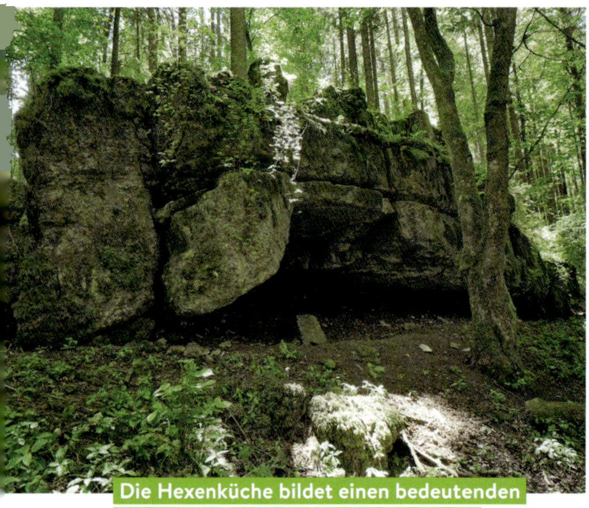

Die Hexenküche bildet einen bedeutenden Fundplatz der Mittelsteinzeit (Tour 8).

unten genannte Literatur. Hier können nur einige Schlaglichter die einzigartige Bedeutung der Naturwunder für die frühen Menschen in verschiedenen Epochen beleuchten. Da ein einzelner Wanderführer nur einen Teil der unzähligen Wohn- und Kultorte erschließen kann, verweise ich fallweise auch auf vorgeschichtliche Stätten, die in meinen früheren Büchern (VPf = »Vergessene Pfade Fränkische Schweiz« und ET = »Entdeckertouren Fränkische Schweiz«) beschrieben werden.

ALTSTEINZEIT (Paläolithikum, bis ca. 9600 v. Chr., Touren 5, 7, 12, 21, 27): In dieser von den zwei letzten Kältephasen der Eiszeit und kürzeren wärmeren Zwischenphasen geprägten Epoche präsentiert sich die Frankenalb vorwiegend als tundraartige Kältesteppe. Die ab ca. 100 000 v. Chr. in der Region nachweisbaren Neandertaler leben von der Jagd und suchen die Höhlen als Rast- und Zufluchtsorte auf. Ihre Werkzeuge wurden im Gr. Hasenloch (Tour 12), der Petershöhle (Tour 21) und im Hohlen Fels (Tour 27) gefunden. Ab etwa 30 000 v. Chr. dringt der moderne Mensch ein, aber erst gegen Ende der Epoche lässt sich ein großer Rastplatz südlich von Plankenfels (vgl. Tour 3) nachweisen.

MITTELSTEINZEIT (Mesolithikum, ca. 9600–5500 v. Chr., Touren 1, 5, 6, 8, 15, 18, 27): Der Beginn der bis heute andauernden Warmzeit (Holozän) ermöglicht die Ausbreitung dichter Wälder, in denen anfangs Kiefern, später Eichen und Haseln dominieren. Die Menschen ziehen als Jäger und Sammler durch diese Waldlandschaft und nutzen dabei (neben Zelten) intensiv die Höhlen und Abris als Stationen (die sie – wie Funde von der Schrägen Wand (VPf Tour 2) zeigen – mit Trockenmauern und Planen aus Tierhäuten winddicht zu machen versuchten). Zahlreiche Funde, v.a. von Mikrolithen (für Waffen hergestellte scharfe Hornsteinsplitter), zeugen von der Bedeutung der Juralandschaft, ihrer Höhlen und Abris (vgl. Touren 6, 8) für diese Menschheitsepoche. Auch Bestattungen erfolgten in versteckten Nischen der Höhlen, so im Büttnerloch (Tour 15) und im Hohlen Fels (Tour 27).

JUNGSTEINZEIT (Neolithikum, ca. 5500–2000 v. Chr., Touren 2, 3, 4, 6, 8, 11, 13, 15, 21, 29, 30): Durch Einfluss/Einwanderung aus dem Südosten (Balkan) kommt es zur »Neolithischen Revolution«: Die Menschen werden sesshaft, legen Rodungsinseln im Waldmeer an, betreiben Ackerbau und Viehzucht, leben als

Großfamilien in Langhäusern aus Holz zusammen und stellen Keramik her. Anhand der Machart der Gefäße kann man relativ einheitliche Kulturen unterscheiden: Die ersten Ackerbauern sind die **Linearbandkeramiker** (ca. 5500–4950 v. Chr., Touren 2, 4). Sie besiedeln auch die landwirtschaftlich nutzbaren Ebenen der Alb, v.a. an deren Westrand, wohl wegen des hier vorhandenen Werkstoffes Hornstein, den man nun durch Schliff noch besser bearbeitet. Auch religiöse Vorstellungen werden deutlich: So hat die Siedlung Hohenellern ihr Kultzentrum in der nahen Jungfernhöhle (Tour 2). Die Funde belegen ein ausgeprägtes Totenritual und die Opferung wertvoller Gefäße. Auch in der folgenden Kultur der **Stichbandkeramiker** (um 4750 v. Chr.) behalten Höhlen ihre Bedeutung (Touren 3, 6), und dies gilt für fast alle weiteren Kulturen. Neu ist nun die Tendenz, Siedlungen (Fluchtburgen oder geschützte Kultplätze) auf Bergkuppen und Höhenrücken zu erbauen: Die **Michelsberger Kultur** (ca. 4100–3500 v. Chr.) errichtet solche auf dem Staffelberg (ET Tour 1) und der Ehrenbürg (ET Tour 14), die **Schnurkeramiker** (ca. 2800–2500 v. Chr.) sind die Pioniere auf dem Hochberg (Tour 29, vgl. 30).

BRONZEZEIT (ca. 2000–1300 v. Chr., Touren 8, 19, 20, 25, 29): Die durch einen neuen Werkstoff (Kupfer-Zinn-Legierung) geprägte Epoche zeigt sich für den Wanderer v.a. in den oft imposanten Hügelgräbern, die ab 1600 v. Chr. meist am Rand der Albhochfläche errichtet wurden, so im Umfeld der mittleren Wiesent (Tour 8) und in der Nahe des Glatzensteins (Tour 25). Aus den unterschiedlich reichen Grabbeigaben (Schmuck bei Frauen, Waffen bei Männern) lässt sich eine deutliche soziale Schichtung ablesen. Im religiösen Bereich gewinnen in dieser Epoche die Schachthöhlen und Felstürme der Alb immer größere Bedeutung. Diese Tendenz erreicht ihren Höhepunkt in der folgenden Epoche:

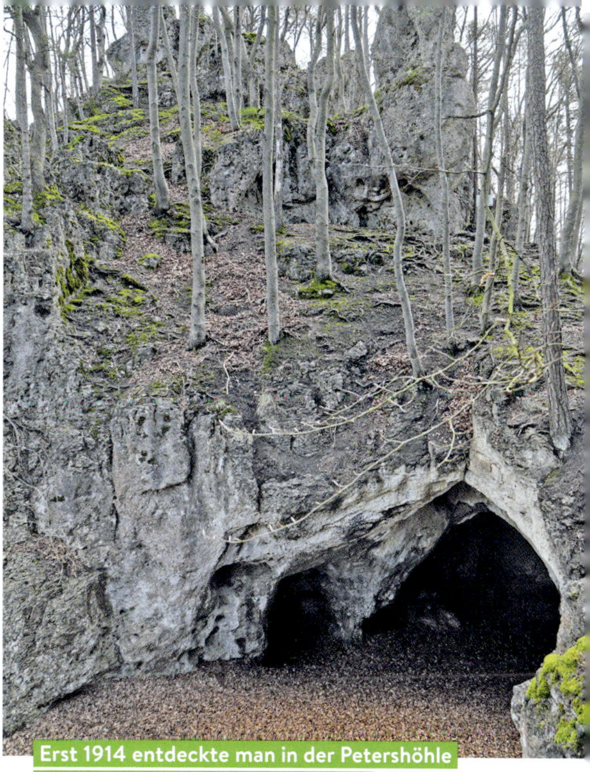

Erst 1914 entdeckte man in der Petershöhle Spuren der Neandertaler (Tour 21).

DIE URNENFELDERZEIT (ca. 1300–800 v. Chr., Touren 1, 4, 9, 13, 15, 20, 25, 27) ist einerseits durch neue Bestattungsbräuche (Brandbestattung in Urnen), andererseits durch die Herausbildung mächtiger Eliten gekennzeichnet, die in befestigten Höhensiedlungen residieren. Eine beherrschende Stellung nimmt die Siedlung auf der Ehrenbürg ein, die wohl als stadtähnlicher Zentralort zu sehen ist. Gleichzeitig wächst die Bedeutung der Naturheiligtümer: Die schaurigen Schachthöhlen ermöglichen den Kontakt mit den Mächten der Erde/Unterwelt, die hochragenden Felstürme zu jenen des Himmels. So entsteht ein ganzes Netz von Felsturmopferplätzen, das von den Stübiger Türmen (oder Rotensteinen, VPf Tour 1) über den Rabenfels (VPf Tour 25) und die Maximiliansfelsen (VPf Tour 26) zum Neutrasfelsen (ET Tour 30) reicht. Kultischen Zwecken dienten auch meisterliche Goldblecharbeiten wie der Goldkegel von Ezelsdorf-Buch (1000–900 v. Chr., 20 km südlich von Tour 25 gefunden).

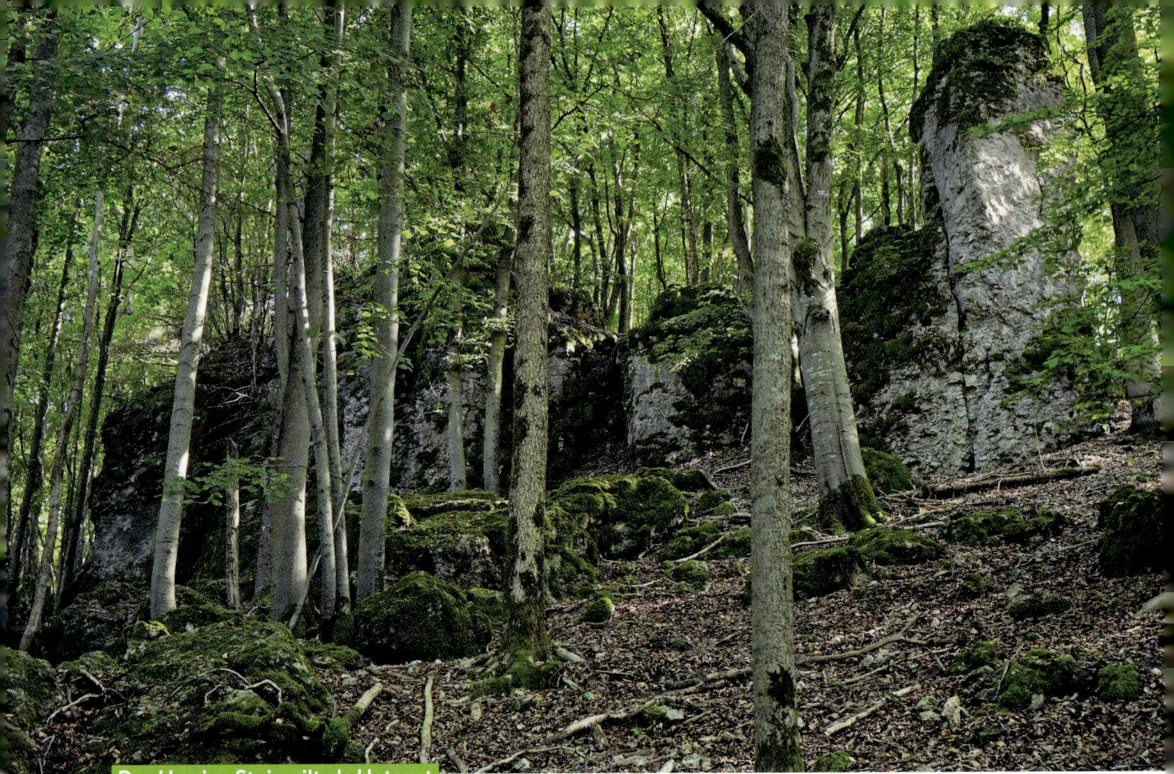

Der Harzige Stein gilt als Hotspot schauriger Geistererscheinungen (Tour 4).

DIE EPOCHE DER EISENZEIT wird (zumindest ab ca. 650 v. Chr.) von den Kelten (Touren 1, 4, 6, 8, 9, 15, 19, 20, 25, 26, 27, 29, 30) dominiert. Die Forschung gliedert sie nach den berühmtesten Fundorten in Hallstattzeit und Latènezeit, doch legen die Befunde im Frankenjura eine andere Einteilung nahe. In der frühen Hallstattzeit (ca. 800–600 v. Chr.) kann man eine Abkehr von den Bräuchen der Urnenfelderzeit feststellen: Man geht wieder zur Körperbestattung in Grabhügeln über, der Burgenbau setzt sich zunächst nicht fort.

SPÄTHALLSTATT- UND FRÜHLATÈNEZEIT (ca. 600–400 v. Chr.) bilden dann eine Einheit und die Epoche, in der die natürlichen Gegebenheiten des Frankenjuras am intensivsten genutzt wurden: Es erfolgte eine dichte Besiedlung der Albhochfläche (die gegenüber den Ebenen eindeutig bevorzugt wurde), von der unzählige Grabhügel mit bis zu 30 m Durchmesser und Gräberfelder mit bis zu 92 Hügeln (nordwestlich von Pegnitz) zeugen. Zugleich setzte ein wahrer Boom beim Bau befestigter Höhensiedlungen ein: Zum Teil wurden Plätze der Urnenfelderzeit wiederbesiedelt, viel öfter aber ganz neue Anlagen auf allen dafür geeigneten Gipfeln errichtet. Den Anfang machte die Anlage auf dem Hochberg (Tour 29), die offenbar auch als Kultzentrum fungierte. Zwei der Siedlungen hatten den Status eines stadtähnlichen überregionalen Zentrums inne: die Ehrenbürg, die mit einer 6 m dicken Mauer befestigt wurde, und die Houbirg (Tour 27), deren Ringwall länger war als die Stadtmauer des mittelalterlichen Nürnberg. Die dort residierenden Fürsten besaßen offenbar die Oberhoheit über ein größeres Territorium, in dem Unterfürsten auf kleineren Burgen (s. Touren 1, 4, 9, 30, auch: Schlossberg bei Burggaillenreuth VPf Tour 12 oder Heidelberg VPf Tour 16) kleinere Gebiete von etwa 100 km^2 kontrollierten. Neben den Berggipfeln wurden auch die Höhlen intensiv (u.a. als Zufluchtsorte) genutzt (Touren 1, 6, 15, 20, 25). Die Schachthöhlen blieben wichtige Kultzentren (Touren 15, 19, 20), auch wenn die frühere These von dort dargebrachten Menschenopfern heute weitgehend abgelehnt wird.

DIE MITTLERE UND SPÄTE LATÈNEZEIT (ca. 400–50 v. Chr.) beginnt mit einer Krise, deren Ursachen wir nicht genau kennen: Die Höhensiedlungen werden aufgegeben, ein Großteil der Kelten wandert ab. Später (ab 320 v. Chr.) kommt es zu einer Konsolidierung, doch verlagert sich der Siedlungsschwerpunkt: Als einzige Höhensiedlung floriert das Oppidum Menosgada auf dem Staffelberg, daneben entstehen größere Siedlungen in den Flusstälern wie in Altendorf nahe der Regnitz. Ab etwa 50 v. Chr. dringen dann elbgermanische Stämme in die Region ein und beenden das Zeitalter der Kelten.

VORGESCHICHTE UND SAGEN

Vorgeschichte und Sagen besitzen weit mehr Gemeinsamkeit als die, dass sich in ihnen die enge Beziehung der Menschen zu den steinernen Wundern der Alb manifestiert. Wer sich mit beiden beschäftigt, wird immer wieder auf ein Rätsel stoßen: Wieso ranken sich gerade um vorgeschichtlich bedeutsame Orte wie Kultstätten, Gräberfelder oder ehemalige Siedlungen besonders viele schaurige Sagen von geisterhaften Erscheinungen? Und zwar nicht primär um besonders ehrfurchtgebietende Naturdenkmäler, sondern um eher kleinere Objekte wie die Jungfernhöhle (Tour 2) oder den Harzigen Stein (Tour 4), der zwischen der Höhensiedlung auf dem Seigelstein und der einst großen Vorzeitsiedlung bei der Teuchatzer Linde liegt (vgl. ähnliche Fälle bei den Touren 3, 5, 22). Man muss zur Erklärung nicht die Esoterik bemühen. Da die Frankenalb nie menschenleer war, kann man vielmehr davon ausgehen, dass sich ein rudimentäres kulturelles Gedächtnis der früheren Bedeutung von Kultstätten etc. über viele Generationen erhalten hat. So wurden aus den heiligen Orten der Vorzeit unheimliche Orte, die man mit einem gewissen Schauder betrat. Daher konnte jedes Naturphänomen (wandernde Schatten in der

Tipp

MUSEEN

Wer sich noch eingehender über die Vorgeschichte der Frankenalb informieren und insbesondere die in den Höhlen, Abris und Höhensiedlungen gemachten Funde (bzw. den in der Region erhaltenen Teil davon) im Original besichtigen möchte, dem sei der Besuch der folgenden Museen mit auch für jüngere Besucher didaktisch hervorragend aufbereiteten Sammlungen empfohlen (da sich Öffnungszeiten schnell ändern können, sei auf die Websites verwiesen, die man bei Eingabe des jeweiligen Namens in die Suchmaschinen leicht findet):
Naturhistorisches Museum Nürnberg, Marientorgraben 8: Dioramen und Funde aus allen Epochen der Vorgeschichte,
Germanisches Nationalmuseum Nürnberg, Kartäusergasse 1, gnm.de: Funde aus allen Epochen, darunter der Goldkegel von Ezelsdorf/Buch (s. oben),
Archäologiemuseum Oberfranken im Pfalzmuseum Forchheim, Kapellenstraße 16: Über 600 Objekte u.a. aus dem Felsenloch (Tour 19),
Fränkische-Schweiz-Museum Tüchersfeld, fsmt.de: Funde von der Altsteinzeit bis in die Völkerwanderungszeit,
Urzeitbahnhof Hartmannshof: Darstellung der Vorgeschichte von der Altsteinzeit bis zum Ende der Keltenzeit anhand von Funden v.a. aus der Höhlenruine Hunas und vom Hochberg,
Historisches Museum Bamberg, Domplatz 7: Funde u.a. aus der Jungfernhöhle

Nacht, Wetterleuchten etc.) als eine übernatürliche Erscheinung erlebt werden.

SAGEN UND GESCHICHTE

Vielfach spiegelt sich in solchen Sagen der mittelalterliche Volks(aber)glaube wider: Sie handeln vom Teufel und von Hexen (Tour 9), von Druden (Tour 16) oder vom Wilden Heer. In vielen Sagen treten Pöpel auf, koboldartige Wesen, die in einem Gebäude (Rathaus, Brauhaus) oder einem natürlichen Hohlraum hausen, oft Schabernack treiben, aber auch bösartig sein können (Tour 12). Oft wurden vorchristliche Geistervorstellungen durch die christliche Lehre von den Armen Seelen überformt (Tour 22): Nach offizieller Lehre büßen sie im Fegefeuer, im Volksglauben müssen sie am Ort, wo sie einen Frevel begangen haben, umgehen, bis sie erlöst werden.

Sehr viele Sagen entspringen aber der bewegten Geschichte der Frankenalb. Die älteste Epoche, die sich hier manifestiert, ist das Frühmittelalter. Die Frankenalb bildete damals ein Niemandsland, in das verschiedene Siedlergruppen einwanderten, darunter ab dem 7. Jh. auch slawische Gruppen, die als Wenden bezeichnet werden. Sie pflegten noch lange heidnische Kulte (Tour 3): Karl d. Gr. ordnete 793 die Gründung von 14 Slawenkirchen zu ihrer Missionierung an, doch hielten sich heidnische Bräuche, wie eine Bamberger

Tipp

LITERATURHINWEISE

Die besten neueren Überblicksdarstellungen zur Vorgeschichte der Frankenalb sind leider derzeit nur mehr antiquarisch zu erwerben:

Rainer Hofmann (Hg.), Fränkische Schweiz (Führer zu archäologischen Denkmälern in Deutschland Bd. 20), Theiss Verlag Stuttgart 1990 (kein Führer, der Zugangsbeschreibungen liefert, aber ein guter Überblick über die Funde an verschiedenen Stätten),

C. Sebastian Sommer (Hg.), Archäologie in Bayern. Fenster zur Vergangenheit, Pustet Verlag Regensburg 2006 (neuerer Forschungsstand, aber nur einzelne Stätten der Alb behandelt).

Eine neuere, sehr fundierte Monografie gibt es zu einer Teilepoche:

Markus Schußmann, Die Kelten in Bayern. Archäologie und Geschichte, Pustet Verlag Regensburg 2019.

Wertvolle Beiträge bietet die Zeitschrift »Natur und Mensch« der Naturhistorischen Gesellschaft Nürnberg; darin etwa Artikel von Brigitte Hilpert zur Petershöhle (2013, S. 35–52) oder zum Hahnenloch (zus. mit Christof Gropp, 2018/19, S. 29–36).

Auch zu den Sagen der Fränkischen Schweiz ist die grundlegende Sammlung (die tw. auf der älteren Arbeit von Karl Brückner basiert) derzeit vergriffen:

Heinz Büttner, Sagen, Legenden und Geschichten aus der Fränkischen Schweiz, Verlag Palm & Enke Erlangen, 10. Auflage 2013.

Noch erhältlich (beim Verlag) ist das Pendant für die Hersbrucker Schweiz:

Vinzenz (al. Reinhard Dorn), Sagenhaft. Sagen, Märchen und Schelmengeschichten aus dem Nürnberger Land, Pfeiffer Verlag Hersbruck 2011.

Mit einer Ausnahme (Tour 30 nach lichtenegg.info) basieren alle Sagen in diesem Buch inhaltlich auf diesen beiden verdienstvollen Arbeiten, sie werden aber vom Autor mit eigenen Worten nacherzählt.

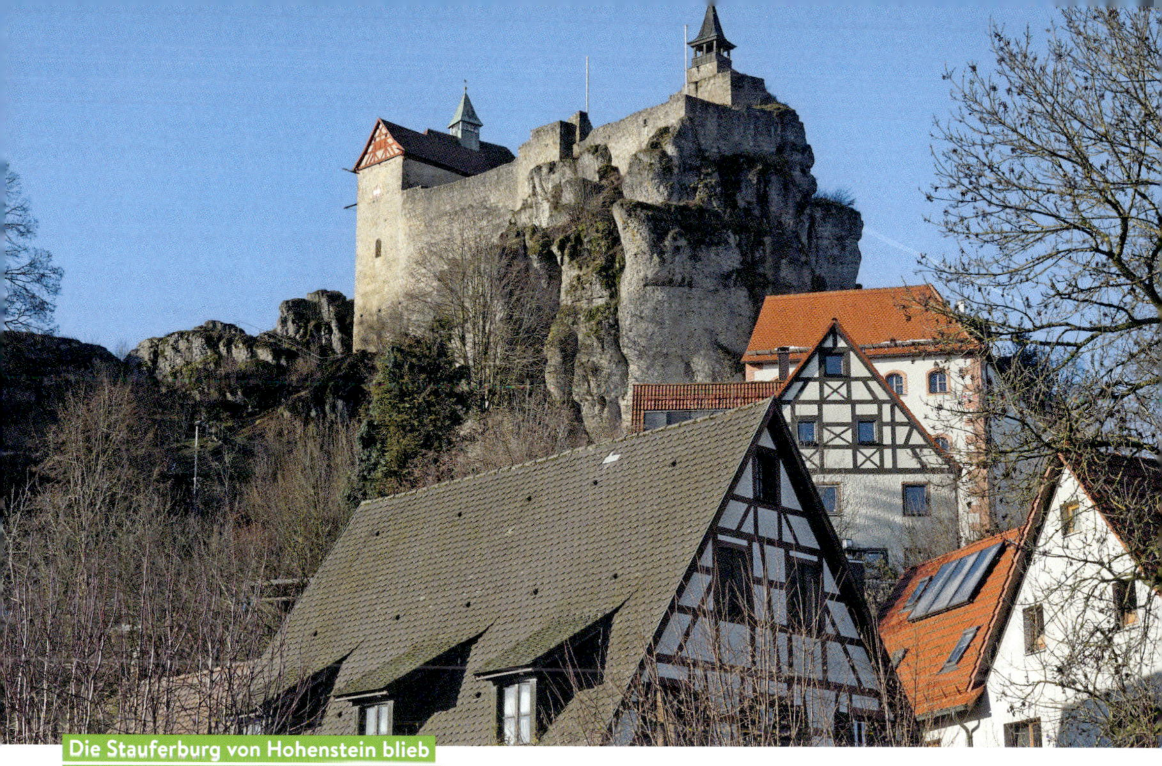

Die Stauferburg von Hohenstein blieb vom Bauernsturm verschont (Tour 22).

Synode von 1059 verrät, noch bis ins 11. Jh. Das Hochstift Bamberg (Gründung des Bistums 1007) stieg auch zu einem der Territorialherren in der Region auf, bekam aber im Spätmittelalter zunehmende Konkurrenz von den Markgrafen von Brandenburg-Kulmbach-Bayreuth und von der Reichsstadt Nürnberg. Ihre Territorien waren so zersplittert, dass an einem unscheinbaren Bergsporn nahe Leutenbach gleich alle drei in einem Dreiländereck zusammenstießen (Tour 13). Nur kurz genannt seien weitere historische Epochen, auf die sich Sagen beziehen: die Adelskrise des Spätmittelalters, die viele Adelige zu Raubrittern werden ließ (Touren 18, 28), der Bauernkrieg von 1525, dem allein im Bistum Bamberg 197 Burgen und Adelssitze zum Opfer fielen (Tour 1), der Dreißigjährige Krieg (Touren 28, 30), das Räuberunwesen des 16.–18. Jh. (Touren 5, 10) und die Feldzüge französischer Truppen unter Napoleon (Tour 11).

PRAKTISCHE INFORMATIONEN

Zum Gebrauch des Buches Die Wegbeschreibungen in diesem Buch sind trotz der gebotenen Kürze so detailliert gehalten, dass sich geübte Wanderer auch ohne GPS (s. unten) sicher zurechtfinden sollten. Dazu ist eine kurze Einführung in die Methodik der Beschreibungen hilfreich:

Eine Grundorientierung wird durch die **Markierungsangaben** geboten: Die für den jeweiligen Abschnitt maßgebliche Markierung wird bei ihrem ersten Auftreten durch Fettdruck hervorgehoben. Diese Angabe gilt für die gesamte folgende Teilstrecke bis zur nächsten fett gedruckten Angabe. Dies ermöglicht einen schnellen Überblick über die Grundstruktur der Tour, und zwar v.a. in Verbindung mit den **Wegpunkten**: Besonders wichtige Abzweigungen (speziell solche, die man leicht übersehen kann) sind in Beschreibung und Karte mit identischen Zahlen gekennzeichnet. Da an solchen Abzweigungen oft eine neue Markierung oder ein unmarkierter

Abschnitt beginnt, lässt sich so ein Grundschema des Tour-Ablaufs gewinnen. Markierungen werden in einem Wort wie »Gelbstrich« benannt, wobei »-strich« den waagrechten Strich bezeichnet; für den senkrechten werden Formen wie »Rot-Senkrecht« verwendet. Da sich an manchen Wegen viele Markierungen tummeln, wird nur die für die Tour relevanteste genannt, auf weitere mit »u.a.« hingewiesen. Bei markierten Passagen werden alle wesentlichen Angaben zum Wegverlauf geboten. Detaillierter sind die Beschreibungen auf den für das Naturerlebnis in der Frankenalb unverzichtbaren unmarkierten Passagen: Hier werden Angaben zu sämtlichen Weggabelungen etc. gemacht, um ein Verlaufen auszuschließen.

Abstecher (in aller Regel unmarkiert) werden dort ausführlich beschrieben, wo sie zu Naturwundern führen, die jeden Naturfreund begeistern dürften. Auf mögliche Abstecher zu kleineren Höhlen und Felsgruppen, die ein spezifisches Interesse an bizarren Karstformen ansprechen, wird dagegen in Klammern hingewiesen. Diese Abstecher sind auch in den GPS-Daten erfasst, können aber z.B. bei Zeitdruck auch ausgelassen werden.

Aus Platzgründen waren einige **Abkürzungen** geboten: Neben den Kurzformen der Himmelsrichtungen steht »Mk./Mkn.« für »Markierung/-en«, »mk.« für »markiert(-er, -e)«, »Ww.« für »Wegweiser«, »P.« für »(Weg)Punkt« .

GPS-Daten und Karten Auf die Korrektur der durchgehend vor Ort ermittelten GPS-Daten wurde besondere Sorgfalt verwandt, doch wird in dichten Wäldern oder Schluchten keine Messung auf den Meter genau sein. Wer mit GPS wandert, sollte zur Sicherheit (etwa im Falle technischer Probleme) auch eine genaue Karte mitführen, am besten die Amtliche Topographische Karte Bayern 1:25 000 (das relevante Blatt ist unter dem Kürzel »ATK25« zu jeder Tour angegeben). Zudem sollte auch die Tourenbeschreibung (praktischerweise als Foto auf dem Handy o.Ä.) greifbar sein, da die GPS-Daten zwar den Wegverlauf anzeigen, aber nicht auf versteckte Wunder neben dem Weg oder Gefahren hinweisen.

Gefahren Leider gehören einige der geheimnisvollsten und vorgeschichtlich bedeutendsten Orte der Frankenalb auch zu den gefährlichsten. Dass ungesicherte Schachthöhlen, die oft 20 m oder mehr senkrecht abfallen, besondere Vorsicht und zuverlässigen Stand (bzw. Sicherung) beim Blick in die Tiefe erfordern, dürfte jedermann klar sein. Doch auch bei steil abfallenden Höhleneingängen bitte ich, die Warnungen im Text zu beherzigen und es besser beim Einblick von oben zu belassen: Man kann in manche vielleicht (mit hoher Verletzungsgefahr) hineinrutschen, der Wiederaufstieg ist dann aber äußerst problematisch bis unmöglich.

Naturschutz Als Gebiet mit vielen seltenen Pflanzenarten verlangt der Frankenjura besondere Vorsicht seitens der Besucher: Überall, wo es Bodenvegetation gibt, wird jeder Naturfreund sich streng an bestehende Wege (das können neben Wanderwegen natürlich ebenso Forstwege und Klettererpfade ohne Mk. sein) halten. Dies gilt besonders für die wertvollen Magerrasen. Wegloser Zugang zu Felsen und Höhlen ist als Ausnahme dort zu verantworten, wo es keinen Pflanzenwuchs am Boden gibt, etwa in Buchenwäldern mit dicker Laubschicht. Ebenso wichtig ist der Höhlenschutz: In Höhlen mit Tropfsteinen kann selbst Unachtsamkeit schon ein von der Natur in Jahrhunderten geschaffenes Kunstwerk zerstören. Auch offenes Feuer verursacht irreparable Schäden (s. Spurzelgrub, Tour 29). Zudem sind Höhlen wertvolle Lebensräume: Viele vom Aussterben bedrohte Fledermausarten verbringen dort ihren Winterschlaf. Da jede Störung für sie tödlich sein kann, sollten tiefere Höhlenteile, d.h. jene, die nicht vom Tageslicht erhellt werden, von Mitte Oktober bis Mitte April nicht betreten werden.

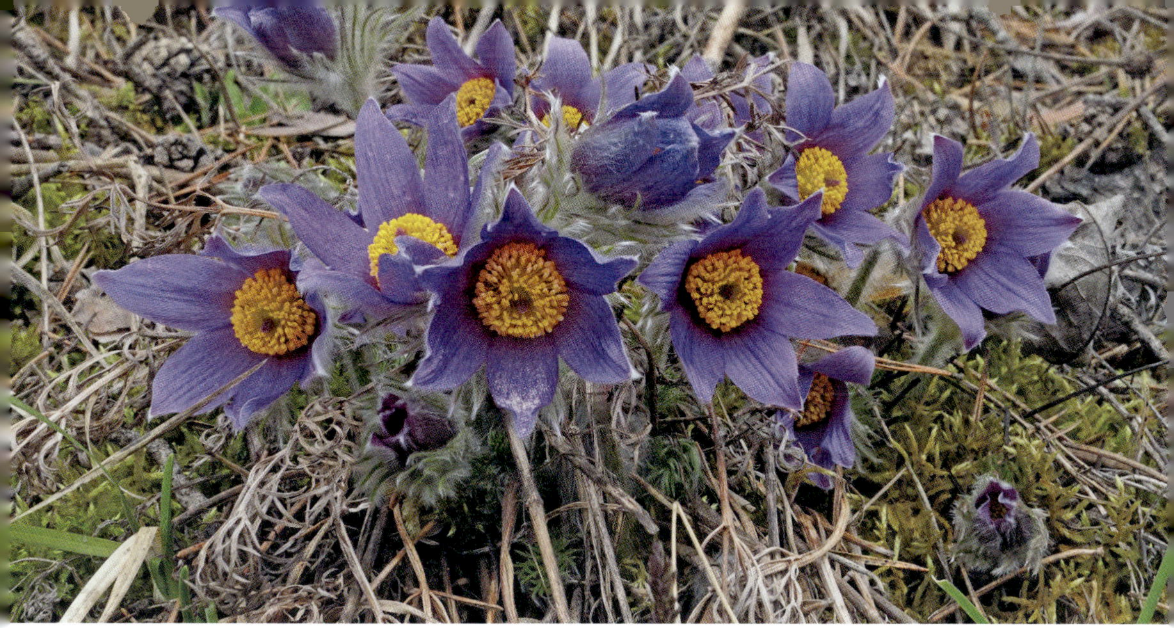

Küchenschellen gehören zu den seltenen und empfindlichen Juwelen der Magerrasen.

Jahreszeiten Grundsätzlich bildet die Frankenalb das ideale Ganzjahreswandergebiet: Jede Jahreszeit hat ihre ganz spezifischen Attraktionen. Jedoch ist die Auswahl der richtigen Tour für die jeweilige Jahreszeit keineswegs beliebig (s. Angaben im Tourensteckbrief). Im Sommer haben Touren mit vielen Aussichtspunkten und durch Täler großen Reiz, solche, die durch dichte Waldgebiete führen, sollte man wegen der schlechten Lichtverhältnisse und der Zeckengefahr meiden. Für alle Touren ideal sind der Spätherbst (ab Mitte Oktober) und das zeitige Frühjahr (März/April), in denen die fehlende, noch spärliche oder schon schüttere Belaubung die grandiosen Höhlen und Felsformationen im besten Licht erstrahlen lässt. Zudem feiert die Natur in beiden ein Farbenfest. Im Frühjahr begeistern die Frühblüher, im Spätherbst der Farbenrausch der Laubwälder. Auch der Winter wartet oft mit neuen Highlights auf: In langen Frostperioden entsteht in offenen Höhlen und an Überhängen eine Zauberwelt aus riesigen Eis-Stalaktiten und Stalagmiten.

Anreise mit ÖPNV In Zeiten der Klima- und Energiekrise sollte die ÖPNV-Benutzung für jeden Naturfreund die erste Wahl sein. Bis auf zwei Ausnahmen lassen sich alle Touren gut auf diese Weise durchführen (die detaillierten Angaben zu jeder Tour gelten für 2022 und sind auf vgn.de nachzuprüfen). Vielfach hat der ÖPNV sogar eindeutige Vorteile: Er ermöglicht Streckenwanderungen mit hoher Dichte an Naturwundern, wo bei einer Runde zurück zum Auto langweilige Strecken nötig wären. Und dabei schont man auch das eigene Budget: Mit der 9-Uhr-Mobicard für gut 110 € kann eine Familie die gesamte Region 31 Tage lang erkunden, ausgenommen ist nur die Zeit von Mo bis Fr 6–9 Uhr.

Ausrüstung Neben der üblichen Wanderausrüstung (griffige Schuhe, Wetterschutz etc.) sollten Taschenlampen zum Equipment gehören. Ohne künstliches Licht bleibt der Reiz zahlreicher Höhlen verborgen. Empfehlenswert sind leistungsstarke LED-Akkulampen, die eine gute Ausleuchtung ermöglichen (wichtig: vor der Tour den Ladezustand prüfen und zur Sicherheit eine Zweitlampe mitführen).

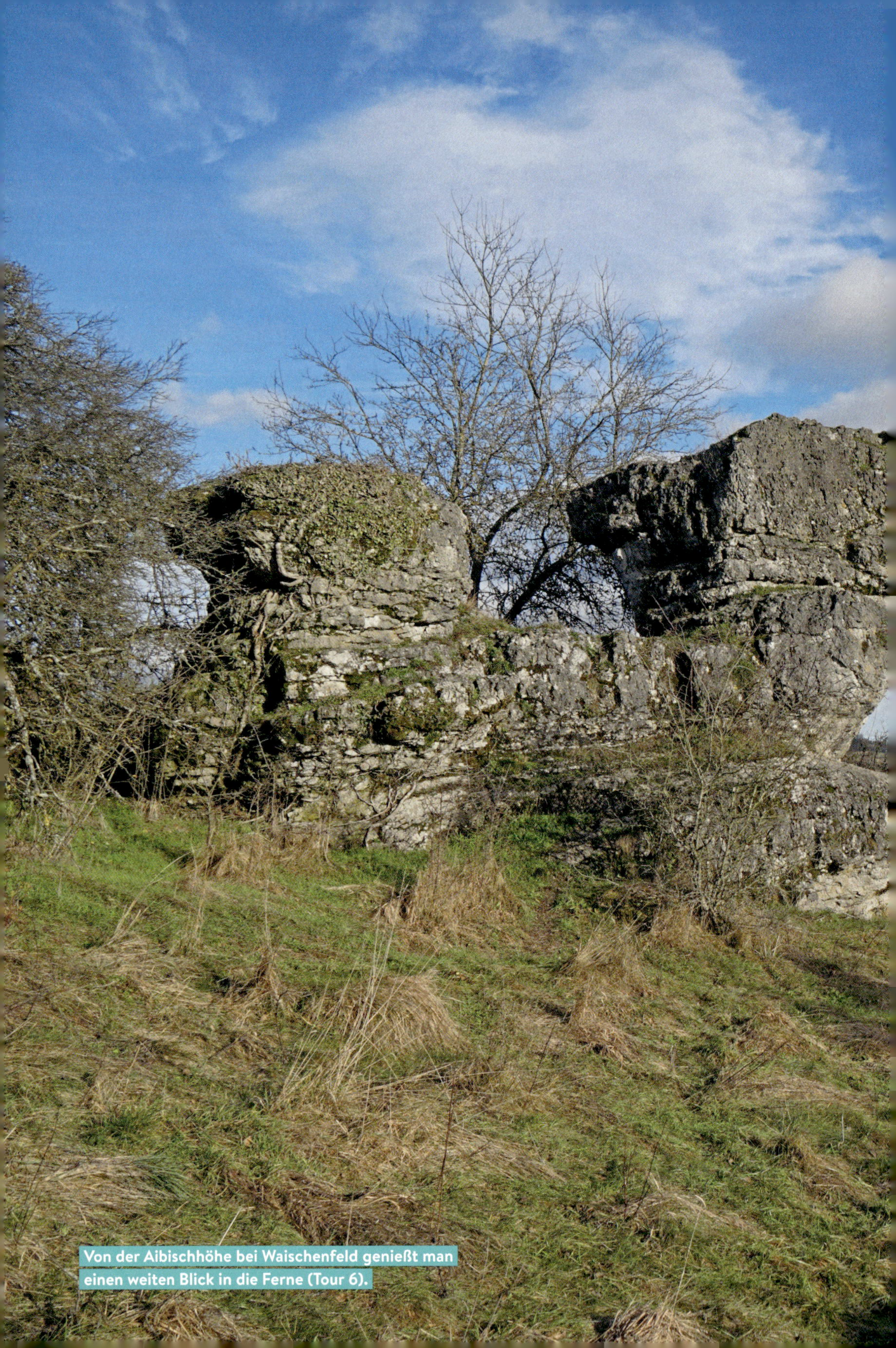

Von der Aibischhöhe bei Waischenfeld genießt man einen weiten Blick in die Ferne (Tour 6).

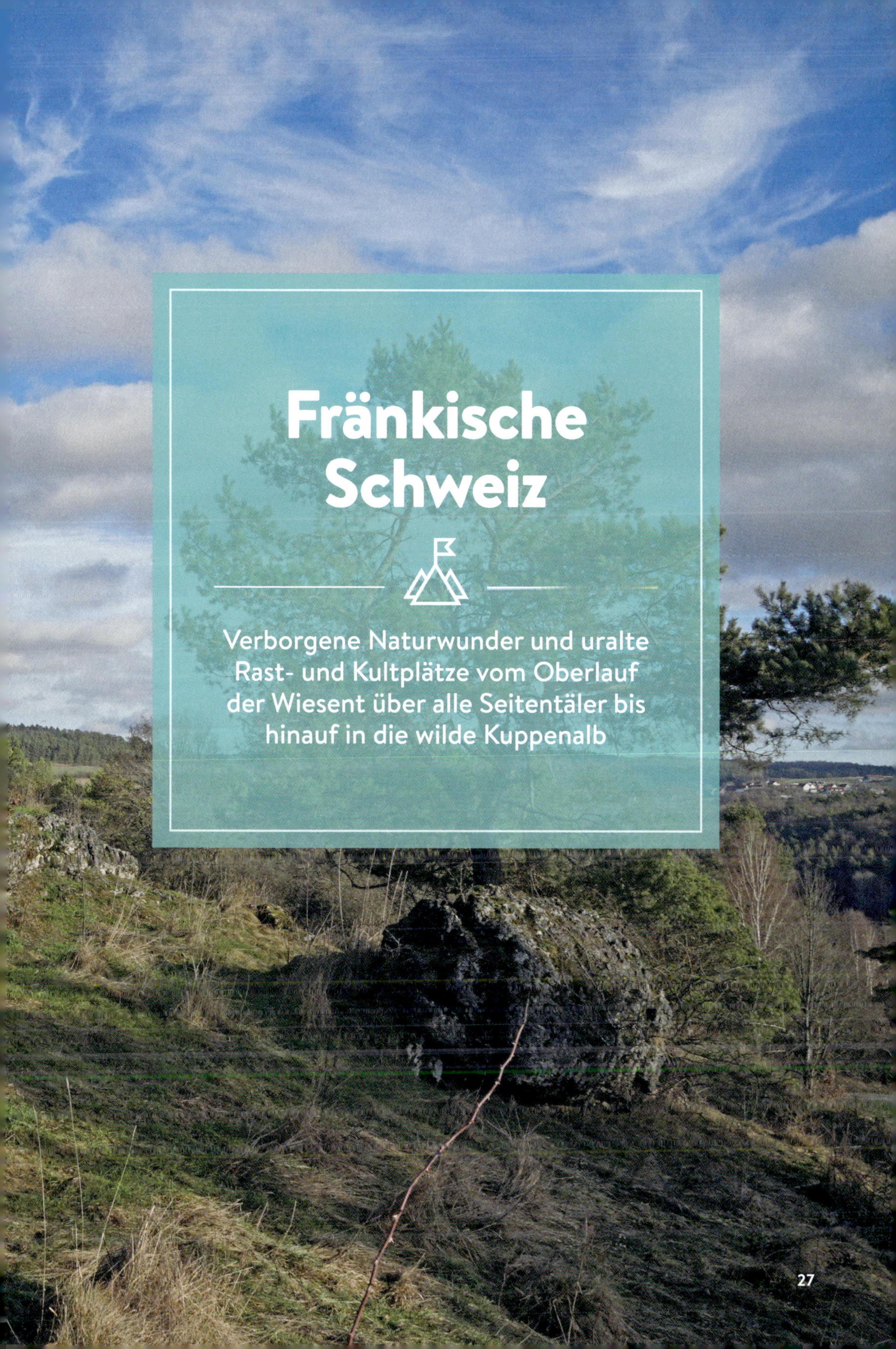

Fränkische Schweiz

Verborgene Naturwunder und uralte Rast- und Kultplätze vom Oberlauf der Wiesent über alle Seitentäler bis hinauf in die wilde Kuppenalb

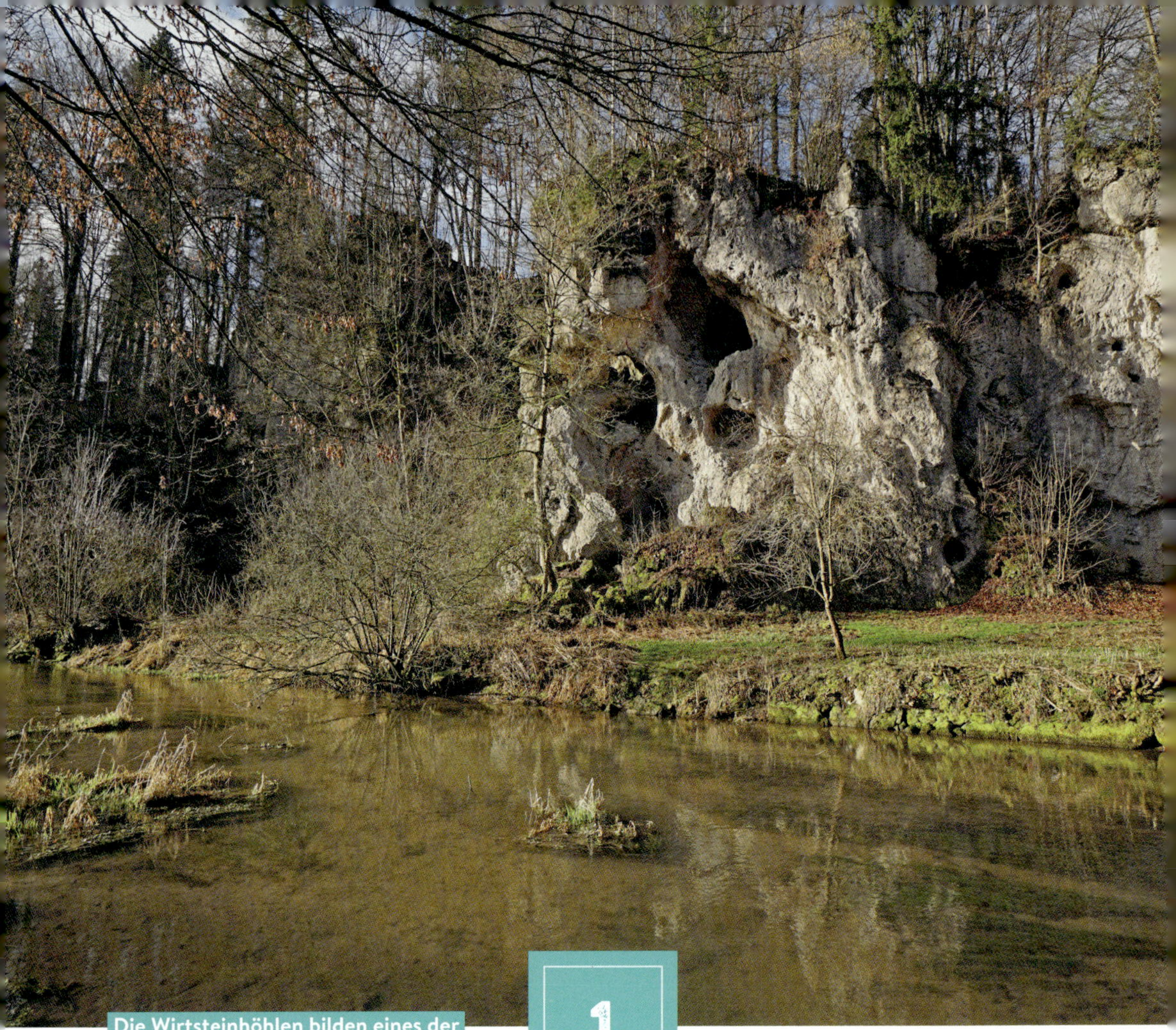

Die Wirtsteinhöhlen bilden eines der schönsten Höhlenensembles der Alb.

1

Burgen, Höhlen und Felsentäler

Im wilden Bergland um Wiesent- und Freienfels

Zwischen den mächtigen Burgen von Wiesentfels und Freienfels erstreckt sich, einem Canyon gleich, der wildeste Abschnitt des Wiesenttals mit fantastischen Fels- und Höhlengebilden. Die nördlichen Seitentäler führen uns in eine vergessene Zauberwelt um das einzigartige Felsentor im Stangen.

Von der Kühkirche bei Wiesentfels wandern wir über die malerische Lindenallee bei der Burg zu den Höhlen von Loch, auf vergessenen Pfaden durch wilde Täler über das Felsentor nach Freienfels zu den umwerfenden Wirtsteinhöhlen, dann über die aussichtsreiche Hochfläche zurück und zuletzt zum sagenumrankten Felsriff des Poppelsteins.

KÜHKIRCHE UND LINDENALLEE Von der Hst. gehen wir mit **Blaupunkt** über die Wiesentbrücke in den Ort hinein, halten uns rechts, schwenken dann mit **Rotkreuz** nochmals nach rechts und wandern unterhalb der gewaltigen Burganlage aus dem 16. Jh. am Fluss (hier kleine Parkbucht) entlang. Bei einer Verzweigung **1** folgen wir der Mk. kurz nach links und biegen dann bei Scheunen rechts auf einen begrünten Fahrweg **ohne Mk.** ab. Nach romantischer Wanderung zwischen Fluss und bizarren Felsen erreichen wir ein leider versperrtes Naturwunder: Infolge eines privaten Zauns kann man gerade noch einen Blick auf die Kühkirche, eine der wenigen aktiven Quellhöhlen der Alb, erhaschen. Wir kehren also zu P. 1 zurück, gehen nun aber geradeaus über die Wiesent zur Bundesstraße hinüber, kurz rechts an ihr entlang und biegen dann links in eine Sackgasse (Ww. zu Haus Nr. 28) ein. Nach kurzem Anstieg zweigt rechts ein breiter Wanderweg (Ww.) ab und bringt uns zu einem malerischen Platz oberhalb der Burg hinauf. Hier beginnt die alte Lindenallee mit ihren knorrigen Baumriesen; ihre magische Aura wird durch an einigen Bäumen befestigte Gedichte über die hier herrschenden Wichtel unterstrichen. Wir folgen ihr, über alle Querwege hinweg, stets geradeaus und treffen dann am Waldrand auf einen Feldweg mit der Mk. **Blaupunkt.** Mit ihr wandern wir kurz nach links, biegen aber nach einer Bank **2** rechts auf einen unbefestigten Fahrweg **ohne Mk.** ab. Auf ihm geht es leicht bergab durch schönen

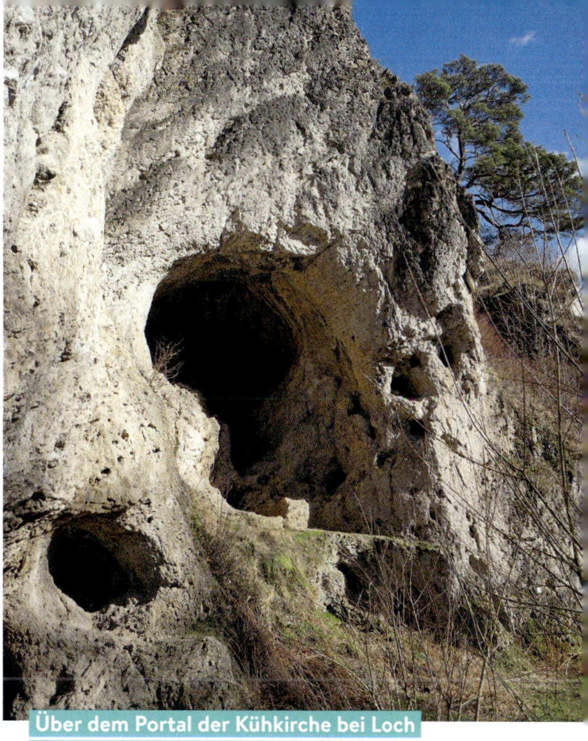

Über dem Portal der Kühkirche bei Loch befindet sich ein alter Siedlungsplatz.

Tipp

WIRTSTEINHÖHLEN

Nur absolut trittsichere Wanderer dürfen sich die folgende (nur bei trockenen Wegen zu empfehlende) Variante mit Besuch direkt bei den Wirtsteinhöhlen zutrauen (Mehrbedarf: 0:20 Std.): Links des Hauses mit Fachwerk (am Aufstieg nach Schafhof) beginnt ein Pfad, der zuerst steil empor, dann mit Linksknick durch die felsige Flanke, in Kurven bergab und zuletzt mit Linksschwenk exponiert durch den Hang zu den Höhlen führt. Nach der Besichtigung geht man zur letzten Biegung zurück, nun aber geradeaus durch die Flanke weiter und auf einem Forstweg scharf rechts zur Hochfläche hinauf, dort rechts auf gutem Weg weiter und im Linksbogen am Rand von Schafhof entlang zur Vereinigung mit der Normalroute.

Mischwald, geradeaus über einen Forstweg hinweg, zu einer Kuppe empor, dann in eine Senke hinunter (Baumstumpf mit roter Aufschrift) **3**. Hier biegen wir rechts auf einen Fahrweg mit begrüntem Mittelstreifen ab, der uns in den Ort Loch hinabführt.

LOCHER HÖHLEN UND PREUSSENLÖCHER Vor der Bundesstraße schwenken wir nach links und erreichen, an der kleinen Quellgrotte vorbei, eine umwerfende Szenerie: In den hochragenden Felsen öffnet sich neben einer imposanten Spalte das gewaltige Portal der Kühkirche. Die geräumige Halle zieht sich noch 20 m in den Berg und geht dann in einen niedrigen Gang über – ein magischer Ort, der schon früh aufgesucht wurde: Auf dem Hohen Knock direkt oberhalb wurden ein Rastplatz der Mittelsteinzeit und eine befestigte Anlage der Urnenfelderzeit und der Kelten (Frühlatènezeit) festgestellt. Wir müssen nun eine kurze Strecke am Rand der (meist wenig befahrenen) B 22 zurücklegen (andere Wege im Tal gibt es nicht). Immerhin sorgen bizarre Türme und Halbhöhlen am Hang für vielfältige Eindrücke. Nach einer Brücke öffnet sich linksseitig ein stilles Seitental **4**, das uns wieder in die wilde Natur führen wird. Felsen- und Höhlenfreunde werden von der Abzweigung aber noch 220 m an der Straße weitergehen und den Blick auf die imposanten, schon von den Kelten besuchten Preußenlöcher genießen.

FELSENTOR UND FELSENGROTTE Zurück an P. 4, biegen wir vor der Brücke (von den Preußenlöchern kommend) rechts auf einen Forstweg ab, der uns in das felsgesäumte Badersbachtal hineinbringt. Nach einem idyllischen Weiher (Quelltopf) öffnet sich eine weite Wiese: Wir zweigen hier links ab und wandern auf deutlichen Fahrspuren am linken Talrand entlang und im Linksbogen in den wasserlosen oberen Talabschnitt hinein. Nun heißt es aufpassen: Nach einem überhängenden Massiv di-

Sage

DER SCHWARZE HUND VOM POPPELSTEIN

Der Sage nach stand auf dem Poppelstein einst eine stolze Burg. Der Burgherr war ein grausamer Mann, der seine Bauern knechtete und bei kleinsten Vergehen brutal bestrafte. Eines Tages war der Ritter auf Raub- oder Zechtour unterwegs; seine schöne Gattin, die an den Untaten ihres Mannes keinen Anteil hatte, blieb mit einigen Knechten zurück. Angeführt vom Schmied, stürmten die Unterdrückten, mit Dreschflegeln und Äxten bewaffnet, die Burg: Schnell war der Widerstand gebrochen, nur von der schönen Herrin fehlte zunächst jede Spur. Man fand sie schließlich betend in der Kapelle. Ihr treuer schwarzer Hund, der sich den Wütenden in den Weg stellte, fand durch einen Hieb den Tod, und auch die flehenden Blicke der Rittersfrau halfen ihr nichts: Ohne Erbarmen erschlug der Schmied sie mit dem Hammer. Die Burg wurde ein Raub der Flammen. Den Schmied ließ seine Freveltat nicht los. Als er nachts von Loch her kommend am Poppelstein vorbeiging, sah er sie: Engelsgleich stieg die schöne Frau vom Berg herunter, um Wasser zu schöpfen, und Punkt Mitternacht öffnete sich der Fels und der schwarze Hund sprang heraus und verbiss sich in den Nacken des Wanderers. Panisch vor Angst rannte der Schmied heim, legte sich erschöpft zu Bett und stand nie mehr auf. Heute noch erzählen die Alten die Sage, dass im Poppelstein der Goldschatz des Ritters versteckt sei und von dem schwarzen Hund bewacht werde.

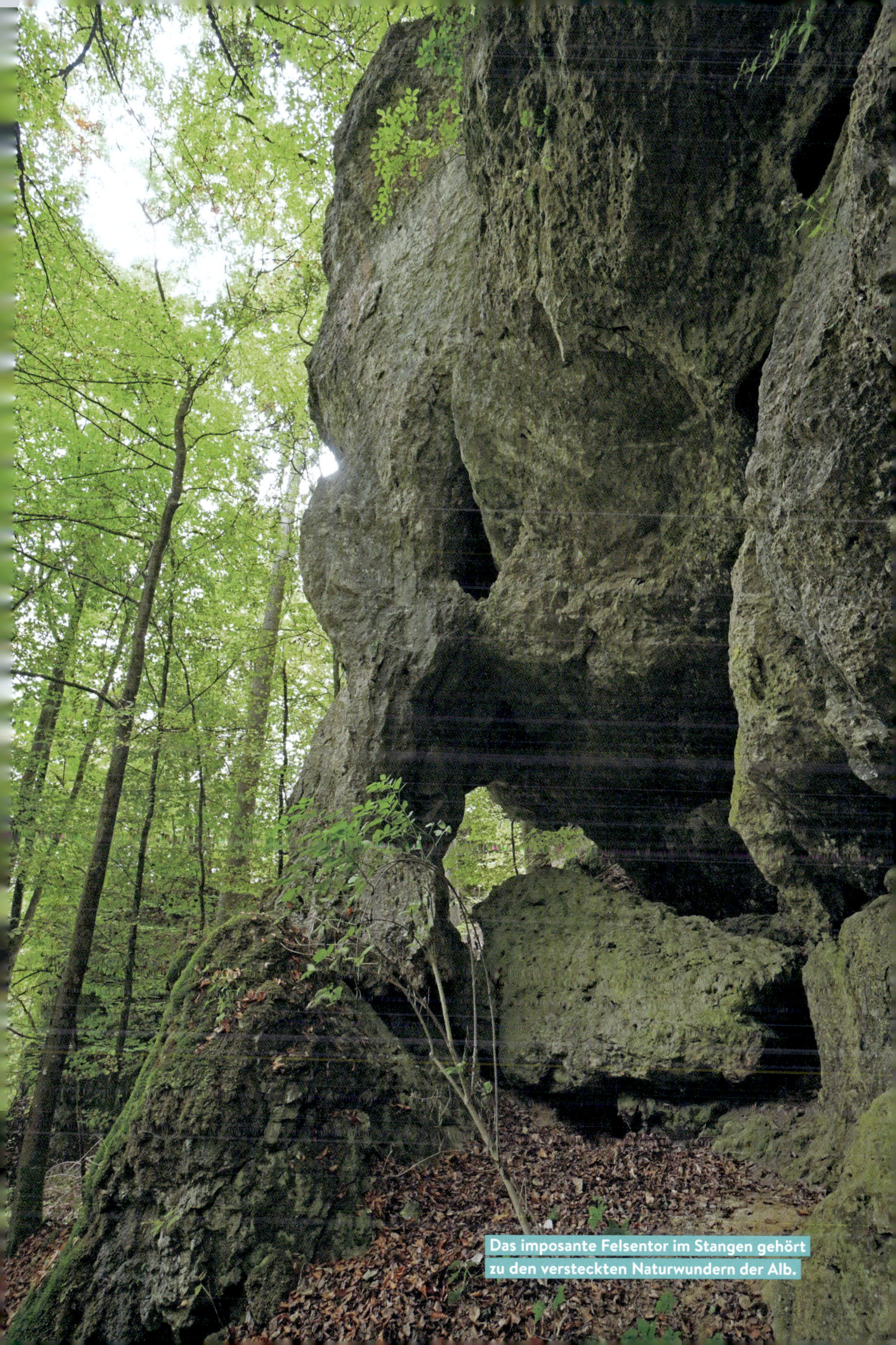

Das imposante Felsentor im Stangen gehört zu den versteckten Naturwundern der Alb.

INFO

TOURENCHARAKTER

Abwechslungsreiche Rundtour mit nur zwei kurzen Steilanstiegen zu zwei großen Burgen, gewaltigen Fels- und Höhlenmassiven, durch vergessene Täler mit großartigem Felsentor und über die Hochfläche. Fast durchgehend gute Wege, nur kurze Strecken entlang der Straße; der Abstecher zu den Wirtsteinhöhlen (s. Tipp) auf exponiertem Steig erfordert dagegen hohe Trittsicherheit.

AUSGANGS-/ ENDPUNKT

Wiesentfels (404 m), Bus-Hst. der Linie 969 oder einzelne Parkplätze im Ort (z.B. an der Route zur Kühkirche unterhalb der Burg, GPS: 49.956114, 11.218227)

ANFAHRT MIT ÖPNV

Mo–Fr nur an Schultagen Frühverbindung mit Linie 969 ab Bamberg Bhf. (Abfahrt: 8:04 Uhr), Rückfahrten alle 3 Std., Sa nicht nutzbar, So späte Verbindung (Bamberg ab 11:30, Rückfahrt 17:46 Uhr)

leicht | **13 km** | **250 Hm** | **4:00 Std.**

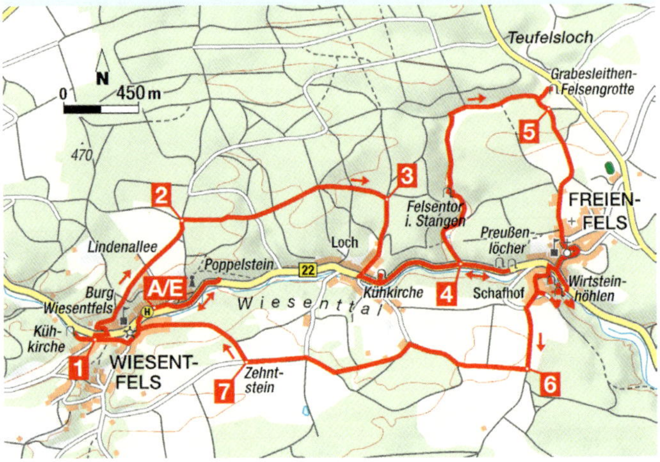

GEHZEITEN

Kühkirche (Wiesentfels) 0:10 Std. – Lindenallee 0:15 Std. – Loch (Kühkirche) 0:45 Std. – Felsentor i. Stangen 0:35 Std. – Grabesleithen-Felsengrotte 0:25 Std. – Wirtsteinhöhlen (Blick) 0:25 Std. – Zehntstein 0:50 Std. – Poppelstein 0:25 Std. – Rückweg 0:10 Std.

BESTE JAHRESZEIT

Ganzjährig reizvoll

EINKEHR

Freienfels, Gh. Waldmühle, Tel. 09274/255

KARTE

ATK25 D10 Hollfeld

rekt am Weg führen schwache Pfadspuren nach links in den Wald und steil am Hang empor: Staunend stehen wir vor dem imposanten Felsentor im Stangen. Wenn man rechts des Tors etwas ab- und dann zu seiner Rückseite aufsteigt, genießt man den schönsten Blick auf das gewaltige Massiv. Von hier wandern wir an den Felsen entlang zum Talgrund hinunter und folgen dem begrünten Fahrweg weiter talauf. Er mündet schließlich in einen Schotterweg, auf den wir mit **Blaupunkt** nach rechts einbiegen. Bald geht es nach einem Rechtsknick steiler bergan: Wir steigen auf dem mk. Weg noch 30 m auf und biegen dann links auf Fahrspuren **ohne Mk.** ab, die am rechten Rand in ein idyllisches Tälchen hineinführen. Rechts über uns tritt bald ein imposanter Felskegel mit der flachen Grabesleithen-Felsengrotte und einem originellen viereckigen Felsentor darüber ins Blickfeld.

FREIENFELS UND WIRTSTEINHÖHLEN

Zurück am **Blaupunkt**-Weg, folgen wir ihm noch 95 m bergauf und zweigen dann rechts auf einen unbefestigten Fahrweg **ohne Mk.** **5** ab, der durch Wald empor und dann auf freie Flächen hinausführt. Dort vereinigt er sich mit einem Schotterweg mit der Mk. **Rotkreuz**, auf dem wir bald Freienfels erreichen. Oberhalb der Kirche teilen sich die Wege: Unsere Mk. leitet uns geradeaus am Schloss (erbaut 1693–1701) vorbei und neben der Straße ins Wiesenttal hinunter. Dort ist ein Abstecher Pflicht: Wir gehen jenseits der B 22 nach links und dann über Treppen zur Wiesent hinunter: Am anderen Ufer erhebt sich das fantastisch geformte Massiv der Wirtsteinhöhlen mit zwei großen und mehreren kleinen Höhlen und einem Felsentor – eine der faszinierendsten Höhlenlandschaften der Alb (leider ist der direkte Zugang wegen eines Privatgrundstücks nur über einen schwierigen Umweg möglich: s. unten). Wir gehen nun ein Stück an der Straße zurück und biegen nach der Bus-Hst. links in einen schmalen Teerweg **ohne Mk.** ein, der uns zu einem Haus mit Fachwerk hinaufbringt (links von ihm zweigt der exponierte, nur für absolut Trittsichere geeignete Steig zu den Wirtsteinhöhlen ab: s. Tipp). Der Teerweg biegt hier nach rechts und führt steil nach Schafhof hinauf und dann im Rechtsbogen zu einer Wegteilung am Ortsrand.

ÜBER DIE HOCHFLÄCHE ZURÜCK Wieder mit **Rotkreuz** wandern wir auf gepflastertem Weg nach links bergan und biegen dann rechts in einen Schotterweg **6** ein, der uns mit schöner Aussicht über die Hochfläche führt; rechter Hand befand sich in der Vorgeschichte eine Siedlung. Nach leichtem Abstieg geht es links wieder etwas bergauf, mit Rechtsschwenk am Waldrand entlang, dann bei einer dreifachen Wegteilung im Wald auf dem mittleren Weg geradeaus weiter. Jenseits des Waldes folgen wir einem Schotterweg nach rechts, gehen bei einer Kreuzung geradeaus weiter und kommen bald zu einer aussichtsreichen Kuppe mit dem Zehntstein **7**. Der Sage nach wurde hier der Hunnenkönig Attila in einem goldenen Sarg bestattet. Damit sie den Ort des Grabes nicht verraten konnten, sollten alle Diener, die dabei waren, getötet werden. Neun entgingen diesem Schicksal nicht, nur der zehnte entkam und gab den Standort bekannt: daher der Name des hier errichteten kreuzgeschmückten Steines. Bei ihm biegen wir rechts auf einen Schotterweg **ohne Mk.** ab, der uns, zuletzt mit

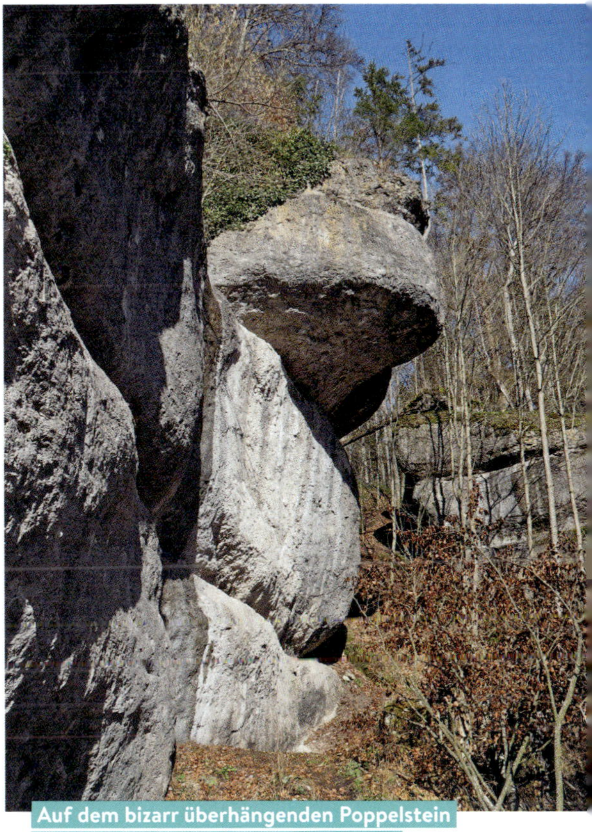

Auf dem bizarr überhängenden Poppelstein stand der Sage nach einst ein Schloss.

Prachtblick zur Burg, nach Wiesentfels hinabführt.

ZUM SAGENHAFTEN POPPELSTEIN Im Ort gehen wir mit **Blaupunkt** über die Wiesent zur Hst. hinüber, mit der Mk. noch ein Stück die Seitenstraße hinauf, bei der ersten Gabelung aber wieder **ohne Mk.** rechts zur B 22 hinunter. An ihr wandern wir 350 m entlang, bis wir in einer Rechtskurve ein hohes Massiv passieren. An seinem Ende übersteigen wir die Leitplanke: Vor uns ragt der sagenumwobene Poppelstein mit gewaltigem Überhang empor, rechts davon imponiert ein Fels mit malerischen Einkerbungen. Der Rückweg zur Hst. erfolgt auf gleicher Route.

Sinterterrassen und Kulthöhle

Ellerbachschlucht, Jungfernhöhle und Eulenstein

Die kleine Jungfernhöhle bei Tiefenellern ist wegen ihrer Bedeutung für die Vorgeschichte und der damit korrespondierenden Sage weithin berühmt. Große Naturwunder bieten die Sinterstufen der Ellerbachschlucht, der tiefe Kammerleinsgraben und die wilde Felsburg des Eulensteins.

2

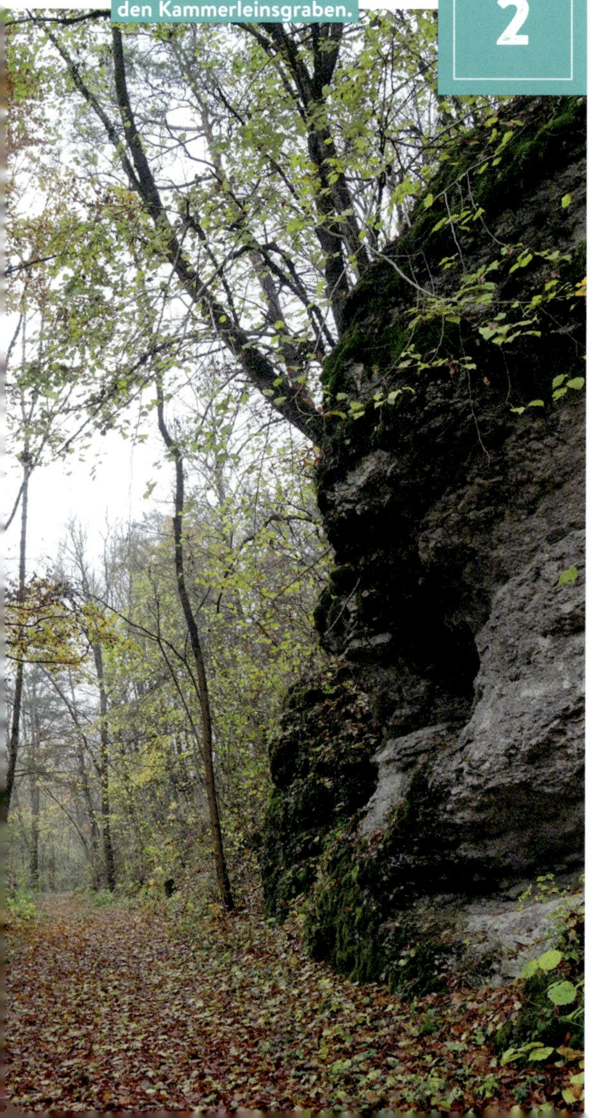

Imposante Felsen säumen den stillen Weg durch den Kammerleinsgraben.

Unsere Runde führt über die Ellerbachschlucht und die versteckte Höhle am Anger hinauf nach Herzogenreuth, über die weite Hochfläche zur Jungfernhöhle, weiter zur fantastischen Aussichtskanzel des Eulensteins und über den Kammerleinsgraben zurück.

DURCH DIE ELLERBACHSCHLUCHT

Vom Parkplatz (zu dem man von der Bus-Hst. über die Ellerbergstraße ansteigend in 5 Min. gelangt) gehen wir mit **Blauring** u.a. 150 m neben der Straße bergauf und biegen dann rechts in einen (anfangs geteerten) Fahrweg ein. Nach einer Infotafel über den Feuersalamander bekommen wir gleich einen Eindruck von den Naturwundern, die uns erwarten: Mit mehreren Wasserfällen nebeneinander überwindet der Ellerbach eine breite Sinterstufe. Auf bald schmalerem Weg geht es nun links des Baches zügig bergan. Nach etwa 230 m sollte man nicht versäumen, auf einem Stichpfad zum Bachbett hinüberzugehen: Der hier breit aufgefächerte Bach hat unzählige kleine Sinterterrassen geschaffen. Im weiteren Aufstieg wird der Weg wieder breiter, die Schlucht verengt sich. Bei einem Engpass lohnt ein Abstecher: Wir überqueren den Bach auf einem rechts abzweigenden Fahrweg **ohne Mk.** und steigen auf einem Stichpfad rechts zum großen Portal der ca. 10 m tiefen Höhle am Anger auf: ein magischer Ort fernab der Zivilisation. Wieder auf dem **Blauring**-Weg passieren wir eine imposante Felskette und erreichen dann das idyllische Quellgebiet des Ellerbachs. Von hier bringt uns ein stärkerer Anstieg über Wiesen zum Ortsrand von Herzogenreuth hinauf.

ÜBER DIE HOCHFLÄCHE ZUR JUNGFERNHÖHLE Wir gehen geradeaus in das Dorf hinein, biegen an der Hauptkreuzung **1** mit **Rotstrich** nach links, passieren den Gh. Möhrlein und wandern, zweimal links abzweigend, auf geteertem Feldweg auf die Hochfläche hinaus. Wer im Ort nicht eingekehrt ist, erreicht über den ersten links abzweigenden Fahrweg, dann nochmals mit Linksschwenk einen idyllischen Rastplatz bei einer malerischen kleinen Felsgruppe. Wieder auf dem Rotstrich-Weg kommen wir beim Weiler Linsbühl zu einer Gabelung **2**: Wir biegen links **ohne Mk.** auf einen befestigten Feldweg ab, der an einem Wäldchen entlang zu einer Anhöhe empor, dann über die Hochfläche sanft bergab führt und schließlich scharf nach links schwenkt. 100 m später, wo der Hauptweg eine Rechtskurve macht, zweigen wir auf einen begrünten Fahrweg ab und wandern auf ihm geradeaus weiter bis zu einer Straße. Links des Weges steht das Schwarze Kreuz, ein altes Feldkreuz, das erst nach 1980 »den Opfern der Jungfernhöhle« gewidmet wurde (s. Info). Wir wandern nun 240 m an der Straße bergauf, bis uns ein Ww. die Richtung vorgibt **3**: Ein breiter Weg führt uns in den Wald und nach Linksschwenk direkt zum schön geformten Portal der Jungfernhöhle. Die kleine Höhle, die man wegen einer 2 m senkrecht abbrechenden Stufe nur von außen bewundern kann, zählt zu den prähistorisch und sagenkundlich interessantesten der Alb. Rechts von ihr ist ein malerisches kleines Felsdach zu bewundern.

Funde

DIE »OPFER« DER JUNGFERNHÖHLE

Ausgrabungen im Jahre 1952 (O. Kunkel) brachten neben Hinterlassenschaften anderer prähistorischer Kulturen 15 verstreut liegende Skelette von Erwachsenen und 26 von Kindern und Jugendlichen zutage, darunter 85% Frauen und Mädchen. Sie entstammen der Zeit um 5100 v. Chr. und damit – wie auch die reichen Funde von Keramik und Steingeräten belegen – der Kultur der Linearbandkeramiker (s. Einleitung). Von dieser ist oberhalb des Kammerleinsgrabens eine größere Ansiedlung nachzuweisen, auch der Ringwall 120 m westlich der Höhle könnte aus dieser Zeit stammen. Aus den zertrümmerten Schädeln und zersplitterten Knochen schloss man, dass bei der Höhle grausame Menschenopfer und Formen des Kannibalismus stattfanden – eine These, die lange unangefochten blieb. Neuere Forschungen ziehen aber wieder eher primäre oder sekundäre Bestattungen (Umbettungen der Gebeine) unter Vollzug eines speziellen Totenrituals in Betracht.

SCHAUKANZEL EULENSTEIN Etwa 30 m vor dem Portal der Höhle treffen wir auf den **Rotring**-Weg, den man von hier in zwei Richtungen begehen kann: Wir wählen den rechten Ast, der uns nahe einer Wiese zunächst mit sanftem Gefälle durch die Flanke, dann mit Linksschwenk in einen Graben hinabführt. Jenseits gehen wir auf breiterem Weg nur 10 m nach links und biegen dann mit der Mk. gleich wieder rechts auf einen Pfad ab, der uns steil

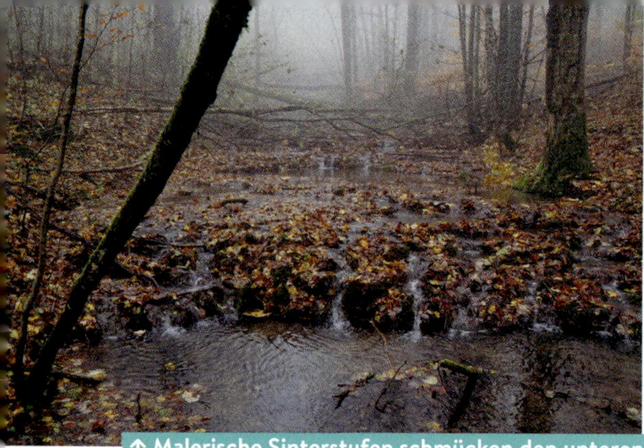

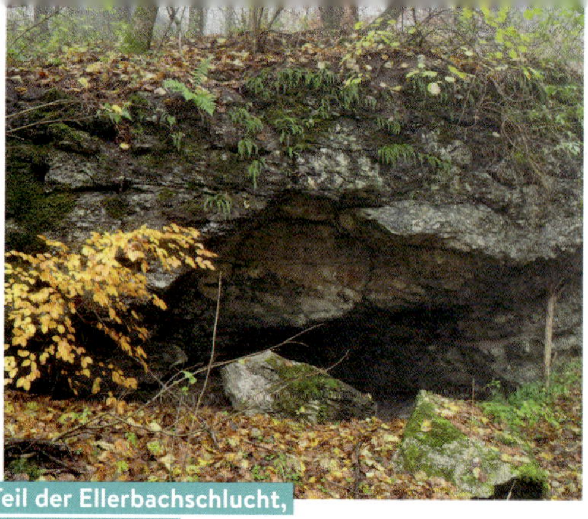

↑ Malerische Sinterstufen schmücken den unteren Teil der Ellerbachschlucht,
↗ ein verstecktes Kleinod im oberen Teil bildet die Höhle am Anger.

durch Wald empor und zuletzt nach links über eine Wiese zum Gipfel des Eulensteins hinaufbringt: Überwältigend der Blick über die schroffen Felsriffe hinab ins Tal von Tiefenellern und bei klarer Sicht hinaus bis nach Bamberg. Man sollte es nicht versäumen, rechts des Gipfels auf Pfadspuren ein Stück abzusteigen und am Fuß der Gipfelfelsen nach links zu queren: Ein malerischer Durchgang zwischen dem Hauptfelsen und einem schlanken Felsturm und weitere atemberaubende Tief- und Fernblicke erwarten uns.

Sage

DIE DREI JUNGFRAUEN

Auch die Sage weiß – in seltsamer Koinzidenz mit dem archäologischen Befund – von weiblichen »Opfern der Jungfernhöhle« zu berichten. Demnach erschienen Wanderern im Bereich der Höhle immer wieder drei Jungfrauen ohne Kopf. Meist fuhren sie mit einem Gespann, dessen Lenker und Pferde ebenfalls keinen Kopf hatten, auf den Flächen bis nach Herzogenreuth umher. Aus der Jungfernhöhle selbst hörte man ihren betörend schönen Gesang. Auch den Grund, warum sie keine Ruhe fanden, gibt die Sage an: Die drei Schwestern lebten in einem Schloss auf dem nahen Eulenstein. Ein Jäger hatte sich in eine von ihnen verliebt. Als er brüsk zurückgewiesen wurde, erschoss er voller Wut alle drei und warf ihre toten Körper in die Jungfernhöhle.

DURCH DEN KAMMERLEINSGRABEN INS TAL Zurück am Gipfel, könnte man einfach der Rotring-Mk. hinab nach Tiefenellern folgen, landschaftlich schöner ist jedoch der folgende Weg: Wir gehen zu der Wiese vor dem Gipfel zurück, biegen gleich an ihrem Rand nach links und wandern **ohne Mk.** auf deutlichem Pfad in den Wald empor. Der Weg führt uns immer an der Hangkante bergauf, an einer weiteren Wiese entlang, und dann mit Rechtsschwenk etwa 50 m südlich an einem Sendemast vorbei. Nach Vereinigung mit dem vom Mast kommenden Fahrweg geht es auf die Hochfläche hinaus, links am Waldrand entlang und rechts zu einer Straße hinüber. Ihr folgen wir kurz nach links zu einer Abzweigung, gehen dort links Richtung Tiefenellern und biegen bald rechts auf einen unbefestigten Fahrweg ab **4**. Er führt uns durch den malerischen Kammerleinsgraben bergab: Ein großer alter Baum, schroffe Felsen im Grund und imposante Felswände links und rechts fesseln das Auge. Zuletzt kommt die Mk. **Rotring** wieder hinzu. Sie führt uns an einer Kehre der Ellerbergstraße entlang, nach rechts auf einem

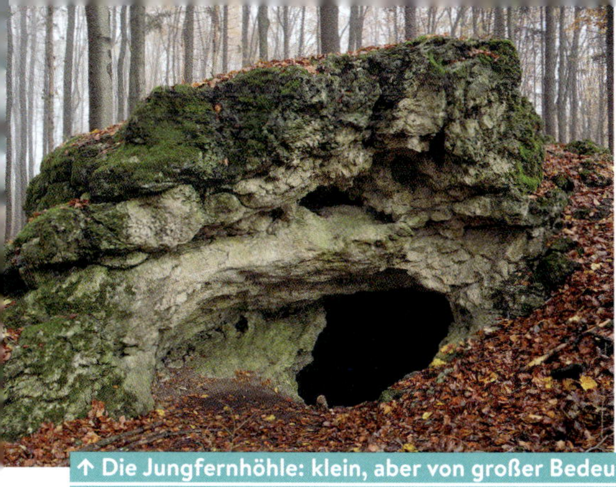

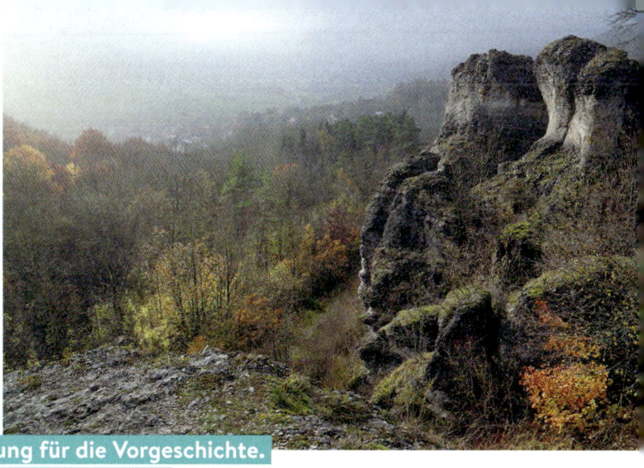

↑ Die Jungfernhöhle: klein, aber von großer Bedeutung für die Vorgeschichte.
↗ Von den Klippen des Eulensteins bietet sich ein Prachtblick ins Tal.

Schotterweg am Hirtenanger durch die Talflanke, dann links auf steilem Teerweg ins Zentrum von Tiefenellern hinunter. An der Hauptstraße halten wir uns links und kommen, an der Hst. vorbei, in wenigen Minuten über die Ellerbergstraße zum Parkplatz zurück.

INFO

TOURENCHARAKTER

Kurze, aber sehr vielfältige Tour mit nur einem großen Anstieg durch eine malerische Schlucht mit Sinterterrassen, zu einer geschichtlich hochbedeutenden Höhle, einer formenreichen Felsbastion mit fantastischer Aussicht und durch ein pittoreskes Felsental, meist gute Wege

AUSGANGS-/ ENDPUNKT

Tiefenellern, Parkplatz am östl. Ortsausgang rechts der Ellerbergstraße (GPS: 49.917180, 11.077197) oder Bus-Hst. im Ort

ANFAHRT MIT ÖPNV

Mit Linie 970 von Bamberg Hbf.: Mo–Fr etwas späte, aber nutzbare Nachmittagsverbindung, Sa/So vom 1.5.–1.11. gute Verbindungen, im übrigen Jahr So gut nutzbar, Sa zeitlich zu knapp

GEHZEITEN

Ellerbachschlucht (Mittelteil) 0:15 Std. – Höhle am Anger 0:15 Std. – Herzogenreuth 0:15 Std. – Schwarzes Kreuz 0:40 Std. – Jungfernhöhle 0:10 Std. – Eulenstein 0:10 Std. – Kammerleinsgraben (Felswand) 0:25 Std. – Rückweg 0:20 Std.

BESTE JAHRESZEIT

Ganzjährig reizvoll

leicht | 7,5 km | 260 Hm | 2:30 Std.

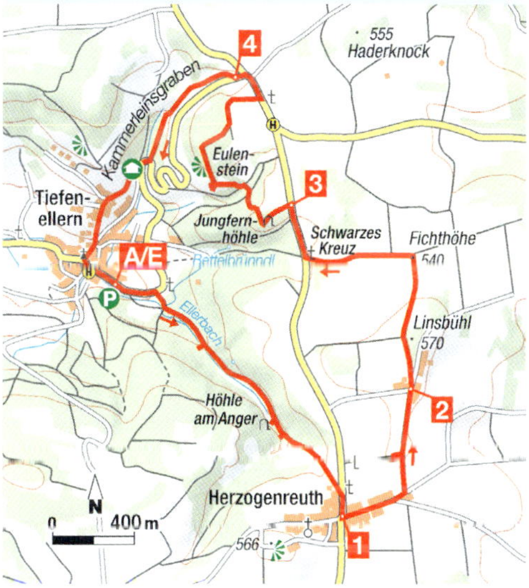

EINKEHR

Gh. Möhrlein in Herzogenreuth, Tel. 09505/220

KARTE

ATK25 D09 Scheßlitz

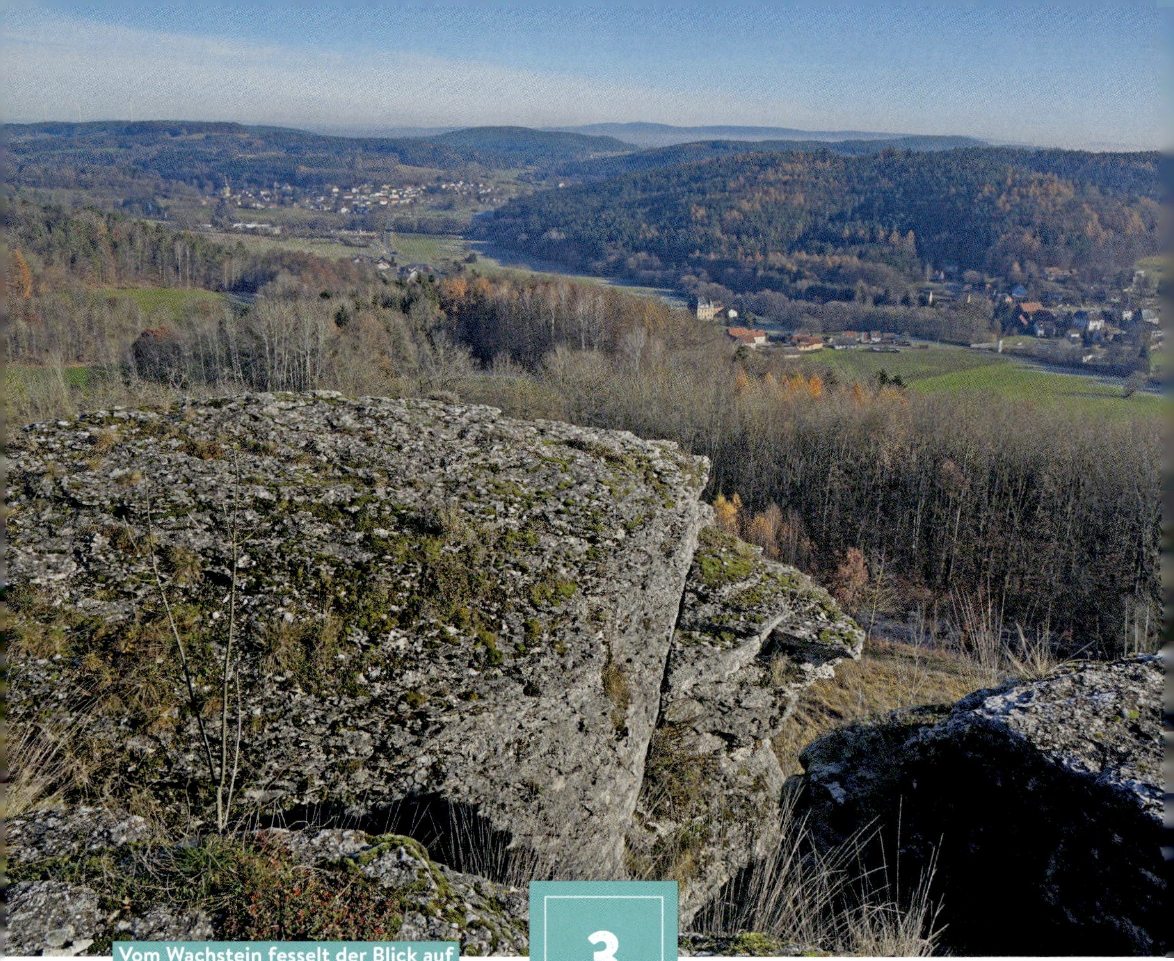

Vom Wachstein fesselt der Blick auf Schloss Truppach und das Fichtelgebirge.

3

Vom Slawentempel zur Spukhöhle

Plankenstein, Wachstein und Lohwitzenberghöhle

Der Bergrücken zwischen Truppach- und Lochautal mit den sagenumrankten Felsbastionen von Plankenstein und Wachstein zählt zu den schönsten Panoramalandschaften der Alb. Doch auch jenseits des malerischen Lochautals wartet mit der versteckten Lohwitzenberghöhle ein ebenso faszinierendes wie mysteriöses Highlight.

Nach dem Aufstieg zum Gipfel des Plankensteins wandern wir zu den gewaltigen Nordabstürzen mit einzigartigem Felsentor, dann über den aussichtsreichen Rücken zur Schaukanzel des Wachsteins (516 m), über die Hochfläche hinab nach Wohnsdorf, an der wilden Lochauer Wand vorbei durch das Lochautal abwärts, dann auf vergessenen Pfaden zur Lohwitzenberghöhle und über freie Hänge zurück.

PANORAMALOGE PLANKENSTEIN Von Parkplatz oder Hst. in Plankenfels gehen wir mit **Gelbring** u.a. nach rechts unter dem Viadukt der alten Bahnlinie hindurch, überschreiten die Lochau, halten uns nochmals rechts und steigen auf breitem Weg durch Wald mäßig steil bergan. Über eine Wiese, dann wieder durch Wald erreichen wir eine Gabelung unterhalb kleinerer Felsen: Ein Pfad **ohne Mk.** führt uns nach links über eine Senke, dann steil zu den Riesenblöcken am Gipfel des Plankensteins empor. Stufen bringen uns links auf einen der Klötze, ein steiler Pfad rechts zum höchsten Punkt (Rastplatz) hinauf: Umwerfend von beiden der Blick ins obere Wiesenttal und die Hollfelder Mulde. Von 1217 bis etwa 1460 stand hier eine Burg, die Sage berichtet von einer (heute verschütteten) Höhle, in der ein riesiger Pudel unermessliche Schätze bewachte. Nach der Rast gehen wir zu einem imposanten Block am Nordrand des Plateaus hinunter und nach rechts durch einen pittoresken Felsdurchgang bergab.

FASZINIERENDE FELSWELTEN Wir folgen dem Wanderweg (nun wieder Mk. **Gelbring**) aber nur kurz, bis unterhalb eine große Wiese sichtbar wird **1**. Deutliche Pfadspuren leiten uns nach links **ohne Mk.** zu ihr hinab und an ihrem linken Rand zu einem Holzstapel. Hier zweigt links ein Forstweg ab und führt uns unter imposanten Felsen zu einem wahren Naturwunder: Vor uns ragt der gewaltige Sonnwendstein auf, der zusammen mit dem vorgelagerten Turm ein bizarres Felsentor bildet.

Sage

TOD EINER PRIESTERIN

Der Opfertod für den Glauben wird gemeinhin den christlichen Märtyrern zugeschrieben, doch dies ist eine andere Geschichte, die etwa im 7.–9. Jh. spielt (s. Seite 22). Demnach hatten die heidnischen Wenden auf dem Gipfel des Wachsteins einen Höhentempel errichtet, in dem ein heiliges Feuer brannte. Eine Priesterin musste Tag und Nacht Wache halten (daher der Name des Berges) und das Feuer durch Nachgießen von Öl vor dem Erlöschen bewahren (bei Vernachlässigung dieser Pflicht drohte ihr der Tod). Doch dann trat das Christentum seinen Siegeszug an: Als die Christen sich schon dem Gipfel näherten, um das heidnische Heiligtum zu zerstören, nahm die Priesterin die Schale mit dem heiligen Licht, schwang sie dreimal durch die Lüfte und stürzte sich dann mit ihr über die jähen Felsabstürze in den Tod.

HÖHENWEG ZUM WACHSTEIN Zum **Gelbring**-Weg zurückgekehrt, wandern wir in weiten Bögen ins Dorf Plankenstein hinunter; von der Hangkante links bietet sich ein Prachtblick ins Lochautal. Im Ort schwenken wir nach rechts und erreichen ein (kaum befahrenes) Teersträßchen, das uns nach links in aussichtsreicher Wanderung leicht bergauf zum Eingang von Meuschlitz bringt. Kurz vor dem Ortsschild biegen wir rechts **ohne Mk.** auf ein Sträßchen ab und steigen mit wundervoller Fernsicht zu einer Kuppe auf (links im Wald zerklüftete Felsen). 20 m nach einer Bank **2** biegen wir links auf einen begrünten Fahrweg ab und wandern mit Prachtblick ins Truppachtal zum gegenüberliegenden Wald hinüber. Hier schwenken wir links auf einen querenden Fahrweg ein und folgen ihm bergauf, bis wir wieder auf **Gelbring**

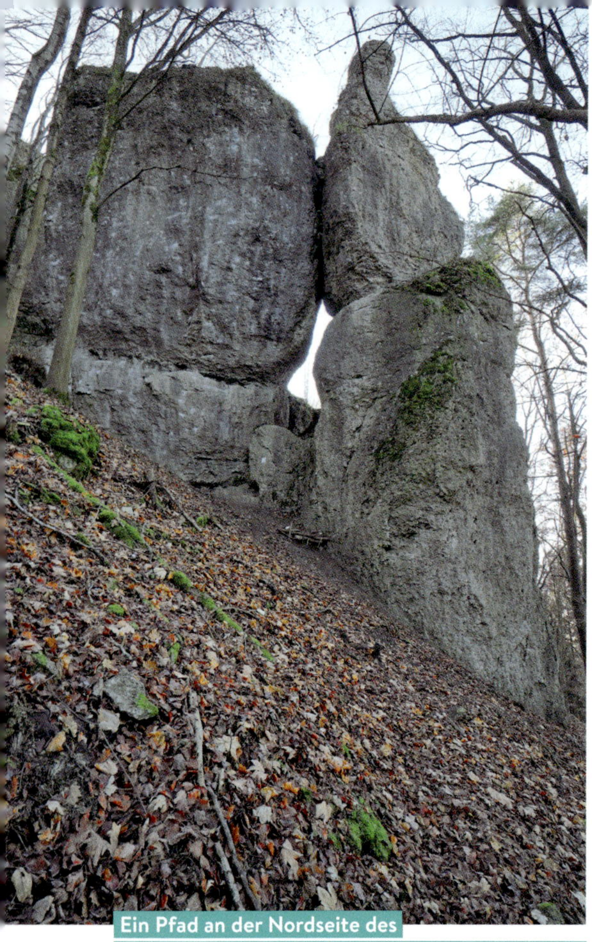

Ein Pfad an der Nordseite des Plankensteins führt zu diesem bizarren Felsentor.

treffen (Ww.). Die Mk. führt uns rechts stets geradeaus auf Fahrspuren über Wiesen zur freien Kuppe des Wachsteins hinauf, einem der großen Panoramaplätze der Alb. Man sollte – auch um die Sage nachvollziehen zu können – unbedingt zu den jäh abstürzenden Felstürmen im O hinübergehen, wo sich ein umwerfender Blick zur Neubürg, hinab ins Truppachtal und bis zum Fichtelgebirge bietet.

ÜBER DIE HOCHFLÄCHE NACH WOHNSDORF Von der Wegteilung unterhalb des Gipfels führt uns Gelbring rechts bergab zu einer Senke, dann auf einem links abzweigenden Fahrweg über die Hochfläche und mit Linksknick zu einer Kuppe hinauf, zuletzt im Rechtsbogen zu einem Schotterweg **3** hinunter. Auf ihm wandern wir mit **Grünring** links zur anderen Seite der Hochfläche hinüber, dann mit Rechtsschwenk nach N. Schließlich ist die entscheidende Kreuzung **4** erreicht: Wir folgen dem geteerten Fahrweg nach links bergab. Zunächst begleitet uns die Mk. **Grünpunkt**. Wo sie abzweigt, gehen wir auf dem Fahrweg **ohne Mk.** geradeaus weiter und gelangen durch ein malerisches Tälchen nach Wohnsdorf hinunter, idyllisch im Lochautal gelegen.

MALERISCHES LOCHAUTAL An der Brücke treffen wir wieder auf die Mk. **Gelbring**. Sie leitet uns über den Bach, am Gegenhang in einer Kehre bergan und dann links auf der Straße nach Hainsdorf bis zum Wald empor (schöner Talblick). Hier zweigt links der Wanderweg ab, der zunächst deutlich bergab, dann eben am Rand des unberührten Tales entlangführt. Bald tauchen rechts schroffe Felsen auf und kurz nach einer Reihe von Weihern der nächste Höhepunkt: Über uns erhebt sich die Lochauer Wand mit riesigen Überhängen und einer tiefen Spalte in der Mitte.

SPEKTAKULÄRE LOHWITZENBERG-HÖHLE Kurz danach führt uns die mk. Route im Rechtsbogen steil bergan (prachtvoller Blick nach Meuschlitz) zu einer Wegteilung am Hang: Wir wandern hier **ohne Mk.** auf dem Fahrweg geradeaus weiter (Ww. Hainbach) zur Hochfläche hinauf. 70 m nach Austritt aus dem Wald **5** biegen wir spitzwinklig links auf einen begrünten Fahrweg ab und steigen stets geradeaus, zuletzt links an einem Waldstück vorbei, zu einer aussichtsreichen Kuppe auf. Hier schwenken wir links auf einen Fahrweg ein, der, an einer Bank vorbei, erst sanft abwärts, dann nach Rechtsknick an der Hangkante des Lochautals entlangführt. Auf deutlichen Fahrspuren geht es im Rechtsbogen am unteren Rand einer großen Wiese entlang, dann wieder zu einem Waldstück hinauf. Genau hier **6** biegen wir spitzwinklig rechts auf einen Forstweg ab, gehen bei der folgenden Gabelung rechts zum Waldrand hinunter und folgen dann den Fahrspuren, die uns am Waldrand im Linksbogen deutlich bergauf führen. An geeigneter Stelle queren wir zum nahen Waldstück gegenüber und wandern an seinem unteren (!) Rand 40 m entlang: Dann sehen wir links das große Tor der Lohwitzenberghöhle, zu dem uns ein steiler Pfad hinaufbringt. Zwei Gänge führen in den Berg und vereinigen sich später wieder; über den rechten steigt man steil zu einer fantastisch zerklüfteten Kammer auf, die durch den Einsturz der Decke Licht erhält – ein magischer Ort, der schon in der Jungsteinzeit (Stichbandkeramiker) genutzt wurde. Der Sage nach sollen hier feurige Männer umgehen.

RÜCKWEG Zurück an P. 6, steigen wir auf dem Fahrweg geradeaus zu einer Kuppe auf und jenseits zu einer Gabelung hinab, wo die Mk. **RW4** auftaucht. Sie leitet uns links bergab, am oberen Rand des Lochautals entlang, im Rechtsbogen wieder aufwärts, dann halb links auf begrüntem Fahrweg auf eine Kuppe hinauf. Von hier geht es mit Prachtblick zum Plankenstein mit mehreren Schwenks zügig zum Ortsteil Kalkbüsch hinunter. Wir folgen dem Teersträßchen nach links, halten uns kurz vor dem Sportplatz links und biegen gleich wieder rechts auf einen **Fahrradweg** ein, der uns durch eine prächtige Allee zu Viadukt und Startpunkt zurückbringt.

INFO

TOURENCHARAKTER

Sehr abwechslungsreiche Wanderung mit zwei größeren Anstiegen auf guten, z.T. unmarkierten Wegen zu zwei der schönsten Panoramaplätze der Alb, gewaltigen Felsformationen, einer eindrucksvollen Höhle und durch ein unberührtes Tal

AUSGANGS-/ENDPUNKT

Plankenfels (365 m), Wanderparkplatz an der Südseite der Ortszufahrt von Osten am Eingang zum Lochautal (GPS: 49.886906, 11.341580) oder Bus-Hst. »GH Schwarzer Ritter« ca. 50 m weiter westl.

ANFAHRT MIT ÖPNV

Mo–Fr gut nutzbare Busverbindung ab Bayreuth Hbf. mit Linie 376 (nach Hollfeld; alle 1–3 Std.), Sa brauchbar, aber weniger Verbindungen, So mit Linientaxi (1 Std. vorher: 0921/202 08) oder sehr späte Verbindung

GEHZEITEN

Plankenstein Gipfel 0:25 Std. – Felsentor 0:10 Std. – Wachstein 0:55 Std. – Wohnsdorf 1:00 Std. – Lochauer Wand 0:25 Std. – Lohwitzenberghöhle 0:30 Std. – Rückweg 0:50 Std.

BESTE JAHRESZEIT

Ganzjährig reizvoll, besonders schön im Herbst

EINKEHR

Unterwegs keine

leicht | 13,5 km | 450 Hm | 4:15 Std.

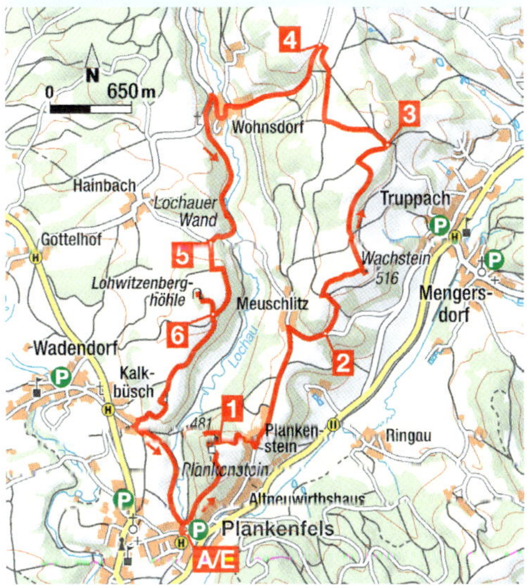

KARTE

ATK25 D10 Hollfeld

Hungerbrunnen und Geisterfelsen

Heroldsstein, Seigelstein und Harziger Stein

In der Nähe des malerisch gewundenen Trockentals oberhalb der heutigen Leinleiterquelle und des geheimnisvollen Großen Tummlers erheben sich mit dem Heroldsstein und dem vorgeschichtlich bedeutsamen Seigelstein zwei der schönsten Aussichtswarten der Alb, daneben der Harzige Stein als Hotspot mysteriöser Erscheinungen.

4

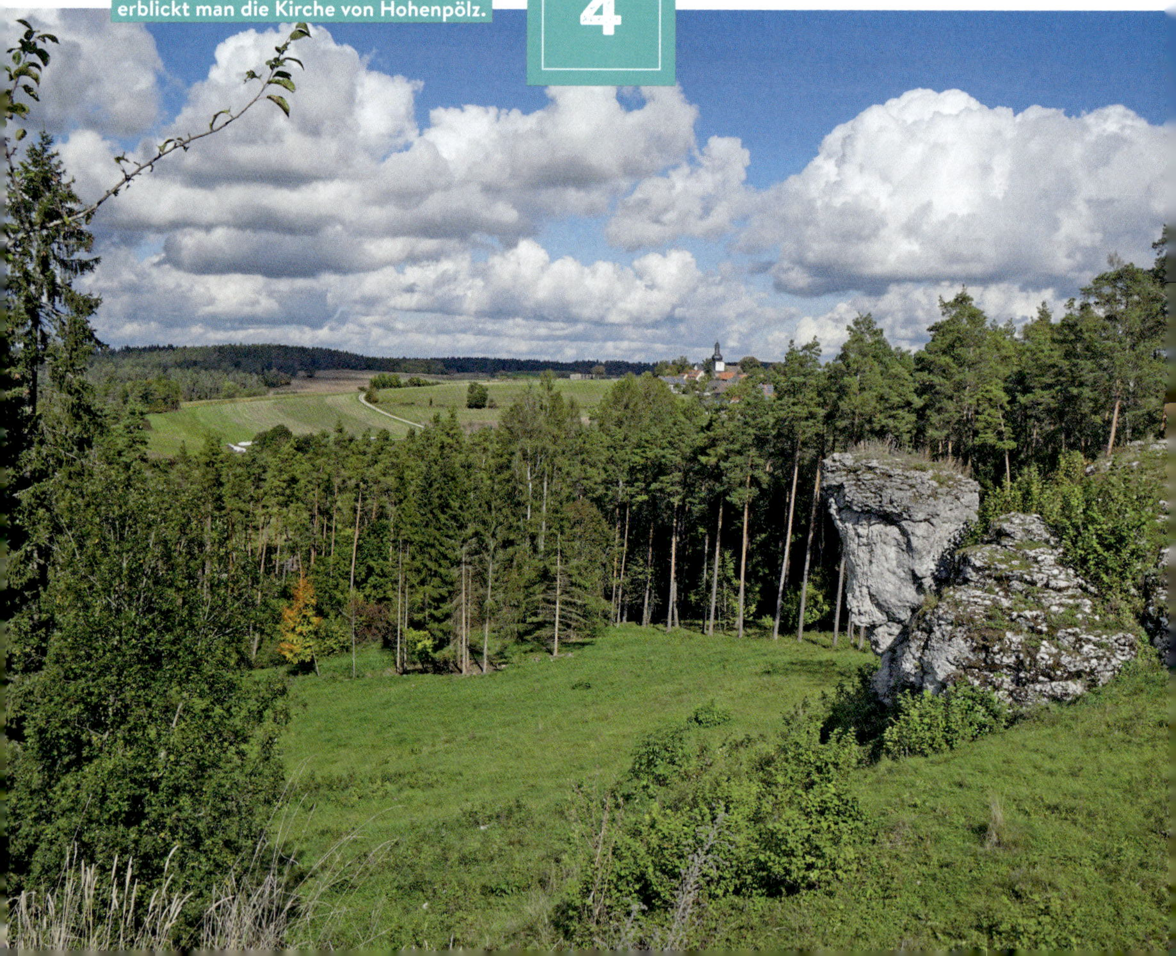

Über dem Felsturm am Heroldsstein erblickt man die Kirche von Hohenpölz.

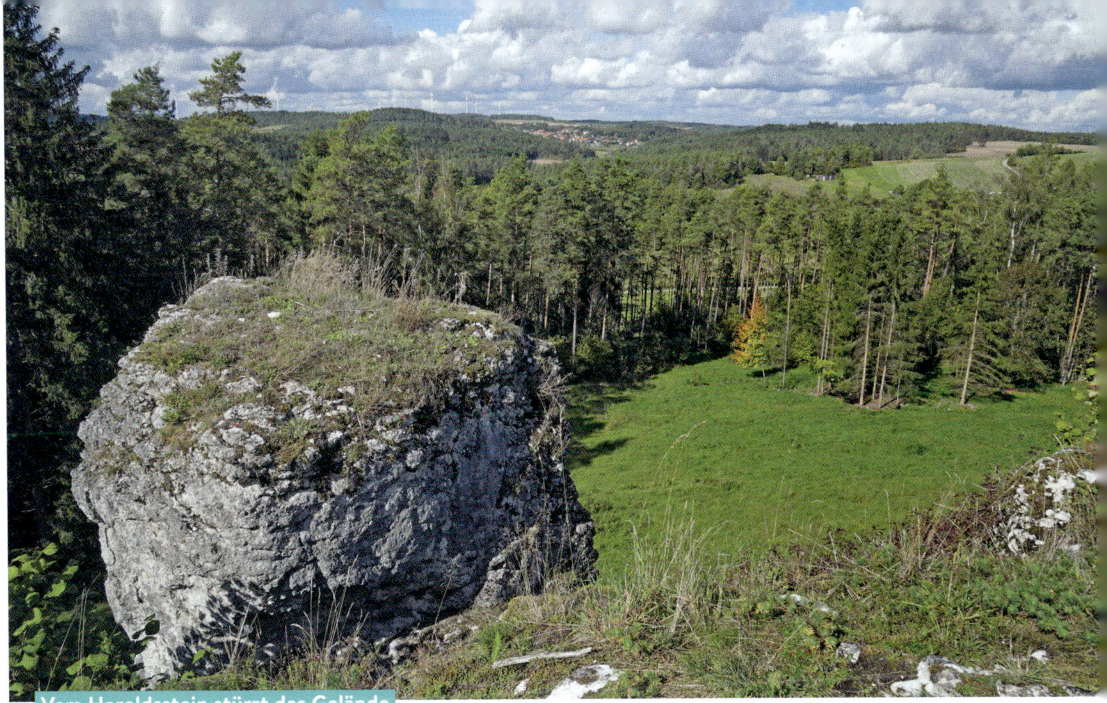

Vom Heroldsstein stürzt das Gelände steil zum Trockental der Leinleiter ab.

Unsere Runde führt aus dem Leinleitertal hinauf zum Heroldsstein, durch das Trockental über den Gr. Tummler zur Heroldsmühle, hinauf zum Seigelstein (546 m) und weiter zum Harzigen Stein, dann durch die Waldschlucht des Teufelsgrabens nach Burggrub und auf dem Talweg zurück.

ZUM HEROLDSSTEIN Wir durchqueren Oberleinleiter in Richtung N und biegen kurz vor Ortsende rechts in die Straße nach Brunn ein. Nach kurzem Anstieg zweigt links ein mit **Gelbstrich** u.a. mk. Wanderweg ab, der uns erst deutlich bergab, dann eben, teils ganz nahe an der Leinleiter durch idyllische Auen talein führt. In Sichtweite der Heroldsmühle mündet unser Weg in einen unbefestigten Fahrweg, auf dem wir mit **Rotpunkt** u.a. nach rechts über Wiesen, dann durch Wald zügig an Höhe gewinnen. Kurz vor einer Straße **1** biegen wir scharf links auf einen Forstweg ein und wandern mit **Grünring** (die Mk. taucht erst später auf) am Rande der Hochfläche entlang, dann auf dem mittleren der drei Wege in den Wald hinein. Nach längerer Waldwanderung folgen freie Flächen: Ein geteerter Feldweg bringt uns nach links zu einer aussichtsreichen Kuppe, an der sich auf der rechten Seite eine Siedlung der Jungsteinzeit befand. Kurz danach zweigt links ein unbefestigter Fahrweg ab, der uns am Waldrand sanft bergauf, dann leicht abwärts

Tipp

ZWEI-TAGES-VARIANTE

Die relativ lange Tour lässt sich problemlos in zwei bequeme Rundtouren aufteilen (1. Tag: 2:20 Std., 170 Hm, 2. Tag: 3:15 Std., 330 Hm). Man geht dazu einfach bei P. 4 auf dem Leinleiter Radweg geradeaus weiter und kehrt so in 10–15 Min. nach Oberleinleiter zur Hst. bzw. zum Parkplatz zurück. Am anderen Tag erreicht man auf gleicher Route wieder P. 4 und setzt die Tour mit der Abzweigung nach links fort.

im Rechtsbogen zur Westflanke des Heroldssteins führt. Wo er wieder zu steigen beginnt, zweigt links ein deutlicher Pfad **ohne Mk.** ab **2** und bringt uns zu den Steilabbrüchen des Gipfelplateaus mit Infotafeln. Von hier steigen wir mit Linksschwenk zu einer Kuppe auf, wo sich neben dem weiten Panorama ein grandioser Blick über einen bizarren Felsturm zur Kirche von Hohenpölz auftut, und gehen dann im weiten Bogen zur Felskante oberhalb des Turms hinüber: Prachtvoll der Blick ins Tal.

GR. TUMMLER UND LEINLEITERQUELLE
An einer Bank vorbei führt uns ein Pfad über das kiefernbestandene Plateau zum breiten Wanderweg zurück. Mit **Grünring** geht es links bergab, im Linksbogen am Waldrand tiefer und auf einem Fahrweg an einigen Scheunen vorbei. Bei einer Verzweigung biegen wir links auf einen begrünten Fahrweg ab und folgen ihm bis zu einer einzeln stehenden Kiefer am linken Rand **3**: Vor ihr zweigt der Wanderweg (Achtung: im Sommer durch Vegetation verdeckte Mk.!) links ab und bringt uns zügig zum Talgrund hinunter. Wir schwenken auf breitem Weg nach links in das felsgeschmückte Trockental ein und erreichen bald das nächste Highlight. An einer Talbiegung zweigt links ein Stichweg ab, der uns durch das felsige »Bach«-Bett zum Gr. Tummler führt: Wo meist ein schauriges schwarzes Loch am Fuß einer imposanten Felsflucht zu bewundern ist, schießen nach Starkregen oder Schneeschmelze beachtliche Wassermassen heraus. Auf dem Hauptweg durchqueren wir nun den schönsten Abschnitt des Trockentals, das sich malerisch zwischen steilen Magerrasenhängen und einzelnen Felsen hindurchwindet, und erreichen dann auf einen Stichpfad nach rechts die heutige Leinleiterquelle am Fuß eines felsigen Hangs. Der Wanderweg quert nun leicht ansteigend die linke Talflanke oberhalb einer Reihe von Weihern, dann stehen wir vor dem Mühlrad der einstigen Heroldsmühle: Es ist das größte in der Frankenalb. Wir gehen hier auf dem Teerweg nach rechts, überqueren die Leinleiter und wandern mit Linksschwenk talaus zu einem Wanderparkplatz.

PANORAMAGIPFEL SEIGELSTEIN Nach links kommen wir zur Talstraße, gehen geradeaus über sie hinüber und biegen links auf den geteerten **Leinleiter-Radweg** ein. 30 m nach einer Hangbrücke (mit 10 Granitpfosten) folgt die entscheidende Abzweigung **4**: Wir biegen rechts auf einen Fahrweg **ohne Mk.** ab und schwenken nach kurzem Anstieg nochmals rechts auf einen Fahrweg mit begrüntem Mittelstreifen ein, der uns mit prachtvollem

Sage

DER UNTERIRDISCHE SEE

Die heutige Karsthydrologie erklärt das Phänomen der Tummler mit dem Absinken des Karstwasserspiegels durch fortschreitende Verkarstung. Der Gr. Tummler, eine ehemalige Quelle, bleibt so wie das anschließende Tal die meiste Zeit des Jahres trocken. Wenn infolge starken Regens oder heftiger Schneeschmelze der Karstwasserspiegel ansteigt, wird er wieder aktiv. Die Menschen früherer Zeiten vermuteten hinter dem Tummler einen riesigen unterirdischen See. Als Beweis wurde angeführt, dass einmal eine Gans in ein Erdloch bei Hohenpölz gespült wurde und anderntags im Tal unterhalb des Tummlers wieder unversehrt auftauchte. Auch für die Ausbrüche des Tummlers hatte man eine Erklärung parat: Im See haust ein riesiger Fisch. Wenn er heftige Bewegungen macht oder mit der Schwanzflosse schlägt, wird so viel Wasser verdrängt, dass es fontänenartig aus der Öffnung des Tummlers herausschießt.

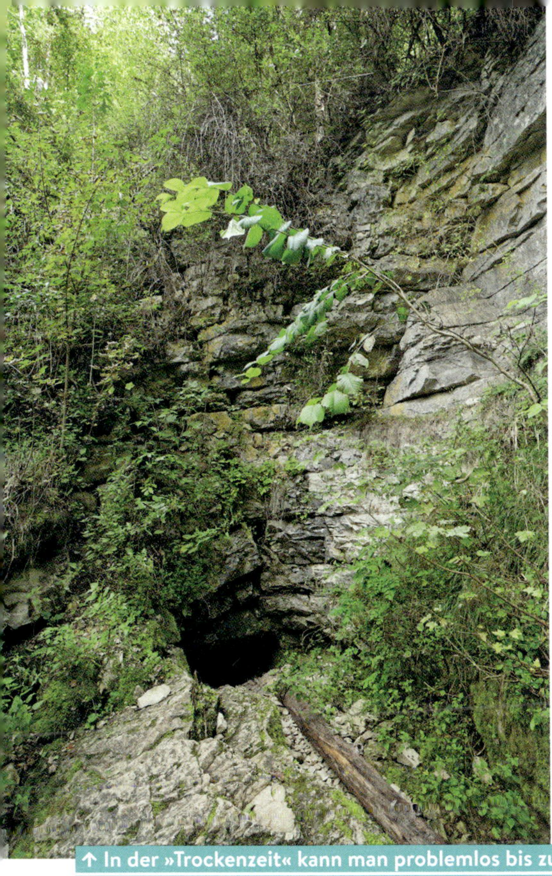

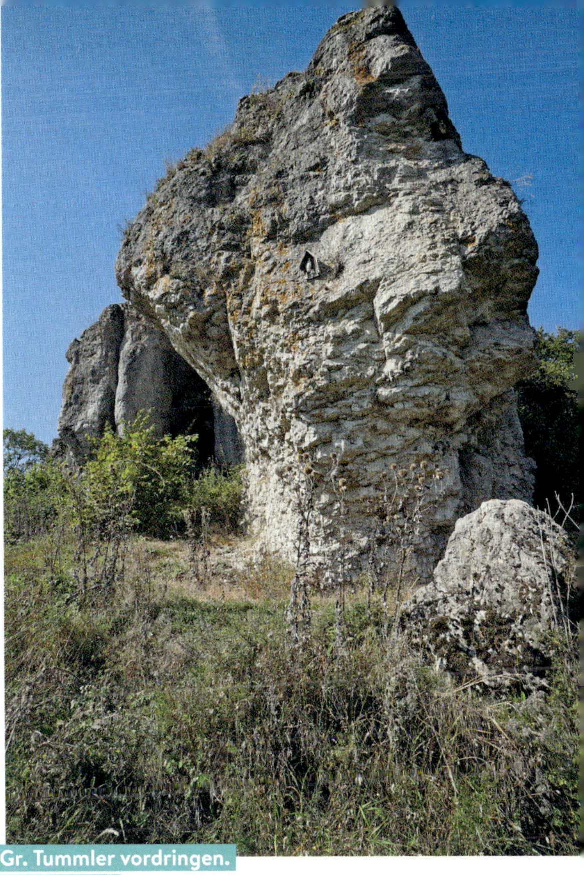

↑ In der »Trockenzeit« kann man problemlos bis zum Gr. Tummler vordringen.
↗ Bizarre Felstürme schmücken die Südabstürze des Seigelsteins.

Talblick sanft bergauf führt. Nach einer scharfen Linksbiegung geht es über eine Wiese zum Waldrand empor: Ein querender Fahrweg bringt uns nach links leicht abwärts durch ein Waldstück zu einer Gabelung. Hier halten wir uns rechts und wandern, nun mit **Grünstrich**, auf einem Schotterweg am Waldrand bergan durch die Hänge des Kühmetzenknocks, immer mit Prachtblick ins Leinleitertal. Bei einer Wegteilung **5** geht es mit der Mk. links bergab, dann rechts zu einer Straße hinüber, auf ihr 60 m nach rechts, zuletzt links auf einem Fahrweg zu einem großen Kruzifix hinauf. Wir schwenken hier nach links und steigen dann rechts auf einem Feldweg zu einer Aussichtsbank empor. Rechts von ihr beginnt ein Pfad, der uns unter der (instinktlos nahe an das Naturwunder herangeführten) Hochspannungsleitung hindurch über Magerrasen steil zu den Felszinnen des Seigelsteins emporführt. Nach Besichtigung der wilden Türme (Stichpfad nach links) gelangen wir rechts an den Felsen vorbei zum Gipfel und nach links zur Felskante mit umwerfender Aussicht über die Kuppen der Alb bis zum Fichtelgebirge. Das Gipfelplateau beherbergte in der ausgehenden Steinzeit und unter den Kelten eine größere Höhensiedlung.

MYSTERIÖSER HARZIGER STEIN Wir folgen nun dem Bergrücken nach W, bis in einer Senke ein unbefestigter Fahrweg (**Mountainbike Route 1**) quert **6**. Auf ihm geht es nach links in Bögen zum Waldrand (unterhalb eine sehenswerte Marienkapelle) hinunter, dann auf einem Schotterweg links an ihm entlang. Bald treffen wir auf die Mk. **Grünring**: Mit ihr wandern wir erst geradeaus weiter, dann nach

Rechtsknick über eine Fahrstraße hinweg in einen Grund hinunter. Jenseits steigen wir auf einem Fahrweg in den Wald empor, bis links eine schmale Wiesenfläche auftaucht. An ihrem oberen Ende (vor einem Baum mit Grünring und Geradeaus-Pfeil) **7** zweigt links ein unbefestigter Forstweg **ohne Mk.** ab, der uns über die Freifläche mit der Stromleitung wieder in den Wald führt. 80 m nach Eintritt in den Wald sieht man rechts die Felszinnen des Harzigen Steins und steigt auf einem Pfad steil zu ihnen empor, zuletzt nach rechts unter einem imposanten Doppelturm zum felsigen Gipfel mit mittelalterlichem Burgstall hinauf.

INFO

TOURENCHARAKTER

Rundtour mit drei stärkeren Anstiegen zu grandiosen Aussichtspunkten, sagenumwobenen Felsburgen, durch ein malerisches Trockental mit einzigartigen Karstphänomenen und eine tiefe Waldschlucht, fast durchgehend auf guten Wegen, nur am Harzigen Stein kurze Passage auf Steigspuren

AUSGANGS-/ENDPUNKT

Oberleinleiter (378 m), begrenzte Parkmöglichkeiten am südl. Ortsende jenseits der Leinleiter (beim Kriegerdenkmal über die Brücke, dann wenden und am rechten Straßenrand parken; GPS: 49.881870, 11.129925) oder (nur bei Einkehr) auf dem Gästeparkplatz Gh. Ott bzw. Bus-Hst. im Ort. Alternative: Man parkt auf dem Wanderparkplatz an der Abzw. zur Heroldsmühle, geht auf direktem Weg zur Mühle und weiter mit Rotpunkt zu P. 1.

ANFAHRT MIT ÖPNV

Mo–Fr sporadische Fahrten mit Linie 975 von Bamberg oder Heiligenstadt, nur bei Aufteilung in zwei kürzere Touren (s. Tipp) nutzbar

leicht | 18 km | 470 Hm | 5:15 Std.

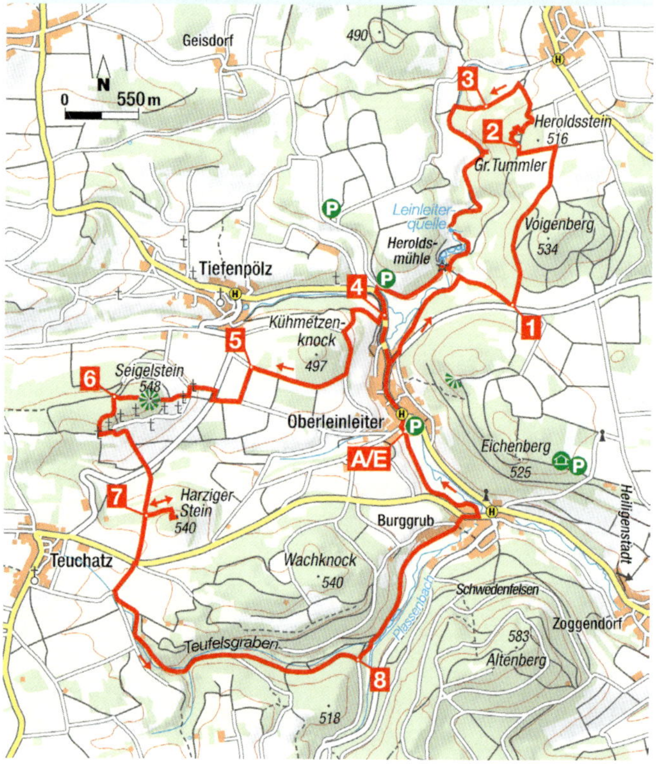

GEHZEITEN

Heroldsstein 1:00 Std. – Gr. Tummler 0:30 Std. – Leinleiterquelle 0:15 Std. – Wanderparkplatz (Abzw. Heroldsmühle) 0:20 Std. – Seigelstein 1:05 Std. – Harziger Stein 0:35 Std. – Teufelsgraben 0:25 Std. – Burggrub 0:50 Std. – Rückweg 0:15 Std.

BESTE JAHRESZEIT

Ganzjährig reizvoll, am schönsten im Herbst

EINKEHR

Gh. Brauerei Ott, Tel. 09198/271

KARTE

ATK25 E09 Forchheim

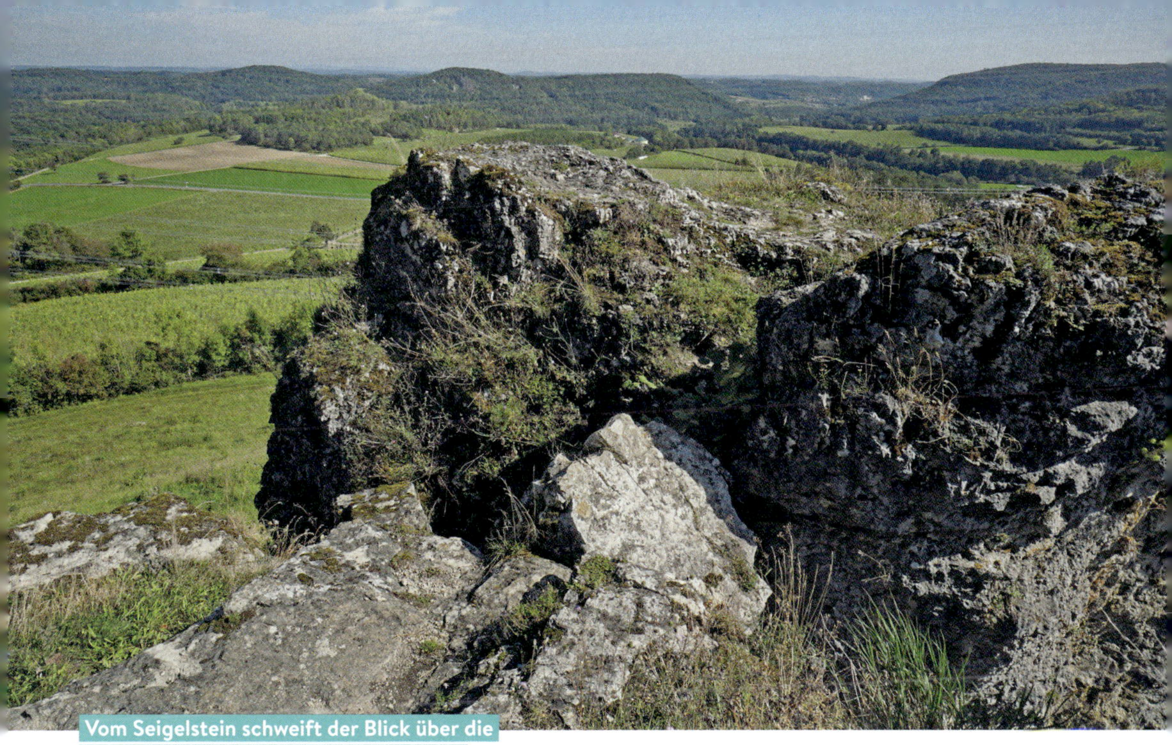

Vom Seigelstein schweift der Blick über die Kuppen der Alb zu Schloss Greifenstein.

Der Sage nach ist dies eine alte Raubritterburg und zugleich einer der unheimlichsten Orte Frankens: Hier und an der nahen Linde (s. unten) wurden schon feurige Männer, das Wilde Heer, zwei Männer ohne Kopf in einer vierspännigen Kutsche, ein altes Männlein, das einen vergrabenen Schatz bewacht, und ein Hund mit feurigen Augen gesichtet.

DURCH DEN TEUFELSGRABEN Zum **Grünring**-Weg zurückgekehrt, steigen wir zu einer Kuppe auf und erreichen mit schönem Blick auf Teuchatz eine riesige, ca. 500 Jahre alte Linde – ein uralter Siedlungsplatz, der seit der Jungsteinzeit (Linearbandkeramiker) bis ins Mittelalter bewohnt war. Jenseits der Straße folgen wir geradeaus einem Teerweg, biegen dann links auf einen Schotterweg ab, halten uns nochmals links und schwenken dann am Waldrand rechts in den Teufelsgraben ein. Durch eine felsige Waldschlucht geht es zügig bergab, dann zur rechten Talseite hinüber und unter imposanten Felsen an der Flanke weiter. Wo Grünring rechts bergan führt, wandern wir geradeaus **ohne Mk.** auf dem Forstweg weiter. Nach längerer Hangquerung über dem tiefen Graben treffen wir in einer Rechtskurve **8** auf die Mk. **Grünwimpel**: Mit ihr geht es auf schmalem Pfad nach links steil bergab in einen idyllischen Grund mit mehreren Teichen, dann im Linksbogen zu einem unbefestigten Fahrweg hinüber. Er bringt uns an weiteren Weihern vorbei nach Burggrub, zuletzt mit Prachtblick zum Felsturm des Rothensteins am hohen Altenberg, auf dem sich einst eine Höhensiedlung der Urnenfelderkultur und der Kelten befand.

RÜCKWEG Über eine Wohnstraße erreichen wir die Hauptstraße, wandern nach rechts am imposanten Schloss vorbei bergab und biegen nach ihm links in den geteerten **Radweg** nach Oberleinleiter ein. Er bringt uns, am Feuerwehrhaus vorbei, leicht ansteigend über Wiesen mit Prachtblick auf den Kreuzstein zurück zum Startpunkt.

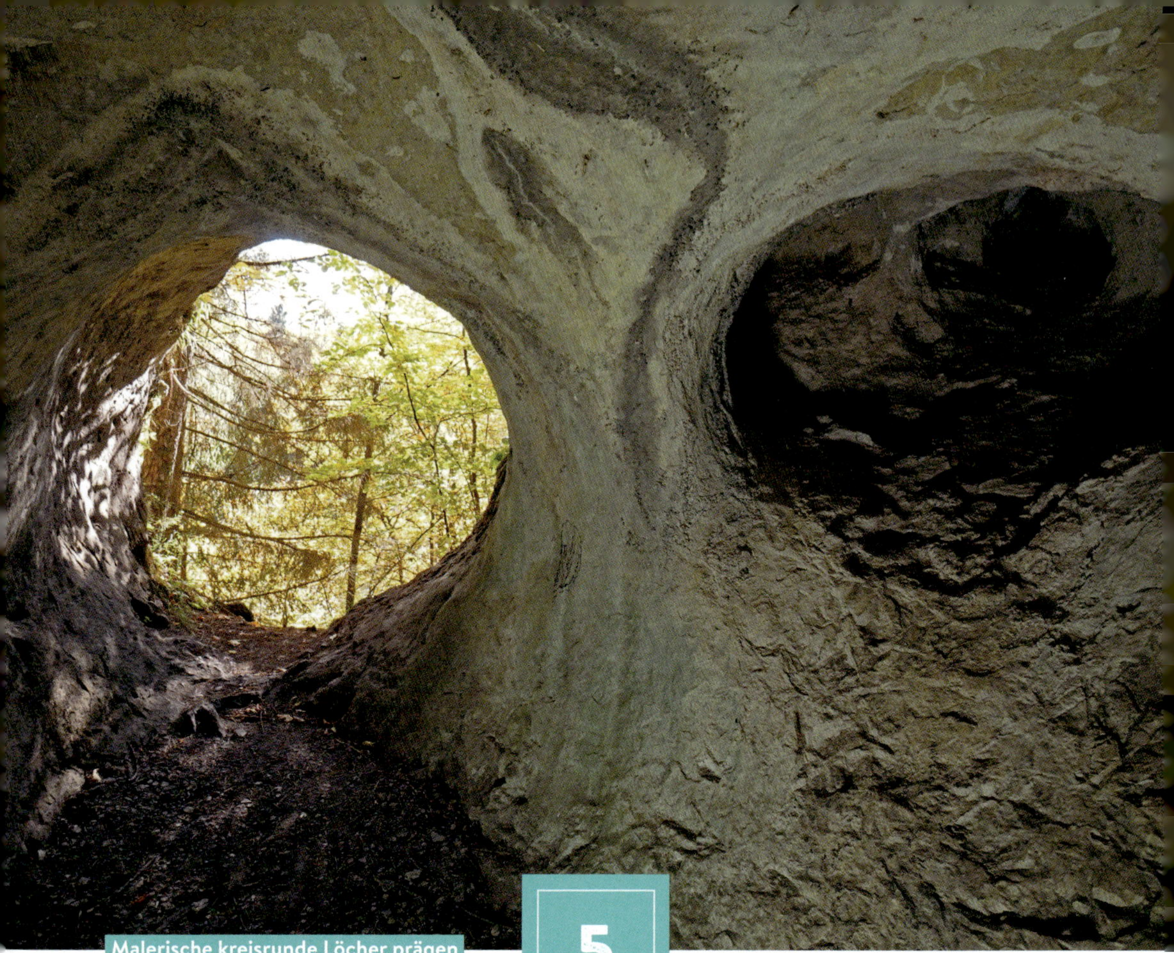

Malerische kreisrunde Löcher prägen den Südausgang der Fuchslöcher.

5

Räuber und Gespenster bei Aufseß

Fuchslöcher, Wachstein und Hohloch

Nicht das idyllische Tal oder die weiten Hochflächen, sondern die grandiosen, aber kaum bekannten Höhlen machen die Region um Aufseß so einzigartig: Die Fuchslöcher gehören zu den Höhepunkten der Alb, schaurige Sagen ranken sich um die Durchgangshöhle am Wachstein und das Hohloch.

Zunächst geht es durch das malerische Aufseßtal abwärts, dann durch das Hochstahler Tal über Krämerstein, Untere Höhle, Bauernhöhle und Fuchslöcher talauf, über den Wachstein zum Hohloch, dann über die Hochfläche zum Galgenhügel, zuletzt mit Blick auf Schloss Unteraufseß über die Wotanshöhle zurück.

IM TAL DER AUFSESS Direkt beim Parkplatz überqueren wir die Straße und wandern mit **Gelbring** u.a. gegenüber durch die Gasse Am Weiher, dann links abbiegend aus dem Ort hinaus und an verwachsenen Felsen vorbei in leichtem Auf und Ab durch die Flanke. Ein Fahrweg bringt uns links bergab, dann geht es mit Rechtsschwenk wieder bergauf zum ersten Highlight: Nach einem zweigipfligen Turm passieren wir einen malerischen Felsdurchgang. Kurz danach biegen wir links in einen Schotterweg ein, der uns, am romantischen Rastplatz der Lämmlein's Ruh unterhalb bizarrer Türme vorbei, fast zur Aufseß hinab, dann im Rechtsbogen wieder deutlich bergan führt; rechts an der Kurve eine imposante Felswand, die für Felsenfreunde einen Abstecher lohnt (auf begrüntem Fahrweg nach rechts, dann scharf links weglos an der Wand entlang zum Schotterweg zurück). An der folgenden Wegteilung halten wir uns links, passieren ein imposantes Felsdach und zweigen dann links auf einen Wanderweg ab, der uns zum Talgrund hinabbringt. Mit Prachtblick auf die Felsen gegenüber gelangen wir am Talrand entlang, dann über Wiesen zu einer Wegteilung 1. Mit **Gelb- und Schwarzring** geht es hier links über die Aufseß hinüber und an der Straße kurz nach rechts zu einem Parkplatz.

INS HOCHSTAHLER TAL Auf einem Pflasterweg betreten wir das malerische Hochstahler Tal. Schon nach der ersten Rechtskurve lohnt ein Abstecher: Ein deutlicher Pfad führt uns nach rechts zum gewaltigen Doppelturm des Krämersteins, nach links zu einem schroffen

Tipp

ZWEI-TAGES-VARIANTE

Der Zuschnitt der Route erlaubt es, die relativ lange Tour auf zwei bequemere Wanderungen aufzuteilen (1. Tag: 3:20 Std., 250 Hm, 2. Tag: 3:00 Std., 210 Hm). Man geht dazu von P. 5 nach links das kurze Stück zum Galgenhügel hinüber und beendet, indem man von dort mit Grünstrich geradeaus weitergeht, den ersten Tag mit dem Schlussteil der Tour (über P. 8). Den Abstecher zur Wotanshöhle kann man sich dann für den Beginn des zweiten Tages aufheben: Nach ihrer Besichtigung wandert man geradeaus auf der Talstraße weiter und dann rechts über die Hochstahler Straße zu P. 8 hinauf und mit Grünstrich weiter zu Galgenhügel und P. 5, um dann den Rest der Tour zu absolvieren.

Naturwunder Fuchslöcher: Bis zum Licht am Ende des Tunnels sind es 40 Meter.

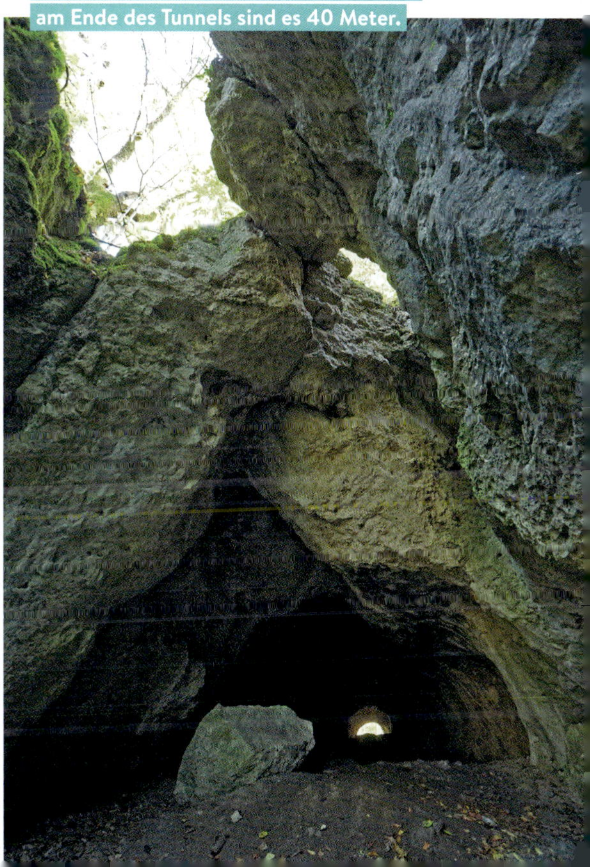

Felswinkel, dann im Rechtsbogen zu einer Halbhöhle hinauf und unmittelbar am Fuß des Turms zum Wanderweg zurück. Auf dem Pflasterweg geht es, an einer kleinen Höhle vorbei, weiter talauf und bei einer Verzweigung auf zunächst nur geschottertem Weg geradeaus weiter. 20 m nach (Wieder-)Beginn einer geschlossenen Pflasterung führt links ein Pfad steil über Stufen und Kehren zum imposanten Portal der Unteren Höhle; mit Vorsicht gelangt man über Felsstufen in das 25 m tiefe, bizarr geformte Innere. Zurück am Hauptweg, steht gleich der nächste Abstecher an: Wir steigen an der folgenden Verzweigung **2** mit **Schwarzring** auf dem Pflasterweg nach rechts bis kurz vor dem Waldrand auf, biegen dort rechts ohne Mk. auf einen begrünten Fahrweg ab und halten uns kurz nach Eintritt in den Wald nochmals rechts. Bald zweigt links ein Pfad ab, der auf das rechte Ende der Felskette zuführt. Unterhalb des fantastisch ausgehöhlten Eckpfeilers öffnet sich die niedrige Bauernhöhle – ein magischer Ort, der schon die Menschen der ausgehenden Altsteinzeit in seinen Bann zog.

Sage

RÄUBER IM HOHLOCH

Mitten in der Nacht schreckt lautes Klopfen den Pfarrer von Hochstahl aus dem Bett. Ihm stehen die Haare zu Berge, als er die Tür öffnet: Da steht ein finsterer Geselle mit verhülltem Gesicht. Der bittet ihn höflich, aber bestimmt, mit ihm zu einem Sterbenden zu kommen; da es ein geheimer Ort sei, müsse dies aber mit verbundenen Augen geschehen. Der geistliche Herr behält die Nerven und nötigt den Besucher, seine goldene Uhr als Pfand für die sichere Rückkehr im Pfarrhaus zu hinterlegen. Als man ihm die Binde abnimmt, findet sich der Pfarrer in einer geräumigen Höhle wieder. Auf einem Bett aus Moos liegt ein alter Mann. Er nimmt voller Dankbarkeit die Sterbesakramente entgegen. Dann bringt man den Pfarrer sicher zurück. Tage später wird auf dem Friedhof von Neuhaus ein unbekannter Grabhügel entdeckt, im Hohloch, das die Einheimischen als Ziel der Entführung vermuten, findet man zwar das Moosbett, die Räuber aber sind längst weitergezogen.

NATURWUNDER FUCHSLÖCHER Zurück an P. 2, gehen wir mit **Gelbring** auf unbefestigtem Fahrweg weiter talauf. Schon bald sehen wir vor uns eine abgesperrte Wiese und einen Pfosten mit drei Wegzeichen: Etwa 10 m vor ihm führt links ein Pfad **ohne Mk.** über Wurzelstufen bergan. Linker Hand lädt eine bizarre Halbhöhle zu einem Besuch ein, die größten Wunder folgen aber weiter rechts: Wir passieren ein kleines Felsentor und steigen dann halb links durch eine wilde Klamm mit Halbhöhlen zum gewaltigen Haupteingang der Fuchslöcher auf. Durch die 40 m lange Durchgangshöhle kann man problemlos zum kreisrunden Ausgang am anderen Ende vordringen, sollte aber beim Rückweg die größte Besonderheit nicht übersehen: Nahe dem Eingang zweigt ein anfangs nur gebückt begehbarer Seitengang ab, der zu einem riesigen Felsenfenster mitten in der Wand führt. Als Durchgangshöhle mit Abzweigung bilden die Fuchslöcher ein einmaliges Naturwunder. Beim Abstieg sollte man nach links um das Massiv herumgehen, wo sich ein Prachtblick auf das Felsenfenster auftut, und kehrt dann zum mk. Weg zurück. **Gelbring** führt uns auf dem rechten, schmaleren Weg an einer malerischen Halbhöhle und schönen Lichtungen vorbei weiter talauf. Bei einer Verzweigung wandern wir, nun mit dem **Fränkischen Gebirgsweg**, auf dem jetzt breiteren Talweg geradeaus weiter und erreichen über Wiesen eine Holzhütte in Sichtweite des Dorfes Hochstahl.

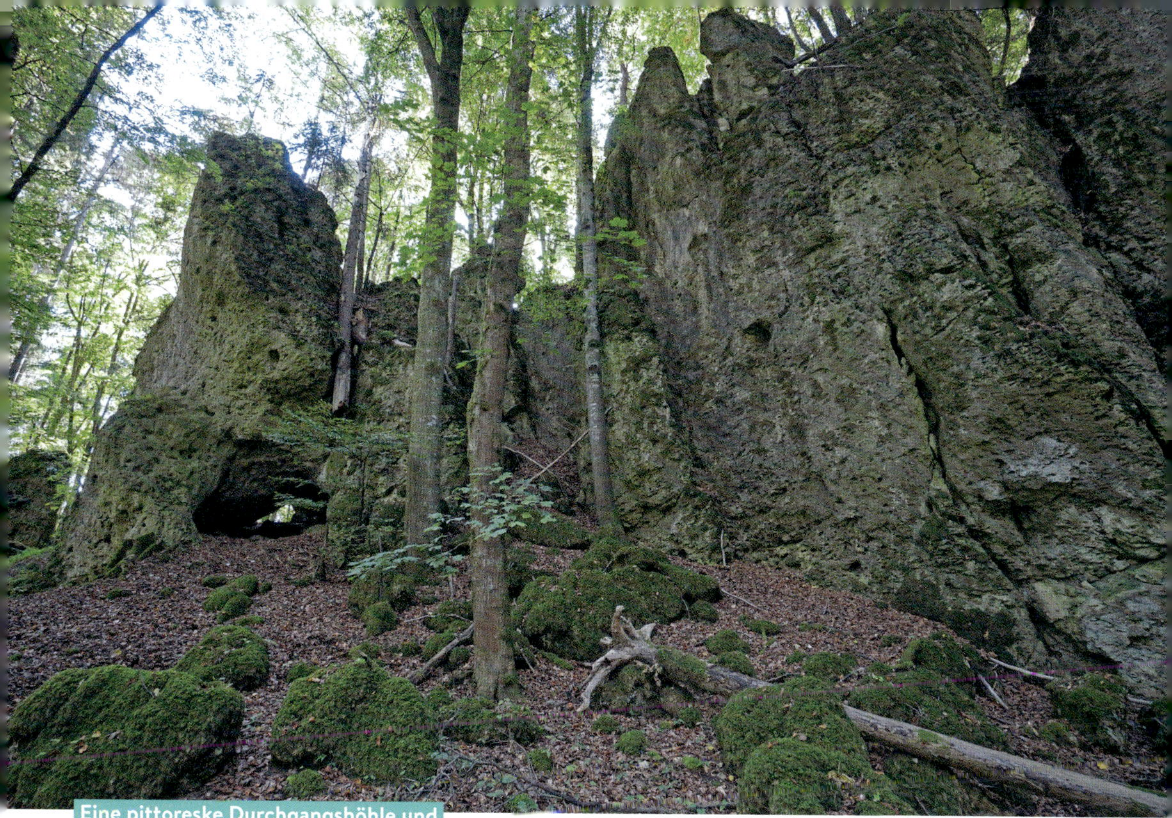

Eine pittoreske Durchgangshöhle und schroffe Zinnen schmücken den Wachstein.

GEHEIMNISVOLLER WACHSTEIN Nach der Hütte gehen wir über den Rastplatz links zur Straße hinüber und folgen ihr **ohne Mk.** nach links für 300 m. Wo sie mit einer Linkskurve **3** in den Wald hineinführt, biegen wir rechts auf einen unbefestigten Fahrweg ab und wandern stets geradeaus durch den Wald und am Rand des Tälchens mit dem schönen Namen Arschkerbe. Im Linksbogen erreichen wir, wieder durch Wald, eine dreieckig angelegte Wegteilung **4**, gehen auf begrüntem Fahrweg etwa 20 m nach rechts und steigen dann links durch eine markante Schneise zur bereits sichtbaren Felsbastion des Wachsteins auf. Welche Überraschung: Auf der Rückseite des glatten Turms öffnet sich eine malerisch zerklüftete, ca. 10 m tiefe Durchgangshöhle mit einem bizarren offenen Kamin – ein magischer Ort, an dem der Sage nach des Nachts schattenhafte Gestalten umgehen (etwa 100 m weiter befindet sich ein vorgeschichtlicher Grabhügel). Ebenso beeindruckt die anschließende zinnenbekrönte Felswand; man kann das Massiv weglos an der Bergseite umrunden und gelangt so zum anderen Ende der Wachsteinhöhle.

ZUM SAGENUMRANKTEN HOHLOCH Wir kehren zum begrünten Fahrweg zurück, folgen ihm kurz nach links und gehen dann rechts zum Rand der Wiese hinaus. Deutliche Fahrspuren führen uns nun nach links am Waldrand entlang und gehen in einen Fahrweg über, der uns zwischen Zäunen zur Einmündung in einen Schotterweg **5** hinaufbringt. Auf ihm gehen wir mit der später auftauchenden Mk. **Grünstrich** nach rechts, durchwandern nach Linksschwenk ein schönes Waldtal und erreichen am Ende eines Waldstücks eine fünffache Wegteilung **6**. Hier biegen wir links auf den **Brauereienweg** ein, halten uns an der nächsten Gabelung rechts, dann nochmals rechts und wandern an einer großen Waldwiese entlang.

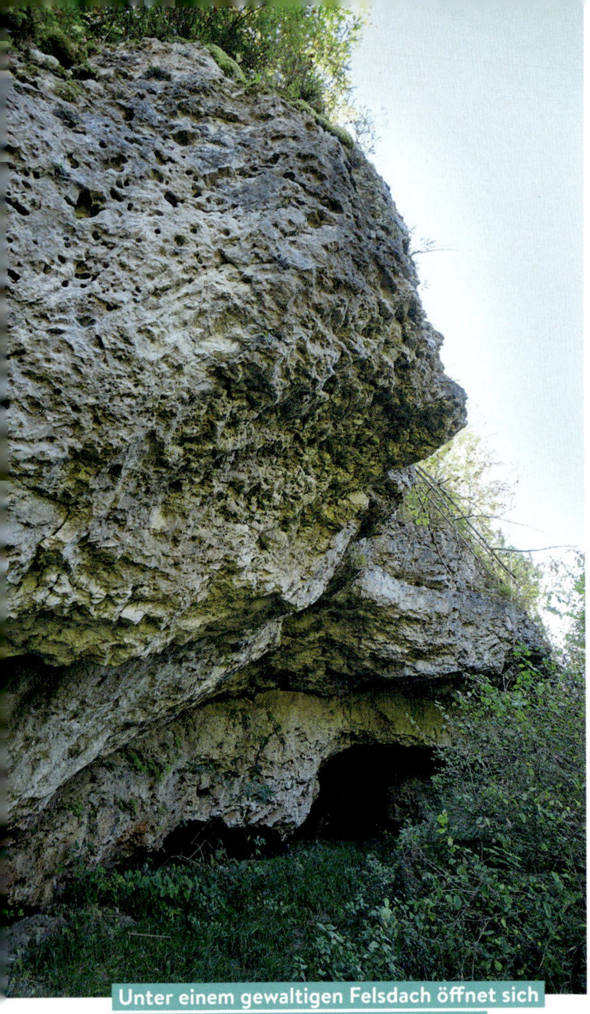

Unter einem gewaltigen Felsdach öffnet sich der Eingang zur Räuberhöhle Hohloch.

Es folgt ein kleines Waldstück, dann gut 100 m nach Austritt aus dem Wald die entscheidende Abzweigung **7**: Wir biegen rechts **ohne Mk.** in einen begrünten Fahrweg ein, gehen auf schwächer werdenden Fahrspuren problemlos geradeaus weiter durch den offenen Wald und erreichen schon nach 160 m einen befestigten Fahrweg. Er führt uns nach rechts mit **Blauwimpel** im Bogen in einen felsigen Graben hinunter. Nach einer großen abgeholzten Fläche folgt eine markante Linkskurve. Hier zweigt links ein deutlicher Pfad **ohne Mk.** ab. Er bringt uns zum als Räubernest verrufenen Hohloch hinauf – ein faszinierender Ort, der schon die Menschen der Mittelsteinzeit in seinen Bann zog: Unter dem gewaltigen Felsdach öffnet sich der Eingang zu einer geräumigen Halle mit wild zerklüfteten Seitengrotten.

ZUM GALGENHÜGEL Wieder auf dem **Blauwimpel**-Weg, wandern wir nach links zur Hochfläche hinauf, biegen zwischen Feldern links auf einen begrünten Fahrweg **ohne Mk.** ab und schwenken dann nach links auf den geschotterten **Brauereienweg** ein. Am Waldrand halten wir uns rechts, erreichen wieder den vertrauten Wegabschnitt und folgen ihm bis zur zweiten Wegteilung (am Waldrand). Hier zweigen wir rechts mit dem Ww. »Aufseß Sportplatz« auf einen Fahrweg **ohne Mk.** ab, der uns mit schöner Aussicht sanft bergan führt. Am höchsten Punkt kommen **Gelbring** und **Rotpunkt** hinzu. Mit ihnen geht es zunächst geradeaus weiter, vor dem Sportplatz nach links, dann nach Linksschwenk (Ww. Heckenhof) über die Hochfläche zur riesigen Linde am Galgenhügel hinüber (in der Nähe ein vorgeschichtlicher Grabhügel).

PANORAMAWEG UND WOTANSHÖHLE
Hier biegen wir mit **Grünstrich** rechts ab und wandern, an schönen Felsen vorbei, nach Aufseß hinab. Direkt am Ortsrand (unterhalb einer Felswand) **8** zweigt links der **Aufseßtal-Panoramaweg** ab: Der Pfad führt rechts an den Häusern vorbei, durch eine felsgeschmückte Senke, zu einem Aussichtspunkt mit Traumblick zu Schloss Unteraufseß hinauf, an der Flanke weiter und zuletzt über Stufen zu einer Straße hinab. Nach rechts erreicht man eine Abzweigung und folgt nun dem Gehsteig nach rechts ortseinwärts. Gegenüber der Burg zweigt rechts ein Pfad ab und bringt uns am Hang zur Wotanshöhle hinauf, die schon in der Vorgeschichte besucht wurde: Die malerische Halle mit Durchgang links bildet einen passenden Abschluss der Tour. Nach dem Abstieg kehren wir zur Abzweigung und rechts über die Aufseß zum Parkplatz zurück.

INFO

TOURENCHARAKTER

Erlebnisreiche Wanderung ohne stärkere Anstiege durch malerische Täler und über weite Hochflächen zu zwei einzigartigen Durchgangshöhlen, einer sagenumwobenen Steinzeithöhle, weiteren Höhlen und schroffen Felsgruppen, fast durchgehend auf guten Wegen

AUSGANGS-/ ENDPUNKT

Aufseß (392 m), großer Parkplatz am Fuß von Schloss Unteraufseß (GPS: 49.881569, 11.228262) oder Hst. Aufseß Brücke wenige Meter östl. davon

ANFAHRT MIT ÖPNV

Nur Sa/So vom 1.5.–1.11. mit Linie 230 vom Bhf. Ebermannstadt (Abfahrt 9:00 oder 11:00, Rückfahrt ab Aufseß Brücke 16:20 oder 18:25 Uhr)

GEHZEITEN

Felsdach (Aufseßtal) 0:40 Std. – Krämerstein (Hochstahler Tal) 0:25 Std. – Untere Höhle 0:15 Std. – Bauernhöhle 0:10 Std. – Fuchslöcher 0:15 Std. – Wachsteinhöhle 0:55 Std. – Hohloch 1:15 Std. – Galgenhügel 0:55 Std. – Panoramaweg (Schlossblick) 0:20 Std. – Rückweg über Wotanshöhle 0:20 Std.

BESTE JAHRESZEIT

Ganzjährig reizvoll, aber Oktober bis Mitte April (Fledermausschutz) keine Besuche in tieferen Höhlenteilen

EINKEHR

Kathi-Bräu in Heckenhof, Tel. 09198/277: von P. 5 nach links kurze Strecke zum Galgenhügel, dann 600 m nach S

leicht | 18 km | 380 Hm | 5:30 Std.

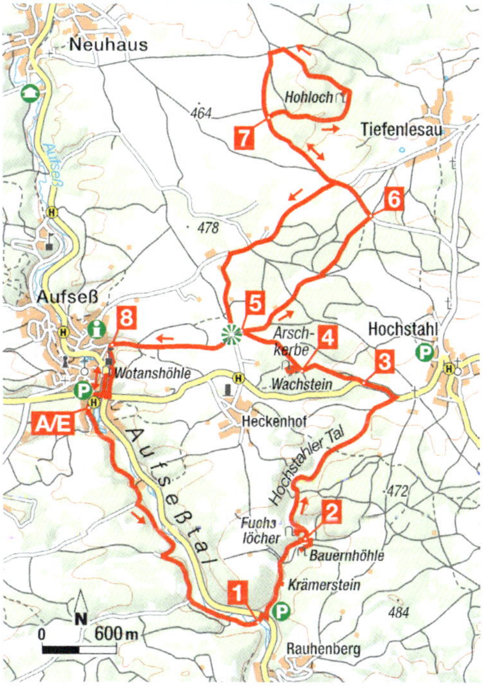

KARTE

ATK25 D10 Hollfeld und E10 Ebermannstadt (beide Blätter nötig)

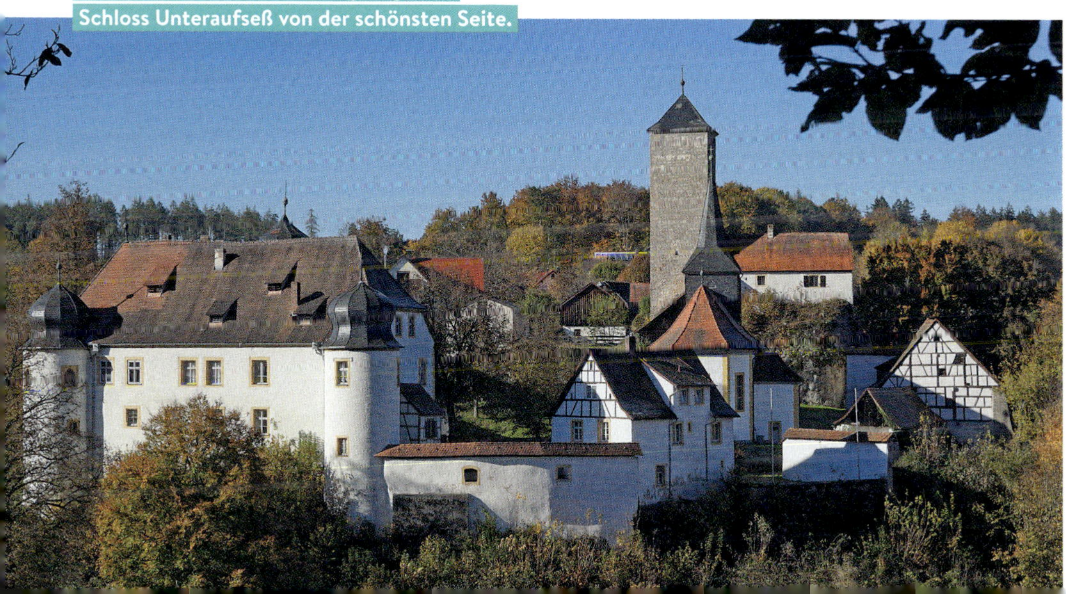

Vom Aufseßtal Panoramaweg zeigt sich Schloss Unteraufseß von der schönsten Seite.

Steinzeithöhle und Fachwerkstädtchen

Schaukanzeln, Höhlen und Felsburgen um Waischenfeld

Spektakuläre Aussichtspunkte umrahmen das schmucke Fachwerkstädtchen Waischenfeld. Andere Wunder verstecken sich fernab der bekannten Wege wie die schroffen Felswelten des Stagersgrabens und des Schlumpfendorfs oder die Schäfersteinhöhle, in der man die frühesten menschlichen Spuren der Region fand.

Die Schäfersteinhöhle erhielt schon in der Mittelsteinzeit Besuch.

6

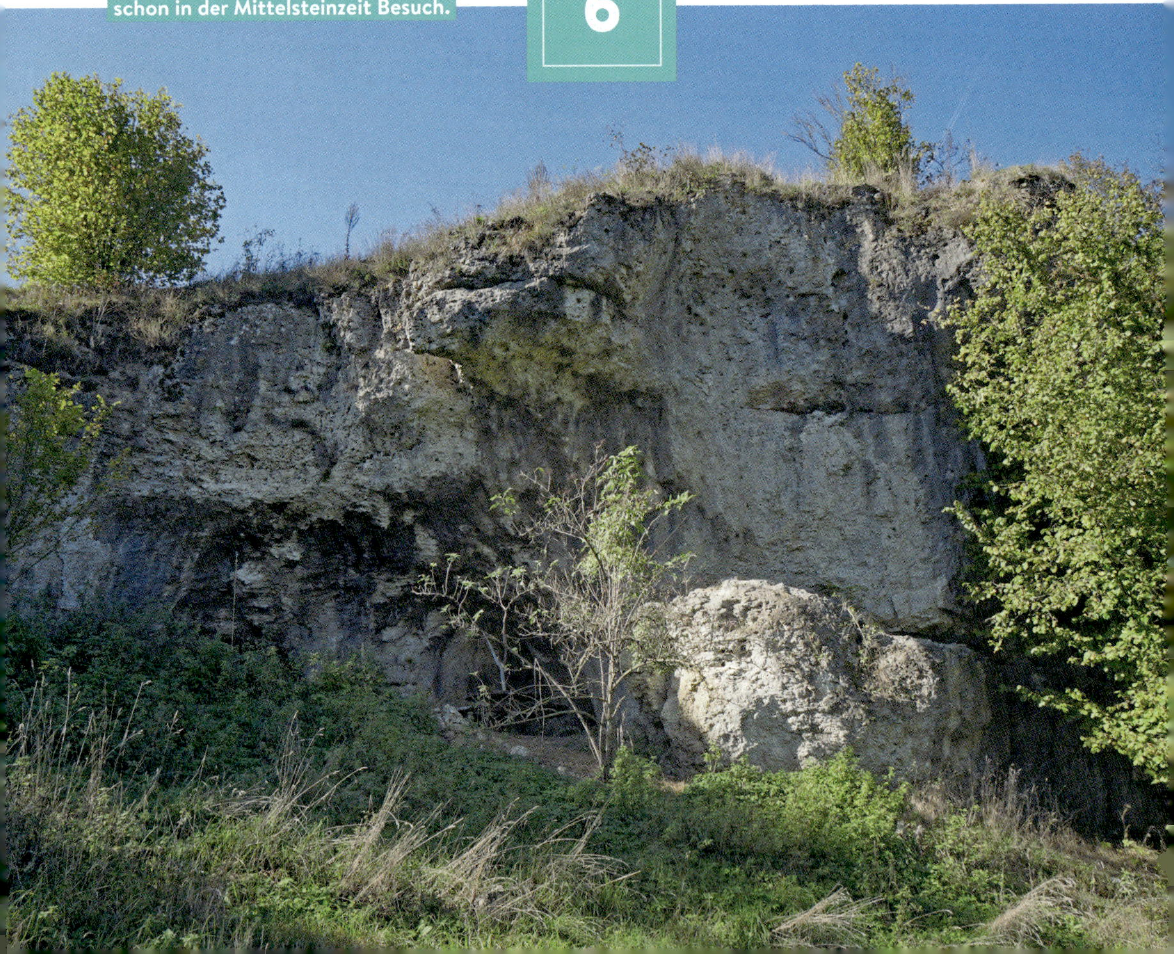

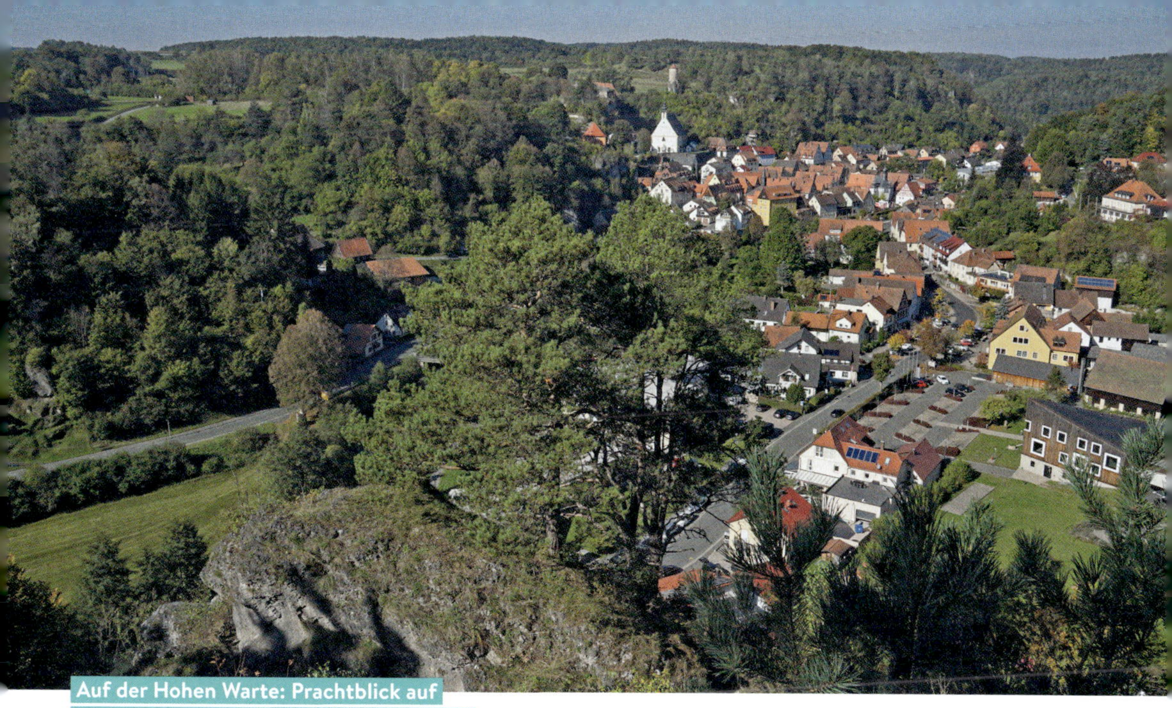

Auf der Hohen Warte: Prachtblick auf Waischenfeld und den Steinernen Beutel.

Über die Schäfersteinhöhle gelangen wir zu den eindrucksvollen Felsen, Halbhöhlen und Aussichtskanzeln des Buchbergs, genießen auf der Skulpturenpromenade den Flair der Kleinstadt, wandern dann über die Hochfläche zum Stagersgraben mit dem Sagen-Denkmal der Steinernen Pflugschar und kehren über die wilde Felsenwelt des Schlumpfendorfs, den aussichtsreichen Grat der Aibischhöhe und die Burg zurück.

ZUR SCHÄFERSTEINHÖHLE Vom Parkplatz bei der Burg gehen wir zur Friedhofskapelle von 1697 hinüber, auf einem Teerweg am Friedhof entlang und biegen an seinem Ende links in ein Sträßchen (»Am Greiner«) **ohne Mk.** ein, das zu einer Kuppe und dann zügig bergab führt. In einer Kurve **1** zweigt rechts eine geteerte Sackgasse ab: Wir folgen ihr bis zum letzten Haus, wandern rechts am Zaun vorbei und dann rechts der Wiese am Waldrand bergauf (nicht über die Wiese gehen!). Bald taucht das imposante Massiv mit der Schäfersteinhöhle auf. Ein deutlicher Pfad führt uns zum rechten Ende hinauf und unter einem imposanten Abri hindurch in eine geräumige Halle. Wenn man sich die heutigen Einbauten (Bänke etc.) wegdenkt, spürt man die Faszination des Ortes: Funde be-

Tipp

ZWEI-TAGES-VARIANTE

Die Tour besteht aus zwei fast geschlossenen Schlaufen und lässt sich daher einfach auf zwei bequemere Wanderungen aufteilen. Man muss nur am Ende der ersten Etappe von der Südwestecke des Friedhofs zum Parkplatz zurückkehren und am anderen Tag ebendort wieder in die Tour einsteigen. So ergeben sich zwei separate Touren zu den Vorzeithöhlen und Aussichtspunkten um Waischenfeld (1:55 Std., 190 Hm) und über die Hochfläche zu Stagersgraben, Schlumpfendorf, Aibischhöhe und Burg (3:15 Std., 290 Hm).

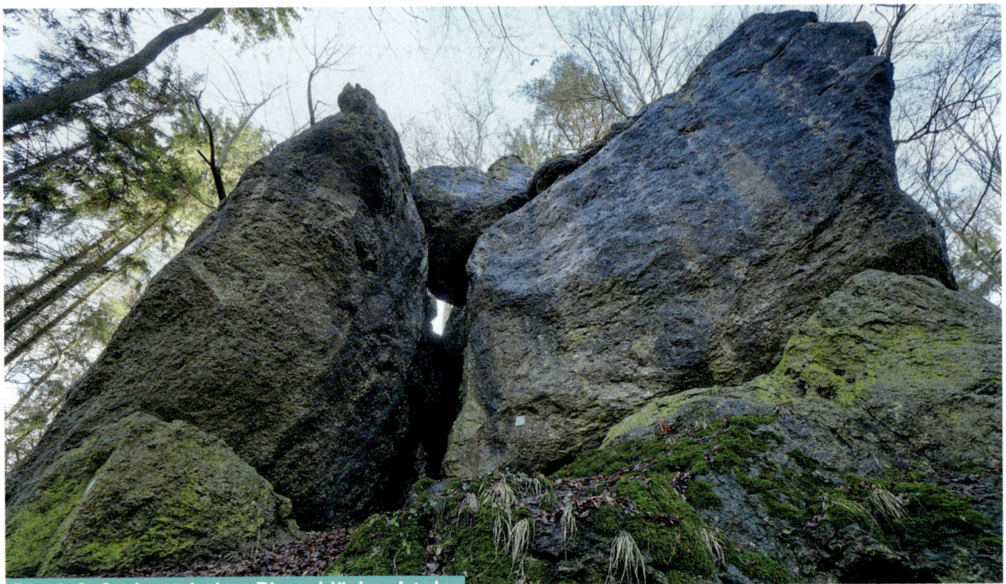

Die tiefe Spalte zwischen Riesenblöcken ist das Schaustück des Schlumpfendorfs.

legen intensive Nutzung in der Mittelsteinzeit, später unter den Stichbandkeramikern und in der Latènezeit.

SCHAUFREUDEN AM BUCHBERG Nach dem Abstecher steigen wir auf dem Sträßchen zum Talgrund ab, gehen scharf rechts auf dem Gehweg kurz an der Talstraße entlang und wechseln dann über eine Fußgängerbrücke an das andere Ufer der Wiesent, wo sich die Wege teilen: Mit **Blaustrich** u.a. wandern wir nach rechts am Fluss entlang und erreichen bald den Eingang der Buchberganlagen (**ohne Mk.**, aber gute Ww.). Über Stufen geht es zur gewaltigen Wand des Freisteins hinauf, dann nach links (!) weiter bergan. Bei einer Wegteilung **2** wandern wir zunächst geradeaus weiter und steigen dann auf einem Stichpfad rechts zu einem Felsturm und im Bogen zur malerisch durchlöcherten Halbhöhle der Hubertusgrotte auf. Beim Abstieg sollte man gleich beim Felsturm nach rechts abbiegen und weiter ansteigen, bis sich ein Blick auf die gewaltige Felsflucht des Krötenfels und ins Tal auftut. Hier drehen wir um, kehren zu P. 2 zurück und steigen links durch pittoreskes Felsgelände zur Aussichtskanzel auf dem Freistein (Prachtblick ins Tal) auf. Es folgt eine ebene Passage auf breitem Hangweg, dann zweigt links ein Wanderweg ab, der uns, an der Unterstandshütte Bindelsruh vorbei, in die Gipfelregion des Buchbergs hinaufbringt. Wo der Hauptweg eine Biegung nach rechts macht, heißt es aufgepasst: Wir biegen mit **Gelbpunkt** links ab und erreichen bald die Felskanzel der Hohen Warte, die mit traumhafter Sicht über den Krötenfels hinab auf die Stadt aufwartet. Vom Aussichtspunkt gehen wir kurz zurück und biegen dann mit der Mk. links auf einen Pfad ab, der uns über Stufen und Kehren an bizarren Halbhöhlen vorbei zu einer Wegkreuzung hinabführt. Hier halten wir uns rechts und erreichen bald das Hohe Kreuz (Kruzifix) und kurz danach eine Wegteilung **3**: **Gelbring** leitet uns auf einem Fahrweg links bergab und in Kurven tiefer. Ein Stichpfad nach rechts bringt uns zur idyllischen Grafenruh mit Infotafel über die Besiedlung in Germanenzeit und Frühmittelalter. Auf dem Hauptweg kommen wir bald wieder nach Waischenfeld, überqueren die Straße bei der Hst. Plärrer und gehen geradeaus zur bekannten Wegteilung nahe der Wiesent.

SKULPTURENPROMENADE UND PARAPLUIE Mit **Blaustrich** u.a. biegen hier nach rechts und wandern auf schöner Promenade an der Wiesent entlang, vorbei an acht Skulpturen einheimischer Künstler. Eine davon zeigt den Rathaus-Pöpel, einen für seinen Schabernack verrufenen schwarzen Kobold. Bei der Stadtmühle geht es zu einer Brücke hinauf, über die Wiesent hinüber, dann nach links an der Hauptstraße entlang, bis rechts das bekannte Sträßchen zum Friedhof abzweigt. Wir folgen ihm aber nur ein Stück und biegen dann rechts (Ww.) auf den Wanderweg **ohne Mk.** ab, der uns über Stufen zur Norislinde hinauf und dann eben durch die felsige Flanke zur Kanzel des Parapluie führt: Atemberaubend der Tiefblick auf die Dächer von Waischenfeld. Oberhalb leitet uns der Weg auf eine Wiese hinaus und an ihrem linken Rand im Bogen hinauf zum Friedhof, wo er in das vertraute Sträßchen mündet.

HOCHFLÄCHE UND STAGERSGRABEN An der Südwestecke des Friedhofs schwenken wir nun aber nach links und biegen kurz darauf rechts mit **Blaustrich** in den Weg nach Heroldsberg ein. Die Mk. leitet uns kurz an der Zufahrtsstraße zur Burg entlang, dann zweigt halb links ein Feldweg ab, der uns stets geradeaus in aussichtsreicher Hochflächenwanderung zu einer Kuppe (Kruzifix) hinauf und dann nach Heroldsberg hineinführt. Auf der Hauptstraße geht es kurz links bergauf, dann zweigt am Ortsende rechts ein Feldweg ab und bringt uns über eine Senke in den gegenüberliegenden Wald hinüber. Dort **4** schwenken wir mit der Mk. nach rechts, wandern am Waldrand entlang und erreichen mit schöner Fernsicht ansteigend das Dorf Hubenberg. Mit Rechtsschwenk kommen wir zur Hauptstraße (Gh. Polster), folgen ihr kurz nach rechts, gehen aber, wo sie eine Rechtsbiegung macht, geradeaus in eine Seitenstraße hinein (Mk. **Blauring**). Schon nach 30 m **5** zweigt links der Weg nach Nankendorf (Ww.) ab. Auf diesem Feldweg **ohne Mk.** wandern wir über die Hochfläche, dann nach Rechtsschwenk durch ein reizvolles Tal und erreichen schließlich die entscheidende Wegkreuzung **6**: Ein begrünter Fahrweg führt uns mit **Gelbpunkt** rechts in die Felsenwelt des Stagersgrabens hinein. Bald trifft man

Sage

DIE STEINERNE PFLUGSCHAR

Vor langer Zeit gab es in Breitenlesau noch keinen Schmied. Als ein Bauer aus dem Ort merkte, dass seine Pflugschar durch die steinigen Böden schwer beschädigt worden war, blieb ihm keine Wahl: Er musste sie zur Reparatur zum Schmied nach Waischenfeld bringen. Da ihm selbst wegen der vielen Arbeiten auf dem Hof die Zeit fehlte, schickte er seine Tochter los. Um ihr das Tragen zu erleichtern, band er ihr die Pflugschar mit einem festen Strick um den Hals. Als sie nicht, wie erwartet, zurückkehrte, fragten einige Breitenlesauer, die in Waischenfeld zu tun hatten, beim Schmied nach und erfuhren zu ihrem Entsetzen, dass das Mädchen dort nie angekommen war. Die eingeleitete Suche brachte schnell traurige Gewissheit: Man fand sie tot auf dem Waldweg im Stagersgraben. Sie war offenbar im abschüssigen Gelände ins Laufen geraten, der dicke Strick, an dem das schwere Gerät hing, hatte sich eingedreht und ihr die Luft abgeschnürt. Die später eingemeißelte Pflugschar auf dem Felsen – ein einzigartiges Denkmal – erinnert heute noch an die traurige Geschichte.

auf ein einzigartiges Denkmal: Die in einen Felsen eingemeißelte Pflugschar erinnert an ein trauriges Ereignis ferner Tage (s. Sage). Kurz danach folgen die Natur-Highlights: Wir steigen links zu einer imposanten bauchigen Felswand auf, nach ihr auf einem Pfad zu einer klammartigen Spalte an ihrer Bergseite hinauf und wandern dann an der Felsreihe entlang. Nach einem originellen Pilzfelsen und einem malerischen Durchgang erreichen wir einen mächtigen Überhang, von dem wir zu einem begrünten Fahrweg absteigen und nach rechts zur mk. Route zurückkehren. Sie führt uns nach Linksschwenk in den tiefen Schafgraben hinab. Felsenfreunde sollten den Abstecher zum Schafgrabenfels nicht versäumen: Ein Pfad führt rechts über den Graben zum Wandfuß und nach Rechtsknick zu einem Punkt empor, der einen Prachtblick auf die schroffe Westseite mit der Höhle in der Wandmitte bietet. Zurück auf dem mk. Weg, erreichen wir wenig später die Fahrstraße im Wiesenttal.

FELSABENTEUER SCHLUMPFENDORF

Wir wandern nun **ohne Mk.** rechts zu einem Parkplatz hinüber und treffen an seinem Ende auf einen etwas verwachsenen Weg, der rechts oberhalb der Straße über eine Hangstufe verläuft. Bald folgt eine Gabelung: Wir steigen rechts auf einem neu ausgebaggerten Forstweg zügig bergan; über uns werden schon die wilden Felsbastionen des Schlumpfendorfs sichtbar. Da der direkte Anstieg zu ihnen durch die neue hohe Böschung verhindert wird, folgen wir dem Forstweg bis zu seinem Ende und wandern rechts auf deutlichem Pfad zu einer Hangstufe hinauf. Wer weniger trittsicher ist oder die Tour abkürzen will, kann auf dem Pfad weiter aufsteigen und erreicht bald den Rand der Hochfläche bei P. 7. Alle Tritt- und Orientierungssicheren sollten folgende Route bevorzugen: Vor einem breiten und ca. 1,5 m hohen begrünten Felsblock biegen wir rechts auf einen Pfad ab und queren mit leichtem Gefälle den Hang. Bald zeigen sich über uns ein Felsentor und danach das erste Massiv des Schlumpfendorfs mit imposantem Überhang. Von hier muss man etwa 10 Hm absteigen, dann kann man zum großen Highlight hinüberqueren: Zwischen zwei riesigen Felsen öffnet sich eine tiefe, von einem gewaltigen Block überdeckte Spalte. Unterhalb dieses Massivs treffen wir auf einen deutlichen Pfad, der unter begrünten Felsen vorbei nach rechts zu einem Sattel hinaufführt (links ein malerischer Felsengarten). Von hier geht es auf einem Fahrweg weiter, bei einer Gabelung links bergan, dann nach einer Rechtskurve auf einem links abzweigenden begrünten Weg durch einen Felsdurchgang hindurch. Kurz nach diesem gehen wir rechts über eine Schneise zu einer Wiese hinüber und wandern mit Linksschwenk auf Fahrspuren am Waldrand entlang.

PANORAMALAND UM AIBISCH- UND ARNDTHÖHE Bei einem Rechtsknick **7** (Vereinigung mit dem Abkürzungsweg) beginnt ein geschotterter Fahrweg und führt uns über die Hochfläche zur Aibischhöhe hinauf. Nach der Kuppe taucht links eine Buschreihe auf: Vor ihr **8** biegen wir auf Pfadspuren links ab und wandern über einen felsigen Grat: Traumhaft die Sicht über Burg und Stadt in die Ferne. Bald öffnet sich links die 15 m tiefe Aibischhöhen-Durchgangshöhle, es folgen bizarre Türme – ein einmaliger Panoramaplatz. Über Magerrasen steigen wir wenige Meter zu einem Schotterweg (Scheune) ab, der uns nach links zum Gelände der Burg hinabbringt. Ein letzter Höhepunkt: Wir erreichen mit Linksschwenk den auf einem Fels mit Durchgangshöhle erbauten Steinernen Beutel, Wachturm einer Nebenburg wohl aus dem 13./14. Jh., einen prachtvollen Aussichtspunkt an seiner Ostseite und über einen Grat die Kanzel der Arndthöhe, die mit zauberhaftem Blick auf Stadt und Turm aufwartet. Zurück am Schotterweg, ist es nur noch ein Katzensprung zum Parkplatz.

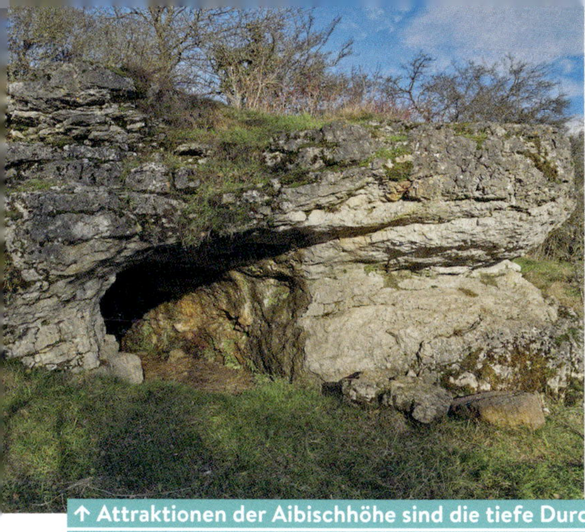

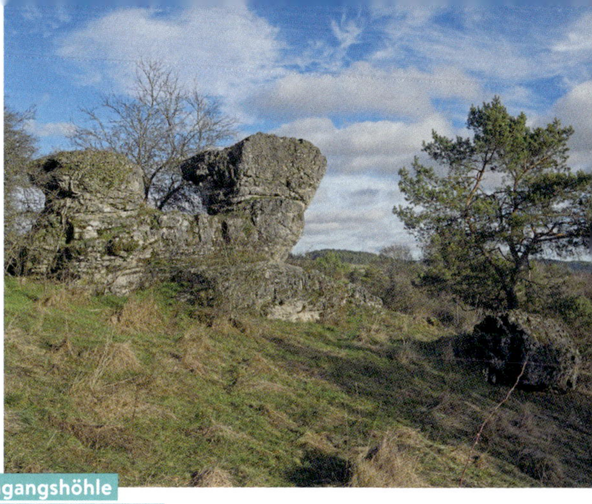

↑ Attraktionen der Aibischhöhe sind die tiefe Durchgangshöhle
↗ und die mit Felsen geschmückten Magerrasen mit weiter Aussicht.

INFO

TOURENCHARAKTER

Abwechslungsreiche Tour mit vielen Attraktionen (Höhlen, Felsburgen, Aussichtskanzeln, Burgruine, Skulpturen). Meist gute Wege, nur die Querung zum Schlumpfendorf auf Pfadspuren erfordert Tritt- und Orientierungssicherheit, kann aber ausgelassen werden.

AUSGANGS-/ ENDPUNKT

Waischenfeld, Parkplatz (397 m) bei der Burg (GPS: 49.844439, 11.341617; Zugang von der Hst. Hauptstraße der Linie 399.1 in 10 Min.: kurz nach N, dann links den »Schloßberg« hinauf) oder Hst. Plärrer der Linien 343 u. 396 (direkt an der Route kurz nach P. 3): Man begeht die Tour ab hier wie beschrieben und hängt den Anfangsteil am Ende an.

ANFAHRT MIT ÖPNV

Mo–Fr sporadische, aber nutzbare Verbindung von Bayreuth oder Gößweinstein mit Linie 396, Sa/So vom 1.5.–1.11. gute Verbindung von Neuhaus mit 343 oder von Pegnitz mit 399.1

mittel | 15 km | 480 Hm | 5:00 Std.

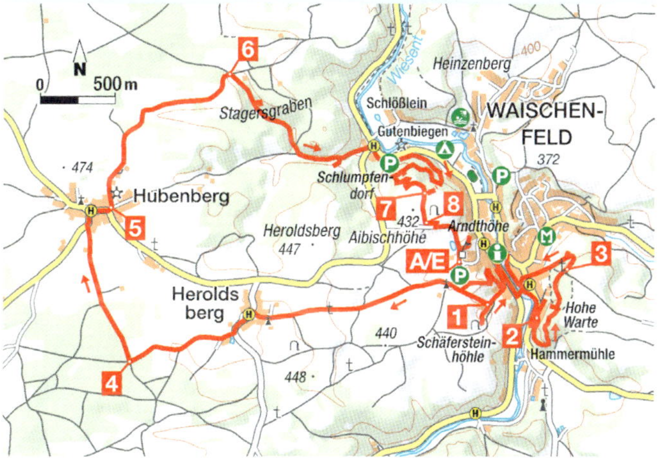

GEHZEITEN

Schäfersteinhöhle 0:15 Std. – Hubertusgrotte 0:25 Std. – Hohe Warte 0:20 Std. – Skulpturenweg 0:20 Std. – Parapluie 0:20 Std. – Heroldsberg 0:35 Std. – Hubenberg 0:35 Std. – Stagersgraben 0:35 Std. – Schlumpfendorf 0:50 Std. – Durchgangshöhle 0:25 Std. – Rückweg über Arndthöhe 0:20 Std.; ohne Schlumpfendorf 0:20 Std. weniger

BESTE JAHRESZEIT

Ganzjährig reizvoll, im Frühjahr und Spätherbst bessere Sicht in den Felsgebieten

EINKEHR

Gh. Polster in Hubenberg, Tel. 09202/244, mehrere Gasthöfe in Waischenfeld

KARTE

ATK25 E10 Ebermannstadt

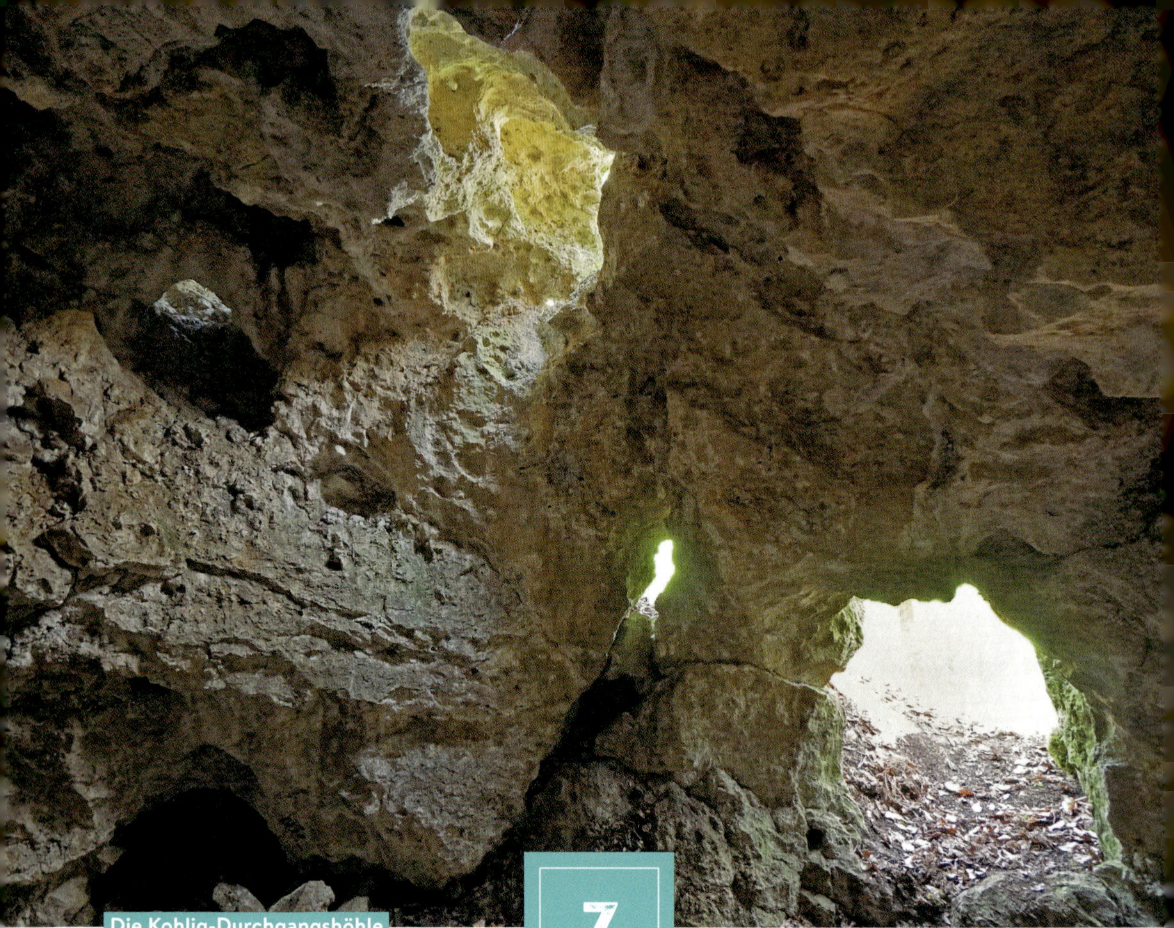

Die Kohlig-Durchgangshöhle wird durch Felsenfenster magisch beleuchtet.

7

Vom Panoramaland zur Steinzeithöhle

Streitberger Schild, Kohlig-Durchgangshöhle und Kummetsloch

Die Region nordöstlich von Streitberg vereinigt Naturwunder von enormer Vielfalt: Während die Hänge des Wiesenttals mit spektakulären Felskulissen und begeisternden Panoramen glänzen, verstecken sich auf den Waldkuppen oberhalb gleich fünf faszinierende Höhlen weit abseits aller markierten Routen.

Unsere Tour führt von den Felstürmen und Aussichtspunkten um Streitburg und Brocksanlage über die versinterte Kirchenweghöhle und die malerische Kohlig-Durchgangshöhle hinauf zu den prähistorisch bedeutsamen Höhlen am Lindenberg und über Klararuhe und Muschelquelle zurück.

ZUM STREITBERGER SCHILD Von Hst. oder Parkplatz gehen wir am Bürgerhaus vorbei Richtung Ortszentrum, dann an der Hauptstraße rechts zum Gefallenendenkmal hinauf. Wir steigen zur Etage oberhalb des Denkmals auf, halten uns kurz rechts und biegen dann links mit **Gelbwimpel** u.a. auf den Stufenweg zur Burg ein. Nach Erreichen einer Hangstraße geht es gleich wieder scharf links über Stufen weiter, dann auf schmalem Pfad zügig aufwärts; prachtvoll der Rückblick über den Ort bis hinaus nach Ebermannstadt. Bald dominiert der riesige Felsturm des Streitberger Schilds die Szenerie: Wir lassen den ersten Stichweg unbeachtet und zweigen erst dort, wo der Turm seine Schmalseite zeigt, rechts auf einen Pfad **ohne Mk.** ab. Er führt sehr steil bergauf, dann mit Rechtsknick durch die Flanke und zuletzt über Felsstufen zu einem Traumplatz empor: eine weltabgeschiedene Wiese am Fuß des gewaltigen Turms und der Burg, talseitig gesäumt von Bergsturztrümmern, um die sich Sagen ranken.

ÜBER DIE STREITBURG ZUR BROCKSANLAGE Zurück am mk. Weg, erreichen wir bald den Vorplatz der Burg; vom 1.5. bis 30.9. sollte man nicht versäumen, sich beim Besuch des vom Spätmittelalter bis 1695 genutzten Lochgefängnisses einen Schauer über den Rücken laufen zu lassen. Anschließend betritt man die Streitburg über das Hauptportal, studiert die umfangreichen Ruinen und genießt umfassende Rundsicht sowie vom Westende, zu dem Pfadspuren hinführen, einen atemberaubenden Tiefblick auf Streitberg und ins Schauertal.

Sage

VERSTEINERTE SCHAFE

Oft werden in der Volkssage herausragende Felsen als versteinerte Menschen und Tiere gedeutet, so auch beim Streitberger Schild und dem vorgelagerten Blockgewirr: Einst, so die Erzählung, gab es beim heutigen Streitberg kein wildes Karstgestein, sondern nur saftig grüne Wiesenhänge. Auf ihnen weidete eines schönen Sommertages ein Schäfer seine Herde. Doch plötzlich zogen von Osten her dunkle Wolken auf, der Sturm heulte, Blitze zuckten. Voller Wut über die Störung stieß der Schäfer schlimmste Flüche gegen Gott als Urheber des Wetters aus. Die Strafe folgte auf dem Fuß: Ein Blitz traf den Hirten samt Schafen und verwandelte sie in Stein. So sieht man heute noch als stummes Mahnmal den »Steinernen Schäfer und seine Herde« – und kann gemütlich auf dem Rücken der Stein-Schafe rasten …

Vor den Burgfelsen erhebt sich der gewaltige Turm des Streitberger Schilds.

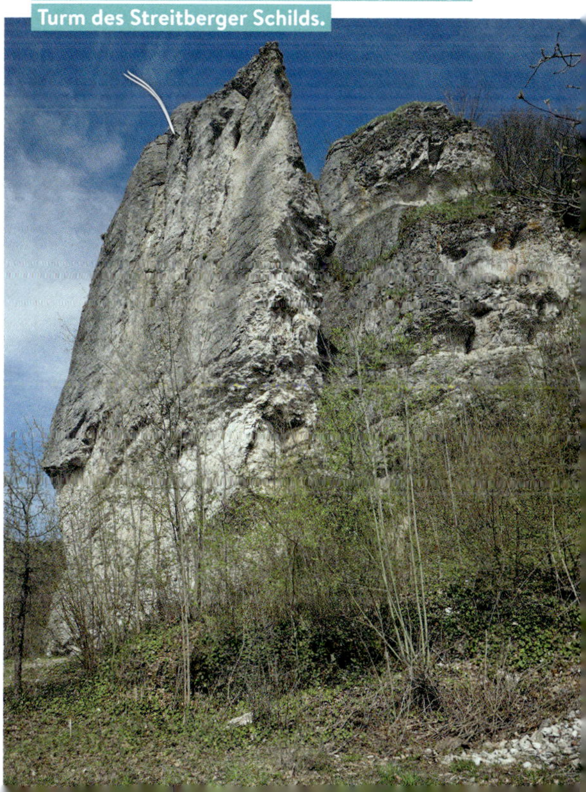

Nach Verlassen der Burg treffen wir bei einer dreieckig angelegten Wegteilung **1** die Mk. **Schwarzring**. Sie führt uns rechts bergan, dann immer geradeaus (!) am Hang entlang, auf der Straße an der Stucky-Ruhe vorbei kurz links bergauf, dann wieder rechts auf schmalem Weg in den Wald hinein. Es folgt eine traumhafte Hangpromenade an bizarren Felsen vorbei, die uns in weitem Bogen zur Brocksanlage bringt; gleich an ihrem Beginn sollte man rechts zu einem Felskopf hinübergehen, der mit dem schönsten Blick talaus aufwartet.

ZUR KIRCHENWEGHÖHLE Nach steilerem Aufstieg (weiterer Aussichtspunkt) geht es mit Linksknick an einem Felsmassiv mit kleiner Höhle vorbei und über Stufen zu einem Forstweg hinauf. Ihm folgen wir ein Stück nach rechts und biegen dann (Ww. Guckhüll) wieder rechts in einen Wanderweg ein, der an der oberen Kante des Wiesenttals entlangführt. Nach einer Senke führt uns ein Stichpfad rechts zum Aussichtspunkt Rote Leiten hinab: Begeisternd der Blick ins Tal und zur Ruine Neideck. Kurz danach teilen sich die Wege: Wir wandern auf einem Fahrweg scharf links zu einer Freifläche hinüber, wo wir die Mk. verlassen. Stattdessen gehen wir von der roten Bank **ohne Mk.** geradeaus auf dem Forstweg weiter und biegen nach 50 m rechts auf deutliche Fahrspuren **2** ein. Beim Aufstieg tauchen bald erste Felsen auf und kurz danach öffnet sich rechts der unscheinbare Einstieg zur Kirchenweghöhle, die schon in der ausgehenden Altsteinzeit von Menschen aufgesucht wurde: Ihre Besichtigung (mit größter Rücksicht auf die empfindlichen Sintergebilde) schenkt unvergessliche Eindrücke; berühmt ist eine durch natürliche Faktoren umgestürzte Tropfstein-Säule.

NATURJUWEL KOHLIG-DURCHGANGSHÖHLE Wir folgen der Fuhre weiter bergan und treffen bald auf einen nicht mk. Wanderweg, biegen nach links auf ihn ein und gelangen leicht abwärts im Rechtsbogen zu einer Reihe malerischer Felstürme. Weiter am Hang entlang erreichen wir eine grüne Bank. Vor ihr gehen wir nach rechts auf deutlichem Pfad an einer markanten Felsgruppe vorbei zum Rand einer Straße **3** hinüber, dann nochmals rechts in den Wald hinein und steigen fast weglos im Rechtsbogen zur Rückseite der Felsen auf. Unter einem Baum mit sieben Stämmen öffnet sich ein unscheinbares Loch: Nach seiner Durchquerung stehen wir staunend im wild zerklüfteten Hauptraum der Kohlig-Durchgangshöhle, den sechs Deckenfenster in mystisches Licht tauchen.

HÖHLENRUNDE AM LINDENBERG Zur Straße zurückgekehrt, folgen wir ihr 150 m nach rechts und biegen dann links in einen begrünten Fahrweg ein, der zu einer roten Bank hinauf und dann mit Linksknick am Waldrand entlangführt – eine sonnige Promenade mit traumhafter Fernsicht. Bei einer Gabelung geht es rechts in den Wald hinein, dann am Waldrand weiter. Wo der Fahrweg wieder in den Wald eintritt und stärker ansteigt, verlassen wir ihn vor einem Stapel mit Ziegeln nach links und folgen auf schwachen Spuren einer Schneise, die etwa 10 m oberhalb des Waldrands verläuft. Um die nächsten Naturwunder zu finden, muss man genau das Gelände beobachten: Wo links unten schon die Straße nach Albertshof sichtbar ist, erblicken wir vor uns einen ca. 2 m hohen schlanken Turm und einen in zwei Stufen nach rechts ansteigenden Felskamm. Sobald dieser sichtbar wird, drehen wir uns scharf nach rechts und sehen neben uns einen flachen begrünten Block und darüber ein hochragendes Felsmassiv: Wir steigen steil zu seiner Rückseite auf und erreichen eine malerische, etwa 10 m tiefe Durchgangshöhle, oft als Kl. Kummetsloch bezeichnet. Danach queren wir zu dem genannten Felskamm hinüber und stei-

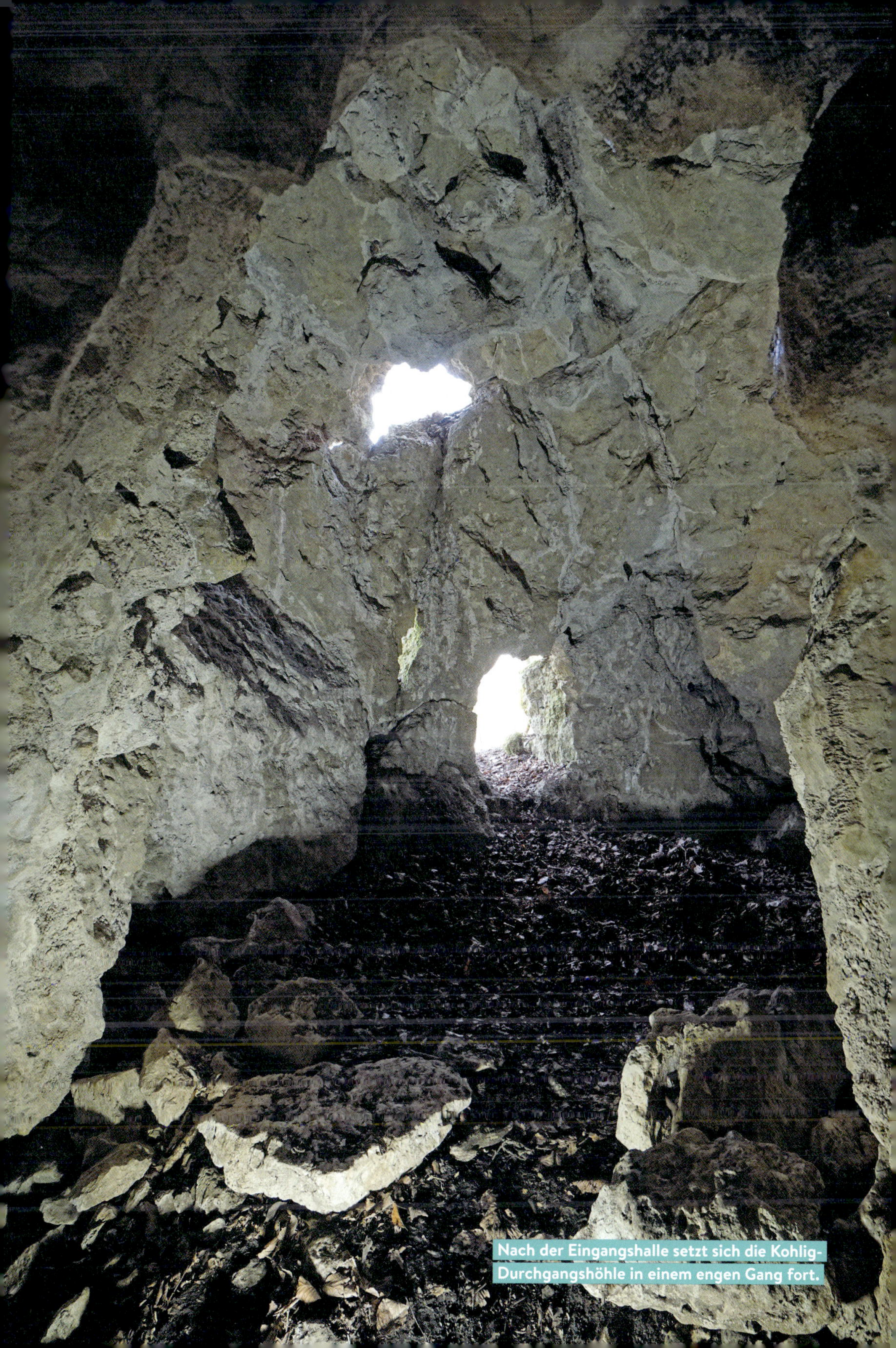

Nach der Eingangshalle setzt sich die Kohlig-Durchgangshöhle in einem engen Gang fort.

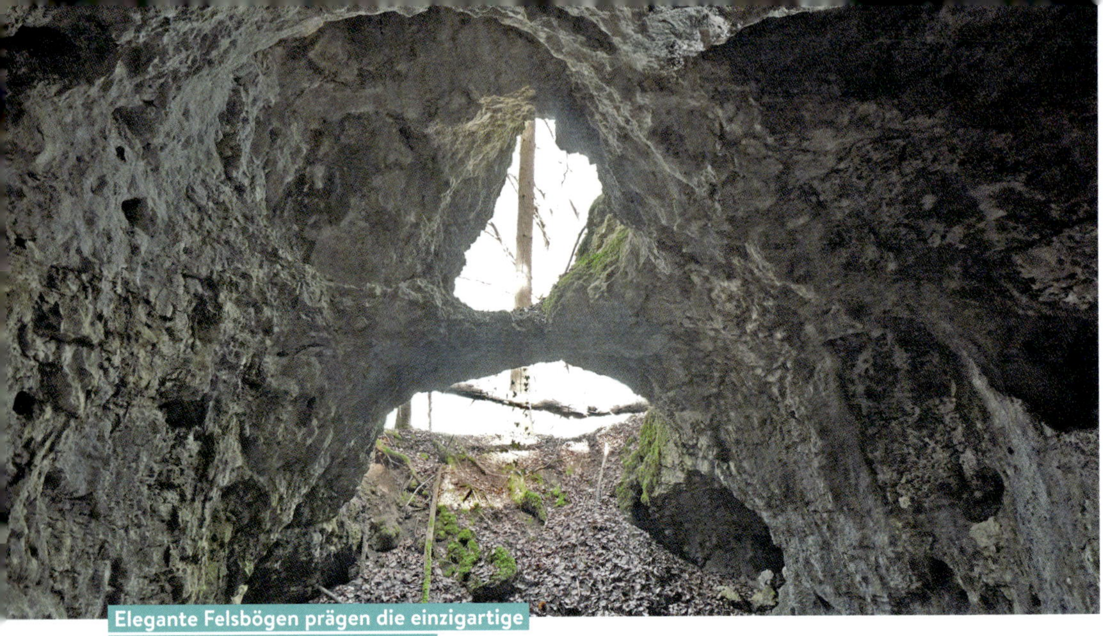

Elegante Felsbögen prägen die einzigartige Raumstruktur des Kummetslochs.

INFO

TOURENCHARAKTER

Sehr erlebnisreiche Tour mit wenigen Steilanstiegen zu einer großen Burgruine, grandiosen Aussichtspunkten, sechs großen Höhlen (davon fünf abseits der mk. Wege) und gewaltigen Felsriffen. Sie verläuft meist auf guten Wegen, erfordert aber wegen zahlreicher Passagen ohne Mk. etwas Orientierungsvermögen.

AUSGANGS-/ENDPUNKT

Streitberg (302 m), Bus-Hst. der Linie 389 an der B 470 oder Schotterparkplätze (Gebühr) an der Nordseite der B 470 (GPS: 49.809461, 11.220482)

ANFAHRT MIT ÖPNV

Mit Buslinie 389 von Ebermannstadt Bhf. oder Pegnitz, im Winter (1.11.–30.4.) alle 2–3 Std., im Sommer alle 1–2 Std. (im Sommer Sa/So auch Fahrten mit 399.2 ab Ebermannstadt)

GEHZEITEN

Streitberger Schild 0:20 Std. – Streitburg 0:10 Std. – Kirchenweghöhle 0:40 Std. – Kohlig-Durchgangshöhle 0:15 Std. – Kummetsloch 0:25 Std. – Untere Lindenberghöhle 0:15 Std. – Klararuhe 0:40 Std. – Muschelquelle 0:15 Std. – Rückweg 0:15 Std.

BESTE JAHRESZEIT

Ganzjährig reizvoll, jedoch sollte man von Mitte Oktober bis Mitte April (Fledermausschutz) auf den Besuch der tieferen Höhlen verzichten.

mittel | 10 km | 340 Hm | 3:15 Std.

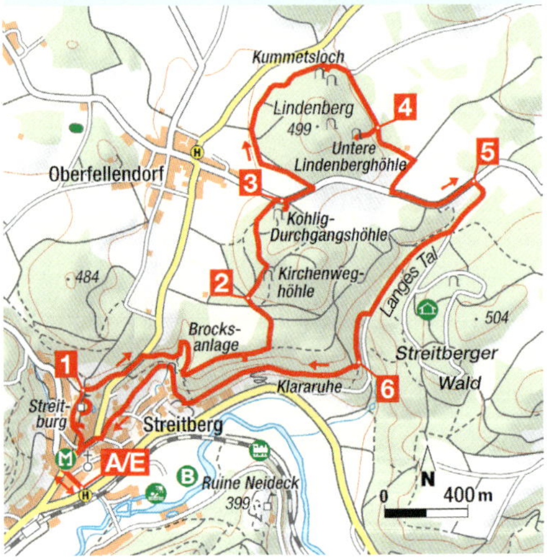

EINKEHR

Mehrere Gasthöfe in Streitberg, unterwegs keine

KARTE

ATK25 E10 Ebermannstadt

gen an ihm entlang auf: Unvermittelt stehen wir vor dem steil abfallenden Eingang zum Kummetsloch. Die geräumige Höhle begeistert mit zwei eleganten Felsbögen und leichter Versinterung; sie diente schon den Jägern der Altsteinzeit als Aufenthaltsort.
Zurück am Fuß des Felskamms, halten wir uns kurz rechts, steigen dann zur Straße hinunter und folgen ihr nur wenige Meter nach rechts. Wo sie eine Linkskurve macht, biegen wir rechts in einen unbefestigten Fahrweg ein, gehen bei einer Gabelung halb links auf den Hauptweg weiter und erreichen eine Wiese. An ihrem Ende teilt sich der Weg: Wir wandern zunächst halb rechts auf dem Hauptweg weiter, biegen aber schon 10 m später **4** rechts auf Fahrspuren in den Wald ab, die bald im Rechtsbogen am Fuß einer Felskette entlangführen. Bald taucht über uns das markante Portal der Unteren Lindenberghöhle auf. Die ca. 15 m tiefe Höhle begeistert mit bizarrer Raumstruktur und leichter Versinterung.

ZUR KLARARUHE Zu P. 4 zurückgekehrt, biegen wir spitzwinklig rechts in den Fahrweg ein, wandern aus dem Wald hinaus, mit Rechtsknick an einer Scheune vorbei und dann auf einem Feldweg rechts zu einer Fahrstraße hinüber. Auf ihr geht es nach links leicht bergab, bis rechts (Ww. Streitberg) ein Schotterweg abzweigt **5**. Auf ihm gelangen wir zu einer Verzweigung (links Aufstieg zur Schönsteinhöhle) und steigen, ab hier mit **Blauring**, nach rechts durch das tief eingeschnittene Lange Tal ab. Bei einer Wegteilung zweigen wir mit **Rot-Senkrecht** u.a. rechts ab und steigen auf einer Forststraße bis zur ersten Kehre **6** auf. Hier biegen wir links mit **Schwarzring** in einen Wanderweg ein, der uns, am hohen Freundschaftsturm vorbei, bergab zu einer grandiosen Felsszenerie bringt: Über der Klararuhe baut sich der gigantische Überhang der Matterhornwand auf.

ÜBER DAS SCHNEIDERLOCH ZURÜCK

Von hier geht es auf zunächst schmalem Weg weiter, dann gelangen wir in wunderschöner Hangpromenade unter den Felsen von Amselruhe und Brocksanlage vorbei zum idyllischen Gelände der Muschelquelle. Am Fuß der imposanten glatten Wand öffnet sich der geheimnisvolle Eingang des Schneiderlochs, das bei hohem Karstwasserstand als temporäre Quelle (Hungerbrunnen) fungiert. Bei niedrigem kann man aber über den steinigen Pfad (= Bachbett) problemlos ins Innere vordringen, das durch die gewundenen Gänge und leichte Versinterung fesselt. Der Rest ist ein gemütlicher Bummel: Auf breitem Weg wandern wir mit prachtvollem Blick zur Neideck in den Ort hinein, an der Kirche vorbei bergab und links zu Hst. oder Parkplatz zurück.

Direkt unter der glatten Wand an der Muschelquelle öffnet sich das Schneiderloch.

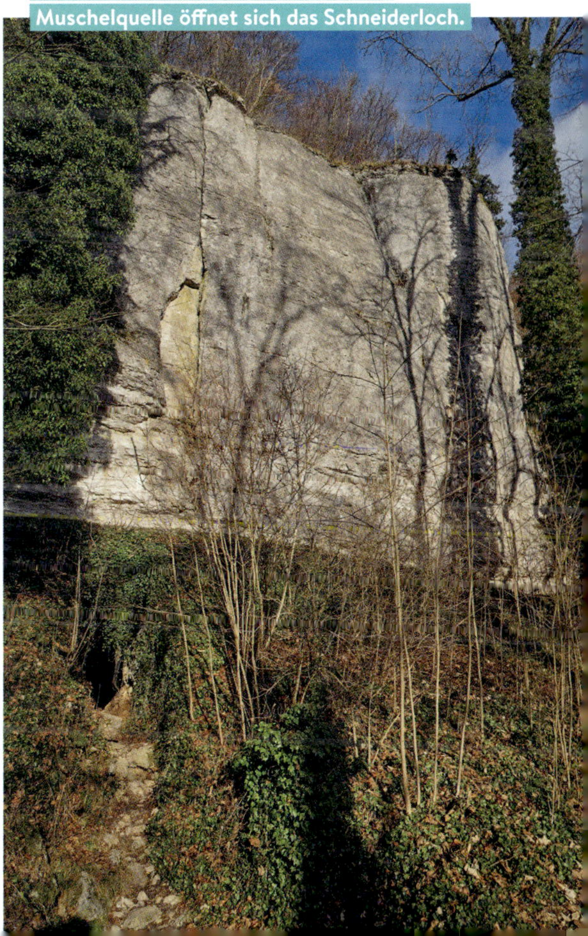

Traumblicke und uralte Rastplätze

Aufseßblick, Bettelküche und Hexenküche

Das naturbelassene untere Aufseßtal ist bei Wanderern sehr beliebt. Doch keiner ahnt, dass sich hoch an den Hängen und in weltabgeschiedenen Seitentälern nicht nur grandiose Naturwunder und Aussichtspunkte, sondern auch einige der faszinierendsten Stätten der Vorgeschichte verbergen.

8

Am Aufseßblick genießt man einen Prachtblick auf Tal und Fluss.

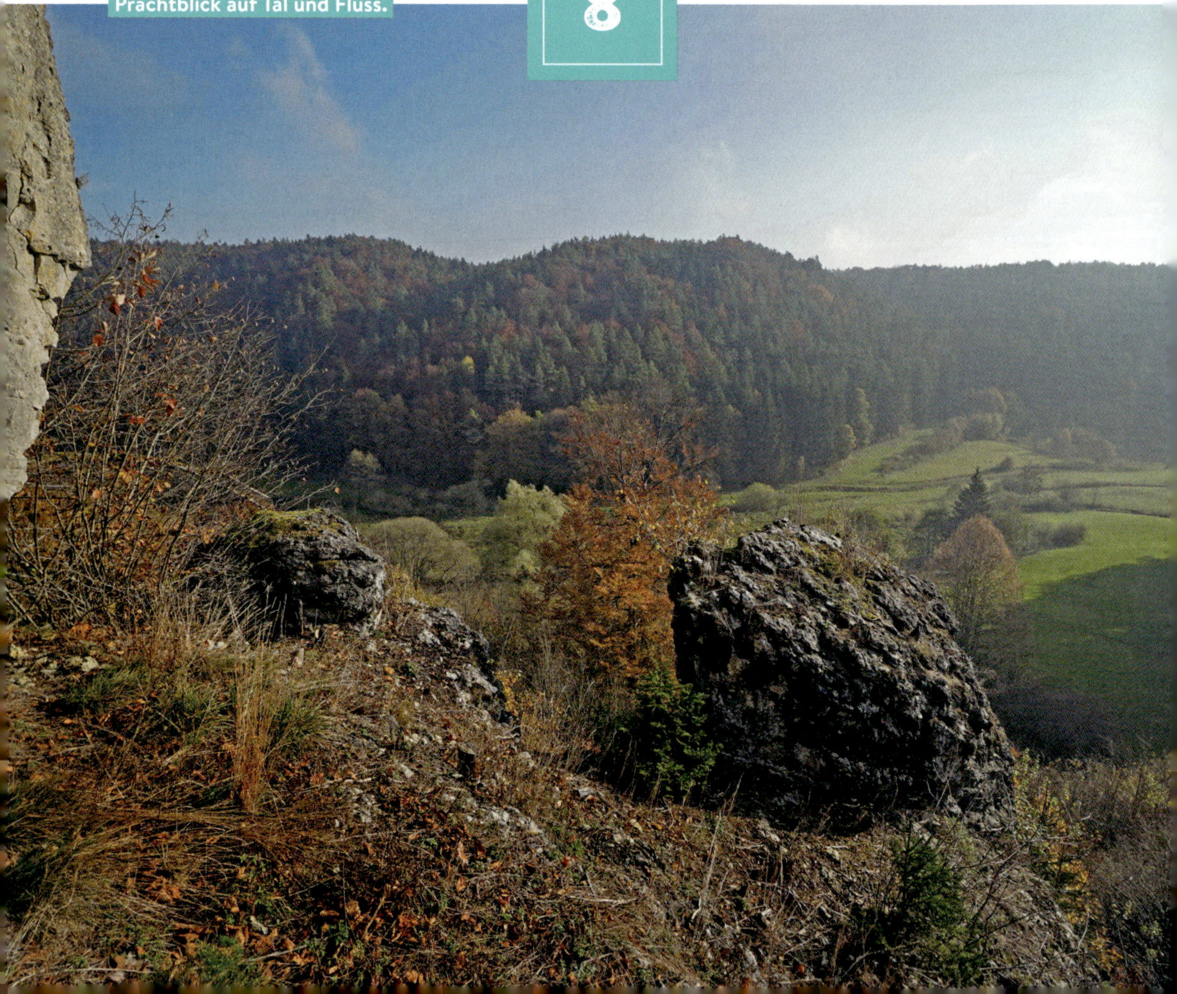

Unsere Tour führt von Doos über die Kloßenholz-Durchgangshöhle zum praktisch unbekannten Aufseßblick, dann zur magischen Welt der Bettelküche und über das malerische Aufseßtal und den wilden Katzengraben zur vergessenen Steinzeithöhle der Hexenküche. Über das urweltliche Wachertal und die imposante Hans-Straßner-Höhle kehren wir zurück.

HÖHLENZAUBER AM WESTHANG Von Parkplatz und Hst. wechseln wir zur anderen Straßenseite über, gehen am Haus der Therapeutischen Gemeinschaft entlang, biegen aber gleich an seinem Ende **ohne Mk.** links auf einen Teerweg ab, überqueren die Aufseß auf einer Brücke und gelangen geradeaus zu einer Straße. Auf ihr geht es nach rechts unter einem bizarren Felskamm ca. 350 m bergan, bis rechts, vor Beginn einer Leitplanke, ein unbefestigter Fahrweg abzweigt. Er bringt uns mit Linksschwenk durch idyllischen Wald hinauf zur Einmündung in eine Forststraße **1**, auf die wir spitzwinklig rechts einbiegen. Nach leichtem Gefälle quert sie im Linksbogen oberhalb schroffer Abstürze die Westflanke des Aufseßtals. Bei einer Wegteilung wandern wir geradeaus Richtung Kuchenmühle (Ww.). Kurz danach lockt links ein Fels mit bizarrem Überhang zu einem Abstecher. Ein wahres Highlight folgt kurz danach: Der Fels mit rechteckiger Nische entpuppt sich nach Aufstieg auf steilem Pfad als die wild zerklüftete, gut 10 m lange Kloßenholz-Durchgangshöhle. Der Fahrweg passiert nun eine imposante Felswand mit benachbartem Turm und führt dann mit Linksschwenk zu einem Sträßchen hinunter.

FASZINIERENDER AUFSESSBLICK Hier lohnt ein Abstecher, den sich nur geländegängige und orientierungssichere Wanderer zutrauen dürfen. Man geht dazu auf dem Sträßchen nach links 20 m bergauf **2**, quert nach rechts über den flachen Graben zum Gegenhang, steigt 10 Hm auf und wandert auf einer Hangstufe nach rechts leicht aufwärts durch die Flanke. Man quert nun in hinreichendem (!) Abstand oberhalb der steil abfallenden Vorfelsen und steigt dann nach links steil über Stufen zum Fuß der Felswand mit malerischer Gipfelkiefer auf. Von der vordersten Ecke bietet sich ein umwerfender Blick über die schroffen Vortürme hinab zur Aufseß.

URWELTLICHE BETTELKÜCHE Zum Sträßchen zurückgekehrt, erreichen wir auf ihm absteigend bald die idyllisch gelegene Kuchenmühle, gehen links am Restaurant vorbei und mit **Gelbring** an einem Seitenarm der Aufseß entlang. Nach einer Linksbiegung stehen wir staunend vor dem faszinierenden Ensemble der Bettelküche: Ein malerischer Felsdurchgang wird von fünf gewaltigen Überhängen (Abris) flankiert, die schon den Menschen der Mittelsteinzeit Schutz boten. Kurz nach dem Durchgang führt links ein steiler Pfad zu einer 8 m tiefen Höhle hinauf, in der man auf Reste bronzezeitlicher Metallgewinnung stieß. Wir kehren nun zur Kuchenmühle zurück, gehen über die Brücke zur anderen Talseite hinüber und wandern mit **Gelbkreuz** u.a. links talauf.

Funde

EIN HOTSPOT DER VORGESCHICHTE

Die Gegend um das untere Aufseßtal scheint für die Menschen der Vorgeschichte besondere Bedeutung besessen zu haben: Bei Hexenküche und Bettelküche lässt sich eine Nutzung schon in der Mittelsteinzeit belegen, weitere Funde stammen aus der Jungsteinzeit, Bronze- und Eisenzeit. Auf der Hochfläche westlich des Tales findet man auffallend viele Grabhügelfelder, meist aus der Bronze- und Hallstattzeit, eines davon (bei Voigendorf) war so markant, dass es den Namen Heidenstadt erhielt.

AUFSESSTAL UND KATZENGRABEN Es folgt eine gemütliche Wanderung auf meist schmalem Weg immer geradeaus durch das teils von Felsen gesäumte, teils liebliche Tal. Nach Überschreitung einer Straße passieren wir einen engen Felsdurchgang und erreichen wenig später die entscheidende Wegteilung **3**: **Blauring** und **Grünpunkt** führen uns nach rechts in den Katzengraben hinein. Die Szenerie wird immer schroffer, der Weg schmaler. Am Ende eines fast schluchtartigen Teils mit begrünten Blöcken am Wegrand lohnt ein Abstecher nach rechts: Wir steigen kurz am Hang auf und queren dann auf Pfadspuren nach rechts leicht bergauf in einen Felskessel hinüber; links schließt sich eine Halbhöhle mit malerischen Felslöchern an. Zurück am Hauptweg, folgt für Felsenfreunde bald ein weiteres Highlight: Ein Pfad führt nach links zu einem gewaltigen Felsturm hinauf.

ÜBER DIE HEXENKÜCHE NACH SEELIG

Auch im weiteren Aufstieg passiert der nun wieder breitere Wanderweg bizarre Massive, das größte Naturwunder versteckt sich aber abseits: Bei einer Linkskurve zweigen wir rechts auf einen begrünten Fahrweg **ohne Mk.** ab, passieren einen schroffen Felsen direkt am Weg und erblicken 10 m nach ihm links oben das schwarze »Maul« der Hexenküche, zu der uns ein steiler Pfad hinaufbringt. Oben nimmt uns das riesige, ca. 15 m breite und 10 m tiefe Felsdach auf – ein fantastischer Rastplatz in völliger Einsamkeit, den schon die Menschen der Mittelsteinzeit nutzten. Wieder auf dem **Blauring**-Weg passieren wir eine letzte Felsburg und erreichen an Wiesen entlang die entscheidende Abzweigung **4**: Ein (anfangs) gepflasterter Fahrweg **ohne Mk.** führt uns nach rechts (Ww.) mäßig steil zur Hochfläche hinauf und stets geradeaus in das Dorf Seelig hinein. Nach Linksknick erreichen wir die Hauptstraße, gehen nach rechts aus dem Ort hinaus (prachtvolle Fernsicht) und kommen zu einer Straßengabelung **5**: Wir folgen jedoch keiner der Straßen, sondern wandern geradeaus auf einem Feldweg (Zeichen: RS) an einer großen Linde vorbei auf die Hochfläche hinaus.

DURCH DAS WACHERTAL Der Fahrweg führt im Linksbogen tiefer, in einer Rechtskurve um ein Feld herum und dann als Hohl-

↓ Die Abris an der Bettelküche erhalten schon seit der Mittelsteinzeit Besuch.
↘ Das Höhlenloch mitten in der Wand bildet das Schaustück der Aufseßtal Südwand.

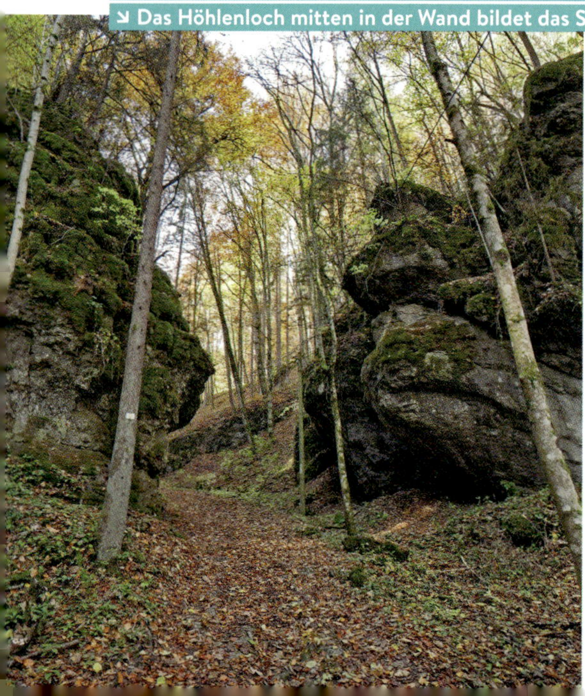

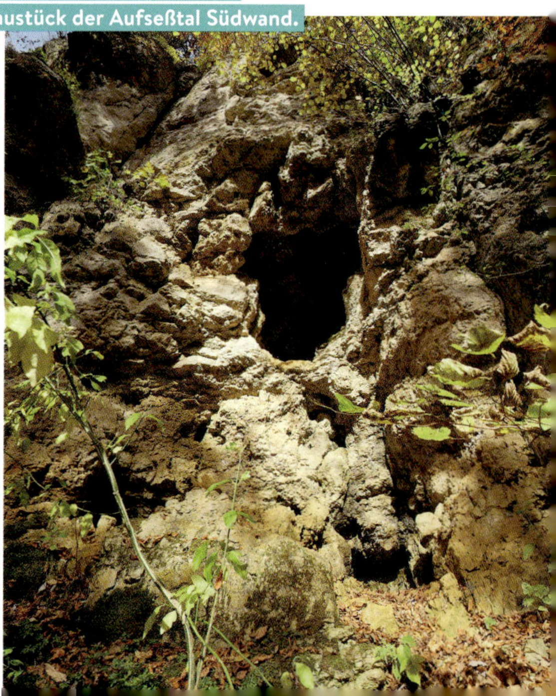

INFO

TOURENCHARAKTER
An Höhepunkten reiche Wanderung durch ein malerisches, autofreies Flusstal und urweltliche Seitentäler zu grandiosen, oft vorgeschichtlich bedeutsamen Höhlen und Abris sowie zu einem großartigen Aussichtspunkt; meist gute Wege mit nur mäßigen Steigungen, nur der weglose Aufstieg zum Aufseßblick erfordert hohe Trittsicherheit.

AUSGANGS-/ENDPUNKT
Doos (343 m), Parkplatz am rechten Rand (in Richtung N) der Talstraße (GPS: 49.811562, 11.297420), dort auch die Bus-Hst.

ANFAHRT MIT ÖPNV
Nur Sa/So vom 1.5.–1.11. mit Linie 399.1 vom Bhf. Pegnitz

GEHZEITEN
Kloßenholz-Durchgangshöhle 0:40 Std. – Aufseßblick 0:20 Std. – Kuchenmühle 0:15 Std. – Bettelküche 0:10 Std. – Katzengraben (Halbhöhle) 0:55 Std. – Hexenküche 0:20 Std. – Seelig 0:25 Std. – Wachertal (Turm) 0:20 Std. – Kuchenmühle 0:15 Std. – Hans-Straßner-Höhle 0:20 Std. – Rückweg 0:15 Std.

BESTE JAHRESZEIT
Ganzjährig reizvoll, besonders schön im Frühjahr und Spätherbst; im Sommer beim Aufseßblick erhöhte Zeckengefahr; Besuch der Aufseßtal Südwand wegen der vielen Kletterer am besten nicht am Wochenende

mittel | 13 km | 390 Hm | 4:15 Std.

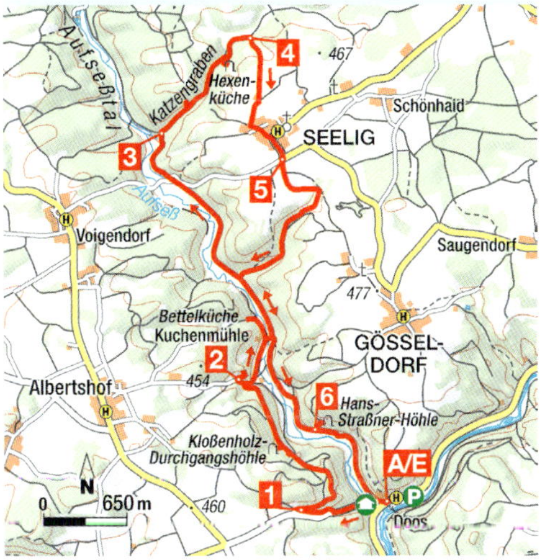

EINKEHR
Kuchenmühle, Tel. 09196/377

KARTE
ATK25 E10 Ebermannstadt

weg ins Wachertal hinein. Linksseitig fesseln eine schroffe Felsburg und ein zweigipfliger Turm, rechts eine malerische Halbhöhle unsere Blicke. Bei einer Gabelung folgen wir rechts weiter dem Hauptweg, der erst hoch über dem Graben verläuft, dann steil bergab führt und in den Talweg des Aufseßtals (**Gelbkreuz** u.a.) mündet, auf den wir nach links einschwenken.

NATURWUNDER ÜBER DER AUFSESS

Nach kurzer Strecke auf bekannter Route ist das Gebiet der Kuchenmühle erreicht, doch gehen wir nun auf der linken Talseite geradeaus weiter. Mit schöner Sicht zu den Felsen des Aufseßblicks überqueren wir die Talwiesen, dann geht es auf breiterem Weg links im Wald weiter. Ein erster Stichpfad nach links führt zum leider eingewachsenen gewaltigen Massiv des Höllensteins hinauf. Nicht versäumen sollte man den nächsten Abstecher: Wo rechts am Weg drei große begrünte Blöcke liegen, zweigt links ein Pfad ab **6**. Man steigt am besten nicht steil zu den Felsen auf, sondern quert auf Pfadspuren nach links durch den Hang und erreicht den Fuß der Aufseßtal Südwand dann über eine Kehre nach rechts. Eine grandiose Szenerie: Mitten in der Wand öffnet sich ein rundes Höhlenloch, über den wilden Felswinkel rechts betritt man die imposante Hans-Straßner-Höhle, die ca. 20 m tief in den Fels hineinführt. Der Rest ist ein gemütlicher Bummel: An zwei schroffen Massiven und einem überhängenden Block mit kleinem Felsentor vorbei erreichen wir bald die Häuser von Doos.

Höhlenwunder und Hexenberg

Kreizgraben, Sparnagles und Zauppenberger Wand

Mit der riesigen Ludwigshöhle und dem Promenadenweg zählt das obere Ailsbachtal zu den bekanntesten Wanderregionen. Doch auch hier verstecken sich fernab der Wanderrouten grandiose Wunder wie die Zauppenberger Wand oder der urweltliche Kreizgraben. Auch am Hexentanzplatz auf dem Sparnagles ist man meist allein.

Das tiefe Dickichtloch ist eine Hauptattraktion des wilden Kreizgrabens.

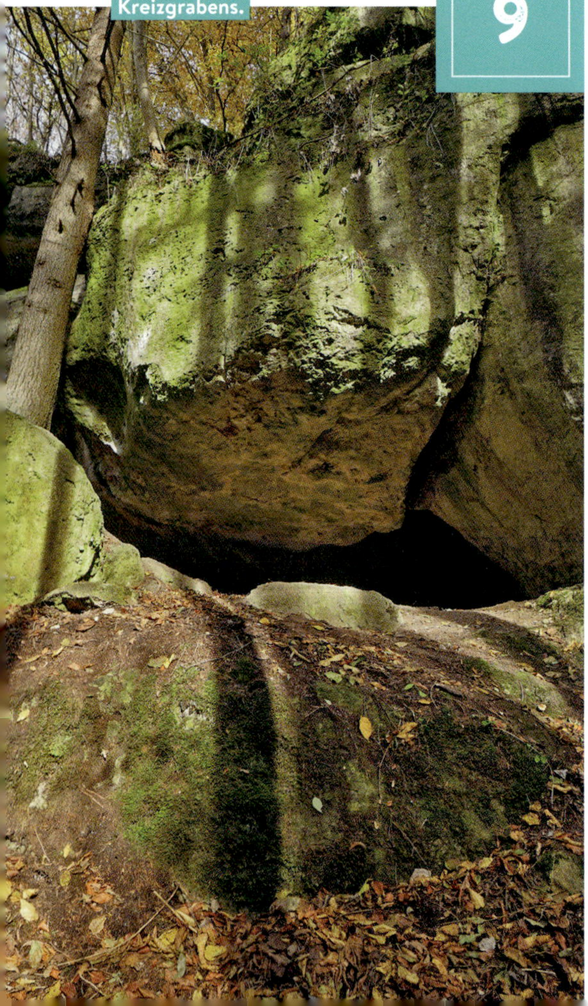

9

Nach der Höhlen- und Felsenwelt des Kreizgrabens steigen wir über aussichtsreiche Hänge zum hohen Sparnagles-Westgipfel (553 m) auf, überschreiten den ganzen Bergkamm, gelangen über die Heldwand hinab zur Ludwigshöhle, besuchen die Zauppenberger Wand und kehren auf dem Promenadenweg über das sagenumwobene Schneiderloch zurück.

DURCH DEN KREIZGRABEN NACH ZAUPPENBERG Am Anfang lässt sich ein kurzer Gang vom Rennerfels entlang der Straße Richtung Oberailsfeld nicht vermeiden; immerhin zeigt sich schon eine bizarre Höhle am Hang über uns. Nach 380 m biegen wir links über eine geteerte Einfahrt auf einen begrünten Fahrweg **ohne Mk.** ab, der uns in die Urwelt des Kreizgrabens hineinführt. Bei einer Gabelung halten wir uns links, gewinnen über dem wilden Graben an Höhe und zweigen dann erneut links auf einen Fußweg ab, der uns zu einem Massiv mit markantem Überhang hinaufbringt. 50 m nach ihm führen Pfadspuren nach links durch den Hang und dann in Kehren zum gewaltigen Portal des 12 m tiefen Dickichtlochs hinauf – ein magischer Ort in völliger Stille. Man geht nun (bei Talblick) links an der Felsreihe weiter, an einer kleinen Spalthöhle vorbei und steuert, immer auf gleicher Hanghöhe, durch den offenen Wald auf einen Pilzfelsen mit enormen Überhängen zu. Vor ihm führt ein Pfad wieder zum Talweg hinunter. Durch eine bizarre Felsenwelt geht es weiter talauf, an der linken Flanke empor, an einer Wiese aufwärts, nach rechts durch einen bewaldeten Hang und zuletzt auf begrüntem Fahrweg zu einem Sträßchen am Rand von Zauppenberg hinauf. Wir wandern mit **Gelbraute** u.a. rechts in den Ort hinein, dann auf der Hauptstraße links auf die Hochfläche hinaus.

SPARNAGLES-ÜBERSCHREITUNG Vor einer Scheune **1** biegen wir rechts in einen Schotterweg ein, der uns zum Waldrand hinaufbringt; umwerfend die Fernsicht über die Kuppen der Alb. Durch Wald geht es weiter bergauf, bis kurz nach einer Rechtskurve links ein unbefestigter Fahrweg abzweigt. Bei einer Kreuzung gehen wir geradeaus weiter und gewinnen auf einem Wanderweg, zweimal nach links schwenkend, schnell an Höhe. Bald ist der felsige Sparnagles-Gipfel erreicht; links erblickt man imposante Abstürze nach N. Über den Kamm geht es nun deutlich bergab zur Kreuzung mit einem unbefestigten Fahrweg (Achtung: Wegtafel fehlerhaft!). Wir gehen auf ihm knapp 10 m nach rechts **2** und biegen dann links auf deutlichem Weg in den Wald ab. Dieser, nur mehr sporadisch mit Gelbraute mk., führt an Wiesen (darunter wohl der Hexentanzplatz der Sage) mit prachtvoller Aussicht entlang, dann über den bewaldeten Kamm auf die zwei Kuppen des Ostgipfels hinauf, zuletzt rechts über eine Wiese (rechter Hand erstreckte sich einst eine große Siedlung der Urnenfelderzeit) zu einer Fahrstraße hinüber. Auf ihr erreichen wir nach links den Rastplatz an der Kreuzung Auf dem Berg mit zauberhafter Fernsicht.

Sage

DER HEXENTANZPLATZ

Ist Ihnen schon aufgefallen, dass das Kreuz auf der Klaussteiner Kapelle etwas schief ist? Die Erklärung geht so: Eine Magd aus dem Schloss Adlitz hatte sich unsterblich in einen feschen Knecht aus Oberailsfeld verliebt. Doch der wies sie brüsk ab, weil ihr Ruf nicht der beste war. Voller Verzweiflung wandte sie sich an den Teufel und verschrieb ihm ihre Seele, falls er ihr helfen würde. Der Leibhaftige versprach im Gegenzug, ihr den Geliebten zuzuführen; sie solle sich dafür in der Walpurgisnacht zum Hexentanzplatz auf dem Sparnagles begeben. Alles geschah wie vereinbart: Der Teufel packte den Unglücklichen, um ihn durch die Luft zum Berg zu transportieren. Um die Landung auf der anderen Talseite präzise zu schaffen, musste er tief über den Klausstein anfliegen. Da passierte es: Der Entführte bekam das Kreuz der Klaussteiner Kapelle zu fassen und umklammerte es. So sehr der Teufel auch zerrte, er konnte ihn nicht wegreißen. Schließlich wurde der Unhold mithilfe des Klausners vertrieben, die Magd aber fand man am anderen Tag tot am Fuß der Sparnagles-Abstürze.

ÜBER DIE HELDWAND ZUR LUDWIGSHÖHLE Mit **Grünring** wandern wir links das Sträßchen Richtung Christanz hinunter, biegen aber schon nach 130 m links auf einen Schotterweg **ohne Mk.** ab **3**. Auf ihm geht es mit Prachtblick ins Ahorntal noch etwas bergauf, dann stets geradeaus durch die Sparnagles-Nordflanke abwärts. Zuletzt queren wir, nun mit Mk. **Blaukreuz** u.a., die Flanken des Ailsbachtals mit schöner Sicht zum Schweinsberg. Links lohnt die glatte Felsflucht der Heldwand einen Abstecher. Nach einer imposanten Felsspalte überqueren wir eine Straße, gehen gegenüber mit Blaukreuz u.a. in den Wald und erreichen eine Wegteilung **4**. Von hier ist es nicht weit zur Ludwigshöhle: Wir wandern geradeaus weiter, passieren eine malerische Halbhöhle, steigen bei einer Gabelung nach rechts ab und dann mit Linksschwenk durch das gewaltige Portal in die riesige Haupthalle empor. Nach der Besichtigung verlassen wir sie über den schmalen oberen Eingang, gelangen über Stufen wieder zum bekannten Weg hinab und kehren so zu P. 4 zurück.

NATURWUNDER ZAUPPENBERGER WAND

Wir steigen nun mit Blaukreuz (Promenadenweg) u.a. rechts über viele Stufen in Kehren

INFO

mittel | 10,5 km | 450 Hm | 3:45 Std.

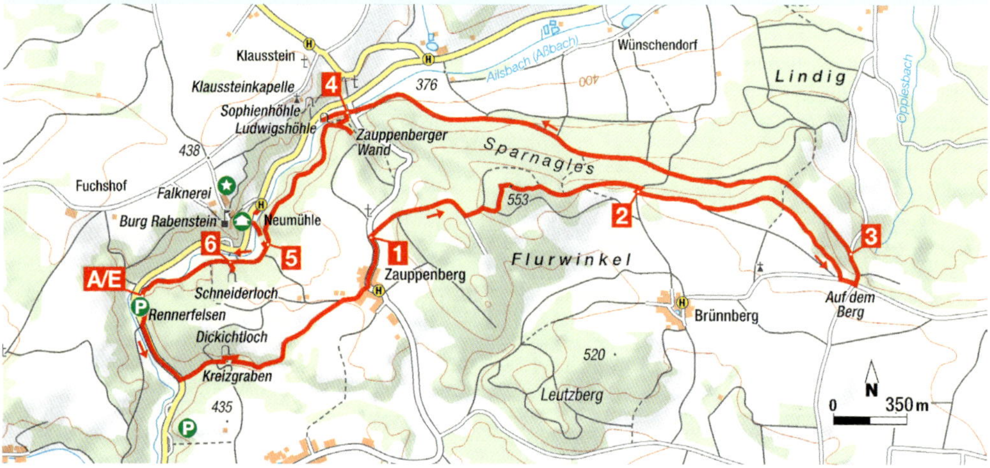

TOURENCHARAKTER

Äußerst abwechslungsreiche Tour mit zwei größeren Anstiegen durch urweltliche Täler zu riesigen Höhlen und Felsmassiven und einem sagenumrankten Gipfel; durchwegs gute, meist schmale Wege

AUSGANGS-/ENDPUNKT

Rennerfels (368 m), Parkplatz an der Ailsbachtalstraße ca. 1,5 km talauf von Oberailsfeld (GPS: 49.818905, 11.364199) oder bei ÖPNV-Anreise Hst. Neumühle der Linie 343: Man steigt dann etwas südl. der Hst. mit Blauring nach links durch die felsige Flanke zu P. 5 auf und beginnt die Tour mit dem Schlussteil (um Schneiderloch und Schneiderkammer).

ANFAHRT MIT ÖPNV

Nur Sa/So vom 1.5.–1.11. mit Linie 343 vom Bhf. Neuhaus a. d. Pegnitz: zwei Hinfahrten am Vormittag, zwei Rückfahrten am späteren Nachmittag

GEHZEITEN

Kreizgraben (Dickichtloch) 0:20 Std. – Zauppenberg 0:20 Std. – Sparnagles Westgipfel 0:25 Std. – Auf dem Berg 0:45 Std. – Heldwand 0:45 Std. – Ludwigshöhle 0:10 Std. – Zauppenberger Wand 0:15 Std. – Schneiderloch 0:30 Std. – Rückweg 0:15 Std.

BESTE JAHRESZEIT

Ganzjährig reizvoll

EINKEHR

Nur mit kurzem Abstieg von P. 5 (s. oben) im Gh. Neumühle, Tel. 09202/228

KARTE

ATK25 E11 Ebermannstadt

bergauf. Unterhalb eines Felsens mit markantem Riss folgt die entscheidende Abzweigung: Ein Pfad **ohne Mk.** führt uns nach links zunächst an einem Maschendrahtzaun entlang, dann durch die Flanke und über Steinstufen zu einer umwerfenden Felsszenerie hinauf: Vor uns erhebt sich der gewaltige Überhang der Zauppenberger Wand. Wenn man sich direkt in sein Zentrum begibt, wird klar, dass es sich um den Rest eines gigantischen Höhlenportals handelt, das in der etwa 10 m tiefen Schwalbensteinhöhle seine Fortsetzung findet.

PROMENADENWEG ZUM SCHNEIDERLOCH Zurück am **Blaukreuz**-Weg, steigen wir zu einer Felskanzel mit Prachtblick zur Klaussteiner Kapelle auf. An der Verzweigung kurz danach zeigt sich, dass wir uns auch hier im Keltenland befinden: Historisch Interessierte können steil nach links in 300 m zum Wall der oberhalb befindlichen Höhensiedlung aufsteigen. Weiter geht es auf dem Promenadenweg: Wir passieren ein Felsdach mit kleiner, schön versinterter Spalthöhle, das imposante Portal der geräumigen Neumühlhöhle und eine weitere kleine Höhle. Nach leichtem Rechtsschwenk geht es unterhalb einer malerischen Grotte vorbei, nach einem riesigen Turm durch einen bizarren Felsdurchgang abwärts zu einer Wegteilung **5**, wo der Weg von der Neumühle einmündet (s. Info). Bei der Gabelung unterhalb eines überhängenden Felsens halten wir uns rechts und erreichen bald einen Ww. **6** vor einer großen Wand, der schon manchen vermeintlichen Kenner der Region blamiert hat: Zum Schneiderloch gelangt man nicht, wie falsch angegeben, nach rechts. Vielmehr zweigt links ein Pfad **ohne Mk.** ab, der uns steil über Stufen mit Rechtsknick zur imposanten, leicht versinterten Hallenhöhle hinaufbringt. Der Sage nach hauste hier ein Schneider, der den Teufel mit einer Wette überlistete: Der Teufel scheiterte daran, alle Frösche des Ailsbachs auf die Bäume zu treiben.

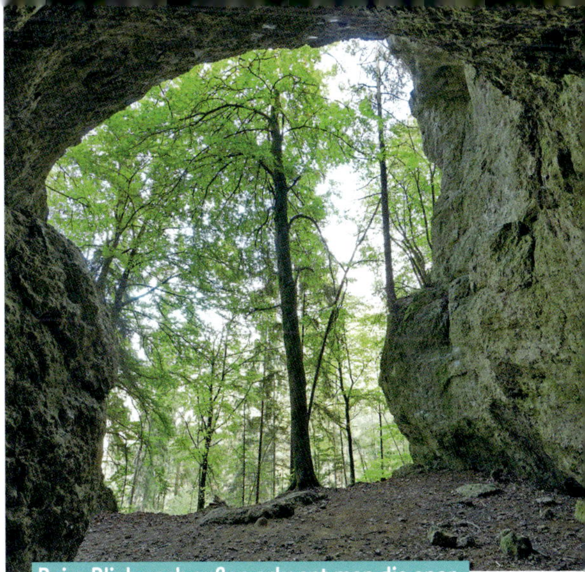

Beim Blick nach außen erkennt man die enormen Dimensionen der Zauppenberger Wand.

ÜBER DIE SCHNEIDERKAMMER ZURÜCK Wieder auf dem **Promenadenweg** gehen wir mit Prachtblick auf Burg Rabenstein zum angeblichen Schneiderloch hinüber. Es ist in Wahrheit die Schneiderkammer, die mit drei Öffnungen fasziniert. Wir verlassen sie über einen künstlich erweiterten Ausgang und steigen über Stufen bergab; faszinierend der Blick zurück zum Felsentor oberhalb der Kammer. Am Ende der Steilstrecke lockt links die wilde Rabensteiner Klufthöhle zur Erkundung. Danach bringt uns ein bequemer Weg, am Ailsbach entlang und an imposanten Felsen wie der Theresienruhe vorbei, zum Rennerfels zurück.

Auf den aussichtsreichen Wiesen am Sparnagles lag wohl der Hexentanzplatz der Sage.

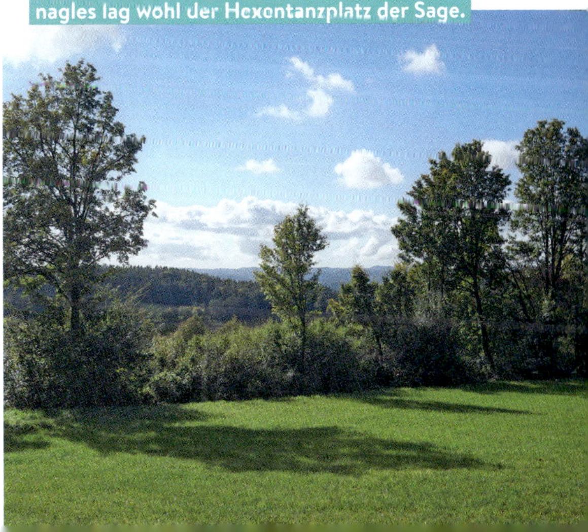

Von der Räuberhöhle ins Tropfsteinparadies

Vom Geisloch über die Brille zu den Muggendorfer Höhlen

Der von der Wiesent in einer Schleife umflossene Bergrücken nordöstlich von Muggendorf bildet ein Wandergebiet der Superlative: An einem Tag besuchen wir – teils abseits der markierten Routen – drei riesige Höhlen, drei Felsentore und Felsdurchgänge und nicht weniger als neun grandiose Aussichtspunkte.

10

Magische Lichtstimmungen und ein Felsbogen verzaubern das Geisloch.

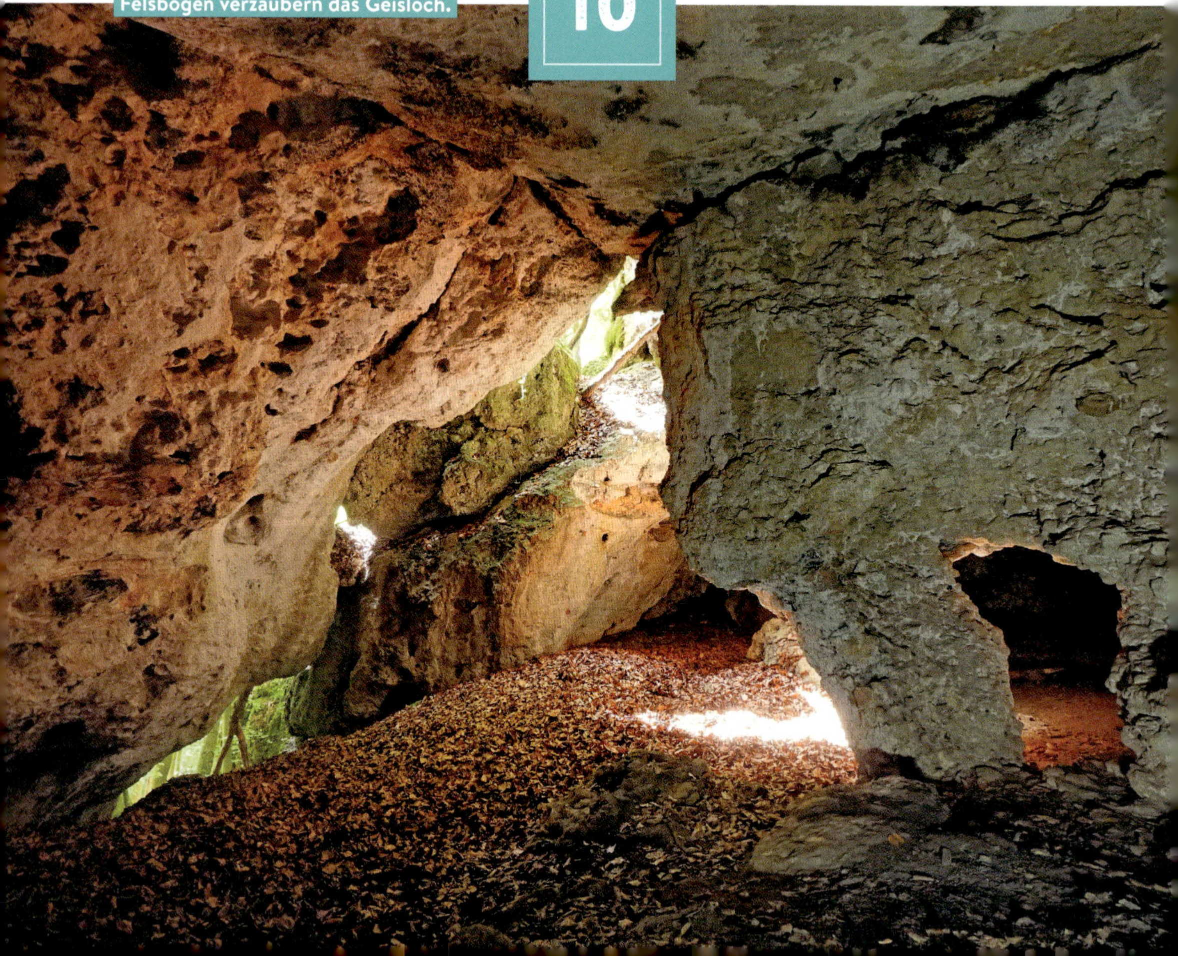

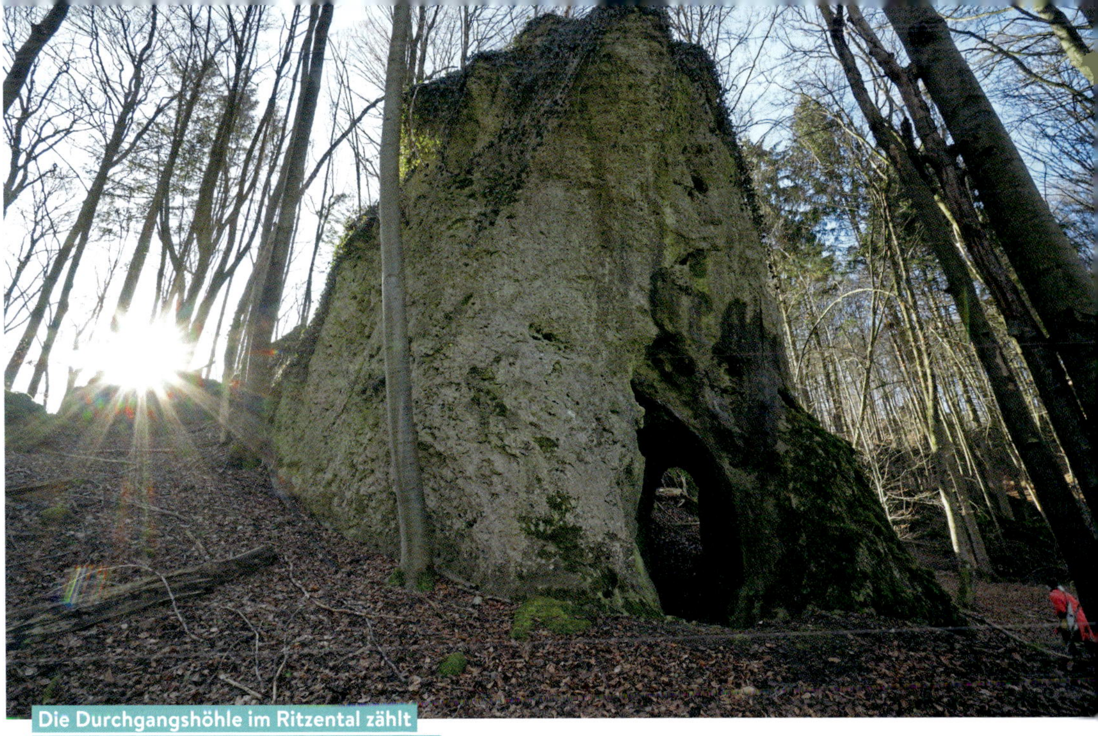

Die Durchgangshöhle im Ritzental zählt zu den originellsten Felsgebilden der Tour.

Von der Sachsenmühle führt unsere Tour über das faszinierende Geisloch hinauf zum Pfaffenstein, über die Felsbastion Räuberburg und die Kirchenruine Am Heiligen Bühl zum Adlerstein (531 m), durch die vergessene Felsenwelt des Ritzentals mit dem doppelten Felsentor der Brille zur Oswaldhöhle, dann über mehrere Schaukanzeln zur grandiosen Rosenmüllerhöhle und über zwei weitere Aussichtspunkte hinab nach Muggendorf.

ZUM GEISLOCH Von der Hst. gehen wir auf der Brücke über die Wiesent hinüber, halten uns kurz rechts, überschreiten die B 470 und stoßen auf die Mk. des **IFS-Weg**s (rot/weiß diagonal). Sie leitet uns auf breitem Fahrweg nach rechts aufwärts, auf einem links abzweigenden Wanderweg über eine Kehre bergauf und in ein wildes Felsental hinein. Bald folgt das erste Highlight: ein Felsen mit schwungvoll gebogenem Überhang und tiefer Spalte rechts. Von hier gehen wir noch 50 m weiter und biegen dann (bei einem kleinen begrünten

Tipp

ZWEI-TAGES-VARIANTE

Die an Eindrücken reiche und konditionell fordernde Tour lässt sich gut in zwei bequemere Wanderungen aufteilen. Man geht dazu von P. 7 links abwärts zu einer Gabelung, nochmals links mit dem Mehlbeerensteig zwischen zwei Türmen hindurch, bei der nächsten Wegteilung dann rechts über Stufen bergab und auf einem Hangweg zu einer Bergstraße. Auf ihr gelangt man links zur Hauptstraße hinab und scharf links zur Bus-Hst. Gh. Kohlmann (Gehzeit: 0:20 Std., Abfahrtszeiten eine Min. nach den im Infokasten genannten). Am anderen Tag (auch als Rundtour machbar) geht man wieder die Straße empor, folgt rechts dem Hangweg aber nur ein Stück, bis links der Felsensteig (Braunkreuz) abzweigt, der in Kehren wieder zu P. 7 (Gehzeit: 0:20 Std.) hinaufführt (insgesamt: 1. Tag: 4:00 Std., 480 Hm, 2. Tag: 2:10 Std., 325 Hm).

Felsen **1**) spitzwinklig links auf einen deutlichen Pfad **ohne Mk.** ab. Wir folgen ihm aufwärts bis zu einer mit Holzpfählen abgestützten Stufe, queren dann nach rechts auf Pfadspuren durch den Hang und steigen in Kehren zu dem über uns sichtbaren Höhlenloch auf. Unter einer Felsbrücke hindurch betreten wir die durch Felsenfenster und Deckenspalten magisch beleuchtete Vorhalle des Geislochs, in der ein freistehender Felsbogen den Blick fesselt. Links schließt sich eine große, leicht versinterte Halle an, rechts eine tiefe Spalte, in der Mitte führen zwei Gänge noch tiefer in den Berg. Der Sage nach gehen in der Höhle die Geister zweier Räuber um, die sich im Streit um die Beute gegenseitig erdolchten.

ÜBER DEN PFAFFENSTEIN ZUR RÄUBERBURG Zurück am **IFS-Weg**, geht es steil zu einer Wiese empor, auf einem Feldweg nach links zu einer Anhöhe und schließlich auf geteertem Weg nach rechts zum Ortseingang von Moritz. Bei einer Gabelung wandern wir rechts **ohne Mk.** auf einer Straße am Ortsrand entlang, dann mit Linksknick ins Dorf hinein zur Hauptstraße. Ihr folgen wir mit **Rot-Senkrecht** nach rechts, biegen aber bald nach Ortsende links auf einen Schotterweg, kurz danach rechts auf einen begrünten Fahrweg ab. Wenig später zweigt links ein Stichweg ab, der uns über Stufen zum Felsgipfel des Pfaffensteins mit schöner Aussicht nach S und W hinaufbringt. Zurück am Fahrweg, gehen wir nach links weiter, bald an einer Wiese entlang. Wo der mk. Weg einen scharfen Rechtsknick **2** macht, biegen wir links **ohne Mk.** auf einen Wanderweg ab, der in den Wald und im Bogen bergab führt. Bald zweigt links ein breiterer Weg ab: Auf ihm absteigend kommen wir zu einem Forstweg und wandern nach links unter der imposanten Nordwand des Pfaffensteins durch den Hang. Bald tritt die Mk. **Blauring** hinzu: Mit ihr geht es mit tollem Fernblick geradeaus weiter, dann auf einer Straße links nach Moritz hinauf. Im Dorf gehen wir geradeaus über eine Kreuzung hinweg und folgen wieder mit **Rot-Senkrecht** noch etwas der Teerstraße, biegen aber vor dem Gh. zum Pfaffenstein rechts ab und wandern auf einem Wanderweg in den Wald hinein. Bald führt uns ein breiter Weg **ohne Mk.** rechts zum langen Felskamm der Räuberburg hinauf: Eindrucksvoll die schmale Spalte rechts und der Kessel mit kantigen Türmen in der Mitte.

HEILIGER BÜHL UND ADLERSTEIN Zurück auf dem **Rot-Senkrecht**-Weg, geht es an bizarren Felsen bergab, an einem Acker entlang, dann durch Wald zum Waldrand hinunter und wieder zu einem Sattel hinauf (links ein malerisch zerklüftetes Massiv). Nach erneutem Abstieg folgt am Waldrand die entscheidende Abzweigung **3**: Wir biegen **ohne Mk.** rechts auf einen Feldweg ein, der stets am Waldrand entlangführt und nach Linksknick in einen Schotterweg mündet. Ihm folgen wir nach rechts und erreichen bald eine Straße, auf der wir nach links zu einem Parkplatz gelangen. Kurz nach ihm führt ein Weg rechts in den Wald zur malerischen Kirchenruine Am Heiligen Bühl aus dem 15. Jh. Zurück am Parkplatz, finden wir an seinem linken Rand einen begrünten Fahrweg, der am Waldrand bergan führt (rechts im Wald verstecken sich ein imposanter Überhang und weiter oben ein Felskessel mit zerklüfteter kleiner Höhle). Bei Eintritt in den Wald gehen wir über eine Schneise nach links und steigen dann im Rechtsbogen auf Pfadspuren zur Kammlinie (begrünte Felsklötze) auf. Oben biegen wir rechts auf den breiten **Rot-Senkrecht**-Weg ein und wandern mit Linksschwenk auf die aussichtsreiche Hochfläche hinaus. Bei Einmündung in einen befestigten Fahrweg folgen wir ihm **ohne Mk.** nach links und biegen dann am Waldrand **4** rechts auf einen begrünten Fahrweg ab, der nach kräftigem Anstieg in den Weg zum Adlerstein mündet (**Gelbring** u.a.). Nach links erreichen wir bald den Vorplatz mit kleinem Felsentor und über eine Eisentreppe den Gipfel, der umfassende Sicht über die nördliche Alb bis zum Fichtelgebirge bietet.

INS VERGESSENE RITZENTAL Hier drehen wir um: Gelbring leitet uns zu einem Parkplatz, im Linksbogen weiter und mit Rechtsschwenk zum Ortsrand von Engelhardsberg. Wir überqueren die Straße, gehen gegenüber auf einem Teerweg (**Zubringer Frankenweg**) weiter, dann links mit **Rotring** ins Dorf hinein und bei einer Kreuzung mit **Gelbring** nach rechts wieder auf die Hochfläche hinaus. Nach einem Linksknick teilen sich die Wege: Wir wandern **ohne Mk.** geradeaus auf einem Fahrweg eben weiter und treffen bald auf eine Verzweigung **5**: Zunächst lohnt hier ein kurzer Abstecher mit dem **Frankenweg** nach rechts zur Aussichtskanzel Wiesentblick (schöner Talblick). Zurück an P. 5, wandern wir nach rechts **ohne Mk.** auf begrüntem Forstweg weiter. Am Beginn einer Waldwiese heißt es aufgepasst: Wir zweigen links ab, wandern auf Fahrspuren am oberen Rand der Wiese entlang und dann auf einem Fahrweg rechts in das wilde Ritzental hinein. Links oben tauchen bizarre Felsen auf. Gleich zum ersten sollte man auf Pfadspuren aufsteigen: Der imposante Turm wird von der 7 m tiefen Ritzental-Durchgangshöhle durchzogen (anschließend weitere bizarre Türme). Wir kehren zum Talweg zurück, steigen durch einen Engpass zügig bergauf und gelangen dann auf einem Pfad nach links zum imposanten doppelten Felsentor der Brille.

ZUR OSWALDHÖHLE Von der Brille führt ein breiter Weg nach NW zum Waldrand. Dort biegen wir links auf einen befestigten Fahrweg ein, der uns zum westlichen Ortsrand von Engelhardsberg bringt. Wir überqueren die Straße und gehen gegenüber auf einem Teer-

Die Brille begeistert als eines der raren doppelten Felsentore der Alb.

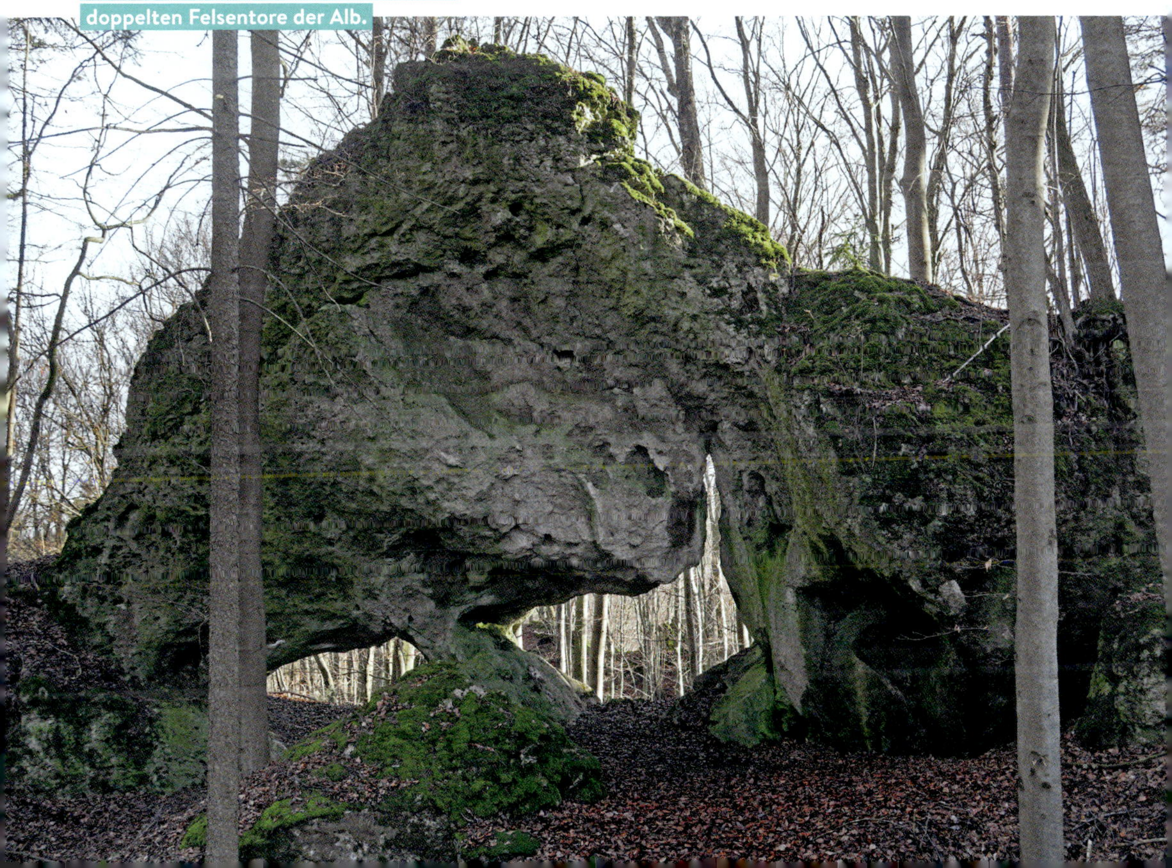

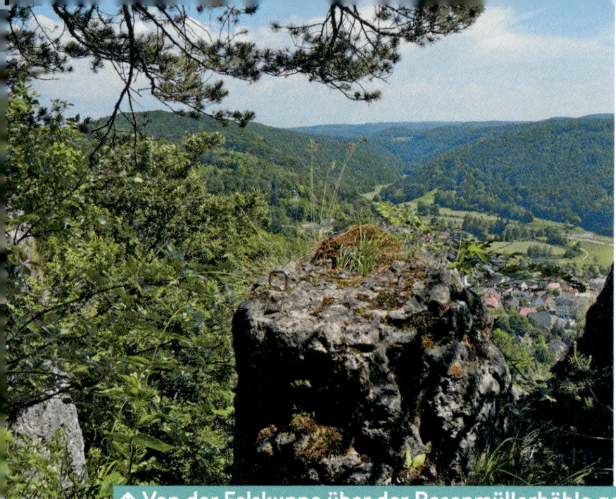

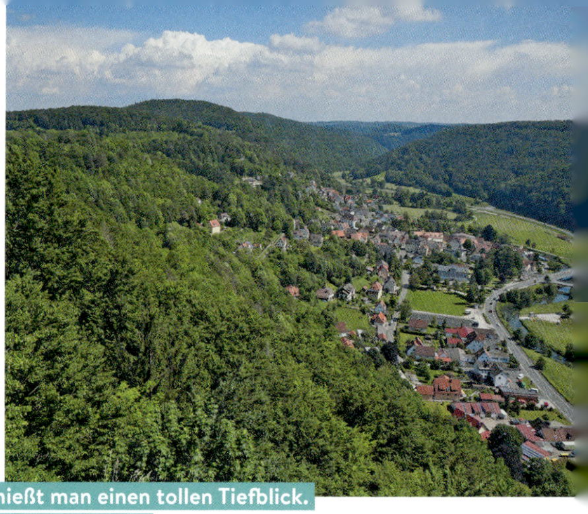

↑ Von der Felskuppe über der Rosenmüllerhöhle genießt man einen tollen Tiefblick.
↗ Vom Brunhildenstein überblickt man große Teile des Wiesenttals.

weg weiter, der bald in einen begrünten Fahrweg übergeht. Auf ihm wandern wir stets geradeaus zum Waldrand hinüber, dann mit **Braunkreuz** u.a. auf einem Schotterweg rechts bergauf und auf einem Wanderweg links in den Wald hinein. Dort treffen wir auf einen Forstweg, folgen ihm **ohne Mk.** nach rechts und wandern leicht bergab, an markanten Felsen vorbei. Kurz vor Einmündung in eine Teerstraße **6** biegen wir links auf einen Forstweg (Fahrverbotsschild) ab. Wo dieser mit Linksknick stärker ansteigt, zweigt rechts ein deutlicher Pfad ab, der uns steil bergab und dann im Linksbogen zum großen Portal der Oswaldhöhle führt, benannt nach einem von G. F. Rebmann in einem Ritterspiel von 1793 dort angesiedelten Eremiten. Man sollte den Gang (mit **Rot-Senkrecht**) durch die 63 m tiefe Durchgangshöhle zum Südausgang nicht versäumen: Mehrere Hallen begeistern mit gewaltigen Dimensionen und fantastischen Formen.

PANORAMAWEG ZUR ROSENMÜLLERHÖHLE Zurück am Nordportal, wandern wir auf breitem Weg (viele Mkn.) bergab, queren aber bald auf einem Pfad links zur Hangkante (Bank) hinüber, wo sich ein Prachtblick ins Wiesenttal bietet. Wir folgen kurz dem Felsensteig (**Braunkreuz**), der über weitere Schaukanzeln tiefer führt, kehren aber bei der Gabelung nach einigen Holzstufen **7** wieder nach rechts zum breiten Weg zurück. **Rot-Senkrecht** leitet uns zu einem Parkplatz hinunter, am Gegenhang zügig bergauf, links durch den Hang, dann bergab und links über eine Brücke zum Pavillon hinüber: Atemberaubend der Blick auf Muggendorf und zu den Felsen im W. Mit der Mk. geht es auf ebenem Hangweg weiter, hinunter zu einer Straße, neben ihr rechts zu einem Parkplatz hinauf und nach ihm links auf einem Teerweg stets am Waldrand entlang. Bald führt links ein Wanderweg in den Wald und hinauf zum aussichtsreichen Felssporn der Koppenburg. Vom Rastplatz oberhalb wandern wir mit Linksschwenk sanft bergab, geradeaus über einen Querweg hinüber und erreichen eine Wegteilung **8**: Hier biegen wir links (Ww.) auf einen breiten Weg **ohne Mk.** ab, der uns sanft ansteigend durch wildes Felsgelände zum malerischen Vorplatz der Rosenmüllerhöhle bringt. Durch eine Spalte betreten wir die riesige, 16 m hohe Halle. Der Rundgang (neues Geländer) vermittelt immer noch unvergessliche Eindrücke, auch wenn ein Großteil des einzigartigen Tropfsteinschmucks durch menschliche Unvernunft zerstört wurde.

ÜBER DEN BRUNHILDENSTEIN INS TAL Zurück an P. 8, steigen wir mit **Rot-Senkrecht** nach links über Stufen steil bergan und wandern dann in Kurven über die Kammhöhe. Wo der Weg sanft zu fallen beginnt, führt ein Stichpfad links zu einem Aussichtspunkt mit Prachtblick ins Tal. Es folgt ein felsiger Grat, dann ein sanfter Abstieg und ein letzter Höhepunkt: Ein kurzer Pfad (Ww.) bringt uns links zur Kanzel des Brunhildensteins, wo wir alle Höhepunkte der letzten Etappe überblicken. Auf dem Hauptweg geht es bei einer Gabelung links nahe der Hangkante zügig bergab, dann mit Rechtsknick steil zu einem breiteren Weg **9** hinunter: Wir biegen mit **Blauring** links auf diesen ein, halten uns 50 m später nochmals links und wandern auf idyllischem Promenadenweg durch den Hang. Am Rand von Muggendorf gehen wir auf einer Straße in den Ort hinunter, dann nach rechts zur Hauptstraße und an ihr entlang bis zur Umgehungsstraße. Dort finden wir rechter Hand die Hst., wo wir den Bus nach Sachsenmühle besteigen.

INFO

mittel | 15,5 km | 700/708 Hm | 5:30 Std.

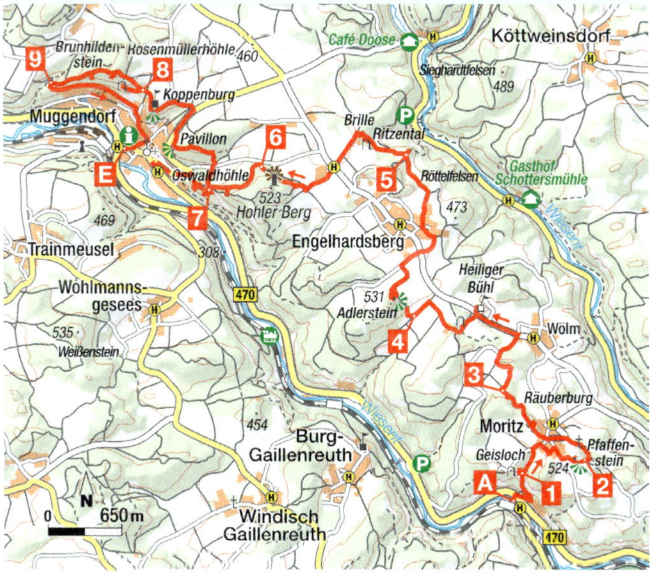

TOURENCHARAKTER

Erlebnisreiche Streckenwanderung (gut in zwei Touren teilbar) mit zahlreichen Höhepunkten (Aussichtskanzeln, Höhlen, Felsentore, eine Kirchenruine etc.); fast durchgehend auf guten, z.T. unmarkierten Wegen; mehrere starke Anstiege

AUSGANGSPUNKT

Sachsenmühle, Hst. der Buslinie 389 bzw. Parkplätze an der Zufahrtsstraße zum Gh. Sachsenmühle (GPS: 49.773795, 11.309244)

ENDPUNKT

Hst. Muggendorf, Forchheimer Straße (307 m). Von hier mit Bus 389 zurück zum Ausgangspunkt (Abfahrt 1.5.–1.11. stdl.: Mo–Fr 18 Min., Sa/So 14 oder 24 Min. nach jeder Std., im übrigen Jahr Mo–Fr 15:18 oder 18:14, Sa/So 14:14 oder 18:14 Uhr)

ANFAHRT MIT ÖPNV

Im Winter brauchbare, vom 1.5.–1.11. gute Verbindung mit Linie 389 von Ebermannstadt oder Pegnitz nach Sachsenmühle

GEHZEITEN

Geisloch 0:25 Std. – Pfaffenstein 0:20 Std. – Räuberburg 0:20 Std. – Kirchenruine 0:30 Std. – Adlerstein 0:35 Std. – Wiesenthlick 0:35 Std. – Brille 0:15 Std. – Oswaldhöhle 0:35 Std. – Pavillon 0:20 Std. – Koppenburg 0:20 Std. – Rosenmüllerhöhle 0:15 Std. – Brunhildenstein 0:25 Std. – Muggendorf 0:35 Std.

BESTE JAHRESZEIT

Ganzjährig reizvoll, außer bei Schneelage

EINKEHR

Gh. Zum Pfaffenstein in Moritz, Tel. 09242/359

KARTE

ATK25 E10 Ebermannstadt

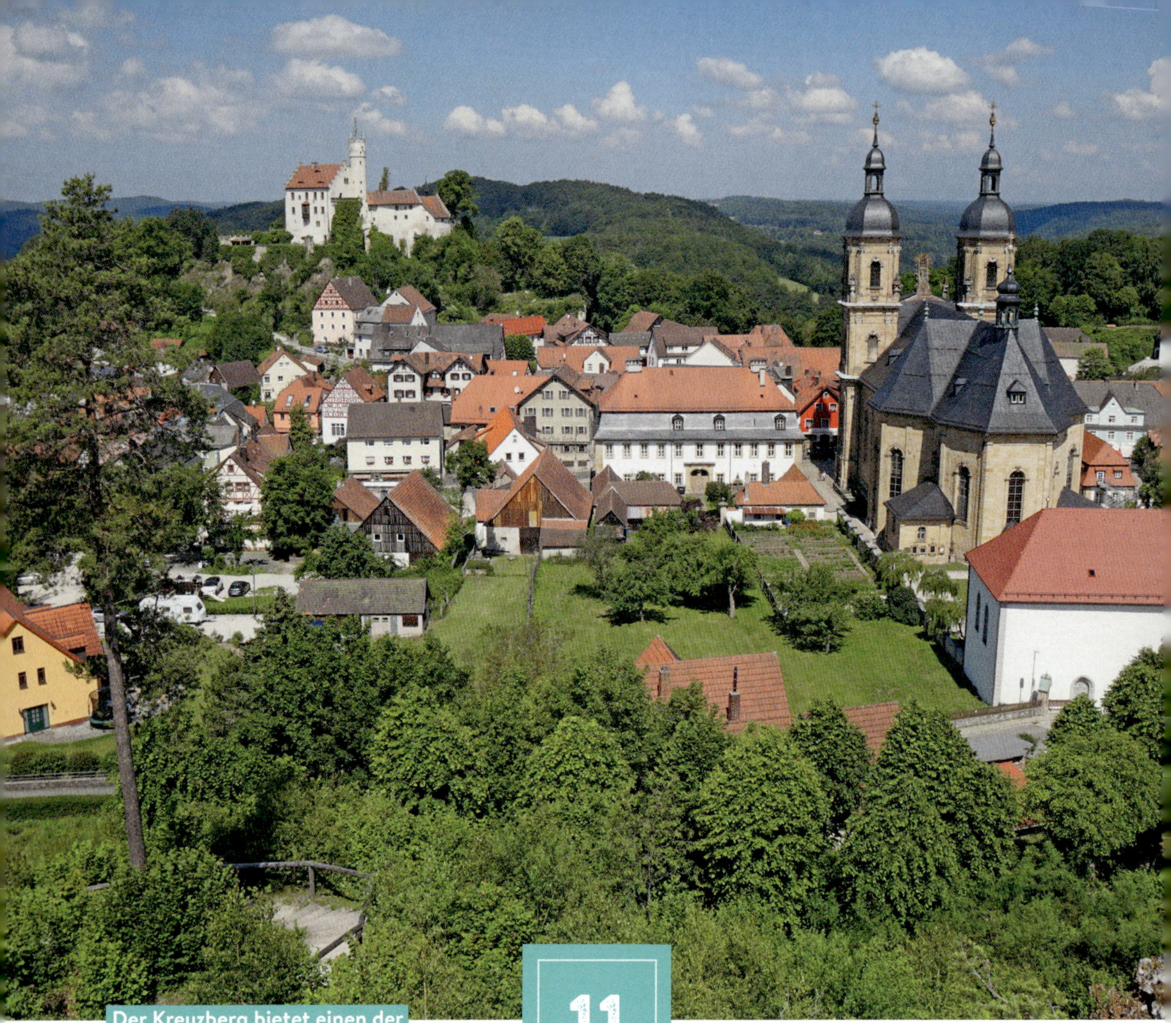

Der Kreuzberg bietet einen der schönsten Blicke auf Burg und Basilika.

11

Gößweinsteiner Sagenwelten

Sagenweg, Martinswand und Obere Wände

Wie kaum ein anderer Ort ist Gößweinstein von neun, teils kaum bekannten Aussichtspunkten umgeben, von denen man das einmalige Ensemble von Burg und Basilika und die wildschöne Landschaft genießen kann. In Verbindung mit dem Sagenweg ist Schau- und Lesespaß für Groß und Klein garantiert.

Der Sagenweg bietet neben drei Aussichtskanzeln und dem wilden Felsensteig auf 9 Tafeln Erzählungen und Legenden zur Geschichte der Wallfahrtskirche und der Marienkapelle (2, 3), der Burg und ihrer Ritter (7, 10) sowie des Ortes (6), dazu Sagen, die sich um einzelne Naturdenkmäler ranken (4, 5, 8 und 9) – um nicht die Spannung wegzunehmen, wird in der Beschreibung nur auf die Nr. der Tafeln verwiesen (1 ist ein Gesamtüberblick über die Stationen des Wegs). Als Ergänzung präsentiert unsere Tour die umwerfenden Ausblicke von Ludwigshöhe, Gernerfels, Martinswand und Bellevue sowie von der Wagnershöhe (zwei Aussichtspunkte) und die einmalige Felsszenerie der Oberen Gößweinsteiner Wände.

KREUZBERG UND THEATERGROTTE Vom Parkplatz (Taf. 1) gehen wir die Pezoldstraße empor, biegen vor der Basilika nach rechts und treffen gleich auf die Mk. des **Sagenwegs** (Gössi = Gänschen mit Ritterrüstung; von der Hst. Anstieg zur Basilika, dann links). Sie leitet uns an der Basilika entlang (2) zur Marienkapelle (3), von deren Treppen sich ein Prachtblick auf die Wallfahrtskirche bietet, weiter an der Grablege der Kapuziner (Kloster von 1723) vorbei und durch ein Stadttor hinaus. Nach einem Rechtsschwenk beginnt ein Treppenweg, der uns, zuletzt mit Linksknick, zur Schaukanzel des Kreuzbergs hinaufbringt (4): Faszinierend der Blick über den Ort zu den Kuppen der Alb. An einigen Kreuzwegstationen entlang geht es zunächst noch bergauf, dann zur Halle der Theaterhöhle hinunter, nach der Freizeitbeschäftigung der Mönche auch Kapuzinerkegelbahn genannt. Links vor der Höhle (alte Steinstufen) lohnt der Abstecher zur Schaukanzel der Ludwigshöhe. Danach gehen wir durch einen Engpass bergab, der rechts von der schon in der Jungsteinzeit aufgesuchten Ölbergrotte (mit Figurengruppe), links von der Elisabethgrotte flankiert wird. In ihr fand die Heilige (1207–31), die 1227/28 auf der Burg im nahen Pottenstein lebte, Zuflucht bei einem Gewitter; das der Sage nach heilkräftige Elisabethwasser (5) in der Grotte versiegt nie.

GERNERFELS UND WINTERLEITEN-GROTTE

Nach weiterem Abstieg folgt eine Gabelung **1**: Wir halten uns **ohne Mk.** kurz rechts und steigen dann über zahlreiche Stufen, zuletzt über eine Eisentreppe zum Gipfel des Gernerfels auf, der einen atemberaubenden Blick auf den Ort bietet. Nach der Rast kehren wir, zuletzt mit dem Ww. zur Burg, nach rechts zum **Sagenweg** zurück und passieren eine imposante Felswand mit Höhlenloch; links der Wand findet man den Eingang zur eindrucksvollen Winterleiten-Grotte.

Von der Martinswand fesselt der atemberaubende Blick ins Wiesenttal.

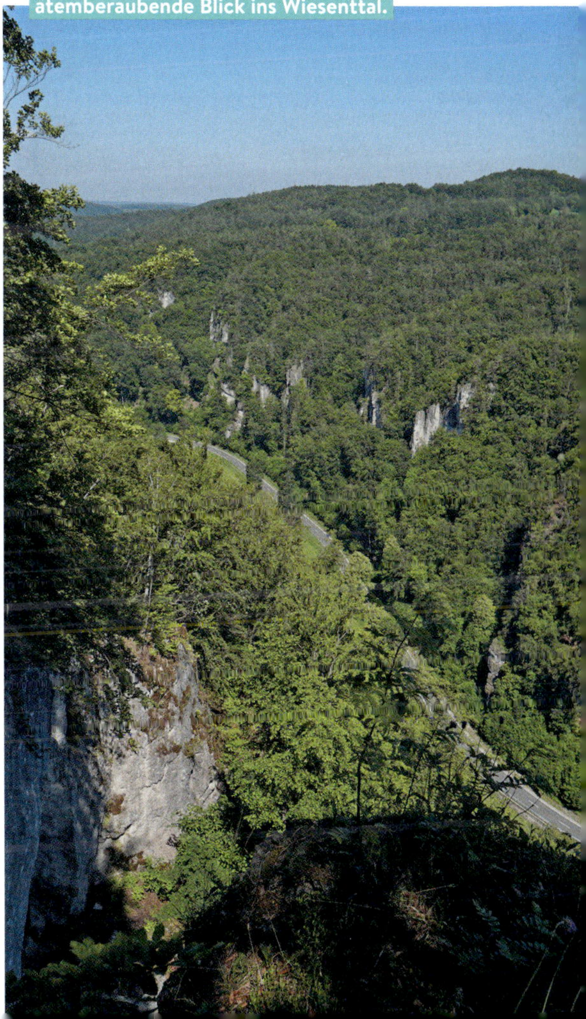

MARTINSWAND UND BELLEVUE Auf der Gartenstraße gelangt man rechts zur Pezoldstraße hinunter und folgt ihr links bergab (6), bis rechts die Straße An der Martinswand abzweigt. An ihrer ersten Gabelung **2** beginnt links der Abstecher zu Martinswand und Bellevue (**ohne Mk.**). Eindeutige Ww. leiten uns über Wohnstraßen bergauf, kurz an einer Straße entlang, dann rechts auf einem Fahrweg in den Wald und mit Linksknick über Treppen zum Aussichtspunkt auf der Martinswand empor: Umwerfend der Blick hinab ins Wiesenttal und hinüber zu Burg und Basilika. Über den mit kleinen Türmen und einem Mini-Felsentor geschmückten Kamm steigt man zum noch etwas höheren Bellevue mit malerischem Blick auf den Ort auf. Da der Direktabstieg durch Privatgelände führt, kehren wir auf gleicher Route zu P. 2 zurück.

FANTASTISCHE FELSWELTEN Nach kurzem Abstieg mit dem **Sagenweg** steht der nächste Abstecher nach links an: Dem Ww. zu den Kletterfelsen folgend, wandern wir **ohne Mk.** in Kehren zur überhängenden Ostseite der Oberen Gößweinsteiner Wände hinauf, gehen zum hohen Eckpfeiler hinüber und gelangen auf deutlichem Pfad am Fuß riesiger Felsfluchten in ein faszinierendes Bergsturzgelände hoch über dem Wiesenttal. Zurück am **Sagenweg**, geht es nach links (7) in den Wald hinein und rechts zum gewaltigen Turm des Napoleon hinüber. An seinem Fuß beginnt der wundervolle Felsensteig: Er führt uns rechts in einen gewaltigen Felskessel hinunter, dann über Holztreppen eine wilde Klamm hinauf und durch einen malerischen Felsdurchgang zu einer Wegteilung **3**. Der Sagenweg leitet uns hier scharf rechts bergauf, dann nach links an einem bizarren Felskessel entlang, in Kehren höher und zuletzt links zum Marienfelsen (8) hinab: Prachtvoll der Blick ins Wiesenttal und zum Schweigelberg gegenüber.

Der Eckpfeiler der Oberen Gößweinsteiner Wände beeindruckt mit bizarren Formen.

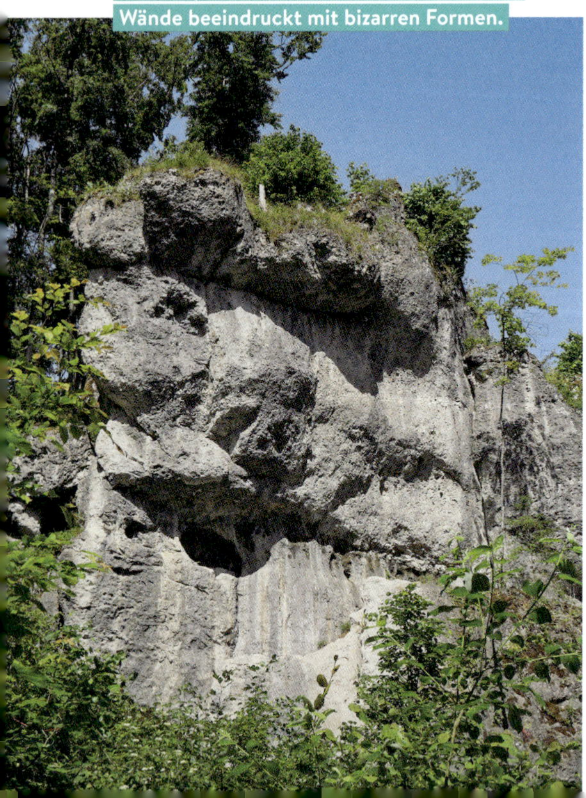

BURG UND WAGNERSHÖHE Nach weiterem Anstieg ist der Vorplatz der Burg (Besichtigung lohnend) erreicht. Der Sagenweg leitet uns rechts auf einem Schotterweg abwärts; unterhalb der Burg erkennt man bald das Franzosenloch (9), in dem die Bürger in der Zeit der napoleonischen Feldzüge die Leichen erschlagener Franzosen versteckt haben sollen. Weiter bergab wandernd (10) erreichen wir das Haus des Gastes, gehen links an ihm vorbei und steigen nochmals links Richtung Wagnershöhe auf. Am Ende der ersten Treppe **4** sollte man den Abstecher nach links nicht versäumen: Ein Pfad bringt uns im Rechtsbogen zu einem exponierten Felskopf (Vorsicht!) mit Prachtblick zur Burg hinauf. Die Wagnershöhe selbst bietet beste Sicht auf Basilika und Ort, aber nur mehr eingeschränkte Blicke nach N. Beim Abstieg gehen wir über Stufen (**Frankenweg** u.a.) ins Zentrum hinunter und kehren zum jeweiligen Ausgangspunkt zurück.

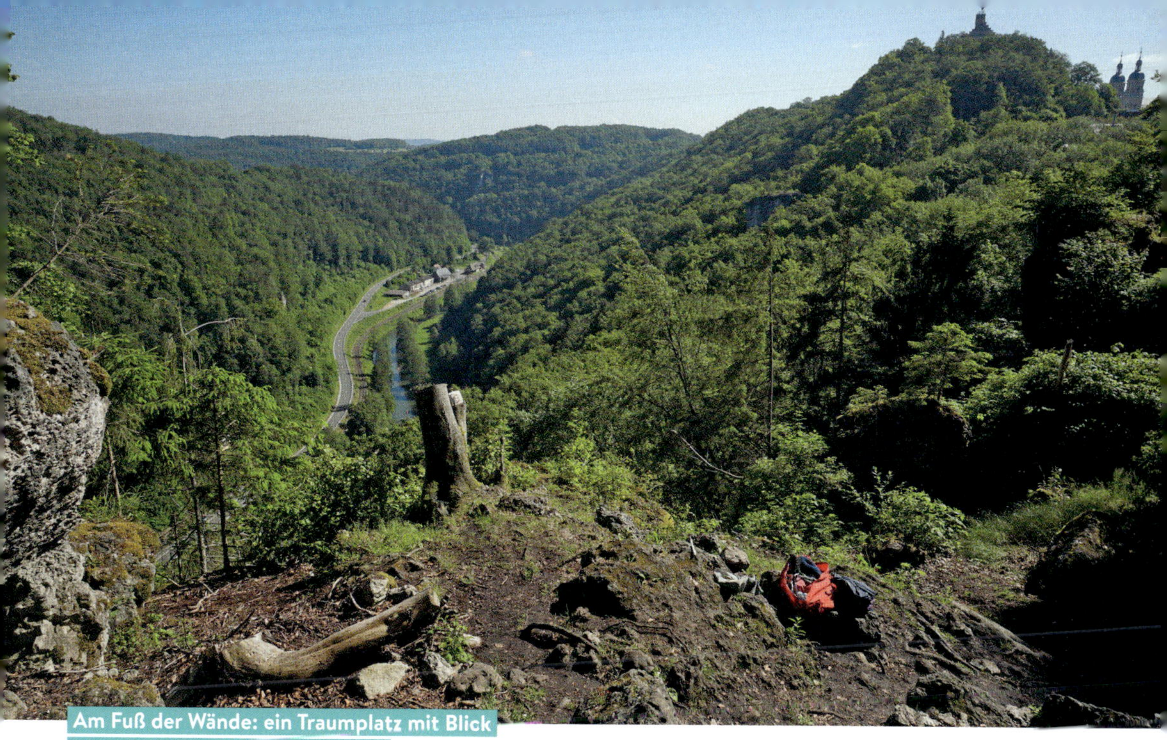

Am Fuß der Wände: ein Traumplatz mit Blick auf Wiesenttal, Burg und Basilika

INFO

TOURENCHARAKTER

Rundtour mit mehreren kurzen Steilanstiegen um einen berühmten Wallfahrtsort mit vielen spektakulären Aussichtspunkten, wilden Fels- und Höhlenlandschaften sowie liebevoll gestalteten Tafeln zu Sagen; meist gute Wege, nur an den Oberen Gößweinsteiner Wänden kurze Strecke auf einem Pfad

AUSGANGS-/ENDPUNKT

Gößweinstein (457 m), Parkplatz mit geringer Gebühr in der Ortsmitte (GPS z.B. 49.768314, 11.333666) oder Bus-Hst. Gh. zur Post (bei ÖPNV-Benutzung ist die Tour etwa 0,5 km kürzer)

ANFAHRT MIT ÖPNV

Von Ebermannstadt oder Pegnitz gute, im Sommer hervorragende Busverbindung mit Linie 389, von Forchheim Mo–Sa gute mit Linie 222, von Gräfenberg Mo–Fr brauchbare mit Linie 226, Sa/So vom 1.5.–1.11. sehr gute mit Linie 229 (Trubach-Express)

GEHZEITEN

Kreuzberg 0:20 Std. – Gernerfels 0:20 Std. – Martinswand 0:25 Std. – Obere Gößweinsteiner Wände 0:25 Std. – Marienfelsen 0:30 Std. – Wagnershöhe 0:20 Std. – Rückweg 0:10 Std.

leicht | 7 km | 320 Hm | 2:30 Std.

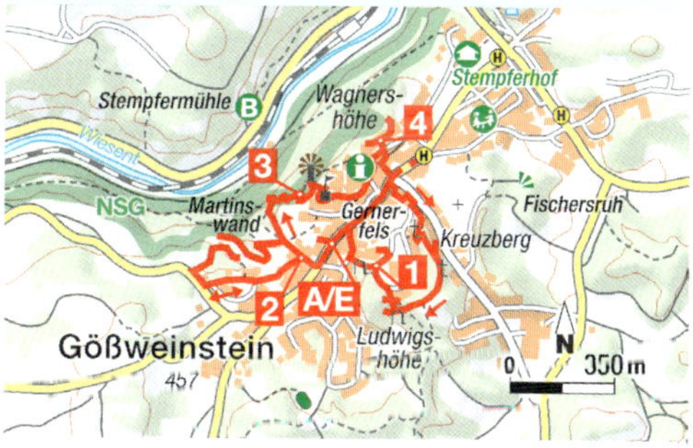

BESTE JAHRESZEIT

Ganzjährig reizvoll

EINKEHR

Zahlreiche Gasthöfe und Cafés im Ort

KARTE

ATK25 E10 Ebermannstadt

Sagenhafte Höhlen über der Püttlach

Hasenlöcher, Schlossererhöhle und Vierloch

Auf der Südseite des malerischen Püttlachtals reihen sich neben gewaltigen Felsriffen auf knapp 2 km Luftlinie nicht weniger als sechs große Höhlen aneinander, von denen nur eine, das sagenumwobene und prähistorisch bedeutsame Große Hasenloch, durch einen markierten Weg erschlossen ist.

12

Die Hasenrangen-Durchgangshöhle fällt steil zum Püttlachtal ab.

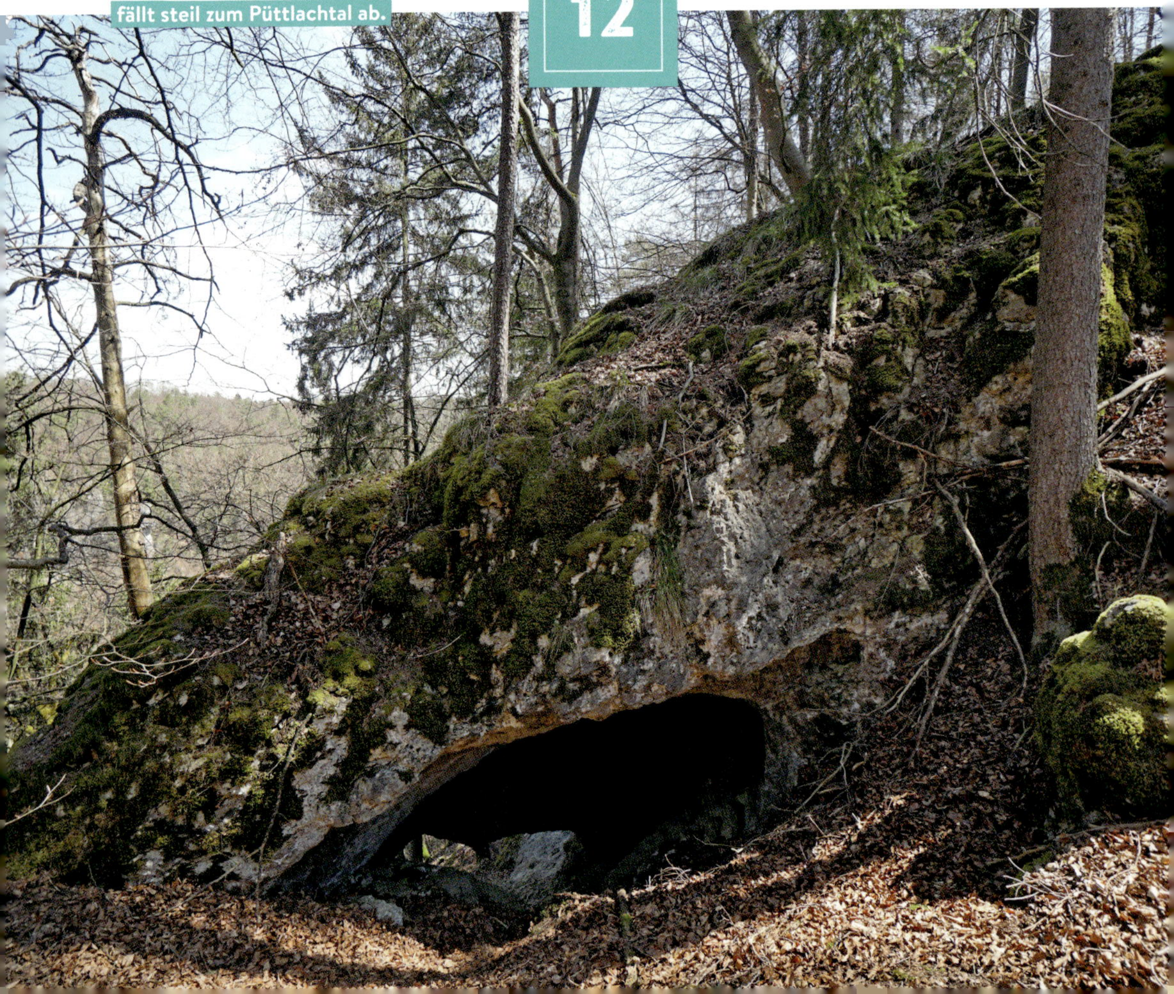

Unsere Tour führt durch eine wilde Felsenschlucht zum Gr. Hasenloch, über das Kl. Hasenloch zur wilden Hasenrangen-Durchgangshöhle, auf historischen Steigen zur Schlossererhöhle und zur Höhle beim Püttlachturm, dann durch den imposantesten Teil des Haupttals und über das malerische Vierloch zurück.

SCHLUCHTWEG ZUM GR. HASENLOCH

Von der Elbersberger Kapelle gehen wir mit **Blau-Senkrecht** auf anfangs geteertem, später geschottertem Weg Richtung Pottenstein und wandern mit schöner Fernsicht über die Hochfläche, an zwei Kruzifixen vorbei. Etwa 200 m nach dem zweiten Bildstock gabeln sich die Wege **1**: Am Beginn einer Linkskurve zweigen wir **ohne Mk.** halb rechts auf einen begrünten Fahrweg ab. Bei der nächsten Wegteilung halten wir uns links, wandern am Waldrand in ein schönes Waldtal hinab und wechseln zur rechten Talseite über. Nach einiger Strecke mündet unser Weg in den **Grünpunkt**-Weg (wer abkürzen will, kann nach rechts direkt zum Gr. Hasenloch wandern). Ihm folgen wir nach links aufwärts zu einer Kuppe und gehen jenseits wieder ca. 50 m bergab, bis rechtwinklig rechts ein Fahrweg **ohne Mk.** abzweigt (Kennzeichen: rechts hohe Kiefern, links Fichten) **2**. Auf ihm geht es zügig bergab und, stets geradeaus, durch ein Waldtal in eine Schlucht hinein, die beidseits von überhängenden Felsen umrahmt wird. V. a. die linke Seite mit schöner Halbhöhle und flacher Felsenkammer lohnt die Erkundung. In der Mitte der Schlucht teilen sich die Wege: Wir gehen rechts auf dem Fahrweg weiter, der leicht ansteigt, dann die Flanke quert und sich bald mit dem **Grünpunkt**-Weg vereinigt. Mit der Mk. biegen wir schließlich in ein von imposanten Felsen (rechts malerische Kleinhöhlen) flankiertes Waldtal ein, passieren das Kruzifix des Waldtempels und stehen dann staunend vor dem riesigen Portal des Gr. Hasenlochs: Über eine Felsstufe gelangt man in die 40 m tiefe Halle, die schon von Neandertalern und späteren Steinzeitjägern als Station genutzt wurde.

KLEINES HASENLOCH UND DURCHGANGSHÖHLE

Wir kehren zum Waldtempel zurück, gehen von ihm noch 80 m bergab und zweigen dann rechts auf einen Pfad **ohne Mk.** ab, der uns steil hinauf zum Kl. Hasenloch leitet, einer hohen, 20 m tiefen Halle. Bei Verlassen der Höhle treffen wir auf einen Pfad, der unmittelbar vor dem Portal nach rechts bergan führt. Er bringt uns erst steil, dann mit sanfter Steigung zu einem breiten Weg aus der Zeit der Romantik **3**. Zunächst steht aber ein spannender Abstecher an: Wir gehen dazu ein Stück geradeaus auf einem Hangweg weiter und steigen dann nach rechts auf einem Wildwechsel mäßig steil zu einer malerischen kie-

Sage

WIE DAS GR. HASENLOCH ZU SEINEM NAMEN KAM

Drei Pottensteiner Buben haben am Sonntag den Gottesdienst geschwänzt, um in den Wäldern südlich der Püttlach Räuber und Gendarm zu spielen. Da läuft ihnen ein weißer Hase über den Weg, der, offenbar verletzt, nur auf drei Beinen dahinhoppelt. Erbarmungslos jagen sie das arme Tier kreuz und quer durch den Wald, bis es sich in ein dunkles Höhlenloch flüchtet. Zwei Buben zögern, doch der dritte, der Beute sicher, geht furchtlos in die Höhle hinein. Langes, banges Warten, dann: ein entsetzlicher Schrei. Voller Panik laufen die anderen beiden in den Ort hinunter, um die Eltern zu Hilfe zu holen. Die finden in der Höhle nur noch den Leichnam des Jungen – der weiße Hase war kein anderer als der Höhlenpöpel, der sich grausam gerächt hat.

INFO

TOURENCHARAKTER

Äußerst erlebnisreiche Rundtour mit einigen Steilanstiegen zu großen Höhlen, gewaltigen Felsbastionen und durch ein weitgehend unberührtes Tal, überwiegend gute Wege, größere Strecken ohne Markierung; anspruchsvoll sind allein die Vorsicht erfordernden Zugänge zur Hasenrangen-Durchgangshöhle und zur Höhle beim Püttlachturm.

AUSGANGS-/ENDPUNKT

Elbersberg, Parkplatz bei der Elbersberger Kapelle (493 m) (GPS: 49.758323, 11.444786) oder Hst. Elbersberg, Feuerwehrhaus, der Buslinie 392 (von dort über den Kapellenweg in ca. 7 Min. zum Parkplatz)

ANFAHRT MIT ÖPNV

Mo–Fr gute (alle 1–2 Std.), Sa/So brauchbare (alle 2–4 Std.) Verbindung vom Bhf. Pegnitz mit Linie 392, teils Busse, teils Anruflinientaxis (Anmeldung mind. 1 Std. vorher: 09241/14 48)

GEHZEITEN

Schlucht 0:45 Std. – Gr. Hasenloch 0:15 Std. – Hasenrangen-Durchgangshöhle 0:25 Std. – Schlossererhöhle 0:20 Std. – Höhle beim Püttlachturm 0:15 Std. – Geißkirche 0:20 Std. – Vierloch 0:30 Std. – Rückweg 0:25 Std.

BESTE JAHRESZEIT

Ganzjährig reizvoll, die beste Sicht auf Felsen und Höhlen bieten Frühjahr und Spätherbst.

anspruchsvoll | 8 km | 350 Hm | 3:15 Std.

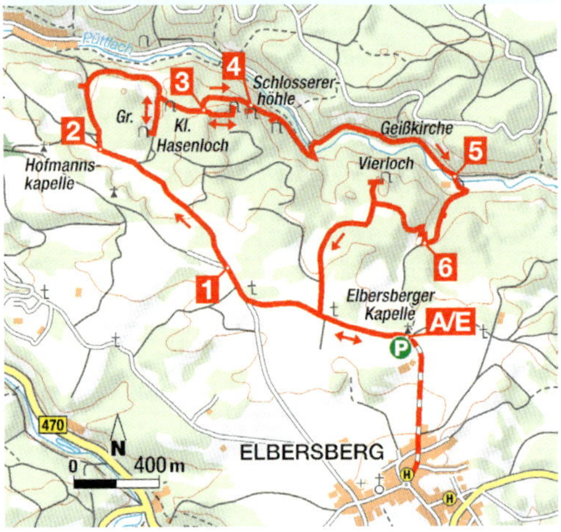

EINKEHR

Unterwegs keine

KARTE

ATK25 E11 Pegnitz

ferbestandenen Bergkuppe auf. An sie schließt sich ein nach links abfallender Einbruchkessel an. An seinem rechten Rand steigen wir zu einer Reihe begrünter Felsen ab und queren dann nach links in den Kessel hinein. Vor uns erhebt sich der Felsbogen der etwa 20 m tiefen Hasenrangen-Durchgangshöhle. Doch Achtung: Man darf nur mit äußerster Vorsicht (!) wenige Meter in sie vordringen, um von oben einen malerischen Einblick zu gewinnen. Unvermittelt bricht dann eine Felsstufe senkrecht ab, was akute Lebensgefahr bedeutet.

ÜBER DIE SCHLOSSERERHÖHLE INS PÜTTLACHTAL Zurück an P. 3, wandern wir auf dem breiten Weg rechts bergab und biegen mit Rechtsknick in die Flanke des Püttlachtals ein. Bald heißt es aufgepasst: Unser Weg mündet in einen noch etwas breiteren, der vom Tal heraufkommt. Von dieser Stelle gehen wir noch 10 m weiter und zweigen dann rechts auf einen unscheinbaren Pfad **4** ab, der uns in Kehren zur Trierer Wand hinaufbringt: Wir stehen staunend vor einer der gewaltigsten Felskulissen der Alb; beeindruckend die riesige Tunnelhöhle auf halber Wandhöhe. Ein weiterer Höhepunkt findet sich am rechten Ende: Neben einer ca. 15 m tiefen Grotte öffnet sich das imposante Portal der Schlossererhöhle, die nach fast 40 m in einer geräumigen, leicht versinterten Halle endet. Zurück auf dem Hangweg, folgen wir ihm nach rechts weiter bergab und sehen bald über uns das nächste Naturwunder: den schlanken Püttlachturm und daneben ein imposantes Höhlenportal, zu dem uns ein extrem steiler Stichpfad (Vorsicht bei Nässe!) hinaufbringt. Es erwarten uns eine hohe Spalte mit malerischen Felsenfenstern und ein imposanter Überhang rechts davon. Wieder auf dem Hangweg, wandern wir sanft abwärts, bis unter uns die Püttlach und ein Steg zu erkennen sind. Nach drei kleinen Fichten am linken Wegrand zweigt spitzwinklig links ein Pfad ab, auf dem wir steil (Vorsicht!) zum Ufer absteigen. Wir überqueren, nun mit **Rotkreuz**, den Steg und wandern jenseits auf breitem Weg nach rechts talauf. Bald folgt ein weiteres (seit der Altsteinzeit immer wieder von Menschen aufgesuchtes) Naturjuwel: die riesige Geißkirche, einzigartig durch den Überhang der Hohen Nase und den gewaltigen Höhlenspalt in der Wandmitte.

NATURWUNDER VIERLOCH An weiteren imposanten Felsriffen vorbei erreichen wir bald eine Wegteilung **5**: Mit **Blau-Senkrecht** zweigen wir rechts ab, überqueren die Püttlach, gehen über die Talwiesen nach links und steigen dann auf einem Forstweg nach rechts bergauf. Er führt an einer imposanten Felsflucht (von den Kletterern Ufa-Palast genannt) und einem Felsturm mit Halbhöhle vorbei und dann zu einer Wiese hinaus. Genau hier **6** zweigen wir rechts ab, gehen **ohne Mk.** auf Fahrspuren am unteren Rand der Wiese zu einem weiß-roten Pfahl hinüber, dann weglos an ihrem oberen Rand nach links. Bald treffen wir auf einen Pfad, der uns rechts schräg durch den Hang empor und dann mit Linksknick steil zu einem Forstweg hinaufbringt. Auf ihm gelangen wir nach links durch Wald zu einer Wiese, gehen an ihr entlang und erreichen nach Vereinigung mit einem anderen Fahrweg eine dreifache Wegteilung: Wir wählen den mittleren Weg, kurz danach bei einer weiteren Gabelung (unterhalb eines Baumes mit Nistkasten) den rechten. Wo er zu fallen beginnt, sehen wir rechts an einer Kuppe ein kleines Höhlenloch und steigen auf einem Pfad zu ihm auf. Nachdem wir es gebückt durchquert haben, stehen wir staunend in der mächtigen Halle des Vierlochs, die ihr Licht durch zwei große Portale erhält.

RÜCKWEG Wir kehren zur Waldwiese zurück, wandern nun aber geradeaus auf einem Fahrweg über sie zu einem alten Jägerstand hinüber, im Rechtsbogen am Waldrand weiter und dann mit Linksknick durch Wald zur Hochfläche hinauf. Oben stoßen wir auf den bekannten Schotterweg (**Blau-Senkrecht**), der uns nach links bald zum Parkplatz zurückbringt.

Naturwunder Trierer Wand: oben eine große Tunnelhöhle, unten die Schlossererhöhle

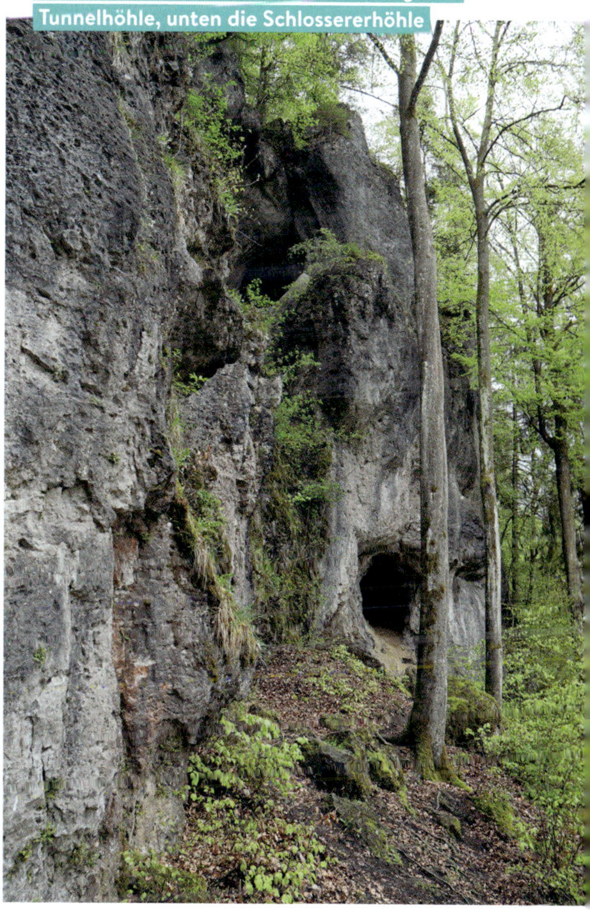

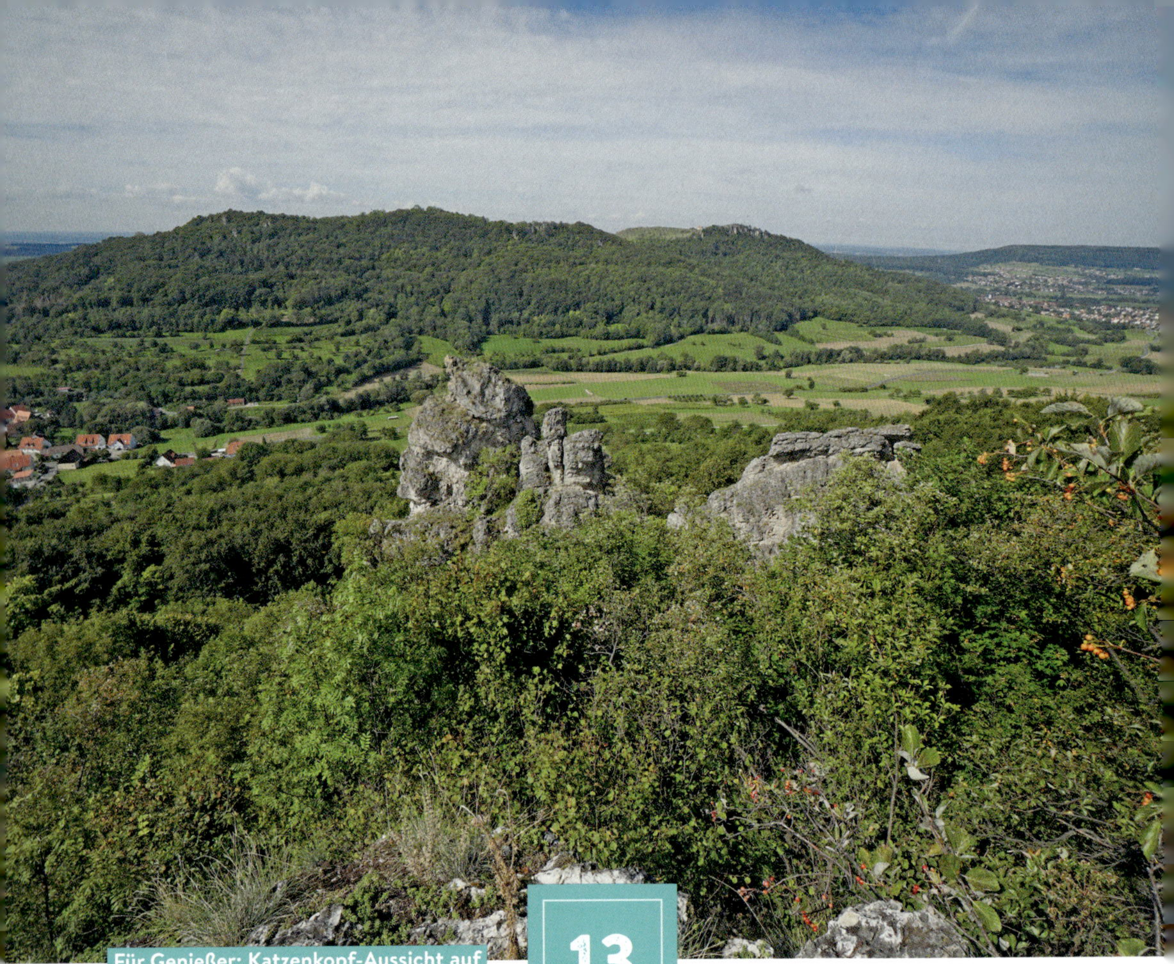

Für Genießer: Katzenkopf-Aussicht auf Leutenbacher Türme und Ehrenbürg

13

Orakelbrunnen, Hutanger und Felsenburg

Moritzbrunnen, Katzenkopf, Dreiländereck und Erbesbühl

Das Bergland östlich von Leutenbach hat nicht nur einige der spektakulärsten Aussichtspunkte der Alb zu bieten, sondern wartet ebenso mit einer sagenumrankten Quelle, der heute sonst kaum noch erhaltenen Kulturlandschaft kiefernbestandener Hutanger und verwunschenen Felsgruppen auf.

Unsere Tour führt, an malerischen Sinterstufen vorbei, zur Kapelle St. Moritz und ihrer Quelle, an der Hangkante zu gleich fünf großen Aussichtskanzeln, dann über die Alte Hut und die Hochfläche zur faszinierenden Felsenwelt am Erbesbühl und durch eine imposante Schlucht zurück.

ÜBER DIE SINTERSTUFEN ZUM MORITZBRUNNEN Vom Parkplatz gehen wir zur Kirche hinauf, auf der Hauptstraße nach rechts, an der Kreuzung links (Richtung Egloffstein) und biegen rechts in die Straße Am Pfarrgarten ein. Hier sehen wir bereits die Mkn. **Gelbpunkt** und **Blauring**, denen wir zunächst folgen (kürzer hierher von der Bus-Hst. Raiffeisenstraße: geradeaus, dann rechts). Mit ihnen geht es auf der Teerstraße aus dem Ort hinaus und noch ein Stück bergauf, dann biegen wir links auf einen Feldweg ab und wandern leicht ansteigend durch die Talflanke: Prachtvoll der Blick auf den Ort, die Ehrenbürg und hinaus bis Burg Feuerstein. Nach Eintritt in den Wald kündigt das Rauschen bald ein Naturjuwel an: Vor uns stürzt der Moritzbach über unzählige Stufen aus Kalktuff zu Tal. Über Stufen geht es an ihm entlang steil bergauf, dann links auf breitem Weg zur Kapelle St. Moritz hinüber, die pittoresk auf einem Hügel thront. Die mk. Route führt unterhalb vorbei, es lohnt aber, der im 16./17. Jh. erbauten Kirche und dem idyllischen Friedhof auf dem rechts abzweigenden Stichpfad einen Besuch abzustatten. Auf der Hauptroute gelangen wir bald zum sagenumwobenen Moritzbrunnen mit Ummauerung und Statue des Heiligen.

ZUM KATZENKOPF Wir folgen nun der Mk. **Rotring**, überqueren die Straße nach Egloffstein und steigen an einigen Kreuzwegstationen vorbei in Kehren zu einer Wiese auf. Ein Pfad **ohne Mk.** bringt uns nach links am Waldrand entlang zu einer Sitzgruppe und ge-

Sage

ORAKELBRUNNEN UND REGENZAUBER

Dem Wasser des Moritzbrunnens werden nicht nur heilende, sondern auch prophetische Kräfte zugeschrieben, insbesondere in Bezug auf den Ausgang schwerer Krankheiten. Man nimmt dazu ein Holzstück, einen halben Finger lang, und wirft es ins Wasser: Schwimmt es oben, steht ein guter Ausgang bevor, versinkt es, so ist binnen Jahresfrist mit dem Tod zu rechnen. Auch in Zeiten großer Dürre soll der Brunnen Hilfe gebracht haben: Dazu mussten drei reine Jungfrauen das Wasser der Quelle ausschöpfen, während das Nachfließen verhindert wurde, indem man die Quellöffnungen mit Hanffasern verstopfte. Bei dieser Zeremonie mussten die Jungfrauen Gebete aufsagen, durften aber nicht miteinander sprechen. Nach der Prozedur soll dann immer schnell Regen eingesetzt haben.

Der Moritzbrunnen bei der Kirche St. Moritz ist als Orakel- und Heilquelle berühmt.

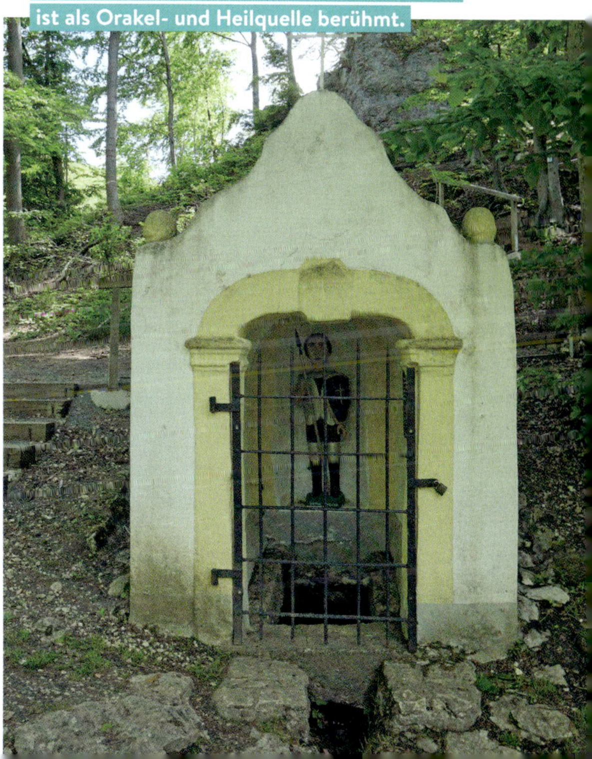

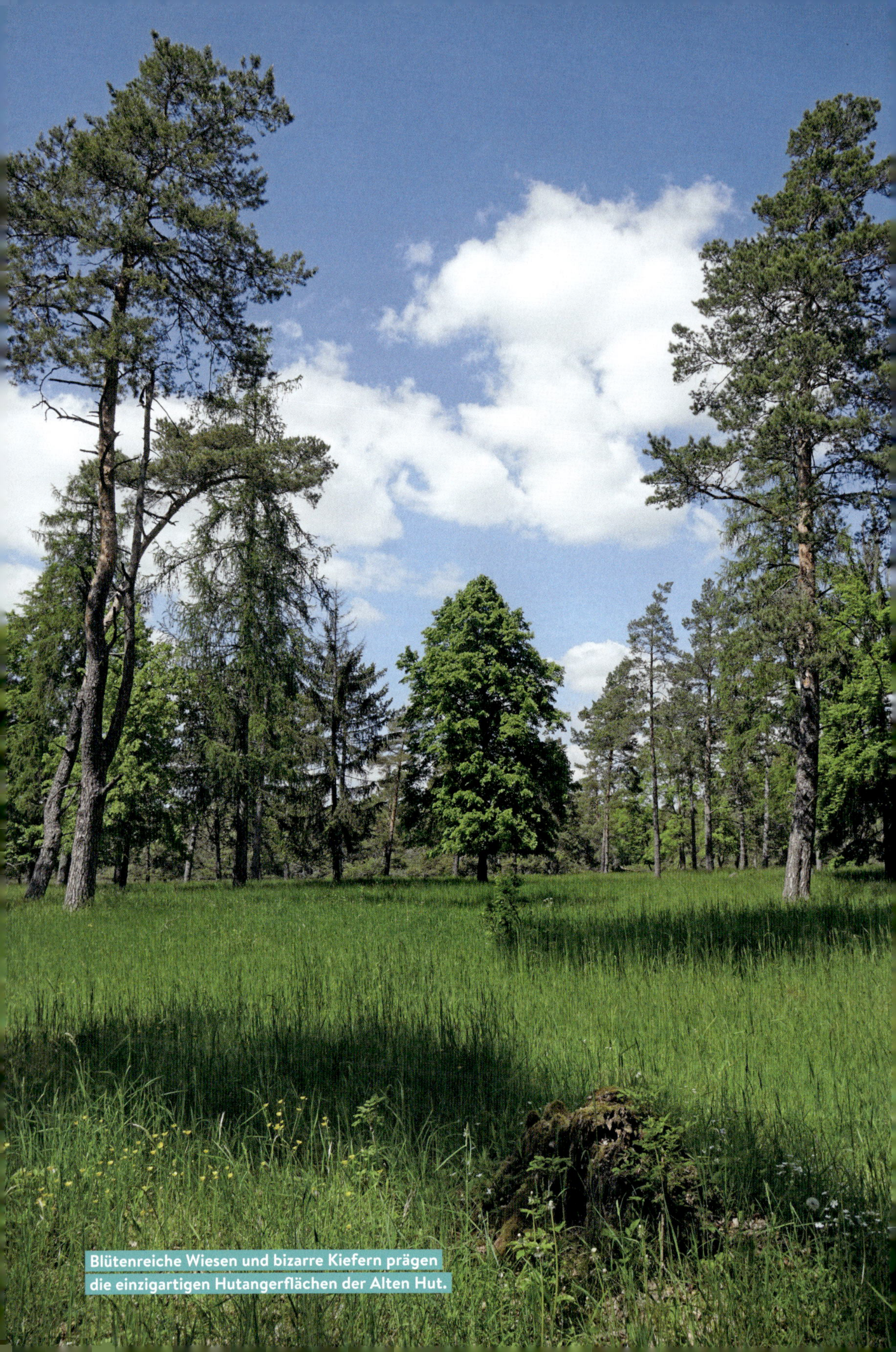

Blütenreiche Wiesen und bizarre Kiefern prägen die einzigartigen Hutangerflächen der Alten Hut.

radeaus weiter, zuletzt über Treppen, zu einem Aussichtspunkt hinauf. Wenn man vor der Bank rechts in eine Rinne hinab und zum unmittelbar vorgelagerten Felskopf aufsteigt, genießt man einen atemberaubenden Blick zur Ehrenbürg und hinab in eine tiefe Felsschlucht. Zurück bei der Sitzgruppe, gehen wir gleich links am Waldrand entlang und erreichen wieder den mk. Weg, der uns zügig bergab führt. Nach Kreuzwegstation 8 **1** biegen wir rechts mit **Rotring** auf einen schmalen Wanderweg (Ww. »Ehrenbachtal Rundweg«) ab und wandern eben am bewaldeten Hang entlang, zuletzt merklich bergab. Bei Einmündung in einen unbefestigten Fahrweg geht es nach rechts weiter, dann biegen wir wieder rechts in einen Schotterweg ein, dem wir längere Zeit folgen, allerdings bald mit Wechsel der Mk.: Wo Rotring links ins Tal abzweigt, gehen wir mit dem **IFS-Weg** (rot/weiß diagonal geteilt) geradeaus weiter und wandern mit sanfter Steigung in das felsgeschmückte Seebachtal hinein. Bei einer dreifachen Wegteilung **2** gehen wir **ohne Mk.** links zu einem Wendeplatz für Holzfahrzeuge hinüber und stoßen in der Mitte des Kreises auf einen unbefestigten Fahrweg, der uns nach links am Gegenhang emporführt. Bei einer Gabelung wählen wir den rechten Weg und durchqueren ein schönes Waldgebiet mit markanten Felskegeln. Am Ende der Steigung heißt es aufgepasst: Links des Weges steht eine große Buche mit einem flachen Felsblock zu ihren Füßen, 5 m weiter zweigt rechts ein schmaler, aber deutlich sichtbarer Steig ab **3**. Auf ihm geht es steil bergan, zuletzt mit Rechtsknick zu einem Felsen mit großem Überhang und unter diesem hindurch zur Kammhöhe hinauf. Von hier wandern wir auf Pfadspuren nach links über den Blockgrat, überqueren mit etwas Vorsicht eine Spalte und erreichen den grandiosen Aussichtspunkt beim Katzenkopf: Von der umfassenden Rundsicht fesselt besonders der Blick über die schroffen Leutenbacher Türme hinweg zur Ehrenbürg.

HÖLZERBERG UND DREILÄNDERECK

Zum Überhangfelsen zurückgekehrt, gehen wir auf deutlichem Pfad an seiner Bergseite entlang, mit Linksknick zu einem Sattel hinüber und steigen dann links schräg durch den steilen Hang zu einer Wiese auf. An ihrem Rand wandern wir nach links bergab, durch ein offenes Tor hindurch, dann bei Einmündung in einen Schotterweg nach links weiter bis zu einer Wegteilung: Wir biegen mit **Gelbpunkt** rechts in einen Wanderweg ein, der uns über eine Wiese, dann durch Wald zügig bergan führt. Bald bringt uns ein Stichpfad nach links an der Felskante entlang (Vorsicht!) zu einer Aussichtskanzel mit Prachtblick über das Walberla hinaus bis zum Steigerwald. Vom Nordrand der Klippe kehrt man auf einem Pfad wieder zum mk. Weg zurück. Wenig später folgt die nächste Abzweigung nach links: Wir erreichen das weite Felsplateau des Hölzerbergs und genießen einen fantastischen Fernblick, der an klaren Tagen bis zur Wasserkuppe in der Rhön reicht. Vom Nordende führt wieder ein Pfad zum Hauptweg zurück. Auf ihm geht es nach links zu einer Kuppe mit kleinen Felsen hinauf, dann im Rechtsbogen zum Waldrand hinunter und über eine Wiese zu einem Schotterweg hinüber **4**. Ihm folgen wir nach links, passieren eine Freifläche, auf der sich in Jungsteinzeit und Urnenfelderzeit eine größere Siedlung befand, und gehen bei der folgenden Gabelung mit Gelbpunkt auf dem breiten Weg geradeaus weiter und längere Zeit eben am Rand der Hochfläche entlang. Bald erreichen wir einen blütenreichen, mit einzelnen Kiefern bestandenen Hutanger im Waldgebiet Kuppelholz, den ersten von zweien, die zusammen als Alte Hut bezeichnet werden. Wir wandern auf einem begrünten Fahrweg geradeaus an seinem linken Rand entlang, dann wieder in den Wald hinein. Aufgepasst: 100 m nach Eintritt in den Wald **5** biegen wir links auf einen Wanderweg **ohne Mk.** ab, der im Linksbogen zur Hangkante, an ihr entlang, dann zu einem steinigen Rücken

INFO

TOURENCHARAKTER

Hang- und Hochflächenwanderung mit vielfältigen Landschaftsbildern zu einzigartigen Aussichtspunkten, malerischen Felsgruppen, blütenreichen Hutangern, Sinterstufen und einer berühmten Quelle; fast durchgehend gute Wege, nur der Blockkamm zur Katzenkopf-Aussicht erfordert erhöhte Vorsicht.

AUSGANGS-/ENDPUNKT

Leutenbach (338 m), Parkplätze westl. der Kirche an der Ehrenbürgstraße (GPS: 49.710968, 11.170874), oder Bus-Hst. Raiffeisenstraße (am Beginn der Tour) und Hst. Leutenbach Ort (am Ende): Man spart bei ÖPNV-Benutzung etwa 200 m Weg.

ANFAHRT MIT ÖPNV

Mo–Fr gute Verbindung mit Linie 223 von Igensdorf (hierher mit Zug RB 21 von Nürnberg NO) oder Forchheim (alle 1,5–2 Std.), So und Sa Nachmittag nur mit Anruf-Sammeltaxi

GEHZEITEN

Sinterstufen 0:30 Std. – Moritzbrunnen 0:10 Std. – Katzenkopf-Aussicht 0:50 Std. – Hölzerberg (Felsplateau) 0:20 Std. – Dreiländereck 0:45 Std. – Erbesbühl (Felsen) 1:00 Std. – Seebachschlucht 0:20 Std. – Rückweg 0:20 Std.

BESTE JAHRESZEIT

Ganzjährig reizvoll, außer bei Schneelage

EINKEHR

Mehrere Gasthöfe in Leutenbach, unterwegs keine

leicht | 14,5 km | 400 Hm | 4:15 Std.

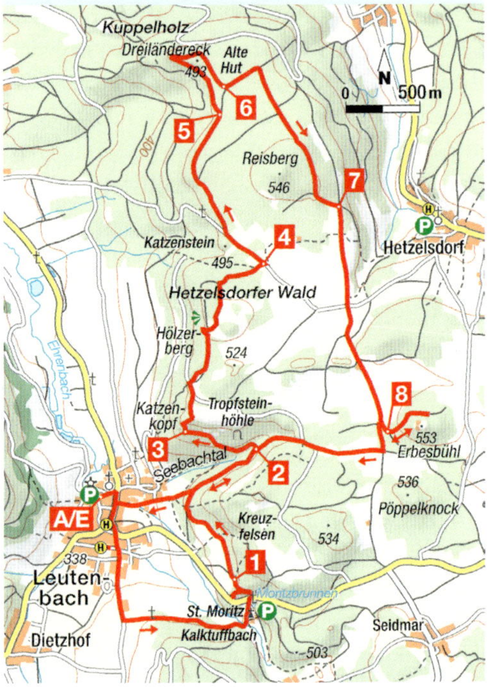

KARTE

ATK25 E10 Ebermannstadt

hinauf und schließlich nach links (zuletzt mit einem anderen Weg vereinigt) zum Dreiländereck (s. Seite 23) führt. Von der Bank genießen wir den begeisternden Blick auf die Ehrenbürg und ins Wiesenttal bis Forchheim.

ÜBER DEN REISBERG ZUM ERBESBÜHL

Wir gehen den gemeinsamen Teil der Zustiegswege zurück, wählen nun aber den linken, breiteren Weg. Nach kurzer Zeit biegen wir rechts in einen Wanderweg (**Gelb- und Rotpunkt**) ein, der uns zum zweiten, noch größeren Hutanger der Alten Hut emporführt: Die bizarren Kiefern auf dem riesigen Areal geben ihm ein fast fremdländisches Aussehen. An seinem Rand entlang erreichen wir die entscheidende Wegteilung (Bank) **6**: Wir gehen mit **Rotpunkt** auf einem begrünten Fahrweg nach links (Ww. Hetzelsdorf), dann mit Rechtsknick in den Wald hinein, leicht ansteigend immer geradeaus an der Ostflanke des Reisbergs entlang, dann auf einem breiteren Fahrweg nach links abwärts zur Einmündung in einen Schotterweg **7**: Auf ihm geht es mit **Gelbpunkt** und **rotem Andreaskreuz** nach rechts weiter über eine vielgestaltige Hochfläche mit Wiesen und Kuppen, über einen querenden Schotterweg hinweg und geradeaus auf begrüntem Fahrweg zu einer Hütte empor. Von hier wandern wir wieder auf einem Schotterweg halb rechts zu einer Kuppe hinauf, wo wir uns mit den Mkn. links halten. Auf begrüntem Fahrweg geht es über eine Freifläche auf die Kuppe des Erbesbühls zu, dann bei einer Gabelung nach links mit den Mkn. in den Wald hinein. Kurz danach 8 zweigt links ein Forstweg **ohne Mk.** ab, der uns, immer geradeaus, zu den Felsen des Erbesbühls hinaufführt. Links am Zaun entlang, dann im Rechtsbogen erreichen wir eine malerische Halbhöhle zu Füßen eines schönen Vorturms. Von hier queren wir mit Vorsicht nach links über Blockfelder zum abenteuerlich überhängenden Eckpfeiler des Hauptmassivs hinüber. Geländegängige Felsenfans können rechts über Blockwerk zu ihm aufsteigen und auf der Sonnenseite an schroffen Riffen entlang zu formschönen Türmen im S vordringen. Alle Naturfreunde sollten vom Eckpfeiler nach links durch den offenen Wald an der Nordseite entlanggehen: Bizarr gezackte Türme und ein hoher Felskegel fesseln das Auge.

ÜBER DIE SEEBACHSCHLUCHT ZURÜCK

Zur mk. Route zurückgekehrt, gehen wir ca. 50 m zurück bis kurz vor dem Waldrand, biegen dann links auf einen Weg ohne Mk. ab, kurz danach nochmals links auf einen leicht abwärts führenden Weg. Bei Austritt aus dem Wald treffen wir auf die **IFS-Mk.** (rot/weiß diagonal), die uns nach rechts auf einem Fahrweg über schöne Wiesen, dann in den Wald hineinführt. Kurz folgen wir einem Schotterweg, biegen aber an einer Rechtskurve links auf einen Wanderweg ab, der uns zum letzten Highlight hinabbringt: Wir passieren die von imposanten Felsen gesäumte Schlucht am Ende des Seebachtals, wandern zügig bergab zum Talgrund (im Frühjahr zahlreiche Märzenbecher) und gelangen bald zur vertrauten Wendeschleife des Forstwegs. Auf bekannter Route erreichen wir die vom Morgen vertraute Abzweigung, biegen nun aber rechts ab und steigen auf schmalem Weg steil zum Ortsrand von Leutenbach ab (IFS + Rotring). Immer geradeaus erreichen wir über Wohnstraßen die Hauptstraße und nach rechts an der Kirche vorbei den Parkplatz, nach links die Hst. Leutenbach Ort im Zentrum.

Schaustück am Erbesbühl ist einer der abenteuerlichsten Felsüberhänge der Alb.

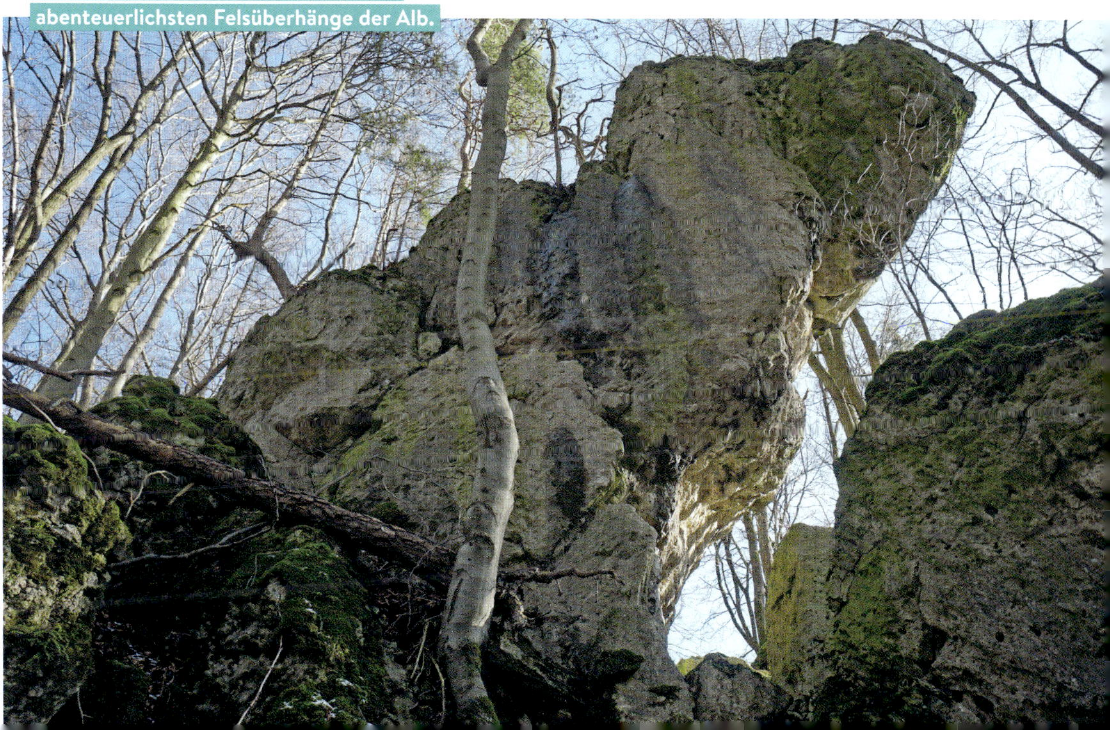

Vom Felsentor zum Sagenschloss

Durch das wilde Felsenreich um Affalterthal

Die idyllische Hügellandschaft um Affalterthal lässt kaum ahnen, dass sich dort, oft abseits der markierten Routen, viele fantastische, sagenumrankte Felsenriffe und eines der schönsten Felsentore der Alb verstecken. Doch auch Freunde umwerfender Ausblicke kommen an Spiegelfelsen und Studesteig auf ihre Kosten.

14

Enge Spalten und bauchige Überhänge schmücken die Felsen am Auerberg.

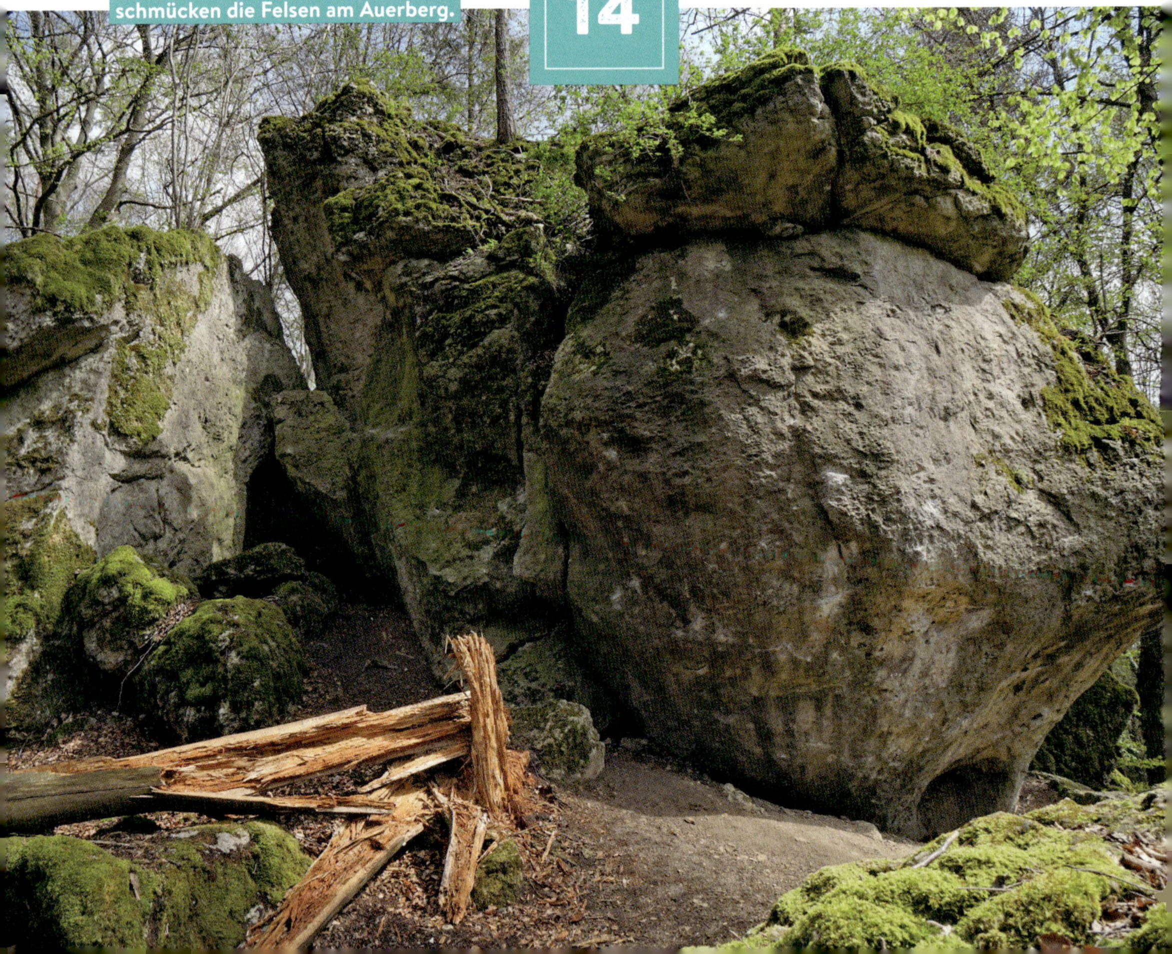

Unsere Tour führt auf vergessenen Pfaden über eine malerische Höhle und wilde Felsgruppen zu einem einzigartigen Felsentor, weiter zur sagenhaften Bartelskirche und über die Schaukanzel des Spiegelfelsens und den wilden Studesteig wieder ins Tal.

BOCKSLOCH UND KÜRZENBERG Von Hst. oder Parkplatz gehen wir an der Straße Richtung Bieberbach weiter und biegen dann am Ortsende mit **Grünstrich** rechts in eine Straße ein, die am Friedhof vorbei bergan führt. Bei einer Wegteilung halten wir uns links. Am Ortsrand zweigen wir nach einer weißen Scheune **ohne Mk.** rechts ab, wandern am Waldrand entlang und steigen dann mit Rechtsschwenk auf Pfadspuren steil zum weithin sichtbaren Portal des Bockslochs auf. Wir betreten zu unserem Erstaunen einen oben offenen hohen Raum, in dem statt einer Höhlendecke nur eingeklemmte Riesenblöcke zu sehen sind. Zurück am Hauptweg, erreichen wir bald eine Gabelung vor einer grünen Scheune **1**, wo der nächste Abstecher ansteht: Wir gehen mit **Grünstrich** rechts auf geteertem Feldweg weiter zum Waldrand, biegen bei einer grünen Bank aber rechts **ohne Mk.** auf einen Fahrweg ab und schon 10 m später nochmals rechts auf einen unbefestigten Forstweg. Schon bald tauchen unsere Ziele auf: links der pittoreske Affalterthaler Turm mit breitem Sockel und flammenförmigem Aufsatz, rechts die Vogelherdwand mit bauchiger Westseite. Zu P. 1 zurückgekehrt, schwenken wir ohne Mk. scharf rechts auf einen Fahrweg ein, der unter den Hangen des Kürzenbergs entlangführt. Bald bringt uns ein links abzweigender Pfad ins Zentrum dieses von schräg stehenden Zinnen und schlanken Türmen geprägten Felsenreichs hinauf und weiter zu einer engen Scharte (Vorsicht: steiler Abbruch nach N).

ZUM FELSENTOR Zurück auf dem Fahrweg, geht es nach links sanft bergauf, durch ein

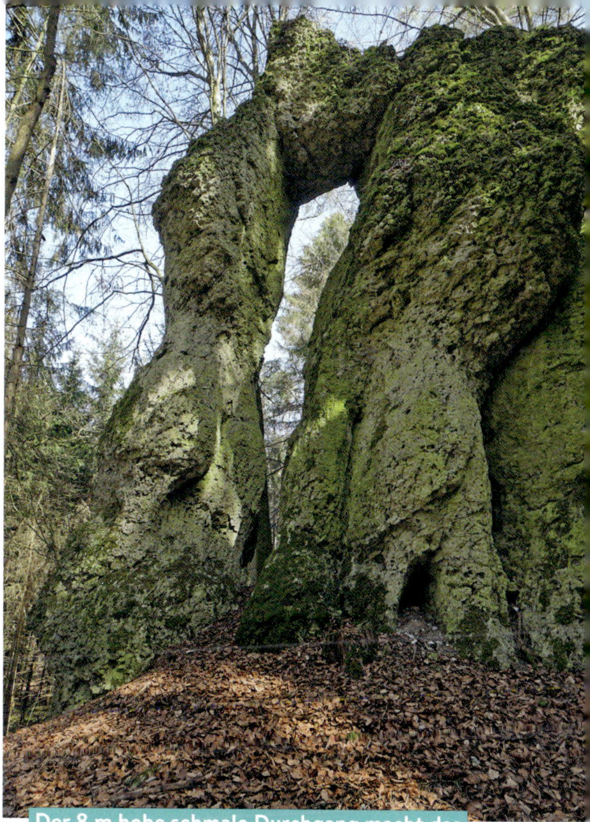

Der 8 m hohe schmale Durchgang macht das Affalterthaler Felsentor einzigartig.

Sage

DIE VERBANNTEN SPATZEN

Einst lebten in einem kleinen Schloss auf der Bartelskirche drei Jungfrauen. Da ihnen aber auf den trockenen Albhöhen das Wasser fehlte, wuschen sie ihre Wäsche in der nahen Schlehenmühle. Kaum war sie aufgehängt, kamen Spatzen geflogen, setzten sich auf die Leinen und verunreinigten die frische Wäsche mit ihrem Kot. Voller Zorn über diese Frechheit verwünschten die Jungfrauen die Spatzen. Und tatsächlich hat man, wie die Einheimischen sagen, bis heute keine Spatzen mehr im Schlehenmühler Tal gesichtet (was aber auch an den zahlreichen Greifvögeln liegen kann, die dort auf Vogeljagd gehen).

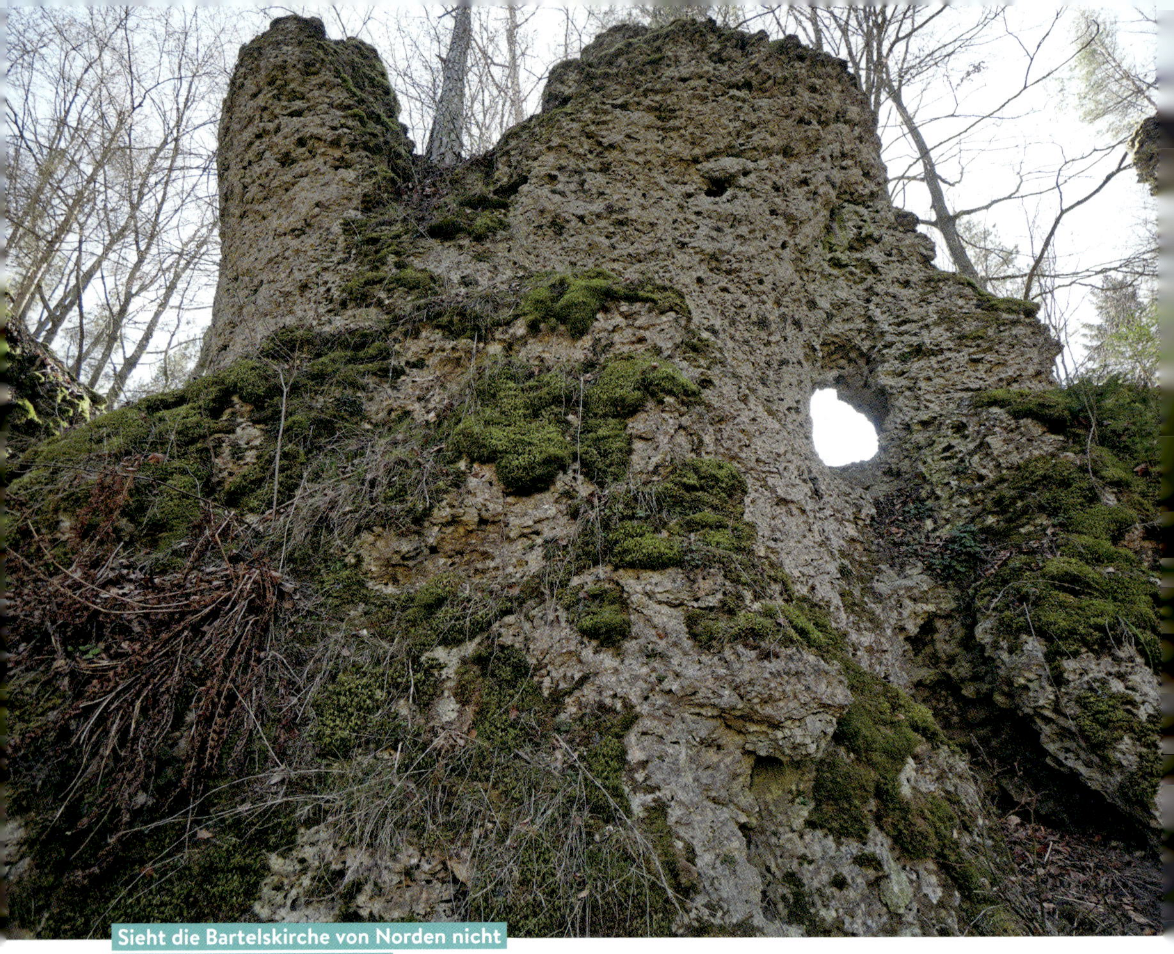

Sieht die Bartelskirche von Norden nicht wirklich wie eine Kirche aus?

Waldstück (links imposante Felsen) hindurch und auf einer großen Wiese im Linksbogen abwärts. Direkt am Waldrand finden wir die entscheidende Abzweigung **2**: Wir biegen rechts auf einen schwach ausgeprägten Fahrweg ab und wandern auf eine weite Wiesenfläche hinaus. Wo die Spuren undeutlich werden, gehen wir geradeaus immer am oberen Rand der Wiese an einer Buschreihe entlang, kurz an einem alten Zaun aufwärts, dann an weiteren Büschen weiter. Am Ende der Buschreihe wandern wir rechtwinklig links durch eine Senke abwärts, dann oberhalb einer weiteren Buschreihe rechts auf deutlichem Pfad in den Wald zu markanten Felsen hinein. Wir queren mit Linksschwenk immer auf gleicher Höhe den Hang am Fuß der oberen Felsreihe, erreichen einen bizarren Turm, der an ein Fabelwesen erinnert, und sehen vor uns nahe am Waldrand eine zunächst unscheinbar wirkende Felsgruppe, die eines der großen versteckten Wunder der Alb birgt: An einen Turm mit niedriger Tunnelhöhle schließt sich ein einzigartig geformtes Felsentor mit einem etwa 8 m hohen schmalen Durchgang an. Nach seiner Durchquerung gelangen wir im Rechtsbogen um das Massiv herum zu einem malerisch ausgehöhlten Abri mit kleiner Spalthöhle.

FELSBURG AUERBERG Vom Felsentor gehen wir halb rechts schräg durch den offenen Wald Richtung Waldrand und treffen dort auf einen Fahrweg. Auf ihm wandern wir links bergab und erreichen über Wiesen ein Teersträßchen, auf das wir nach rechts einbiegen. Nach sanftem Anstieg mündet es in eine Fahrstraße, der wir mit **Grünring** u.a. nach links 270 m weit folgen. Dann führt uns die Mk. links auf unbefestigtem Fahrweg zum Wald hinüber, bei einer Bank links am Waldrand (Prachtblick auf Bieberbach) weiter und dann in den Wald hinein. Schon kurz nach Eintritt zweigt links ein deutlicher Pfad **ohne Mk.** ab und bringt uns an imposanten Türmen vorbei zur zerklüfteten Felsburg am Gipfel des Auerbergs mit eindrucksvollem Überhang hinauf.

ZUR BARTELSKIRCHE Zurück am Hauptweg, erreichen wir bald eine Verzweigung **3**: **Grünring** führt uns nach rechts am Waldrand entlang, dann in den Wald hinein, mit mehreren Biegungen im Wechsel zwischen Wald und Waldrand weiter, schließlich am oberen Rand einer Wiese entlang und wieder in den Wald. Bei einer Gabelung geht es rechts zum unteren Ende der Wiese hinab, dann mit Linksschwenk auf einem Forstweg zügig bergab. Kurz nach Eintritt in den Wald lohnt ein Abstecher nach links zu einem Turm, der an eine versteinerte Welle erinnert. Grünring leitet uns, an malerischen Felsen vorbei, in einen Talgrund hinab, dort nach rechts talauf zu einer Wiese. Wir gehen auf Fahrspuren nach links über die Wiese hinüber und steigen dann am Waldrand bis zur Straße nach Bieberbach auf. Ihr folgen wir bis zum Ortsrand und biegen 20 m nach dem Ortsschild spitzwinklig links in einen Schotterweg ein, der uns über die Hochfläche zur entscheidenden Wegteilung **4** bringt: Wo links eine Buschreihe bis etwa 10 m an den Weg heranreicht, biegen wir links **ohne Mk.** in einen unbefestigten Fahrweg ein. Er führt an den Büschen und am Wald entlang, dann mit Linksknick in den Wald zu einer Forststraße, auf der wir nach rechts weitergehen. Links des Weges taucht eine Felsgruppe am Langenstein auf, in der sich ein kleines Felsentor verbirgt. Wenig später, bei einem Baum mit weißen Streifen **5**, sehen wir rechts eine Felsgruppe und queren

Vom Spiegelfelsen begeistert der Blick ins Trubachtal auf Mostviel und Hardt.

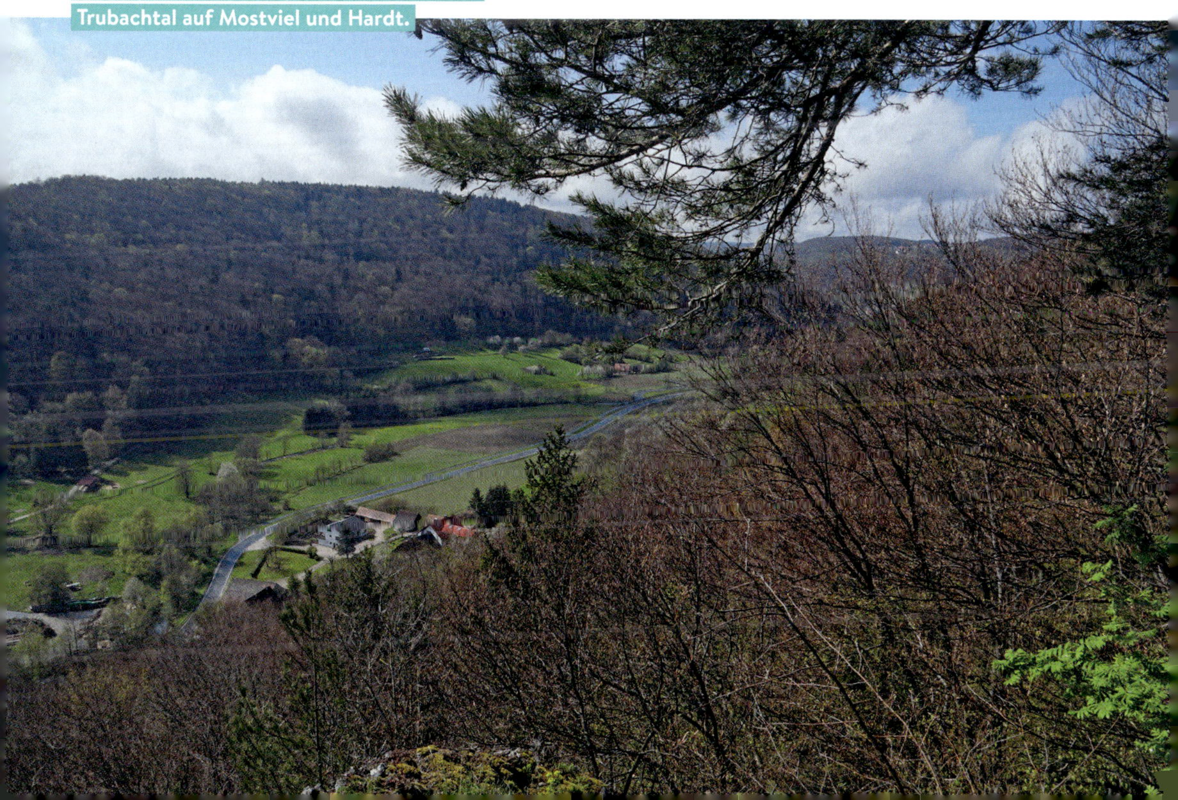

durch den offenen Wald zu ihr hinüber. Es handelt sich fraglos um die in der Sage einmal als Druidenhain, dann als Schloss umschriebene Bartelskirche. Man sollte sie unbedingt auf der Nordseite umrunden: Höhepunkte sind das runde »Kirchenfenster« in der Mitte und der wie ein Bergfried wirkende Turm am Ende. Vom Turm gehen wir in gleicher Richtung durch den Wald weiter und treffen auf den Weg mit der Mk. **Grün-Senkrecht**. Ihm folgen wir nach links, halten uns bei einer Gabelung rechts und erreichen bald ein Kreuz, einen angeblichen Opferstein und eine kleine Felsgruppe, die in der Literatur (irrtümlich) für die Bartelskirche gehalten wird.

ÜBER DEN ADLERGRABEN ZUM SPIEGELFELSEN Mit Grün-Senkrecht gehen wir im Linksbogen zu einem Sattel hinüber, überqueren eine Forststraße und biegen kurz danach rechts auf einen Wanderweg ab, der in den malerischen Adlergraben hinabführt. Bald bietet sich für Felsenfreunde ein Abstecher nach rechts zu einer imposanten Felsgruppe mit tie-

INFO

TOURENCHARAKTER

Erlebnisreiche Rundtour ohne große Anstiege zu verborgenen Karstwundern (Höhle, Felsentore, Felsriffe) und einem großartigen Aussichtspunkt; überwiegend gute Wege, einige unmarkierte Passagen auf Pfadspuren erfordern etwas Orientierungssinn.

AUSGANGS-/ENDPUNKT

Affalterthal (470 m), Parkplatz an der Hauptstraße, rechte Seite (in Richtung Bieberbach) (GPS: 49.707865, 11.277247) oder Bus-Hst. nahe der Kirche

ANFAHRT MIT ÖPNV

Mo–Sa sporadische, aber nutzbare Verbindung mit Gräfenberg Bhf. bzw. Egloffstein mit Linie 226; So (und Sa Nachmittag) nur Anruf-Sammeltaxi (am Vortag: 09191/86 25 11). Für ÖPNV-Benutzer empfiehlt es sich, am Ende (ab P. 7) den landschaftlich reizvollen Abstieg nach Egloffstein (mit Rot-Senkrecht: rechts nach Mostviel, dort links, Dauer ca. 0:30 Std.) zu wählen, wo sich mehr Fahrtmöglichkeiten (s. Tour 15) bieten.

mittel | 11,5 km | 430 Hm | 4:00 Std.

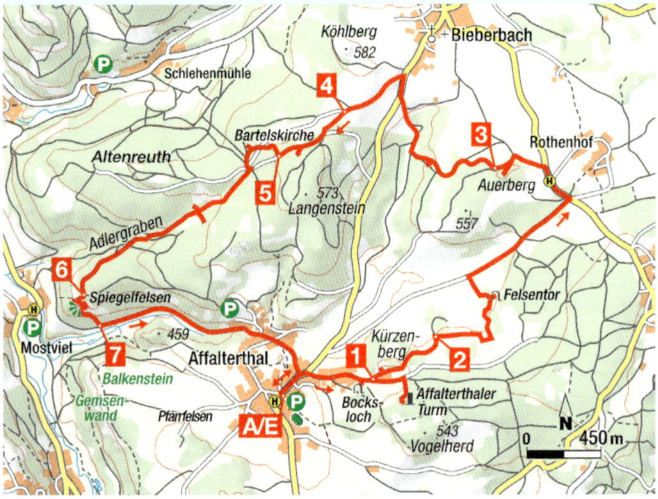

GEHZEITEN

Bocksloch 0:15 Std. – Felsentor und Abri 0:45 Std. – Auerberg-Gipfelfelsen 0:35 Std. – Bartelskirche 0:55 Std. – Spiegelfelsen 0:45 Std. – Brunnleitental (P. 7) 0:15 Std. – Rückweg 0:30 Std.

BESTE JAHRESZEIT

Frühjahr und Spätherbst; auch im Sommer reizvoll, in den Felsgebieten aber schlechtere Sicht

EINKEHR

Gasthöfe in Affalterthal, unterwegs keine

KARTE

ATK25 E10 Ebermannstadt oder F10 Eckental

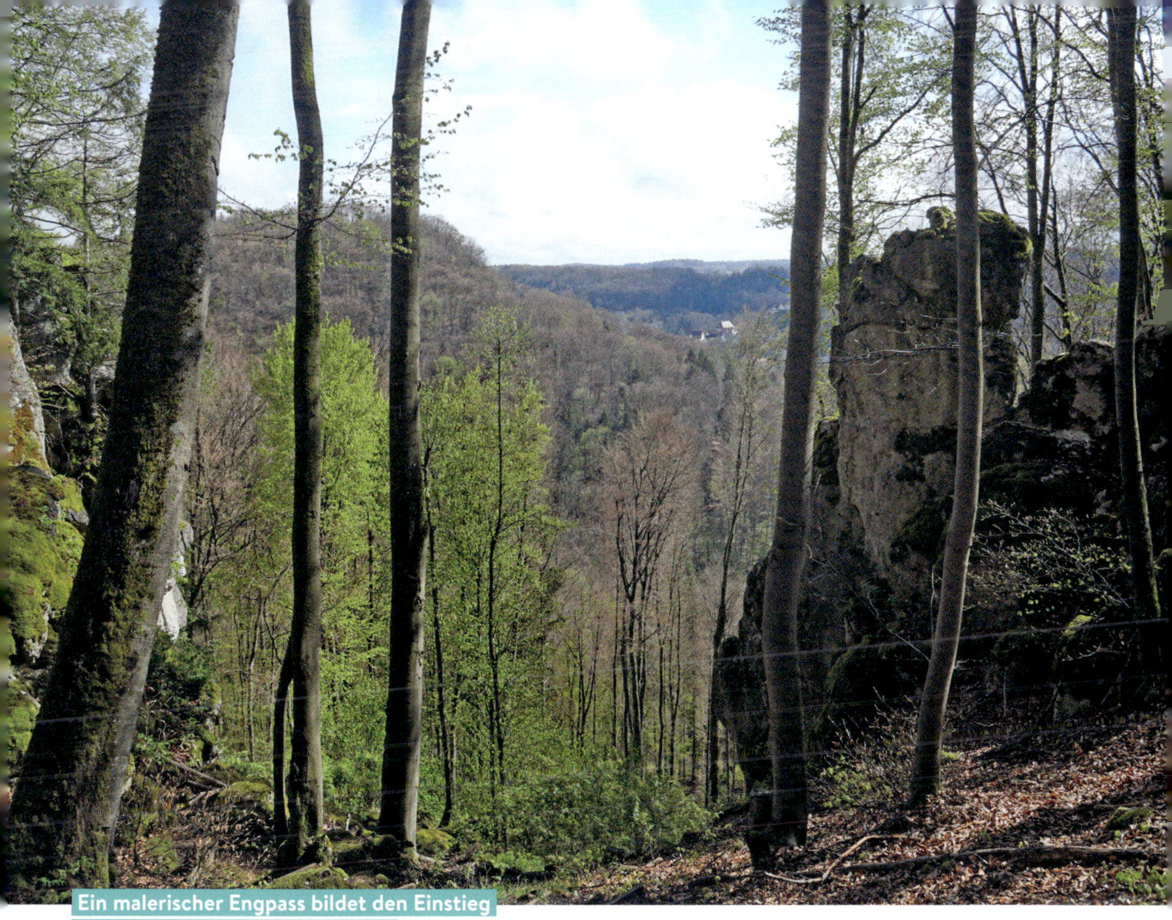

Ein malerischer Engpass bildet den Einstieg in den faszinierenden Studesteig.

fer Spalte an, noch mehr lohnt wenig später jener nach links: Auf einem Pfad überquert man einen kleinen Graben, steigt kurz nach links empor und dann rechts durch den offenen Wald zu einem bizarr gezackten Felsturm hinauf. Wieder mit Grün-Senkrecht wandern wir weiter sanft bergab, dann bei einer Wegteilung nach links mit **Rotring** auf einem Forstweg an der Flanke entlang. In einer Linkskurve 6 zweigt rechts ein Wanderweg (**Schwarzring**) ab, der uns nach kurzer Strecke zum Spiegelfelsen hinaufbringt: Umwerfend der Blick auf das Trubachtal von Egloffstein bis Hardt.

ÜBER DEN STUDESTEIG ZURÜCK Von der Felskanzel gehen wir nur ein Stück zurück und biegen dann rechts mit Schwarzring in den Gerhard-Stude-Gedächtnissteig ein. Über Stufen geht es mit Prachtblick zur Burg Egloffstein durch eine Schlucht hinab, dann zur glatten Unentwegtenwand hinüber, wieder steil abwärts und nach malerischer Querung unterhalb des schlanken Mostvieler Turms zu einem breiteren Weg hinunter, der in den Fahrweg durch das Brunnleitental 7 mündet. Auf ihm wandern wir nach links Richtung Affalterthal bergauf; links des Weges fesseln imposante Felsriffe um den Mostvieler Block, rechts kurz vor dem Dorf die wilde Felsgruppe Altes Schloss. Im Mittelalter stand auf ihr eine Burg, in der Vorgeschichte befand sich oberhalb wahrscheinlich eine Höhensiedlung. 90 m nach dem großen Parkplatz am Ortsrand teilen sich die Wege: Wir gehen halb rechts weiter, im Bogen zur Hauptstraße hinauf und kehren nach rechts zum Startpunkt zurück.

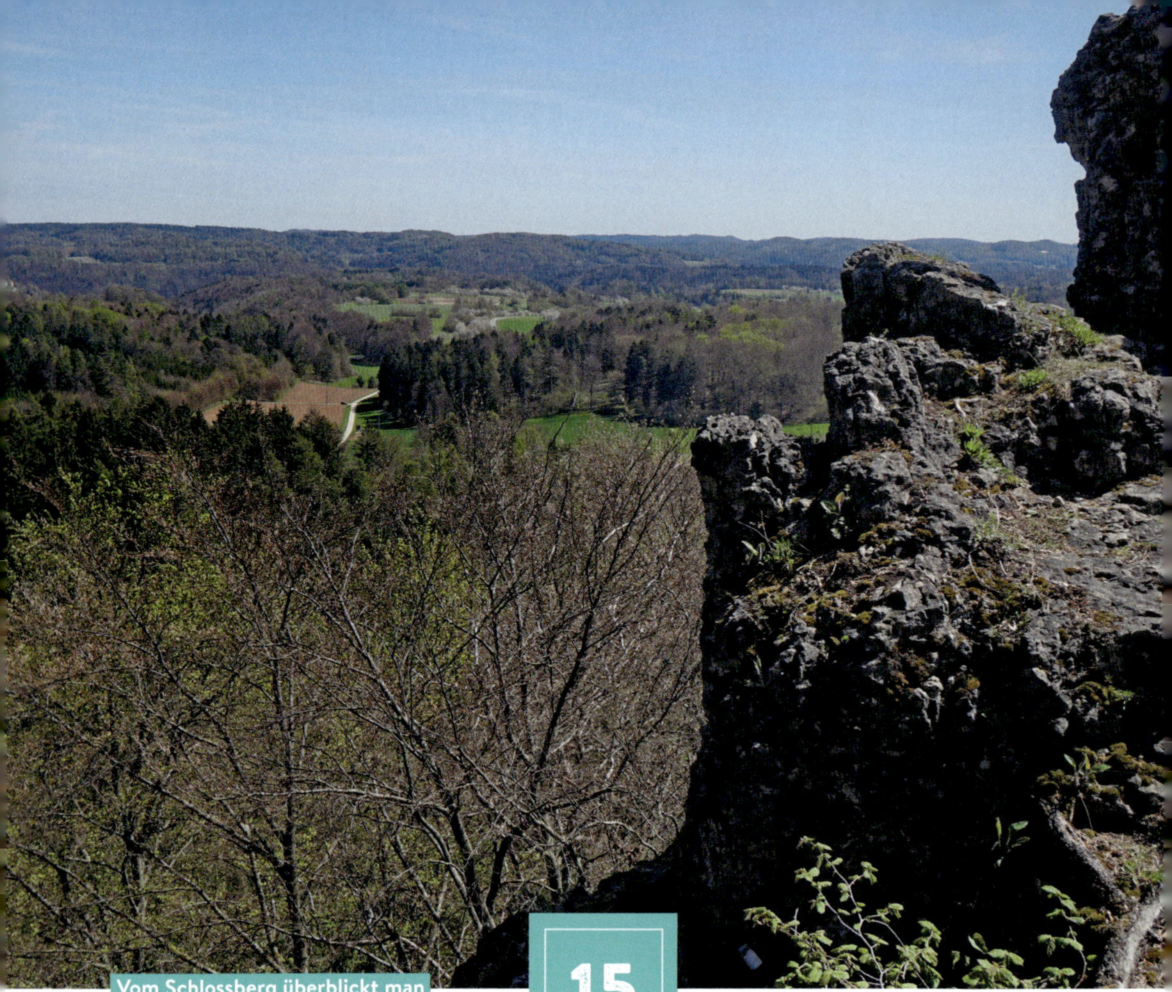

Vom Schlossberg überblickt man alle Bergkuppen um das Trubachtal.

15

Ein Bergland voller Geschichte(n)

Dietersberghöhle, Hohler Stein, Teufelsloch und Büttnerloch

Das Bergland westlich von Egloffstein bildet mit der Schaukanzel des Haidhofer Schlossbergs, wilden Felsformationen und schluchtartigen Tälern nicht nur ein ideales Wanderrevier, sondern auch einen Hotspot der Vorgeschichte: Wir besuchen gleich vier magische Orte, an denen bedeutende Funde gemacht wurden.

Unsere Tour führt über den gewaltigen Augustusfelsen zur geheimnisvollen Dietersberghöhle, über den sagenumrankten Teufelsgraben hinauf zu den Felsburgen am Hohen Berg, Schlossberg (569 m) und Leitsberg (570 m), dann zu den faszinierenden Abris und Höhlen Hohler Stein, Teufelsloch und Büttnerloch, zuletzt durch das malerische Todsfeldtal zurück.

AUGUSTUSFELSEN UND DIETERSBERGHÖHLE Vom Bus-Bhf./Parkplatz wechseln wir zur anderen Straßenseite über, gehen auf dem Fußweg nach links, überschreiten die Trubach und stoßen dort auf die Mk. **Rotring**. Sie führt uns links über die Straße hinüber, 20 m weiter, dann rechts eine steile Seitenstraße hinauf, zuletzt nach links auf eine Hangstraße, danach auf einem rechts abzweigenden Wanderweg in den Wald und in Kehren zügig bergan. Bei der dritten Kehre lohnt der Abstecher nach links auf schmalem Pfad zur gewaltigen Talwand des Augustusfelsens. Der mk. Weg bringt uns danach zur großen Tunnelhöhle des Massivs hinauf, deren Besuch großartige Eindrücke schenkt. Im weiteren Aufstieg erklimmen wir über Stufen einen Einschnitt zwischen bizarren Türmen und gelangen mit Rechtsknick zu einer Wegteilung (Bank) **1**. Hier gehen wir geradeaus weiter und wechseln zu Mk. **Nr. 4** über. Sie führt uns zum Rand der Hochfläche hinauf, dann abwärts durch felsige Hänge und wieder bergan nach Dietersberg hinein. Im Ort geht es auf der Teerstraße nach links bergan und im Rechtsbogen auf die Hochfläche hinaus, bei der ersten Abzweigung dann rechts auf einem Schotterweg hinab zur idyllisch gelegenen Ruine der einstigen Pfarrkirche aus dem 15. Jh. Auf schmalerem Weg wandern wir nun durch Wald bergab und erreichen nach Linksschwenk zwei Infotafeln über die Kelten. Um die hier beschriebene »Opferhöhle« zu besuchen, zweigen wir nach den Tafeln **2** rechts auf einen Fahrweg **ohne Mk.** ab, gehen an einem Massiv mit imposantem Überhang vorbei und sehen auf seiner Rückseite etwa 10 Hm über uns hinter einem Baumstumpf den Eingang der Dietersberghöhle. Für trittsichere Wanderer lohnt der etwas mühsame Aufstieg: Man betritt eine wild zerklüftete Spalte, in ihrer Mitte öffnet sich jäh der 11 m tiefe Schacht (Vorsicht!).

ÜBER DEN TEUFELSGRABEN ZUM SCHLOSSBERG Zurück am Hauptweg (**Nr. 4**), steigen wir zu einer Siedlung am Westrand von Egloffstein ab, gehen mit **Blaupunkt** geradeaus weiter und folgen der Arlesbrunnenstraße im Rechtsbogen, bis spitzwinklig links ein Pfad mit der Mk. **Grünring** abzweigt. An zerklüfteten Felsen vorbei erreichen wir eine Steilstufe, über die mehrere Bäche in den Teufelsgraben hinabstürzen. Der Sage nach soll hier der Teufel sein Unwesen treiben, auch von einem Hund mit feurigen Augen wird berichtet (in der Nähe soll sich auch ein Hexentanzplatz befinden). Es folgt ein idyllischer Talabschnitt mit weiten Wiesen und markanten Felsen, dann ein Aufstieg am rechten Hang zur Hochfläche. Bald erreichen wir eine Straße, gehen nach rechts 210 m neben ihr entlang, biegen dann mit der Mk. links ab und wandern auf

Der Riesenüberhang des Hohlen Steins wurde schon früh von Menschen aufgesucht.

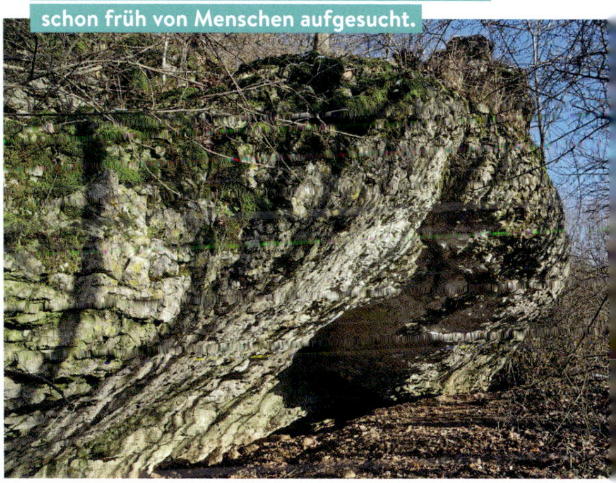

Funde

EIN OPFERSCHACHT?

Dass die Kelten ihren Göttern auch Menschenopfer darbrachten, ist vielfach belegt. So war dies ein naheliegender Gedanke, als der Ausgräber J. R. Erl in der Schachthöhle des Dietersbergs neben vielfältigem Schmuck, der auf das 5. Jh. v. Chr. zu datieren war, Skelettreste von mindestens 46 Menschen fand. Die These des Opferschachtes war geboren. Die für die Zeit ganz normale Altersstruktur (hoher Kinderanteil entsprechend der damaligen Kindersterblichkeit) und das Fehlen von Schnittspuren an den Knochen führten aber dazu, dass die heutige Forschung eher von einer Begräbnisstätte ausgeht. Der schlechte Zahnzustand der Toten könnte, so eine These, auf eine Gruppe von Wald- oder Wildimkern hindeuten.

dem rechten der zwei Schotterwege bergan. Kurz danach zweigt links ein schmalerer Fahrweg **3** ab und führt uns durch Wald aufwärts. Bald wird über uns die Felsburg des Hohen Berges sichtbar: Wir steigen auf einem Forstweg **ohne Mk.** rechts bergan und queren dann rechts auf Pfadspuren an den Felsen entlang zu einem imposanten Turm an der Südseite hinüber. Felsenfreunde werden nun unterhalb bizarrer Zacken zu einem Sattel im Norden aufsteigen und auf der anderen Seite die Umrundung vollenden. Auf dem Forstweg geht es dann zur **Grünring**-Mk. zurück. Sie führt uns bergan zu einer Kuppe, dann weitgehend eben und immer geradeaus durch den Wald, zuletzt in weitem Linksbogen zur entscheidenden Kreuzung **4** hinüber: Auf unbefestigtem Fahrweg wandern wir nach links, dann rechts abzweigend durch die Flanke zu einem Sattel (Rastbänke) hinauf. Über Stufen erreichen wir den Kamm und bald den Gipfel des Schlossbergs, auf dem sich in der Urnenfelderzeit und unter den Kelten wahrscheinlich eine Höhensiedlung befand: Begeisternd der Ausblick auf die Kuppen um das Trubachtal.

LEITSBERG UND HOHLER STEIN Am Sattel zurück, wandern wir mit Grünring auf breitem Weg links bergab, am Fuß des Berges links auf einem Forstweg weiter abwärts, bei der nächsten Gabelung dann rechts in einen Wiesengrund hinaus. Auf einem Pflasterweg geht es nach links weiter, bei einer Wegteilung kurz nach rechts, dann biegen wir rechts auf einen Schotterweg **ohne Mk.** ab, der uns mit Prachtblick zurück zum Schlossberg steil nach Haidhof hinaufbringt. Jenseits der Straße geht es rechts ins Dorf hinein (Mk. **Gelbschrägstrich**), nach dem Hotel Schloßberg **ohne Mk.** auf einer Teerstraße nach links und am Ortsende rechts auf einem Fahrweg zum Waldrand hinauf. Wir gehen rechts an ihm entlang, dann bei einem Ww. links auf unbefestigtem Fahrweg durch Wald empor und biegen 50 m vor dem Wasserhochbehälter links auf einen Fahrweg ab **5**, der uns mit Rechtsschwenk steil zum Gipfel des Leitsbergs mit dem massigen Zigeunerstein hinaufbringt; beeindruckend der abgesprengte Turm an der Nordseite. Auf der anderen Seite führt uns der Fahrweg im Rechtsbogen abwärts und nach links aus dem Wald hinaus. Von dort geht es auf einem Pflasterweg (Mk. **Tannenbaum**) links zu einer Wegteilung **6** hinunter. Wir wandern mit **Grünschrägstrich** ein Stück auf einem Schotterweg nach rechts, dann bei einem Metallstab nach links mit **Gelbschrägstrich** u.a. über Wiesen zum Wald hinüber. Im Wald biegen wir links (Ww. Hohenschwärz) auf einen Schotterweg ein und folgen ihm 290 m, bis rechts ein begrünter Fahrweg **ohne Mk.** abzweigt und uns zu einem Jägerstand vor einer Wiese hinaufbringt. Wir gehen nach links an ihrem unteren Rand entlang, an ihrem Ende bergauf und am oberen Rand auf deutlichen Fahrspuren halb rechts in den Wald hinein.

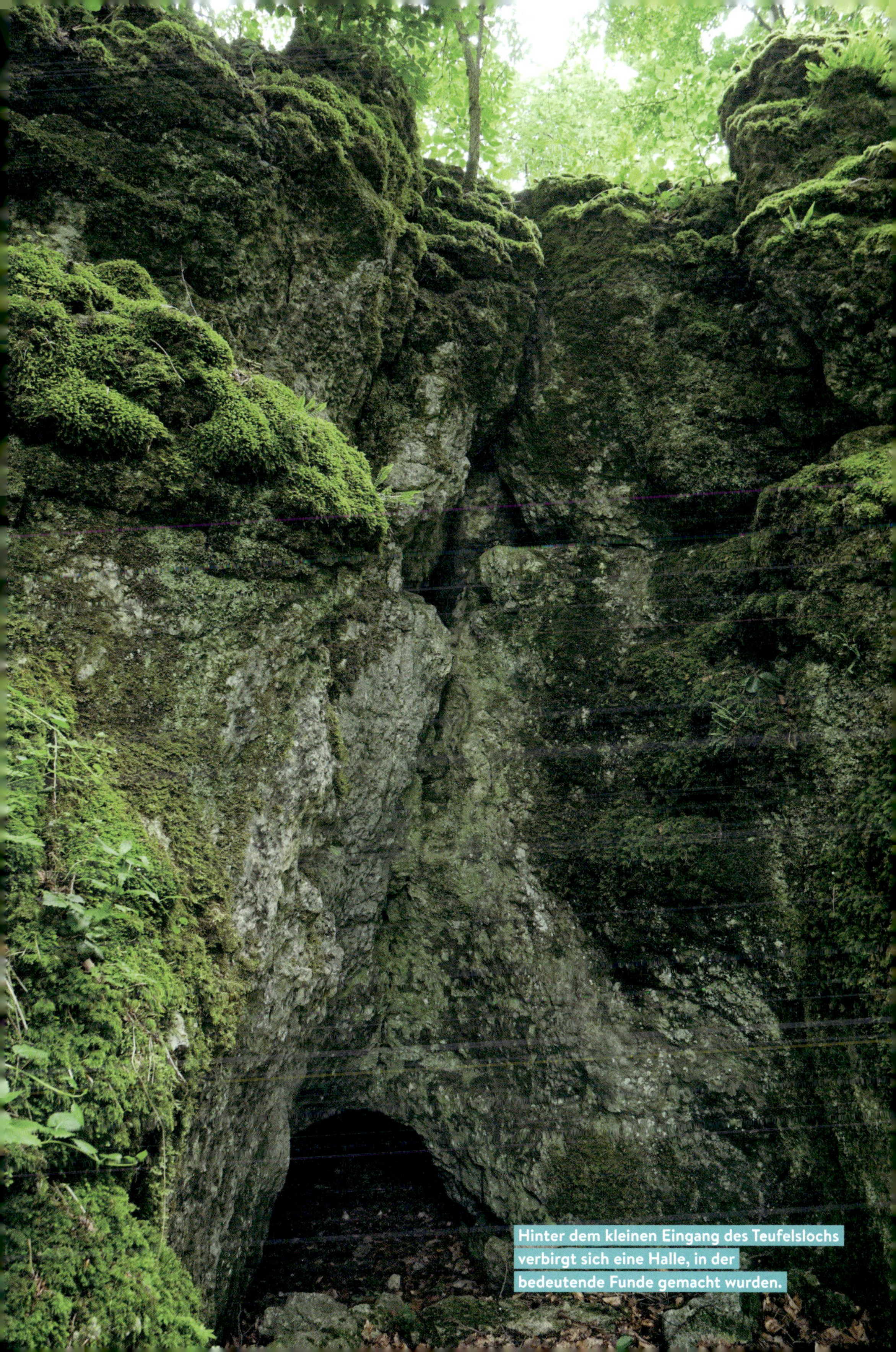

Hinter dem kleinen Eingang des Teufelslochs verbirgt sich eine Halle, in der bedeutende Funde gemacht wurden.

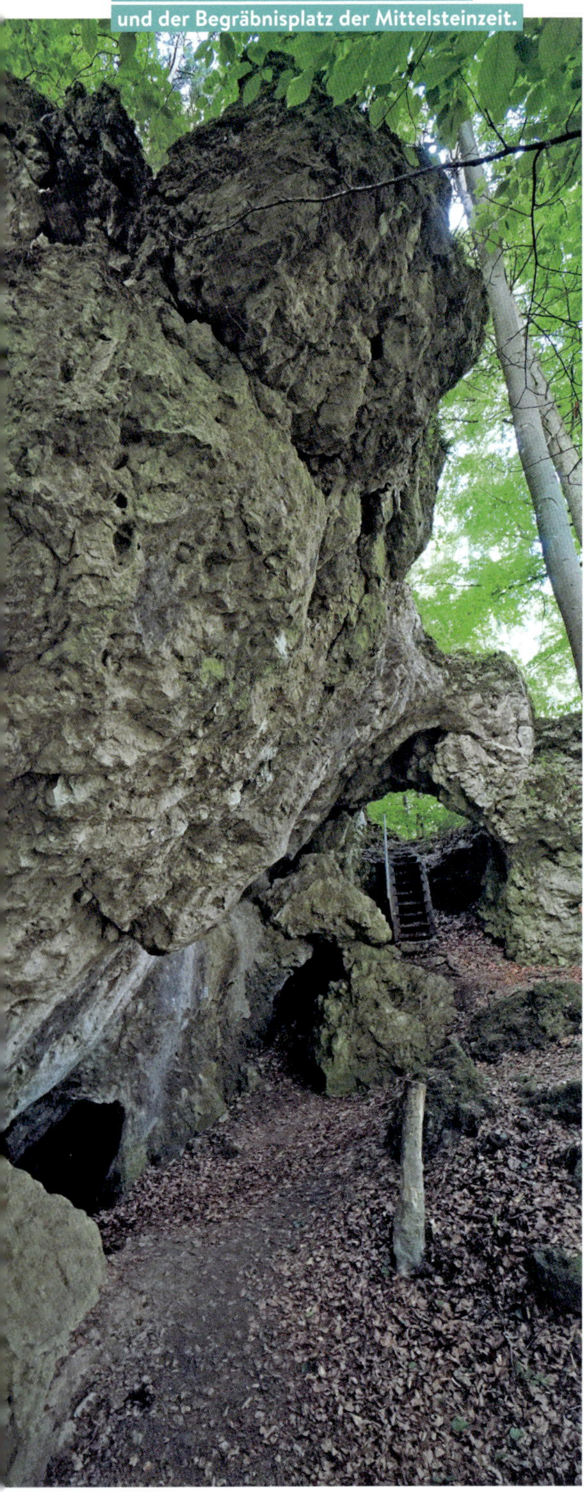

Am Büttnerloch fesseln das Felsentor und der Begräbnisplatz der Mittelsteinzeit.

Pfadspuren führen uns zu einer Felsgruppe mit malerischen Überhängen hinauf und an ihr entlang im Linksbogen zum gewaltigen Felsdach des Hohlen Steins, das in der Vorzeit immer wieder als Rastplatz diente (auch die Sonnenterrasse oberhalb mit schöner Aussicht wurde damals sicher schon genutzt).

TEUFELSLOCH UND BÜTTNERLOCH Zurück auf der mk. Route, führt uns **Gelbschrägstrich** immer geradeaus weiter, dann links auf einem Pfad am Waldrand entlang, auf einem Fahrweg links weiter und bei einer Gabelung nach rechts bergauf. Schon steht das nächste Naturwunder auf dem Programm: Auf einer Zufahrt gelangen wir zu der Wiese rechts von uns, umrunden sie **ohne Mk.** am unteren und rechten Rand und steigen halb links durch den Wald oberhalb zu einem Felsriegel auf. Hier öffnet sich der niedrige Zugang zur geräumigen Halle des Teufelslochs mit drei Felsenfenstern. Dass es schon die Menschen der Vorzeit anzog, belegen ein Steinbeil der Jungsteinzeit sowie Keramik- und Schmuckfragmente aus Urnenfelder-, Hallstadt- und Latènezeit. Wieder auf dem Schotterweg steigen wir mit **Gelbschrägstrich** weiter bergan, passieren die markanten Felsklötze am Bühl und gelangen nach scharfem Linksknick zur entscheidenden Abzweigung **7**: Bei einer Rechtskurve des Schotterwegs gehen wir mit **Blaupunkt** auf begrüntem Fahrweg geradeaus weiter, wandern durch schönen Wald sanft bergab und kommen nach links zu einer Kreuzung. Mit dem **Leitenweg** (Mk. Küchenschelle) geht es geradeaus auf einem Pflasterweg am Gegenhang empor, dann im Rechtsbogen über eine aussichtsreiche Kuppe zu einer Scheune hinüber. Nach ihr **8** zweigt der Leitenweg rechts ab, führt links in den Wald, umrundet mit Rechtsknick eine Lichtung und leitet uns dann nach links steil bergab. Schon bald führt uns ein Stichpfad nach rechts durch ein schönes Felsentor hindurch und über eine

INFO

mittel | 18 km | 540 Hm | 5:45 Std.

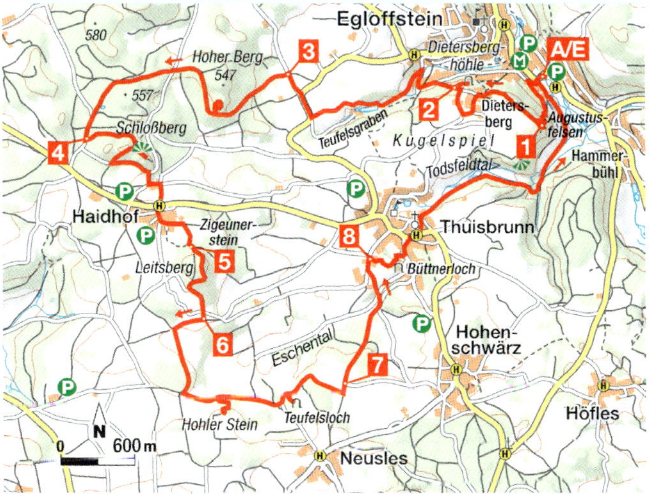

TOURENCHARAKTER

Überaus erlebnisreiche Tour mit mehreren Anstiegen durch wildschöne Täler, zu gewaltigen Felsbastionen, einem grandiosen Aussichtspunkt und faszinierenden Stätten der Vorgeschichte (Höhlen und Abris); meist gute Wege

AUSGANGS-/ ENDPUNKT

Egloffstein, 364 m, Bus-Bhf. am südl. Ortseingang, nebenan einige Parkplätze (GPS: 49.699305, 11.265025); mehr Parkmöglichkeiten auf Schotterplätzen etwas weiter westl.

ANFAHRT MIT ÖPNV

Mo–Fr gute Busverbindung von Forchheim mit Linie 222 (alle 1–2 Std.), nur eine sehr frühe mit Linie 226 ab Bhf. Gräfenberg, an Sa und So vom 1.5.–1.11. gute Verbindung (alle 2 Std.) mit Gräfenberg (Linie 229), nach Forchheim nur mit Umsteigen. Vom 2.11.–30.4. an Sa wenige Busse der Linien 222 und 226, an So nur Anruf-Sammeltaxi

GEHZEITEN

Augustusfelsen 0:20 Std. – Dietersberghöhle 0:35 Std. – Hoher Berg 1:00 Std. – Schlossberg 0:50 Std. – Haidhof 0:20 Std. – Leitsberg 0:15 Std. – Hohler Stein 0:35 Std. – Teufelsloch 0:15 Std. – Büttnerloch 0:40 Std. – Thuisbrunn 0:10 Std. – Todsfeldtal (Kugelspielblick) 0:15 Std. – Rückweg 0:30 Std.

BESTE JAHRESZEIT

Ganzjährig reizvoll

EINKEHR

Hotel Schloßberg in Haidhof, Tel. 09197/628 40

KARTE

ATK25 F10 Eckental

Holztreppe bergab, dann stehen wir staunend unter dem gewaltigen, zerklüfteten Überhang des Büttnerlochs – ein wahrhaft magischer Ort. In der Felskammer rechts fand man das Skelett einer Frau, die dort um 6575 v. Chr. (Mittelsteinzeit) bestattet wurde.

ÜBER DAS TODSFELDTAL ZURÜCK Zurück auf dem Leitenweg, wandern wir zügig bergab, zuletzt mit scharfem Rechtsknick nach Thuisbrunn hinunter und links zu einer Infotafel hinüber. Beim Ziehbrunnen nebenan steigen wir wenige Meter den Hang empor und erreichen einen Schotterweg, dem wir mit der Mk. nach links folgen, unter den Felshängen der Pinselleite vorbei. Über eine Wohnstraße kommt man zur Hauptstraße (Bus-Hst.), geht kurz an ihr rechts aufwärts, dann links zur Kirche hinauf. Dort wählen wir mit **Grünring** den breiten Weg, der uns an imposanten Felsen vorbei, zuletzt mit Prachtblick zu den Wänden des Kugelspiels, durch das malerische Todsfeldtal abwärts führt. Nach weiterem Abstieg (links des Weges schöne Sinterstufen) biegen wir links ab und gelangen in prachtvoller Hangpromenade, an einem Bächlein entlang, nach Egloffstein und rechts zum Parkplatz/ Bus-Bhf. zurück.

Im wilden Reich der Druden

Zinterfelsen, Trudenleite, Schöntal und Seitzenberg

Zwischen Betzenstein und Plech befindet sich ein verwunschener Teil der Kuppenalb, kaum durch markierte Wege erschlossen und doch so reich an Naturwundern: An einem Wandertag kann man neben malerischen Tälern und bizarren Felsgruppen nicht weniger als elf eindrucksvolle Höhlen und Abris sowie zwei Felsentore besuchen.

Die Trudenleiten-Höhle begeistert mit ihren riesigen Überhängen.

16

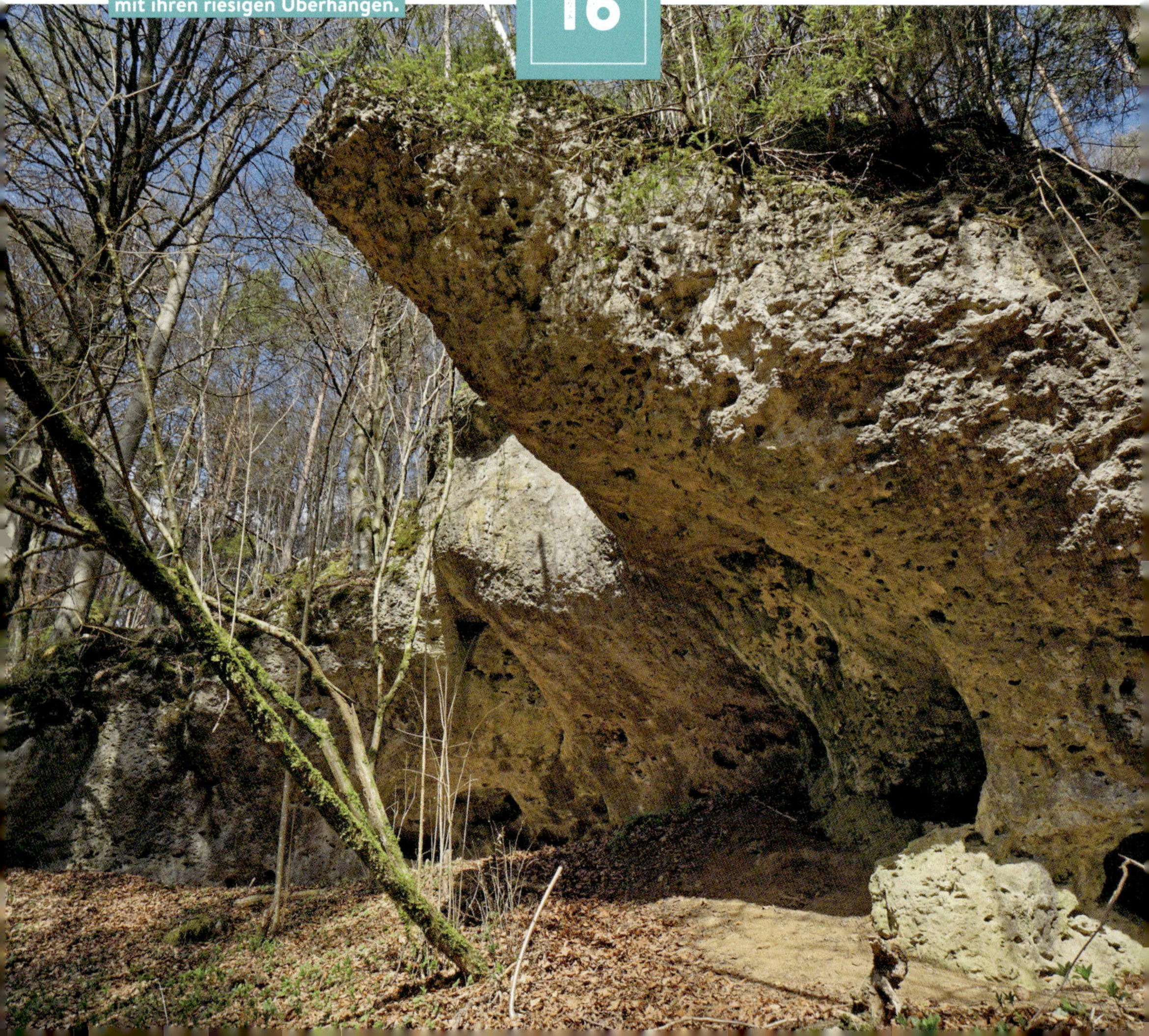

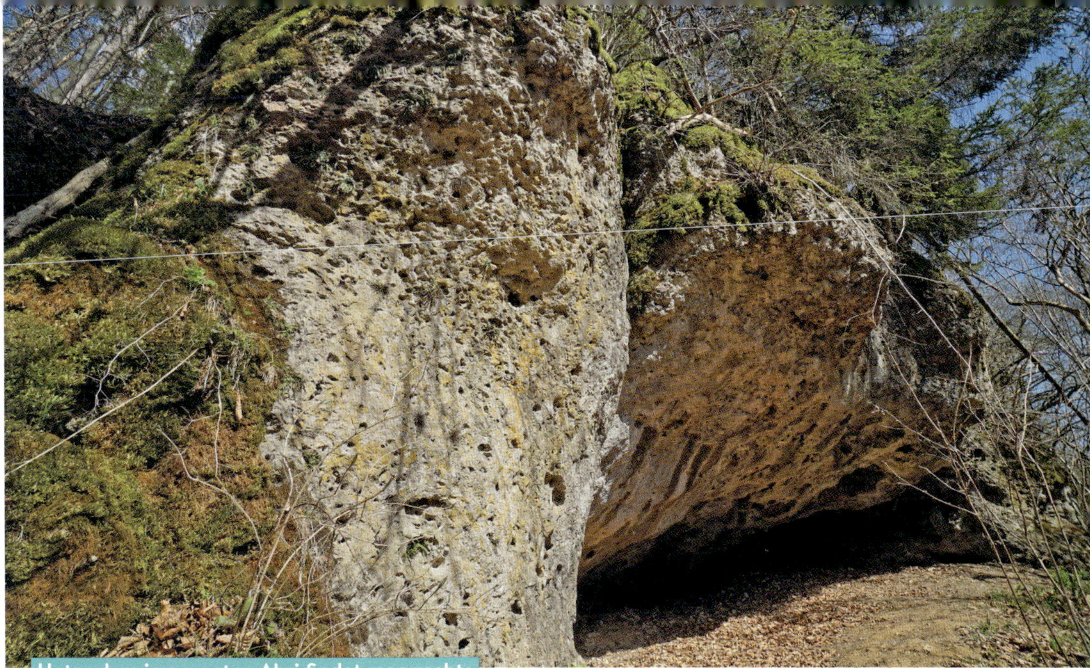

Unter dem imposanten Abri findet man rechts den Eingang zur Trudenkirche.

Unsere Rundtour führt von den Höhlen am Reutberg über den sagenumrankten Teufelshosenflick und die malerischen Zinterfelsen zu den spektakulären Höhlen der Trudenleite, weiter zur bizarren Felsen- und Höhlenwelt über dem Schöntal und über das begeisternde Ensemble des Seitzenbergs (so der Name in älteren Karten, in der ATK25 wohl irrtümlich: Schützenberg) zurück.

ÜBER DEN REUTBERG ZUM TEUFELSHOSENFLICK Vom Parkplatz gehen wir neben der Straße ca. 200 m Richtung Betzenstein und biegen dann mit **Rotring** links in einen Feldweg ein. Schon nach 400 m zweigen wir rechts auf einen unbefestigten Fahrweg **ohne Mk.** ab, der uns zum Reutberg hinüberführt. Vor Eintritt in den Wald biegen wir aber rechts ab und wandern auf Fahrspuren am Waldrand entlang. Unterhalb der Felsen steigen wir wenige Meter am Hang empor, queren auf einem Wildpfad nach rechts und erreichen bald die Südöstliche Reutberghöhle mit wild zerklüftetem Hauptraum und schönem Seitenfenster. Von hier sieht man bereits das Portal der Reutberghöhle, zu dem man problemlos hinüberqueren kann: An den Eingangsbereich mit malerischen Felsbögen schließt sich eine flache, leicht versinterte Halle an. Wir steigen nun direkt zum Waldrand ab, kehren zum Fahrweg zurück und wandern auf ihm rechts mäßig steil zum Rücken des Reutbergs hinauf und geradeaus an der Flanke weiter. Bei einer Gabelung **1** gehen wir rechts auf einem Waldweg bergauf, dann stets im Linksbogen weiter, zuletzt auf breiterem Weg nach links zu einem Wiesensattel hinab (schöne Aussicht). Geradeaus kommen wir auf dem Fahrweg zum Ortsrand von Hunger. Bei der Wegkreuzung folgen wir geradeaus einem anfangs befestigten Fahrweg ohne Mk., der uns an einem Wochenendhaus vorbei zu einer Gabelung auf einem Sattel (Kennzeichen: Gullideckel) hinaufbringt. Hier halten wir uns links und wandern auf anfangs breitem Weg an der Flanke entlang. Wo der Pfad undeutlich wird, steigen wir schräg rechts zu einem etwas unterhalb sichtbaren Fahrweg ab und gehen in gleicher Richtung weiter. Er führt uns, vorübergehend etwas undeutlich, in der Mitte eines schmalen Waldstücks abwärts zum Waldrand und dann wieder als befestigter Weg zu einer Straße hinab, auf der wir nach rechts zur imposanten Felsgruppe Teufelshosenflick gelangen: An der Westseite findet man den offenbar namensgebenden zweigeteilten Überhang, die Nordflanke beeindruckt mit wilden Türmen und Löchern.

ZINTERFELSEN UND ESELGRUND Nach dem nördlich benachbarten Felsturm (Engpass an der Straße) **2** biegen wir rechts auf einer geteerten Rampe in einen malerischen Wiesengrund ein und folgen den Fahrspuren, dann dem Waldrand rechts (am Hang oberhalb ein kantiger Turm und weiter oben eine Felswand mit großen Überhängen). Deutliche Fahrspuren in der Talmitte bringen uns nun direkt zu den Zinterfelsen: Schroffe Türme und ein malerisches Felsentor fesseln das Auge. Vom Massiv gehen wir rechts zu einem Fahrweg hinüber, durchqueren ein Waldstück und schwenken dann nach links. Immer am linken Talrand entlang, zuletzt auf einem Feldrain gelangen wir zu einer Scheune. Von hier führt uns die Mk. **Blauring** auf einem Feldweg nach links, bald bei einer Gabelung rechts durch Wald empor, über die Straße Betzenstein-Plech hinweg und gegenüber auf einem Teerweg weiter. Auf ihm geht es in einer Linkskurve zu einer Kuppe hinauf, dann sanft bergab. Am Ende einer Deponie für Gartenabfälle **3** biegen wir **ohne Mk.** rechts auf einen begrünten Fahrweg ab. Er führt an Holzstößen und am Wald entlang abwärts und mündet bald in einen (nur anfangs geteerten) Fahrweg, auf dem wir nach rechts in den idyllischen Eselgrund hineinwandern. Nach einer Talenge öffnet sich eine weite Wiesenfläche, die den Übergang zum anschließenden Gansgraben vermittelt. Da sie in der Vegetationszeit nicht betreten werden kann, ist meist ein kleiner Umweg über ein Seitental geboten: Wir steigen nach links auf, bis ein Fahrweg rechts den Übergang zur anderen Talseite ermöglicht, und wandern dort auf einem Schotterweg (**Rotring**) wieder nach rechts abwärts.

NATURWUNDER AN DER TRUDENLEITE
Wo sich links die Wiesen des Gansgrabens öffnen **4**, verlassen wir den Weg schon wieder und wandern **ohne Mk.** auf Fahrspuren am linken Talrand entlang. Nach kleineren Felsen passieren wir den Backofen, eine treffend so genannte Halbhöhle, dann bringt uns ein Pfad links am Hang empor zu einem wahren Naturwunder: Die Trudenleiten-Höhle fasziniert mit riesigen Überhängen und malerischen Aushöhlungen. An ihrem Ende geht es in Kehren wieder zum Talgrund hinunter, zur anderen Talseite hinüber und auf einem Fahrweg 70 m talein, bis links ein deutlicher Pfad (weißer

Sage

VOM WIRKEN DER DRUDEN

Druden (Truden) werden oft mit Hexen gleichgesetzt, doch sieht der Volksglaube beträchtliche Unterschiede: Während sich Hexen aus eigener Entscheidung dem Bösen verschreiben, sind Druden durch äußere Faktoren (etwa durch einen Fehler bei ihrer Taufe) zu ihrem schädlichen Wirken verdammt. Sie sind gezwungen, nachts ihren Körper zu verlassen und als Drückegeister andere Menschen im Schlaf heimzusuchen, indem sie sich auf ihre Brust setzen und ihnen Atemnot und Todesangst bereiten. Wenn sie nichts Lebendiges zum Drücken finden, können sie auch Bäume und Felsen dazu hernehmen. Wahrscheinlich hat die Trudenleite mit ihren vielen unheimlichen Hohlräumen hiervon ihren Namen, doch ist auch eine Herleitung vom Eigennamen Trude (von Gertrud) nicht völlig auszuschließen.

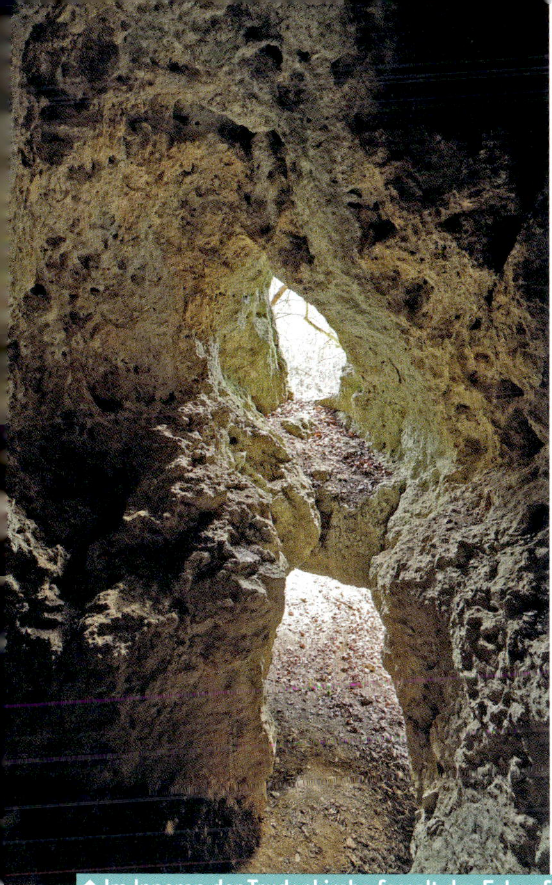

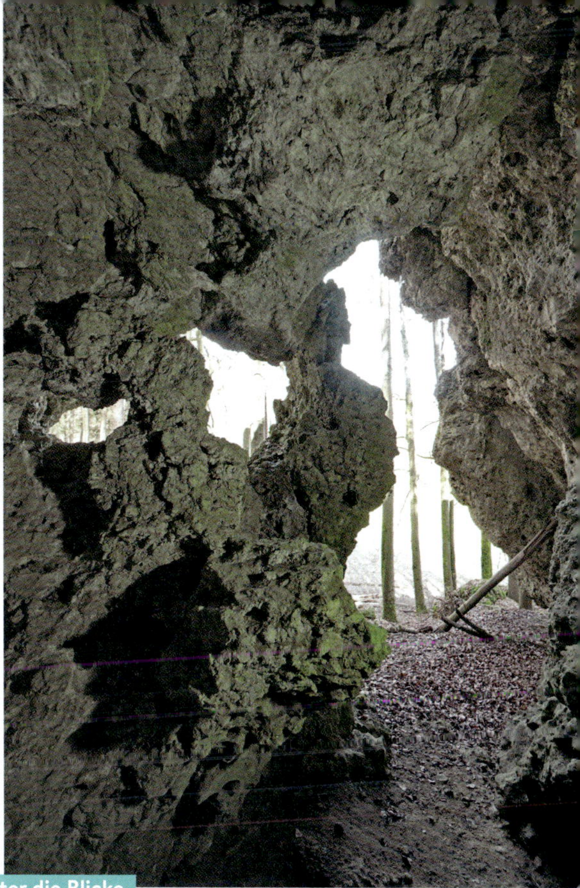

↑ Im Inneren der Trudenkirche fesselt das Felsenfenster die Blicke.
↗ Ein Highlight des Schöntals ist dieses einmalig durchlöcherte Naturdenkmal.

Pfeil am Baum) abzweigt. Am linken Talhang geht es erneut steil bergauf, nach rechts zu einem großen Felsdach hinüber, zuletzt durch eine Bückstelle hindurch: Dann stehen wir staunend im Inneren der Trudenkirche, die mit malerischem Felsenfenster und wild zerklüfteter Raumstruktur begeistert. Ebenso sehenswert ist der ca. 10 m tiefe Trudenleiten-Felsengang mit kreisrundem Eingang, den man links des Abris weiter oben am selben Hang findet.

INS FELSENREICHE SCHÖNTAL Zurück am Talweg, gehen wir links durch das idyllische Waldtal weiter, biegen an seinem Ende rechts auf einen befestigten Fahrweg ein und folgen nun längere Zeit den Mkn. **Rot- und Blauring**. Sie führen uns immer geradeaus über die Hochfläche ins Dorf Ottenhof hinein, über die Hauptstraße hinweg und nach links in einen weiteren Ortsteil hinüber. Es folgt ein markanter Rechtsknick, dann eine Gabelung, an der wir halb rechts auf dem Teerweg weitergehen. Schon 130 m später erreichen wir die entscheidende Abzweigung 5: Wir biegen links auf einen begrünten Fahrweg **ohne Mk.** ab, wandern an Feldern und Waldstücken entlang, dann mit Linksknick zum gegenüberliegenden Waldrand hinüber. Dort wählen wir bei einer Gabelung den rechten Weg und steigen zu einem Einschnitt zwischen Felsen auf. Wir durchqueren ihn, wandern halb rechts auf breitem Hangweg mit sanftem Gefälle ins Schöntal hinab und auf Fahrspuren weiter talein. Direkt nach großen Felsklötzen, die bis zum Talweg herabreichen, können Höhlenfreunde nach rechts steil zur Griesbrunnenhöhle aufsteigen, die sich in einem Kessel ganz oben am Hang verbirgt. Weniger Schweiß erfordern die weiteren Naturwunder. Wir steigen vom Talrand leicht nach rechts zu einer großartigen Felsszenerie auf: An einen gewaltigen Turm und einen wilden Felskessel schließt sich links das Massiv der Griesbrunnen-Felsengänge mit einer flachen Höhle unten und einer Tunnelhöhle (nur für Geübte zugänglich) weiter oben an. Wieder am Waldrand, umrunden wir den Talschluss und finden am Gegenhang ein imposantes Naturdenkmal mit malerischer Spalte und fantastischen Felsenlöchern.

ÜBER DEN SEITZENBERG ZURÜCK Am südlichen Talrand geht es nun ein Stück mit

Naturjuwel Seitzenberg: links ein schönes Felsentor, rechts eine geräumige Höhle

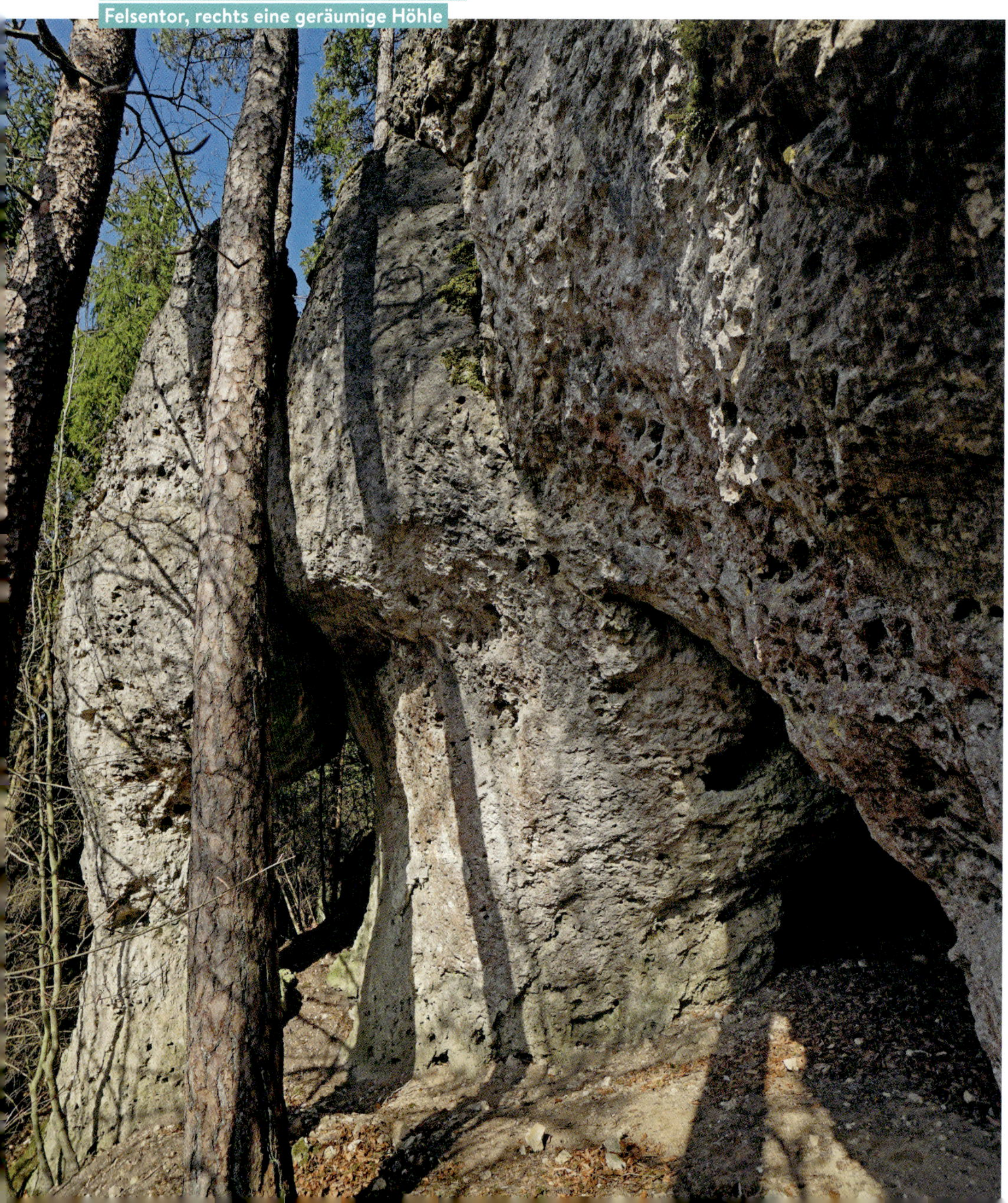

INFO

TOURENCHARAKTER

Rundtour mit nur kurzen steilen Anstiegen durch einen kaum erschlossenen Teil der Kuppenalb mit malerischen Tälern, wilden Felsriffen und eindrucksvollen Höhlen, Abris und Felsentoren; meist gute Wege, oft ohne Markierungen, daher etwas Orientierungsgabe erforderlich

mittel · **14 km** · **400 Hm** · **4:30 Std.**

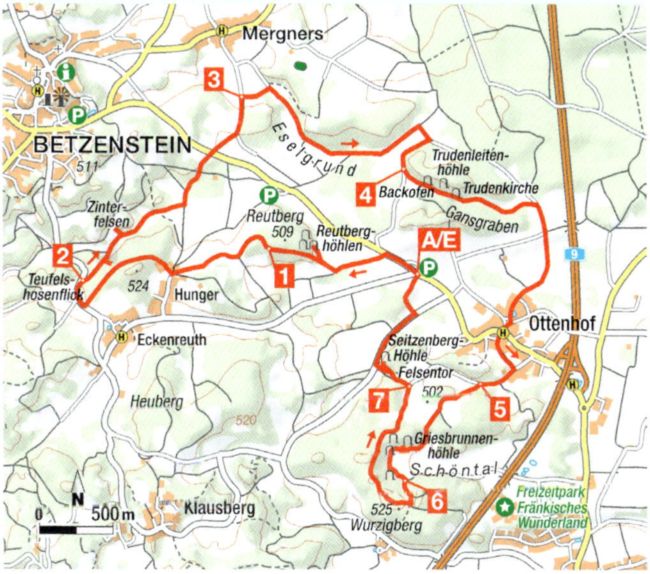

AUSGANGS-/ENDPUNKT

Parkplatz (453 m) an der Straße Plech-Betzenstein, rund 600 m östl. von Ottenhof (GPS: 49.671746, 11.453156), oder Hst. Ottenhof, Ort der Linien 343, 380 und 386: ÖPNV-Nutzer begehen die Tour ab dort (kurz vor P. 5) und absolvieren den Anfangsteil am Ende.

ANFAHRT MIT ÖPNV

Mo–Fr ca. alle 2 Std. Verbindung mit den Linien 386 (Anruflinientaxi: 1 Std. vorher: 09241/26 97) und 380 von Pegnitz, Rückfahrt mit Anrufsammeltaxi 343 (1 Std. vorher: 09244/269) nach Neuhaus, Sa/So vom 1.5.–1.11. gute Verbindung mit Bus 343 von/nach Neuhaus, sonst Anruflinientaxi 386 von/nach Pegnitz

GEHZEITEN

Reutberghöhle 0:15 Std. – Teufelshosenflick 0:45 Std. – Zinterfelsen 0:15 Std. – Trudenkirche 1:10 Std. – Ottenhof 0:35 Std. – Schöntal 0:35 Std. – Seitzenberghöhle 0:40 Std. – Rückweg 0:15 Std.

BESTE JAHRESZEIT

Spätherbst bis Frühjahr, im Sommer in den Felsgebieten schlechtere Sicht

EINKEHR

Gh. Zum grünen Kranz in Ottenhof, Tel. 09244/247

KARTE

ATK25 F11 Auerbach i. d. OPf.

leichtem Gefälle talaus, bis rechts der **Blauring**-Weg abzweigt **6**, der uns an schroffen Felsklippen vorbei steil zur Anhöhe des Wurzigbergs hinaufbringt. Oben wandern wir nach rechts, mit leichtem Auf und Ab im Rechtsbogen über den Bergrücken und dann auf eine weite Hochfläche hinaus. Wo ein Teerweg beginnt **7**, biegen wir mit **Gelbkreuz** u.a. links auf einen unbefestigten Fahrweg ab, der zunächst am Waldrand entlang, dann steiler in ein felsiges Tälchen hinabführt. Kurz vor Austritt aus dem Wald, wo rechts am Weg einige begrünte Felsblöcke liegen, sollte man das letzte Highlight nicht verpassen: Ein rechts abzweigender Pfad **ohne Mk.** führt sanft ansteigend durch den Hang, unter markanten Felsen vorbei und nach einer Biegung zu einem eindrucksvollen Naturwunder: Rechts öffnet sich die 10 m tiefe Seitzenberghöhle, links davon ein einzigartig geformtes Felsentor. Danach kehrt man zum **Gelbkreuz**-Weg zurück und erreicht bald eine Straße. Ihr folgen wir **ohne Mk.** 430 m nach rechts, steigen dann nach links auf begrüntem Fahrweg zum Waldrand auf und kehren im Rechtsbogen, zuletzt links an einer Waldinsel vorbei zum Parkplatz zurück.

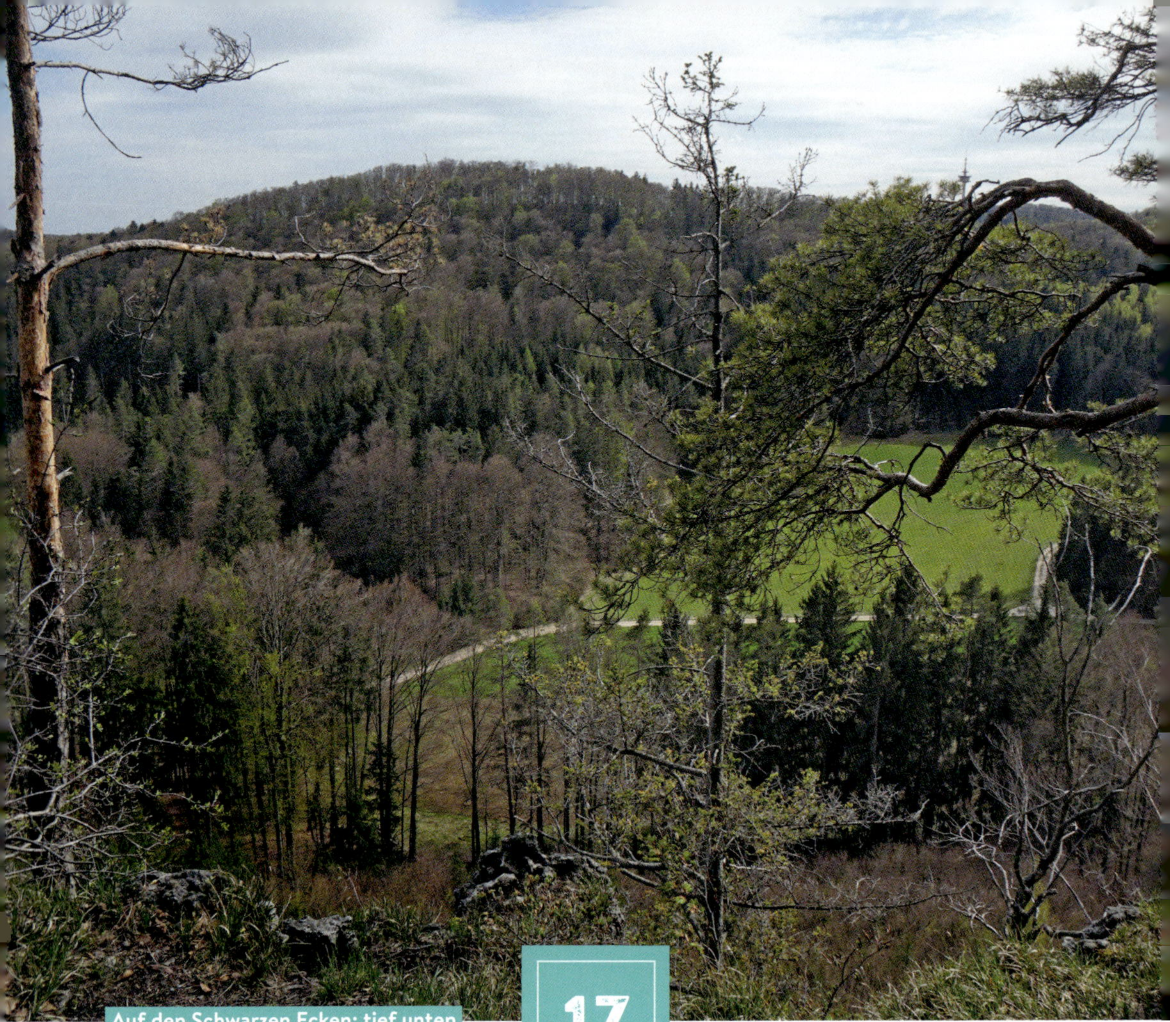

Auf den Schwarzen Ecken: tief unten das Eibental, gegenüber der Eibgrat

17

Wo die Zeit stehen bleibt

Burgstall, Schwarze Ecken und Silberloch

Nördlich des vielbesuchten Eibgrats erstreckt sich ein heute vergessenes wildes Bergland mit grandiosen Fels- und Höhlenlandschaften. In der Vorgeschichte und im frühen Mittelalter war es von viel größerer Bedeutung, und auch eine der schaurigsten Sagen der Alb spielt hier.

Unsere Tour führt über die malerischen Höhlen am Burgstall hinauf zur Schimmelecke, über den wilden Grat (582 m) an einem originellen Felsentor vorbei zum Aussichtspunkt auf den Schwarzen Ecken, hinab ins Eibental und über die einzigartige Felswildnis um das sagenumwobene Silberloch zurück.

ZUM VERGESSENEN BURGSTALL Vom Parkplatz wandern wir mit **Grünring** u.a. auf einem Fahrweg unter der A 9 hindurch und über idyllische Wiesen sanft bergan. Wo der mk. Weg in den Wald hineinführt, zweigen wir rechts auf einen unbefestigten Fahrweg **ohne Mk.** ab. Er leitet uns am Waldrand zum Grund des Eibentals hinunter, am Gegenhang bergan und im Rechtsbogen an begrünten Felsen vorbei. Bei einer Gabelung geht es links an malerisch ausgehöhlten Felsen entlang aufwärts, dann im Rechtsbogen zum oberen Rand einer Wiese. Mitten in dieser Rechtskurve **1** steigen wir nach links auf Fahrspuren in den Wald auf und erblicken links über uns das Massiv des Burgstalls mit einer kreisrunden kleinen Höhle. Trittsichere Wanderer können hier mit Linksschwenk eine Umrundung im Uhrzeigersinn beginnen (andere benutzen den später als Abstieg beschriebenen Weg rechts der Felsen auch im Aufstieg): Man quert den Hang etwa 8 Hm unterhalb der schroffen Zinnen der Südabstürze und steigt mit Rechtsknick steil zur Bergseite auf. Von dort leitet uns eine deutliche Rampe nach rechts Richtung Gipfel empor. Bald stehen wir staunend vor einer malerischen Szenerie: Nebeneinander öffnen sich zwei etwa 8 m tiefe Höhlen, der flache Burgstall-Felsengang und die geräumige Burgstall-Felsengrotte. Beide wurden schon von den Menschen der Vorgeschichte genutzt, auf dem Gipfel stand im Mittelalter eine Burg, die bereits 1366/68 als zerstört verzeichnet wird (daher der Name). Nach dem Abstieg gehen wir nach rechts an der Nordflanke entlang, dann eine deutliche Rinne hinab und auf den Fahrspuren wieder zur Wiese hinunter.

AUFSTIEG ZUR SCHIMMELECKE Von hier geht es auf dem Fahrweg nach links am Rand der Wiese, später durch Wald zu einem Sattel hinauf, dann nach einem Linksknick sanft zu einem querenden Fahrweg hinunter, auf den wir nach rechts einbiegen. Nach ebener Hangwanderung erreichen wir mit stärkerem Gefälle einen Holzlagerplatz. Wir biegen hier scharf links auf einen Fahrweg ab, der uns schon bald zu einer Verzweigung **2** bringt: Nach der niedrigen Felsgruppe auf der rechten Seite schwenken wir mit **Blaupunkt** u.a. (undeutliche Mk.!) rechts in einen Fahrweg ein,

Das Felsentor auf der Schimmelecke begeistert mit seiner einmaligen Form.

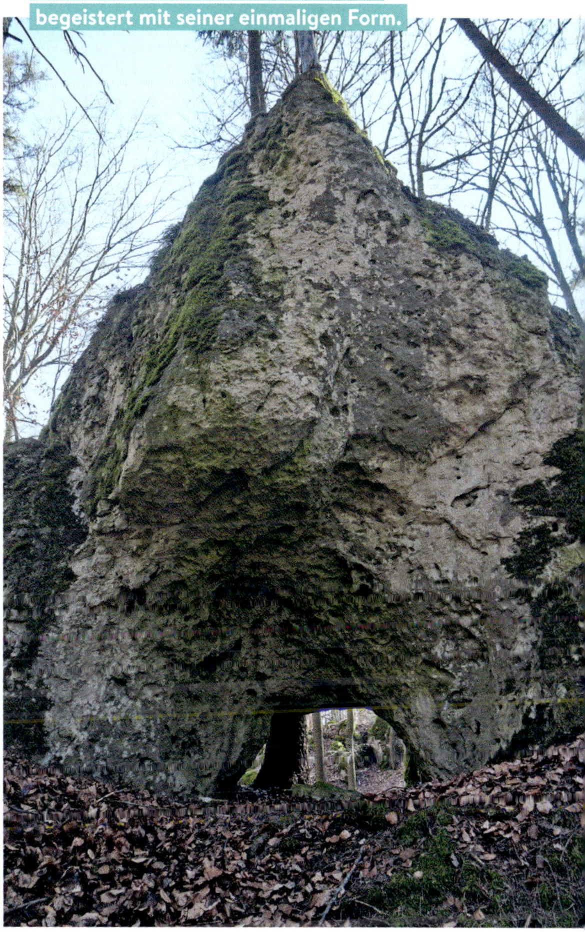

Sage

DIE HÖHLE DER VERLORENEN ZEIT

Um das Jahr 1630 herrscht helle Aufregung im Dörfchen Riegelstein: Da läuft ein junger Fremdling durch den Ort in altmodischer Kleidung, der sich seltsam gestelzt ausdrückt und behauptet, er heiße Hans Ehrbar und sei der rechtmäßige Besitzer des Häuschens, das schon seit Generationen der Familie Burger gehört. Man hält ihn für einen Spinner, doch dann schlägt man auf Rat des Pfarrers doch im Kirchenbuch nach. Ihm stockt die Stimme, als er vorliest: »Hans Ehrbar, Sohn des Kuntzen Ehrbar. Im Wald beim Silberloch verschollen. A.D. 1525«. Da findet der Fremde volles Gehör für seine Geschichte: Er sei zur Erkundung des Silberlochs aufgebrochen und von einer fremden Kraft in eine silbrig glänzende Halle gesogen worden. Lange Zeit habe ihn dort ein Zwerg mit Riesenkräften festgehalten, heute aber freigelassen. Da findet der Fremde doch Aufnahme im Haus der Burgers. Und er kann immer für Kost und Logis bezahlen: Denn der Silbergroschen, den ihm der Zwerg mit auf den Weg gab, findet sich, sooft er ausgegeben wird, immer in seinem Beutel wieder. Ähnlich soll es zwei Kindern aus Spies ergangen sein, die sich bei Dämmerung im Wald verirrt hatten: Ein freundlicher alter Mann führte sie in eine von Silber gleißende Höhle. Als sie, wie sie meinten, am nächsten Morgen aus tiefem Schlaf erwachten, brachte er sie auf den richtigen Weg in ihr Dorf. Dort war die Freude groß: Sie waren ein Jahr lang verschwunden gewesen.

der uns, bei einer weiteren Gabelung nach links, am oberen Rand einer Wiese entlang in den Wald und dann mit Rechtsknick durch die Flanke führt. Oberhalb des Rastplatzes der A 9 folgt nach kurzem Anstieg die entscheidende Abzweigung **3**: Wo die mk. Route rechts abzweigt, wandern wir **ohne Mk.** auf dem Fahrweg geradeaus weiter bergan, an einem imposanten Turm vorbei. Wo der Hauptweg stark verwachsen ist, weichen wir leicht nach rechts aus und gehen dann am Fuß des Steilhangs entlang nach rechts (an einem Baum die alte Mk. Rotpunkt). Bei einem Baum mit zwei blauen Strichen treffen wir auf den Aufstiegsweg zum Kamm, der uns mit einer Spitzkehre (von hier lohnt rechts ein Abstecher zu einer bizarren Halbhöhle) nach links durch die Flanke zu einer schroffen Felsgruppe und dann im Rechtsbogen weiter bergan führt. Mit Linksschwenk erreicht man eine erste Anhöhe: Wir folgen hier geradeaus einer deutlichen Schneise (nicht nach links abweichen!) und kommen, an einem großen Baum mit der Rotpunkt-Mk. und der Aufschrift »Plech« vorbei, schließlich zum Nordende des Bergrückens der Schimmelecke **4**: Wer vor sich im Tal die weiten Wiesen um Strüthof erblickt, weiß, dass er sich nicht verlaufen hat.

FELSENTOR UND SCHÖNE AUSSICHT Der Weiterweg ist nun nicht mehr zu verfehlen: Wir schwenken nach links und folgen dem deutlichen Pfad, der über den nach beiden Seiten jäh abfallenden Felsgrat führt. Die Szenerie erinnert an den Eibgrat, nur fehlen die Kletterstellen und – man ist völlig allein. Bald folgt das erste Highlight: Wir umgehen eine schroffe Felspassage, indem wir an der rechten Flanke in Kehren etwas absteigen, und stehen dann vor einem pittoresken Felsentor, dessen Form an eine Zipfelmütze erinnert. Nach leichtem Abstieg wandern wir am Hang auf gleicher Höhe weiter, passieren eine malerische Halbhöhle und ein bizarres Massiv mit großem Überhang und finden nach diesem eine Rinne, über die wir nach links wieder zur Kammhöhe aufsteigen. Wir folgen hier rechts dem bald breiter werdenden Weg, der erst an der Süd-

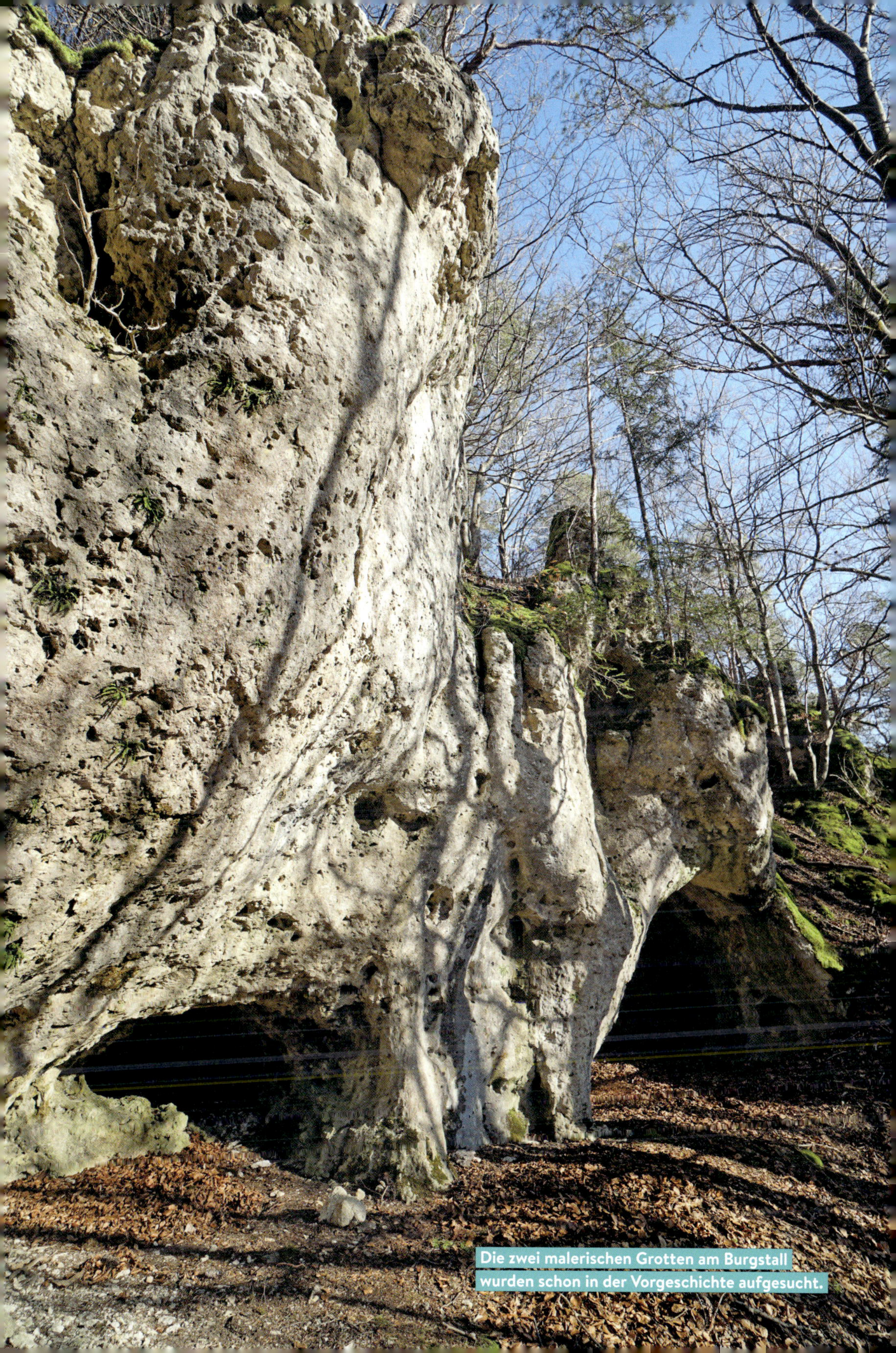

Die zwei malerischen Grotten am Burgstall wurden schon in der Vorgeschichte aufgesucht.

seite, dann auf dem Grat verläuft. Bei einer Gabelung halten wir uns links. Wo der Rotpunkt-Weg quert, gehen wir geradeaus ohne Mk. auf einem Fahrweg weiter und halten uns, bei der folgenden Verzweigung den rechten Weg wählend, stets an den deutlichen Weg über den bald wieder schmaleren Kamm (nicht in die Nordflanke absteigen). Zuletzt geht es im Linksbogen zur Südseite hinüber und hinab zur Felskanzel der Schönen Aussicht (Bank): Umwerfend der Tiefblick ins Eibental und die Fernsicht nach Osten.

ABSTIEG INS EIBENTAL Nach der Rast gehen wir zur ersten Gabelung zurück und wählen links den breiten Weg, der uns im Rechtsbogen zu einer Wiese hinab und wieder in den Wald hineinführt. Dort zweigt links ein guter Weg ab und mündet bald in den **Blauring**-Wanderweg. Ihm folgen wir nach links bis zur Wegteilung **5** nach einer Wiese: Auf einem Fahrweg **ohne Mk.** wandern wir halb links in den Wald, dann auf einem Schotterweg mit **Blaustrich** u.a. geradeaus weiter. Mit dieser Mk. geht es bei der nächsten Gabelung links

↓ Unter den Zinnen des Eibgrats öffnet sich der Einstieg ins Silberloch.
↘ Die Felsengrotte unter der Riesenwand daneben ist leichter zugänglich.

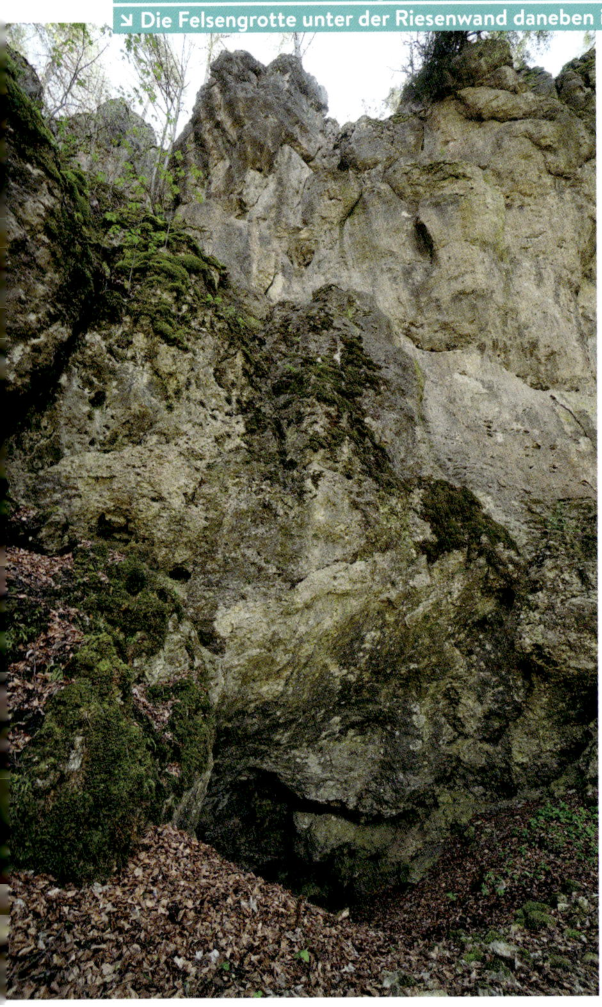

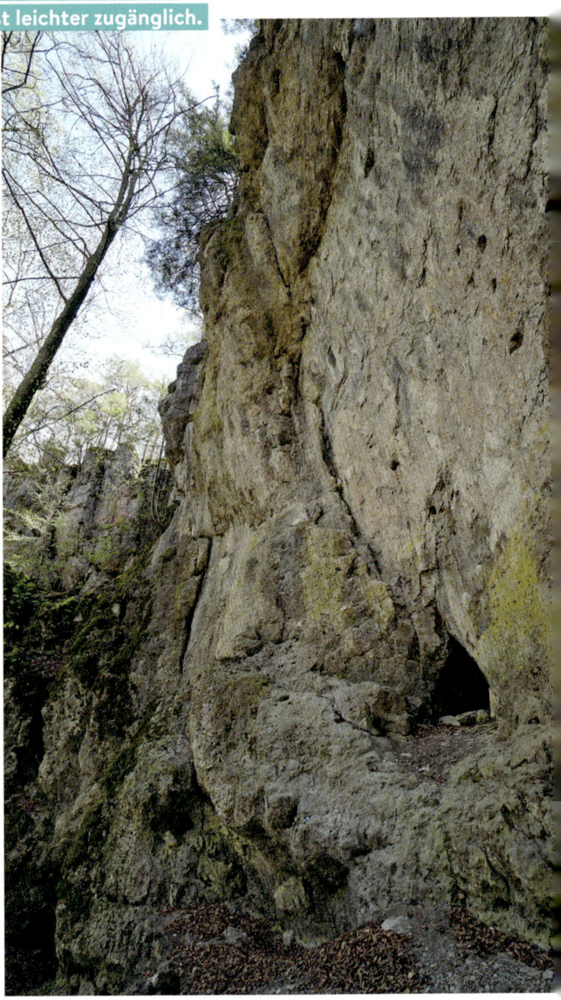

INFO

TOURENCHARAKTER
Rundtour durch ein wildes Bergland mit malerischen Graten, gewaltigen Felsszenerien, sagenumwobenen und vorgeschichtlich bedeutsamen Höhlen und einem wenig bekannten Aussichtspunkt; überwiegend gute Wege, nur kurze Passagen auf Pfadspuren, aber wegen langer unmarkierter Strecken anspruchsvoll in der Orientierung

AUSGANGS-/ENDPUNKT
Parkplatz (485 m) am Eingang zum Eibental (nahe der A 9) westl. der Straße Schermshöhe-Plech (GPS: 49.643356, 11.433978)

ANFAHRT MIT ÖPNV
Leider keine brauchbare Verbindung

GEHZEITEN
Burgstallhöhlen 0:30 Std. – Felsentor auf der Schimmelecke 0:50 Std. – Schöne Aussicht 0:30 Std. – Silberloch 0:45 Std. – Eibgrat Nordwand Querung 0:15 Std. – Rückweg 0:40 Std.

BESTE JAHRESZEIT
Ganzjährig reizvoll, im ersten Teil bieten Frühjahr und Spätherbst bessere Sicht auf die Felsformationen im Wald

anspruchsvoll | 9 km | 310 Hm | 3:30 Std.

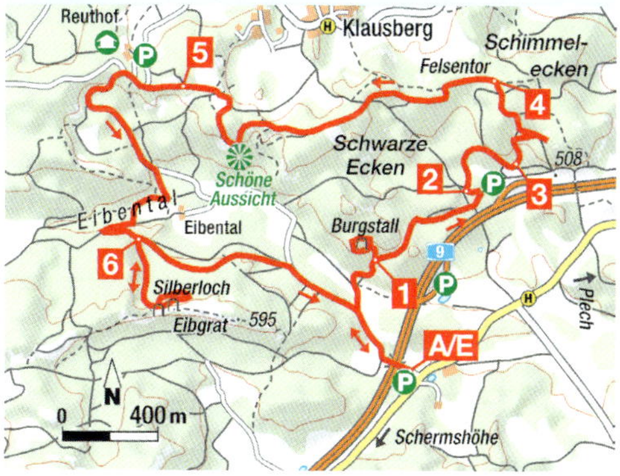

EINKEHR
Keine

KARTE
ATK25 F11 Auerbach i. d. OPf.

bergab und in weiten Bögen, an imposanten Felsgruppen vorbei, ins Eibental hinunter. Nach einem malerisch ausgehöhlten Felsen erreichen wir eine Kreuzung: Blaustrich führt uns rechts zu einem eingezäunten Weidegelände hinab und mit Rechtsknick an ihm entlang auf schmalem Wanderweg in den Wald.

FELSENWUNDERLAND UM DAS SILBERLOCH

FELSENWUNDERLAND UM DAS SILBERLOCH Bei Einmündung in einen unbefestigten Fahrweg biegen wir mit **Grünring** spitzwinklig links auf ihn ein und folgen ihm 150 m bis zu einer Kuppe 6. Hier zweigt rechts ein begrünter Fahrweg **ohne Mk.** ab, der uns zwischen Zäunen und an bemoosten Felsen vorbei, zuletzt mit Linksschwenk zu einer der großen Felsszenerien der Alb bringt: Wie ein Amphitheater erhebt sich vor uns die gewaltige Nordwand des Eibgrats. In einer nach links ausholenden Kehre erreichen wir das sagenumwobene Silberloch am Wandfuß; wegen des steil abfallenden Ganges sollten sich aber nur erfahrene Höhlengänger den Besuch zutrauen. Jedem Wanderer ist dagegen der Abstecher zur leicht versinterten Felsengrotte weiter rechts zu empfehlen. Wir kehren zum Silberloch zurück und wandern durch die Blockfelder unterhalb der Wände weiter, bis wir im Bogen zu einem weiteren Highlight aufsteigen können: An eine Halbhöhle und eine fast kreisrunde Kleinhöhle schließt sich ein malerisches Bruchgelände mit riesigen Klemmblöcken an, danach ein weiterer Felskessel. Von hier steigen wir zum Hangfuß ab und kehren auf Pfadspuren nach links zu den Hängen unter dem Silberloch und auf dem Fahrweg zu P. 6 zurück. **Grünring** führt uns nach rechts durch den Wald zu den Wiesen des Eibentals hinaus und auf bekanntem Weg zum Parkplatz zurück.

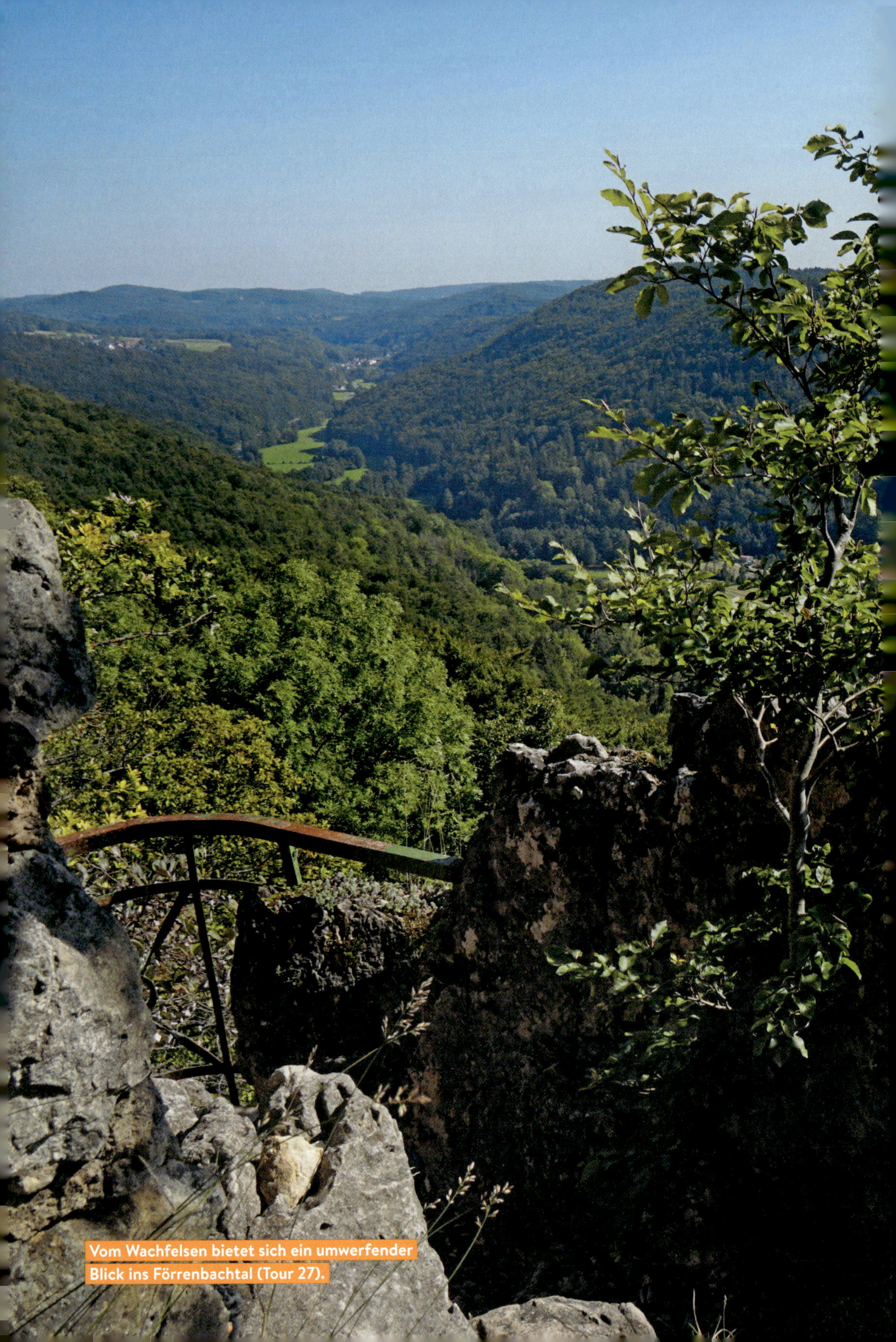

Vom Wachfelsen bietet sich ein umwerfender Blick ins Förrenbachtal (Tour 27).

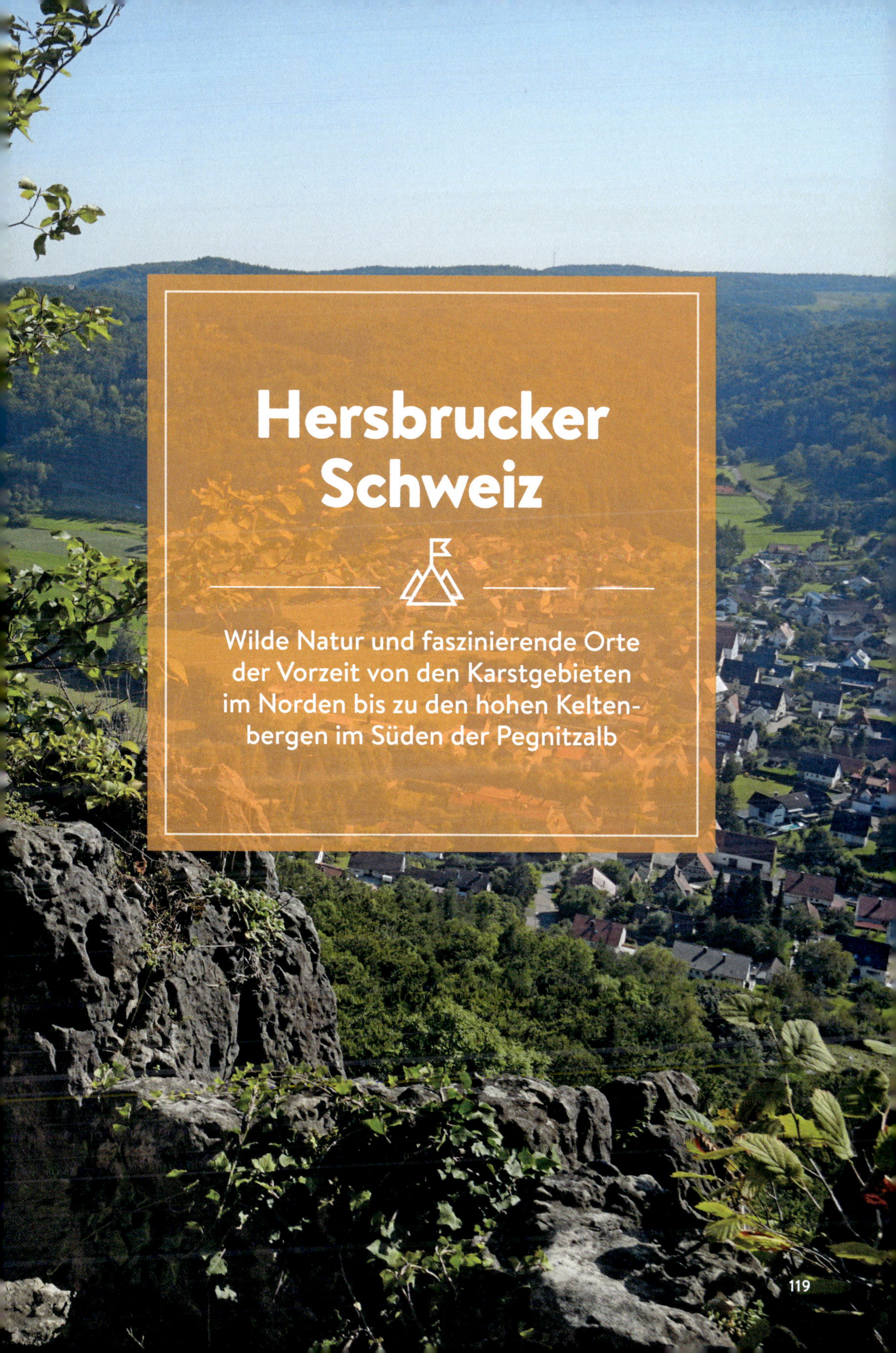

Hersbrucker Schweiz

Wilde Natur und faszinierende Orte der Vorzeit von den Karstgebieten im Norden bis zu den hohen Keltenbergen im Süden der Pegnitzalb

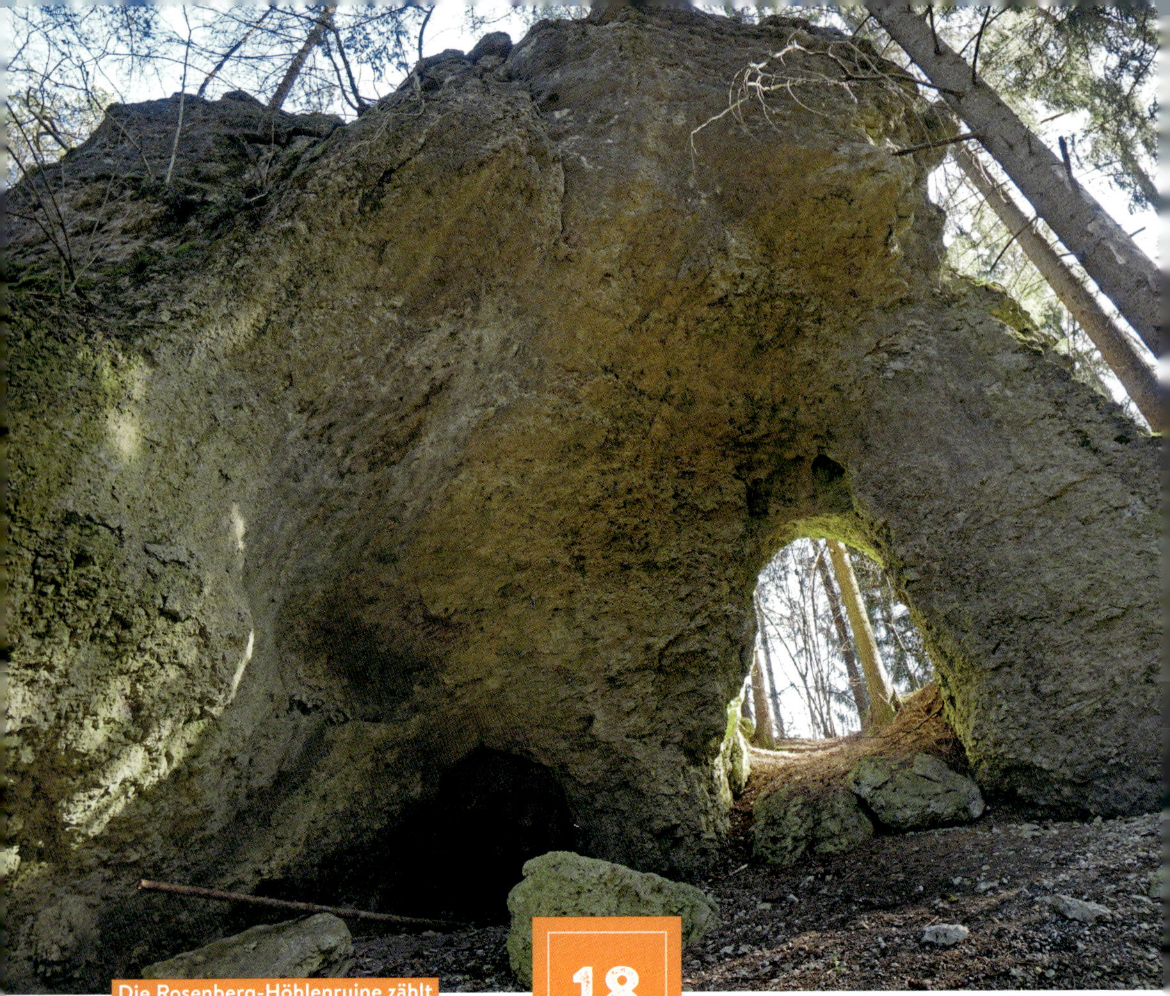

Die Rosenberg-Höhlenruine zählt zu den großen verborgenen Naturwundern.

18

Urwelt in Stadtnähe

Felsriffe, Höhlenwunder und Aussichtsgipfel um Pegnitz

Kaum eine Stadt ähnlicher Größe besitzt in ihrer unmittelbaren Umgebung so viel großartige Natur wie Pegnitz. Bei der Umrundung kommen wir zu begeisternden Aussichtsplätzen und stoßen – oft abseits der Wanderwege – auf viele grandiose Karstgebilde wie die einzigartige Rosenberg-Höhlenruine oder die Steinzeitwelt am Hühnerberg.

Vom Aussichtsturm auf dem Schlossberg führt unsere Route zu den wilden Felswelten um Dianafelsen und Steinig, über die aussichtsreiche Fischelhöhe zum versteckten Felsengarten im Heroldsreuther Tal, dann zur Rosenberg-Höhlenruine und über Weidlwang zur vergessenen Urwelt des Hühnerbergs. Der Rückweg erfolgt durch das wundervolle Panoramaland um Breitenstein und Hainberg (547 m).

PANORAMAGIPFEL SCHLOSSBERG Vom Bhf. folgen wir der Bahnhofsstraße nach S, wandern rechts abzweigend durch einen Fußgängertunnel unter der Bahn hindurch, dann geradeaus weiter und nach Überquerung einer Straße in das historische Zentrum mit dem schmucken Rathaus hinauf. Bergab erreichen wir die Umgehungsstraße, überqueren sie, halten uns kurz links und stoßen auf einen Treppenweg, der uns mit Mk. **Eichenblatt** u.a. rechts bergan und, zweimal mit Linksschwenk, zum Kriegerdenkmal hinaufbringt. Nach den Biergärten folgt ein Rechtsknick, dann eine Gabelung **1**: Der rechts abzweigende Weg zum Aussichtsturm führt uns **ohne Mk.** zunächst immer geradeaus, dann in Kehren bergan. Nach Einmündung in einen breiteren Weg geht es rechts zum Gipfel des Schlossbergs hinauf, auf dem von 1357 bis 1553 die Burg Boheimstein stand. Nach 97 Stufen genießt man von der Plattform des Turms einen wundervollen Rundblick über das Stadtgebiet (s. Sage) und in die Ferne. Beim Abstieg gehen wir ein Stück zurück, dann aber geradeaus auf dem breiten Weg weiter, halten uns bei einer Bank rechts und erreichen einen Wiesensattel.

DIANAFELSEN UND FELSREVIER STEINIG Nun wieder mit dem **Eichenblatt** u.a. wandern wir geradeaus einen felsigen Kamm hinauf. Bei einer Verzweigung **2** treffen wir auf unsere neue Mk. **Grünring**, biegen links ab, überqueren eine Straße und wandern gegenüber in einen idyllischen Wiesengrund hinein. Wo der Weg steil am Hang emporführt, lohnt ein Abstecher auf Pfadspuren nach rechts zum Massiv des Wacholderbergs mit tiefen Spalten und kleinem Felsentor. Grünring führt uns nun zügig bergan und durch wildes Felsgelände zur Aussichtskanzel auf dem Dianafelsen. Wir wählen hier den Felsensteig (**Eichenblatt**), steigen links durch eine wilde Schlucht unter einem Klemmblock hindurch und mit Linksknick zu einem Rastplatz am Fuß der gewaltigen Nordwände hinunter. Wir passieren bizarre Türme und treffen auf einen Fahrweg, der uns nach rechts an Felsen mit malerischen Auswaschungen vorbei wieder bergan führt. Nach diesen folgt eine 8 m tiefe kleine Höhle mit leichter Versinterung (kurzer Anstieg). Danach mündet **Grünring** wieder ein und wir schwenken mit beiden Mkn. nach links. Bald zeigt sich rechts das nächste Highlight, das Felsgebiet Steinig: Ein Stichpfad bringt uns zu einer malerischen Halbhöhle am Fuß eines riesigen Fels-Amphitheaters und weiter zu einer zerklüfteten Felsburg.

Tipp

ZWEI-TAGES-VARIANTE

Die ebenso lange wie erlebnisreiche Tour lässt sich mithilfe des ÖPNV gut auf zwei Etappen (1. Tag: 4:10 Std., 410 Hm, 2. Tag: 2:50 Std., 320 Hm) aufteilen. Die erste Etappe sollte man Mo–Fr absolvieren. Dann hat man von der Hst. Weidlwang (50 m nördl. des Kanoniers) mehrere Rückfahrmöglichkeiten: Der Bus der Linie 450 nach Pegnitz Bhf. fährt um 16:31, 17:28 und 18:28 Uhr. Mo–Sa kann man mithilfe derselben Linie die Tour wieder ab Weidlwang fortsetzen (Abfahrten in Pegnitz Mo–Fr 8:30 oder 11.25 (Schultage), Sa 8:25 oder 11:50), vom 1.5.–1.11. auch So mit Linie 339 (Abfahrt 10:05).

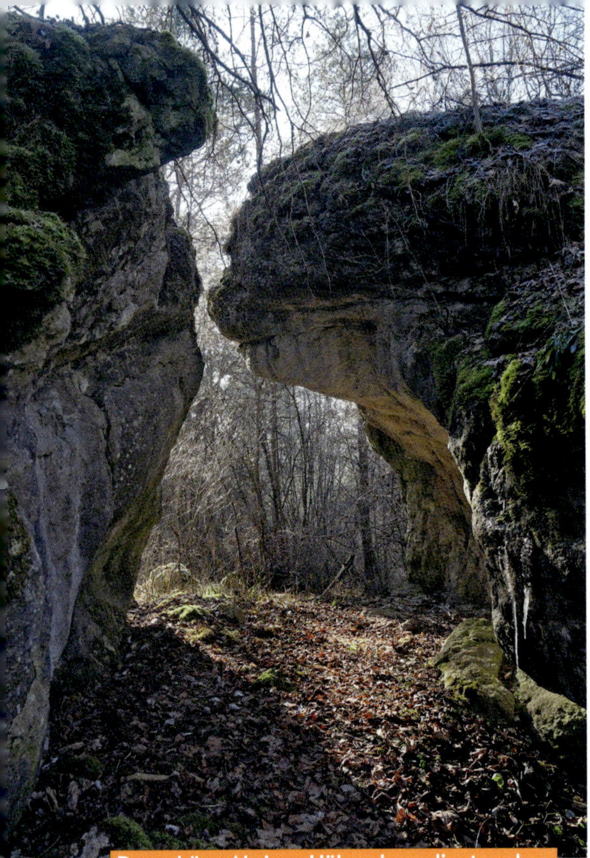

Der schöne Abri am Hühnerberg diente schon in der Mittelsteinzeit als Rastplatz.

Sage

DER BERGGEIST

Es war vor etwa 750 Jahren: Zum wiederholten Mal rückten plündernde Raubritterhorden auf das Dorf Pegnitz zu. Die Bewohner hatten sich auf den Schlossberg in Sicherheit gebracht und in den Wäldern um die Voitshöhle (am Westrand) versteckt. Als die Unholde abgezogen waren, wagten sie sich wieder hervor, um den Schaden in Augenschein zu nehmen. Traurig blickten sie vom Berg auf die immer noch rot glühenden Reste ihrer Häuser herab. Da bebte plötzlich die Erde, ein Spalt tat sich im Berg auf und heraus trat, von Nebel umhüllt, ein mächtiger alter Mann mit eisgrauem Bart. Laut rief er den verdutzten Pegnitzern zu: »Baut auf Letten, / da findet ihr gute Stätten!« Dann verschwand er wieder. Lange dachten die Bewohner über diese Worte nach, dann wurde ihnen der Sinn klar: Sie errichteten ihr Dorf an der heutigen Stelle »auf dem Letten« neu.

ÜBER DIE FISCHELHÖHE Der Hauptweg führt nun, bei einer Gabelung nach rechts, weiter abwärts (rechts oberhalb eine Felsgruppe mit Überhängen und kleinem Felsenfenster), dann an der Flanke entlang und zu einer Straße hinunter. Nach Linksschwenk wandern wir auf einem Forstweg am Gegenhang bergauf und auf einem rechts abzweigenden Wanderweg zu einem felsigen Kamm empor. Nach einer Kuppe geht es links zu einer Wegteilung oberhalb eines Sportplatzes hinunter: Wir folgen nur noch der Mk. Grünring, die uns geradeaus zur aussichtsreichen Fischelhöhe hinauf, auf dem linken Weg weiter über die Hochfläche und dann deutlich bergab führt. Ein links abzweigender Weg bringt uns durch ein schönes Tälchen zu einer breiten Straße hinunter, wo die Mk. kurz etwas unklar wird **3**. Wir folgen daher nach rechts einem Weg, der parallel zur Straße verläuft, bis zum Beginn eines Parkplatzes und überqueren dann die Straße: Direkt gegenüber führt ein Forstweg den Hang hinauf, im Rechtsbogen in den Wald und nach Linksknick, an imposanten Felsen vorbei, wieder mit Grünring nach Nemschenreuth hinüber.

MALERISCHES HEROLDSREUTHER TAL An der Hauptstraße halten wir uns rechts, wandern aus dem Ort hinaus und auf dem geteerten Fuß- und Radweg Richtung Horlach noch 600 m weiter, bis links (Ww.) die Kurzvariante des Grünring-Wegs abzweigt **4**. Die Mk. leitet uns in ein malerisches Waldtal und stets im Talgrund weiter. Bald folgt das nächste Highlight: Am Beginn einer breiten Wiese, die sich nach S emporzieht, zweigt links ein Pfad

ohne Mk. ab und führt im Linksbogen durch Wald zu einem fantastischen Felsengarten mit überhängenden Riesenklötzen hinauf.

NATURWUNDER ROSENBERG-HÖHLEN-RUINE Wieder mit **Grünring** gelangen wir zu einer Straße bei Heroldsreuth, folgen ihr nach rechts zum Waldrand und biegen dort links auf einen Wanderweg ab. Kurz nach einer Gabelung (hier rechts) lohnt ein Abstecher nach rechts zu einer Felsgruppe mit pittoresken Überhängen und Auswaschungen. Nach kurzem Anstieg folgt eine Wegteilung: Wir halten uns links, wandern durch die Flanke, über eine Lichtung hinüber und dann mit Rechtsschwenk auf einem Fahrweg durch Wald abwärts zu einer Senke und wieder sanft bergauf. Nun heißt es aufgepasst: 40 m nach der Senke zweigt links ein begrünter Weg **ohne Mk.** ab **5**, der über eine Schneise eben den Hang quert. An ihrem Ende erreichen wir die Steilflanke des Pegnitztals und sehen rechts schon die gewaltige Rosenberg-Höhlenruine: Gute Pfadspuren führen uns, an einer Spalthöhle (nur für Höhlenkundige) vorbei, zu dem einmaligen Ensemble aus einem großen Turm, einer Grotte mit riesigem Überhang und einem malerischen Felsentor hinüber. Nach Durchquerung des Tors kehrt man am besten mit Rechtsschwenk auf demselben Weg zur **Grünring**-Mk. zurück. Diese leitet uns zu einer Kuppe hinauf, über Wiesen bergab und zuletzt links unter der Bahn hindurch über die Pegnitz nach Weidlwang hinüber.

FELSENWELT HÜHNERBERG Wer den Ort erstmals besucht, sollte 170 m auf der Hauptstraße nach rechts zum berühmten Kanonierfelsen gehen: Die Holzfigur erinnert an eine List aus dem Dreißigjährigen Krieg (1635), als eine Strohpuppe in Uniform und ein Ofenrohr den Schweden eine Geschützstellung vorgaukelte und sie vom Angriff abhielt. Zurück am Ortseingang, wandern wir mit Grünring rechts auf einem Fahrweg bergan und im Linksbogen zur Gabelung bei den Friedenslinden hinauf: Wir zweigen rechts auf einen Fahrweg **ohne Mk.** ab und folgen ihm 125 m, bis sich rechts der Zugang zu einer Wiese öffnet **6**. Wir wandern auf Fahrspuren an ihrem linken Rand an einer Buschreihe bergauf, wechseln dann zum rechten Rand über und gehen am oberen Ende geradeaus in den Wald hinein: Bald stehen wir staunend vor einem malerischen Felsdurchgang, rechts flankiert von einer 11 m tiefen Höhle und dem imposanten Hühnerberg-Abri, der schon den Menschen der Mittelsteinzeit Schutz bot. Wir gehen nun nach rechts am Massiv entlang, passieren die flache Hühnerberg-Felsenkammer, umrunden den imposanten Eckpfeiler und kehren auf der Südseite zum Durchgang zurück, an den sich rechts eine überhängende Wand anschließt. Unter ihr geht es entlang, dann steigen wir mit Linksknick zu einem Sattel auf und wandern an der Nordseite weiter: Ein imposanter Turm, bizarre Überhänge und die malerische Hühnerberg-Höhle sind weitere Höhepunkte. Von hier kehren wir über die Nordseite zum Felsdurchgang und dann zu P. 6 zurück.

Vom Breitenstein überblickt man fast alle hohen Bergkuppen der Alb.

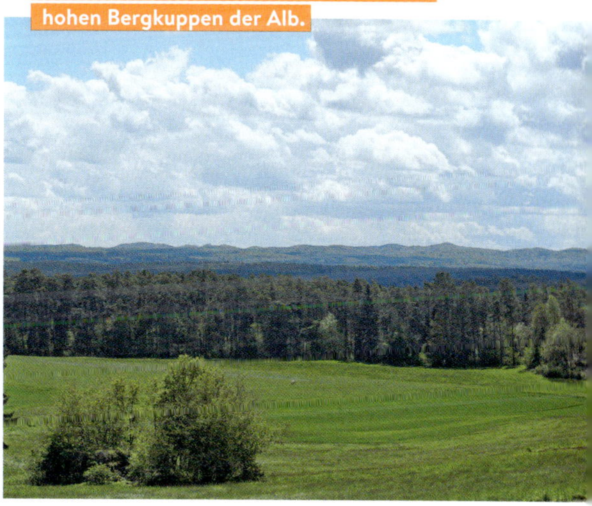

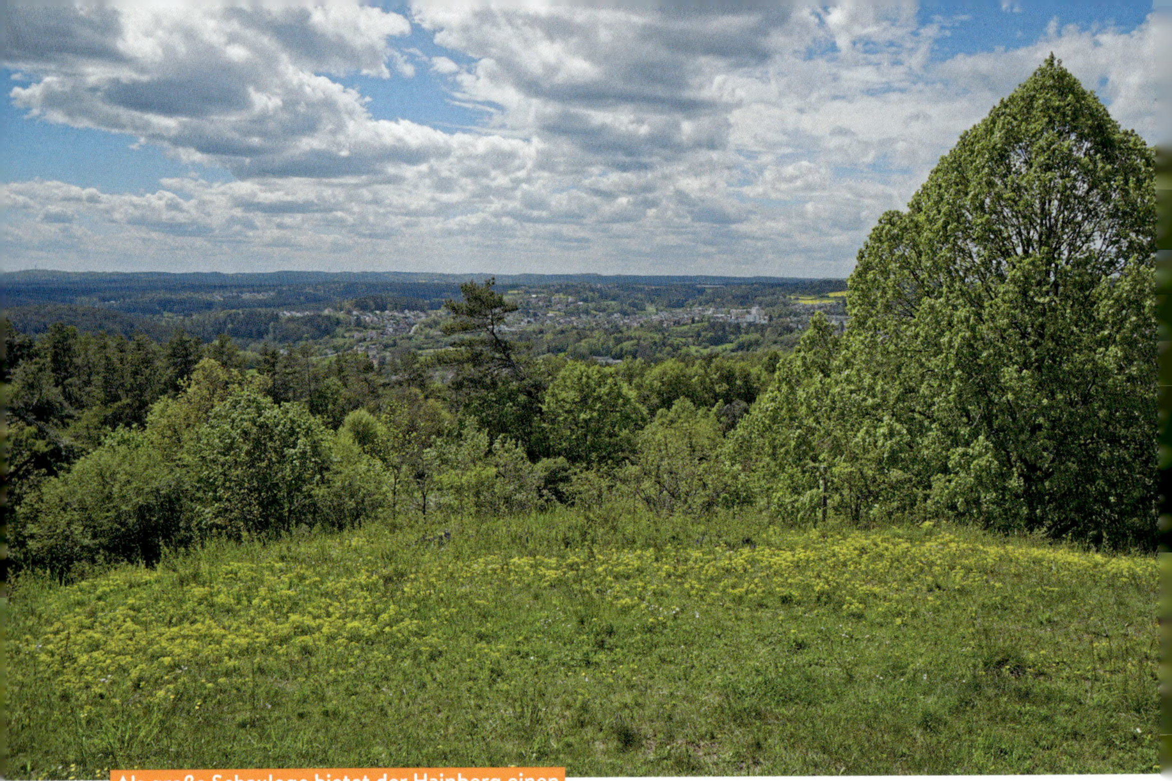

Als große Schauloge bietet der Hainberg einen Prachtblick auf Pegnitz und die Alb.

BREITENSTEIN UND AUF DER WACHE Auf dem Fahrweg wandern wir über die Hochfläche weiter bergauf, durchqueren ein Waldstück und gehen im Linksbogen weiter. Kurz folgen wir einem Teerweg geradeaus, dann biegen wir mit **Rotkreuz** rechts auf einen unbefestigten Fahrweg ab **7**. Die Mk. leitet uns danach auf einem Teerweg links bergan, schließlich auf einem rechts abzweigenden Fahrweg weiter und nach Linksschwenk hinauf zur Kuppe des Breitensteins – eine wundervolle Panoramastrecke mit Sicht über alle Kuppen der Alb. Etwas tiefer bietet eine Kapelle von 1790 einen traumhaften Rastplatz. Wenig später erreichen wir eine Fahrstraße, wandern auf ihr **ohne Mk.** links nach Penzenreuth hinunter, geradeaus durch den Ort und zum Eingang des Weilers Pertenhof hinauf. Gleich nach der Bus-Hst. zweigen wir links auf einen Teerweg ab, der in einen begrünten Fahrweg übergeht. Auf einer Lichtung teilen sich die Wege **8**: Wir biegen links auf deutliche Fahrspuren ab, wandern an zwei hohen Kiefern vorbei, an der Südseite des Berges abwärts und dann rechts an der Flanke weiter. Bald zeigt sich über uns die Felsgruppe Auf der Wache: 10 m vor einem roten Rohr zweigen wir rechts ab, steigen auf Pfadspuren zum Massiv auf und gelangen links an ihm entlang zu einem pittoresken Durchgang. 10 m weiter links die Hauptattraktion: eine ca. 10 m lange enge Felsspalte.

ZUM AUSSICHTSREICHEN HAINBERG
Wieder auf dem Fahrweg kommen wir im Linksbogen zu einer Straße und folgen ihr 170 m nach rechts bis zu einer großen Linde (Wegkreuz). Mit **Rotkreuz** u.a. wandern wir nun auf begrüntem Fahrweg rechts zum Lindberg hinüber, dann mit Rechtsknick am Waldrand weiter. Bald öffnet sich ein Prachtblick auf Pegnitz und den Schlossberg. Danach geht es nach rechts kurz auf einem Teerweg bergan, links auf unbefestigtem Fahrweg am Waldrand weiter, dann rechts auf einem Teerweg zu einer

Kreuzung am Fuß des Hainbergs hinüber. Ein begrünter Fahrweg führt uns gegenüber bergan, danach mit Linksknick eben zu einer Wegteilung **9** am Westhang des Hainbergs. Gleich nach Einmündung in einen Schotterweg zweigt rechts ein Pfad (Rotkreuz) ab und bringt uns steil über Magerrasen zur felsigen Kuppe des Westgipfels hinauf: umwerfend die Sicht über Pegnitz bis zur Burg Hohenstein und zum Kl. Kulm.

RÜCKWEG Zurück an P. 9, wechseln wir zur Mk. **Rotstrich** über: Sie leitet uns 60 m auf dem Schotterweg abwärts, dann bei einem großen Baum nach rechts auf einem Wanderweg über eine Wiese, immer geradeaus durch Wald abwärts, zuletzt nach Rechtsschwenk in den tiefen Rotgraben hinunter. Auf schmalem Pfad geht es am Gegenhang steil bergan, mit Linksschwenk am Rand der Hochfläche weiter, auf einem Teerweg rechts aufwärts, dann nach links auf begrüntem Fahrweg immer geradeaus am Gunzerberg entlang. Ein links abzweigender Fußweg bringt uns durch die Flanke zum Ortsrand von Pegnitz. Auf dem Gehsteig wandern wir in die Stadt hinein, zuletzt rechts über die Bahnhofsstraße zum Startpunkt zurück.

INFO

TOURENCHARAKTER
Tagfüllende, mit ÖPNV gut auf zwei Etappen verteilbare Tour mit zahlreichen mäßigen Anstiegen zu großartigen Aussichtspunkten, wilden Felsregionen und einer einzigartigen, verborgenen Höhlenruine; trotz der Stadtnähe meist schmale Naturwege, nur kürzere Strecken auf Teer

AUSGANGS-/ENDPUNKT
Pegnitz, Bahnhof (432 m), in der Nähe viele Parkmöglichkeiten (GPS etwa 49.759012, 11.548524)

ANFAHRT MIT ÖPNV
Mit RE 30, 31 oder 32 halbstdl. von Nürnberg oder Bayreuth nach Pegnitz

GEHZEITEN
Schlossberg (Aussichtsturm) 0:45 Std. – Dianafelsen 0:40 Std. – Steinig 0:15 Std. – Fischelhöhe 0:30 Std. – Heroldsreuther Tal Felsengarten 1:00 Std. – Rosenberg-Höhlenruine 0:40 Std. – Weidlwang (Kanonier) 0:20 Std. – Hühnerberg-Abri 0:20 Std. – Breitenstein (Kapelle) 0:40 Std. – Auf der Wache 0:20 Std. – Hainberg 0:45 Std. – Rückweg 0:45 Std.

mittel | 22 km | 730 Hm | 7:00 Std.

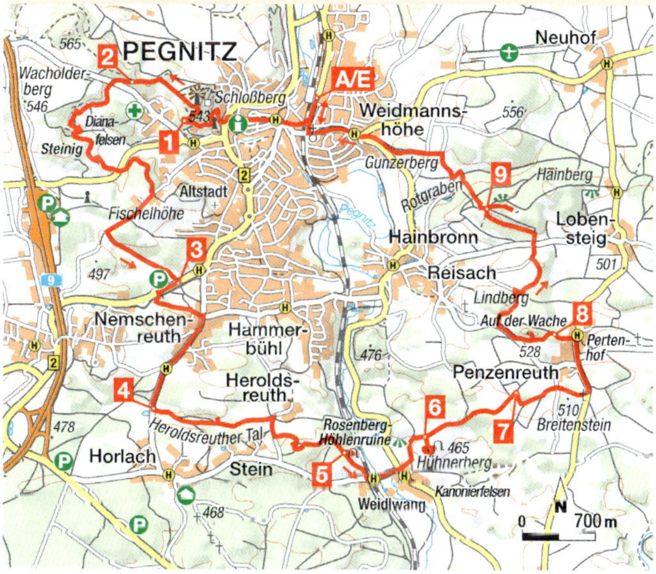

BESTE JAHRESZEIT
Ganzjährig reizvoll

EINKEHR
Unterwegs keine

KARTE
ATK25 E11 Pegnitz

Mord im Forst

Polsterweiherhöhle, Felsenloch und Lettenlöcher

Der Veldensteiner Forst, eines der größten Waldgebiete Bayerns, hat viel mehr zu bieten als Bäume. Wo Karstgebilde aus den kreidezeitlichen Überdeckungen herausragen, begeistern sie mit ihrem Formenreichtum: Neben malerischen Felsdurchgängen und geheimnisvollen Spalten findet man schaurige Schachthöhlen, die den Prähistorikern Rätsel aufgeben.

19

Schon von außen zeigt die Polsterweiherhöhle fantastische Formen.

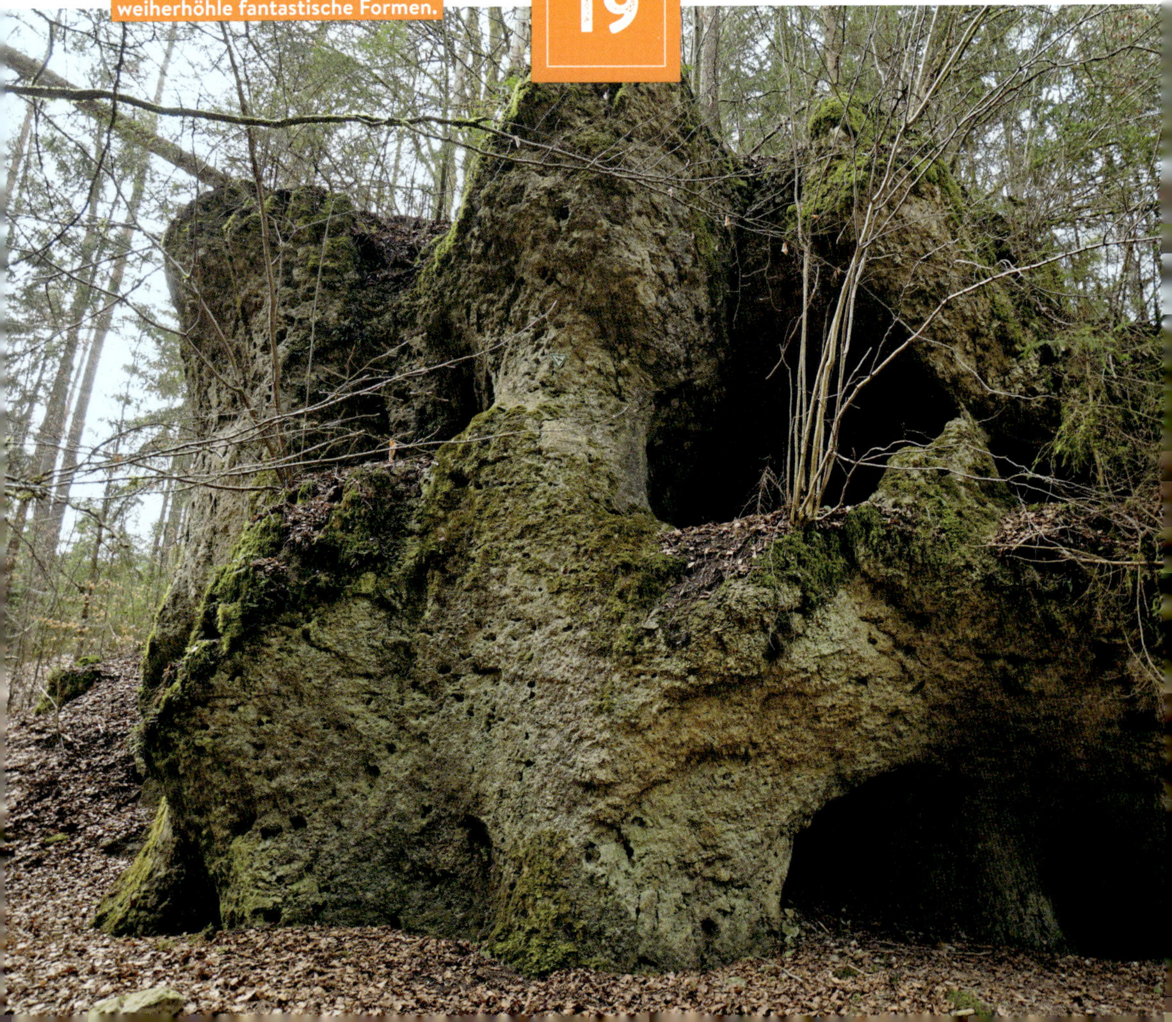

Von Ranna führt unsere Tour über das versteckte Felsenreich der Kühfelsen zur formschönen Polsterweiherhöhle und zum tiefen Felsenloch, dann über die Felswildnis der Lettenlöcher zu Teufelspredigtstuhl und Hühnerfelsen mit ihren Höhlen und Durchgängen, zuletzt durch das idyllische, hier völlig unbesiedelte Pegnitztal zurück.

GEHEIMNISVOLLE KÜHFELSEN Vom Parkplatz gehen wir über die Pegnitzbrücke hinüber, dann nach der Bus-Hst. mit **Blaupunkt** u.a. halb rechts die Sackgasse Richtung Bhf. hinauf. Durch die Unterführung wechseln wir zur Westseite der Bahn über und wandern dann auf dem Gehsteig durch Mosenberg nach N. Am Ortsende biegen wir mit der Mk. links auf einen Forstweg ab, dann gleich wieder rechts auf einen Wanderweg, der an einer Doline vorbei durch schönen Wald, dann mit Rechtsknick wieder zur Straße hinabführt; rechts lohnt der Felsturm der Schmierhüttenfelsen einen Besuch. Wir folgen nun der Teerstraße 350 m nach W, dann sehen wir links eine Freifläche **1**, von der zwei Wege in den Wald führen. Wir wählen den rechten der beiden, einen begrünten Fahrweg **ohne Mk.**, der uns durch einen verträumten Waldgrund führt. Bei einer Gabelung halten wir uns links und erreichen, an bizarren Felsklötzen vorbei, die ersten Attraktionen: Links findet man einen bizarr überhängenden pilzartigen Felsen, rechts genau gegenüber ein Massiv mit skurril geformtem Felsentor. Nach den Abstechern gehen wir auf dem Fahrweg weiter, an der Westseite der Kühfelsen vorbei, bis vor uns die Einmündung in einen Schotterweg sichtbar wird. Rund 20 m vor dieser Einmündung **2** biegen wir links in einen begrünten Fahrweg ein: Er führt uns an einem Massiv mit bauchigen Überhängen und tiefer Spalte vorbei im Linksbogen zum beeindruckenden Zentrum der Kühfelsen: Durch eine enge Spalte (links davon ein aus Blöcken gebildetes Felsentor) gelangen wir in einen ge-

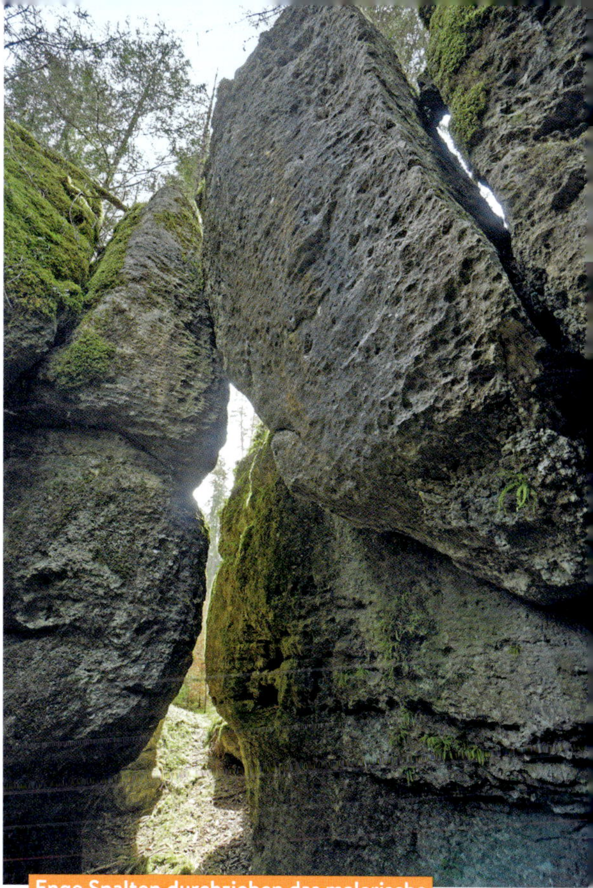

Enge Spalten durchziehen das malerische Labyrinth der Kühfelsen.

Funde

DIE TOTEN IM FELSENLOCH

Bei archäologischen Ausgrabungen fand man im Felsenloch Skelettreste von 49 Menschen, dazu Schmuck (Arm- und Ohrringe, Amulette) und Keramik. Die Funde, heute im Pfalzmuseum Forchheim ausgestellt, lassen sich auf die Spanne von der frühen Bronzezeit (1800 v. Chr.) bis zu den Kelten (frühe Latènezeit, 400 v. Chr.) datieren. Während der Ausgräber R. A. Maier in der Schachthöhle einen Opferplatz sah, gehen neuere Forschungen eher von einer Begräbnisstätte aus, da die Altersverteilung (mit hohem Kinderanteil) der natürlichen Sterblichkeit in der Vorgeschichte entspricht.

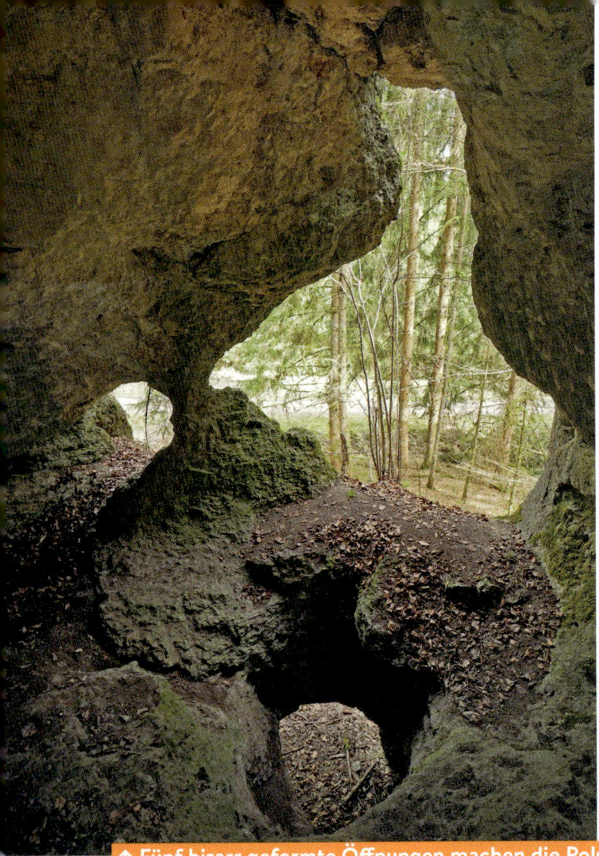

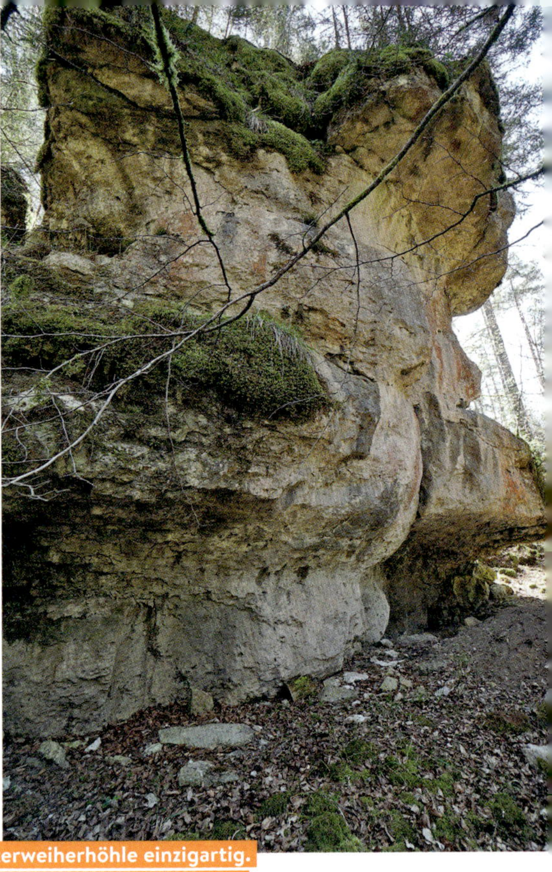

↑ Fünf bizarr geformte Öffnungen machen die Polsterweiherhöhle einzigartig.
↗ Auch der wild gezackte Felsturm der Lettenlöcher findet kaum ein Pendant.

heimnisvollen Felskessel, dann im Rechtsbogen unter einer überhängenden Wand vorbei zum Ausgangspunkt zurück (Entdecker finden nördlich davon weitere bizarre Felsreviere).

ZUR POLSTERWEIHERHÖHLE Zurück an P. 2, gehen wir links zu dem bereits gesehenen Schotterweg hinauf und folgen ihm nach links. Bei einer Kreuzung biegen wir rechts auf einen Schotterweg ein, der leicht ansteigend durch den Wald führt (links ein bizarrer Felsturm). Kurz nach einer Lichtung mündet er in einen Forstweg, auf dem wir mit **Gelbstrich** u.a. nach rechts zu einer mehrfachen Wegteilung absteigen. Dort biegen wir mit **Rotkreuz** auf den zweiten (!) links abzweigenden Fahrweg **3** ab. Nach längerem Aufstieg halten wir uns an einer Kreuzung rechts und gelangen mit **Gelbpunkt** und **Blauring** bald zum Hammergrünfelsen, in dem sich die einzigartige Polsterweiherhöhle befindet. Rechts am Fels entlang erreicht man ihre obere Etage mit ihren fünf Öffnungen, besonders originell das kreisrunde Loch im Boden.

ÜBER DAS FELSENLOCH ZUM GLASER-DENKMAL Auf dem Forstweg wandern wir nun weiter bergauf, folgen bei einer Gabelung weiter den Mkn., verlassen diese (die rechts abzweigen) aber an der folgenden Kreuzung und wandern geradeaus auf einem Schotterweg (**Nordic-Walking-Mk.**) sanft bergab. Kurz nach einer Doline treffen wir auf die Mk. **Gelbwimpel**: Sie bringt uns nach links auf steilem Pfad zu einem Bergrücken hinauf und im Rechtsbogen zum Felsenloch: Eine Brücke erlaubt den gefahrlosen Blick in den schaurigen Abgrund der Schachthöhle, die den Forschern immer noch Rätsel aufgibt. Hier drehen wir um, wandern auf dem Forstweg wieder an der Doline vorbei und noch wenige Meter weiter, bis vor einer Kiefer mit roter Aufschrift links ein begrünter Fahrweg **ohne Mk.** abzweigt. Immer geradeaus überqueren wir den Grund und steigen am Gegenhang sanft zu einer Forststraße **4** auf. Ihr folgen wir mit **Gelbpunkt** u.a. nach rechts, gehen bei einer Kreuzung mit Mk. **Nr. 8** geradeaus weiter und dann längere Zeit bergab. Wir erreichen eine dreifache Wegteilung und zweigen gleich an ihrem Beginn links auf einen Forstweg **ohne Mk.** ab, der uns bald zum Denkmal für den 1838 hier von einem Kohlenbrenner ermordeten Förster Glaser bringt.

ZU DEN VERGESSENEN LETTENLÖCHERN Wir wandern auf dem Forstweg weiter bergan, bis wir eine Lichtung erreichen. Hier biegen wir am Beginn einer Linkskurve **5** scharf rechts ab und wandern auf begrüntem Fahrweg durch den Hang. Bei einer grünen Hütte teilt sich der Weg: Wir halten uns links, gehen an Holzlegen vorbei und dann im Rechtsbogen zu einer Straße hinüber. Ihr folgen wir 90 m nach links und biegen dann rechts auf einen Forstweg ab. Bei der ersten Abzweigung gehen wir auf ihm geradeaus weiter, zweigen aber 30 m später **6** mit **Blaukreuz** rechts auf einen Pfad ab, der uns durch schönen Fichtenwald zu einer Anhöhe hinaufbringt. Nach Überquerung des Bergrückens treffen wir auf einen Schotterweg und wandern auf ihm **ohne Mk.** nach rechts in weiten Kurven in ein Tälchen hinab. Wo das Gelände flacher wird, biegen wir rechts in eine markante Schneise **7** ein, überqueren einen sumpfigen Grund (Doline) und halten dann im Linksbogen auf das Felsgebiet der Lettenlöcher zu. Bald öffnet sich vor uns die lange, ca. 8 m tiefe Spalte der Kluftgraben-Höhle im Boden – ein einmaliges Naturdenkmal. Oberhalb entdecken wir einen überhängenden Felsturm, unter ihm eine kleine Höhle, dann überqueren wir einen Fahrweg und erreichen das nächste

Die Hauptwand der Hühnerfelsen fesselt mit dem »Einflugloch« in der Wandmitte.

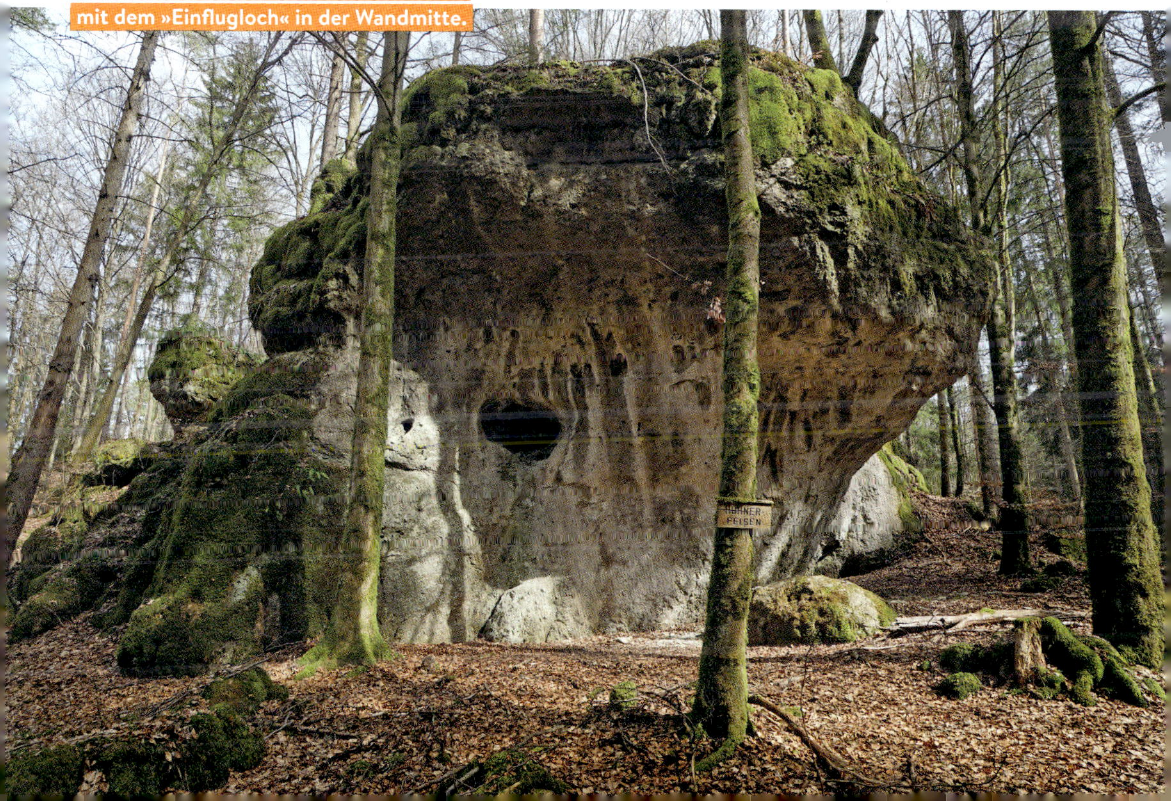

Schaustück: ein bizarres Massiv mit mehreren Überhängen übereinander. Es folgen ein Fels mit gewaltigem Dach, dann eine zerklüftete Felsburg mit einer engen Spalte auf der Rückseite. Vom Fuß des letzten Massivs steigt man in Falllinie durch den Wald ab und erreicht bald wieder den Fahrweg, auf dem es rechts weiter talab geht.

TEUFELSPREDIGTSTUHL UND HÜHNERFELSEN Bei einer Verzweigung wandern wir, nun mit **Gelbstrich**, halb rechts weiter, dann bei einer großen Kreuzung mit **Blaupunkt** u.a. auf einem Forstweg links bergauf. Bald öffnet sich rechts eine idyllische Lichtung mit dem bizarren Doppelturm des Teufelspredigtstuhls; links davon der flache Tunnel der Teufelspredigtstuhlhöhle. Direkt am Hauptweg steht wenig später der imposante Klotz des Teufelsstuhls, an den sich ein wild zerklüfteter Kessel mit der engen Spalte der Teufelsstuhlhöhle anschließt. Auf dem Forstweg geht es nun zu einer Kuppe **8** empor, dann mit der Mk. zügig bergab, bis uns ein Ww. auf begrüntem Fahrweg rechts zu den Hühnerfelsen hinüberleitet. Eine überhängende Wand mit malerischem

INFO

TOURENCHARAKTER

Tagfüllende Tour durch ein großes Waldgebiet mit vielen faszinierenden, oft versteckten Karstgebilden (Schachthöhlen, Felsspalten, Felsentore etc.) und (am Ende) durch ein unberührtes Flusstal; fast durchgehend gute, nur mäßig steile Wege, nur im Gebiet der Lettenlöcher kurze Passage auf Pfadspuren

AUSGANGS-/ENDPUNKT

Ranna (385 m), Parkplätze an der Carl-Bauer-Straße (GPS: 49.651480, 11.570014) oder Bus-Hst. Mosenberg, Abzw. Bhf. Ranna (am Beginn der Tour) und Ranna, Sparkasse (am Ende) der Linie 452: Man spart bei ÖPNV-Benutzung etwa 350 m Weg.

ANFAHRT MIT ÖPNV

Mo–Fr gute Busverbindung (alle 1–2 Std.) mit Linie 452 mit dem Bhf. Neuhaus a.d. Pegnitz bzw. mit Auerbach i.d. Opf., Sa Nachmittag kein Verkehr, So nur vom 1.5.–1.11. mit Linie 339

leicht | 20,5 km | 510 Hm | 6:00 Std.

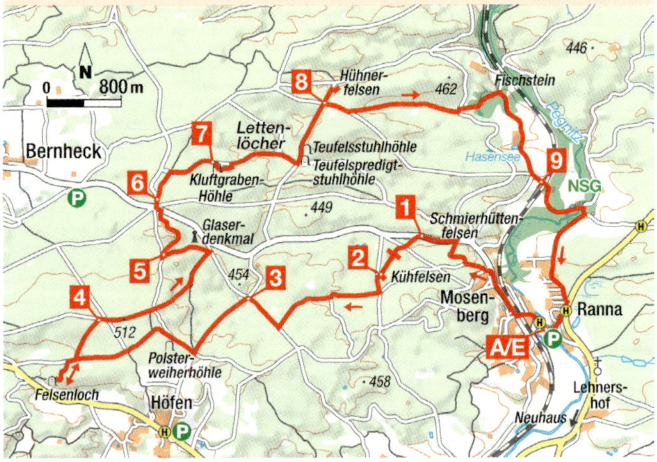

GEHZEITEN

Schmierhüttenfelsen 0:25 Std. – Kühfelsen 0:35 Std. – Polsterweiherhöhle 0:50 Std. – Felsenloch 0:30 Std. – Glaserdenkmal 0:45 Std. – Lettenlöcher 0:40 Std. – Teufelspredigtstuhl 0:25 Std. – Hühnerfelsen 0:20 Std. – Kapelle Fischstein 0:40 Std. – Hasensee 0:10 Std. – Rückweg 0:40 Std.

BESTE JAHRESZEIT

Frühjahr und Spätherbst, im Sommer in den Felsgebieten schlechtere Sicht

EINKEHR

Unterwegs keine

KARTE

ATK25 F11 Auerbach i. d. OPf.

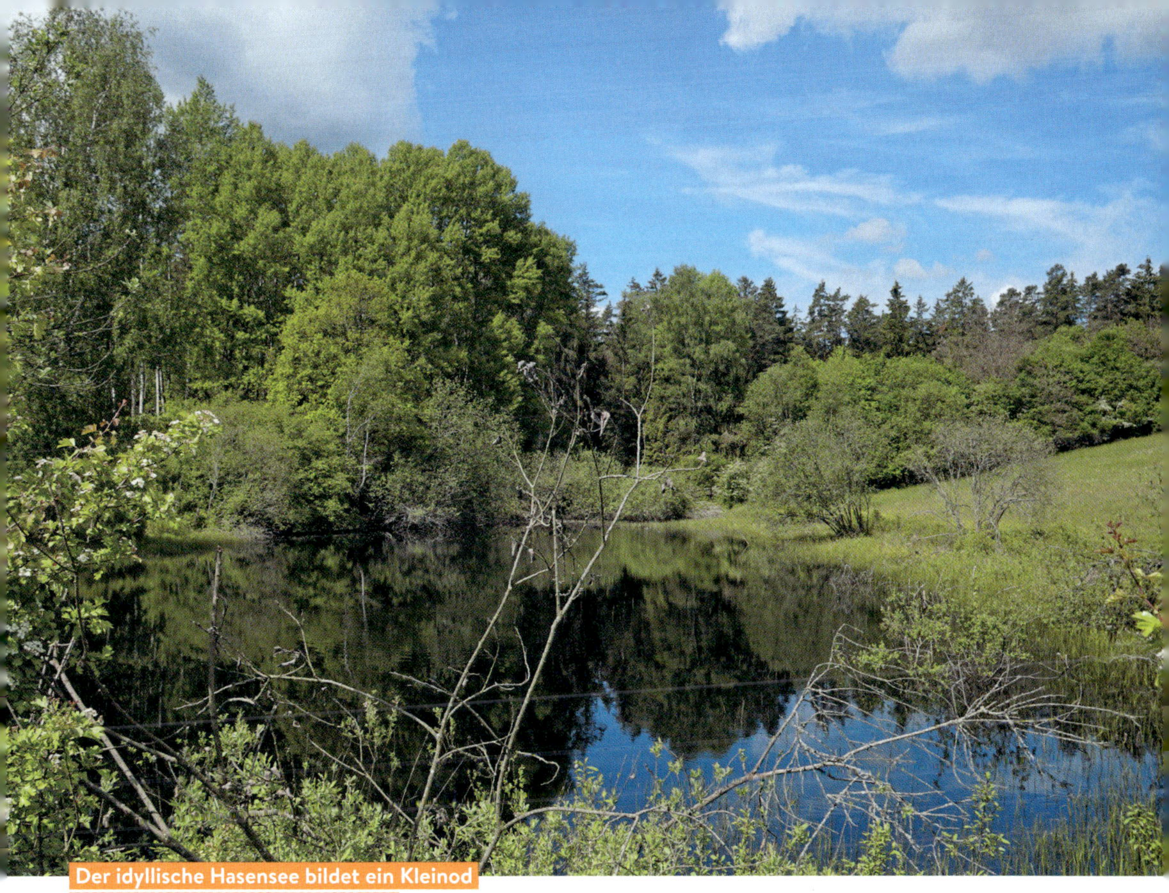

Der idyllische Hasensee bildet ein Kleinod im autofreien Teil des Pegnitztals.

Loch in der Mitte bildet das erste Schaustück. Wir gehen an ihr entlang nach links, eine steile Rinne hinauf und an der oberen Felsreihe nach links weiter, bis wir staunend vor einem Massiv stehen, das links einen schmalen, rechts einen breiten Durchgang aufweist.

DURCH DAS PEGNITZTAL ZURÜCK Wir kehren nun zu P. 8 zurück und biegen dort links auf einen Fahrweg **ohne Mk.** ab. Nach leichtem Anstieg zweigt links ein schmalerer Forstweg ab, der uns durch ein schönes Waldtal sanft bergab führt. Wo eine Forststraße quert, gehen wir geradeaus auf begrüntem Fahrweg weiter und erreichen bald, an einem hübschen Felsen vorbei, die idyllischen Wiesen der Pegnitzauen. Dort biegen wir rechts mit **Rotpunkt** u.a. auf einen geteerten Fußweg ein, auf dem wir bald die Kapelle Fischstein erreichen, das letzte Mahnmal eines alten Weilers, der wegen der Trinkwasserversorgung der Metropole Nürnberg abgebrochen wurde. Mit weiter Rundsicht geht es sanft auf und ab, am idyllisch gelegenen Hasensee vorbei. Nach der Gedenktafel für Ober- und Unterbrand (ebenfalls aufgelöst) biegen wir mit Rotpunkt links ab, verlassen die Mk. (die rechts abzweigt) aber gleich wieder **9**, überqueren die Bahn auf einer Brücke und wandern in weitem Linksbogen über die Pegnitz zu den Parkplätzen bei Rauhenstein hinüber. Dort halten wir uns rechts und biegen nochmals rechts mit Mk. **Nr. 12** auf einen geteerten Weg ein, der uns über eine aussichtsreiche Kuppe nach Ranna bringt. Am Ortsrand entlang erreichen wir die Staatsstraße und kurz danach die Hst. Ranna Sparkasse oder gehen im Rechtsbogen noch ein Stück weiter zum Parkplatz.

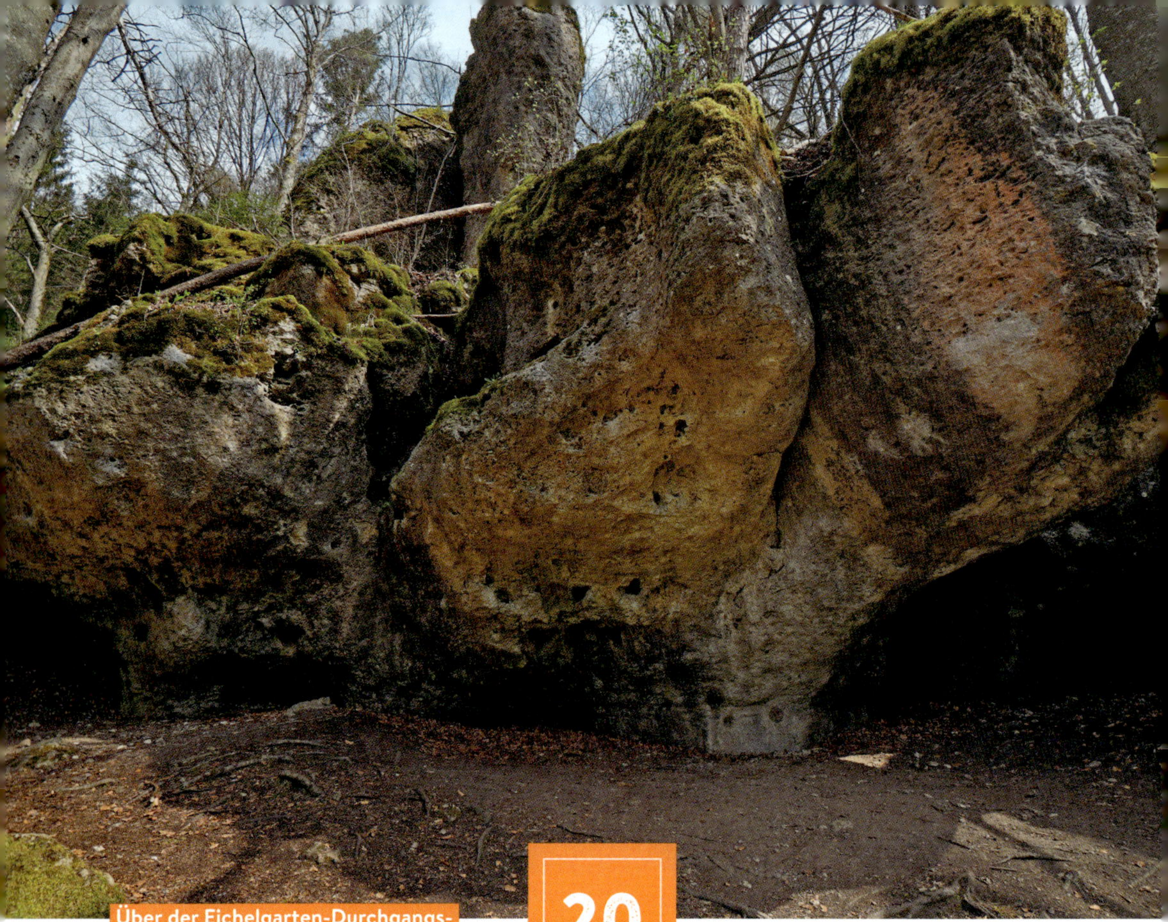

Über der Eichelgarten-Durchgangshöhle ragen bizarr geformte Türme auf.

20

Höhlenzauber und schaurige Abgründe

Verborgene Karstwunder bei Neuhaus

Kaum eine Region bietet so viele spektakuläre Karstgebilde wie der Südwestteil des Sackdillinger Forstes bei Neuhaus. Meist abseits markierter Wege verbergen sich zwölf geheimnisvolle Höhlen, die oft schon die Menschen der Vorzeit in ihren Bann zogen und später Stoff für Sagen boten, zahlreiche gewaltige Felsbastionen und zwei Felsentore.

Unsere Route führt über die Distlergrotte zur sagenumwobenen Mysteriengrotte und zu einer versteckten Durchgangshöhle, weiter über die Kleeberghöhle zu den faszinierenden Höhlen am Schelmbachstein, über das Brändelbergloch zur Aussichtskanzel am Rehberg (592 m), dann zum vergessenen Dollesenloch und zur Felswildnis der Weißen Hülle, weiter zur Steinernen Stadt und über die gewaltige Vogelherdgrotte zurück.

ZU MYSTERIENGROTTE UND EICHELGARTEN-DURCHGANGSHÖHLE Gleich am Bhf. stoßen wir auf die Mk. **Grünpunkt** des Karstkundlichen Pfades. Sie leitet uns auf einem Fußweg mit Prachtblick zur Burg Veldenstein nach rechts zur Hauptstraße hinunter, rechts über die Pegnitz, dann erneut rechts hinab zu einem Quelltopf. Kurz danach zweigt rechts ein Schotterweg, dann, unter der Felsbastion der Kommune, ein Wanderweg ab, der uns am Auwald der Pegnitz entlangführt. Nach Überschreitung der Straße nach Finstermühle erreichen wir das malerische Trockental Hasellohe. Gleich am Beginn führt links ein Stichpfad zu einer Bank und in den Wald zu einem bizarren Massiv mit tiefer Spalte hinauf. Auf dem Hauptweg gelangen wir bald zu einer Infotafel **1** über die Distlergrotte, steigen links auf steilem Pfad empor und mit Rechtsknick, an überhängenden Felsen vorbei, zum engen Eingang der Höhle hinauf, die schon in der Bronze- und Eisenzeit besucht wurde. Außerhalb der Wintersperre (Fledermausschutz) kommt man durch ihn in eine imposante Halle mit leicht versinterten Seitengängen. Vom Höhlenportal folgen wir weiter dem Pfad, der uns an zerklüfteten Felsen entlang, zuletzt im Rechtsbogen wieder zum geschotterten Talweg hinabbringt. Auf ihm wandern wir stets geradeaus durch idyllische Täler, halten uns nach einer malerischen Felsgruppe links und erreichen eine Gabelung bei einer Bank. Auf unbefestigtem Fahrweg geht es geradeaus durch ein Waldtal weiter, an einer Wiese entlang und dann auf einem Wanderweg nach links, am Eichelgarten-Ponor (Schluckloch) vorbei, zum von bizarren Türmen gesäumten Vorplatz der Mysteriengrotte hinüber. In der formenreichen Hallenhöhle soll der Sage nach die Weiße Frau umgehen, der Geist der Gräfin Kunigunde von Orlamünde, die angeblich ihre Kinder tötete, weil sie meinte, sie stünden einer Wiederverheiratung im Wege (in der Höhle gefundene Blutspritzer stammen aber wohl von illegalen Tierschlachtungen). Noch Eindrucksvolleres bietet ein Abstecher (**ohne Mk.**): Ein deutlicher Pfad führt in leichtem Auf und Ab durch die Hänge links der Höhle zu einer bizarren Felsenlandschaft mit wilden Überhängen, unter denen sich die enge Spalte der Eichelgarten-Durchgangshöhle öffnet.

KLEEBERGHÖHLE UND SCHELMBACHSTEIN Zurück an der Mysteriengrotte, folgen wir **Grünpunkt** noch etwas bergauf und biegen kurz vor der Straße **2** mit dem **Pendolino-Weg** nach rechts. Auf Fahrspuren geht es über Wiesen abwärts, dann rechts auf einem Fahrweg in den Wald, dort nach links auf begrüntem Weg weiter. Wir überqueren eine Forststraße und gehen auf einem Schotterweg noch

Felskerben verleihen dem Portal des Dollesenlochs einen einzigartigen Schwung.

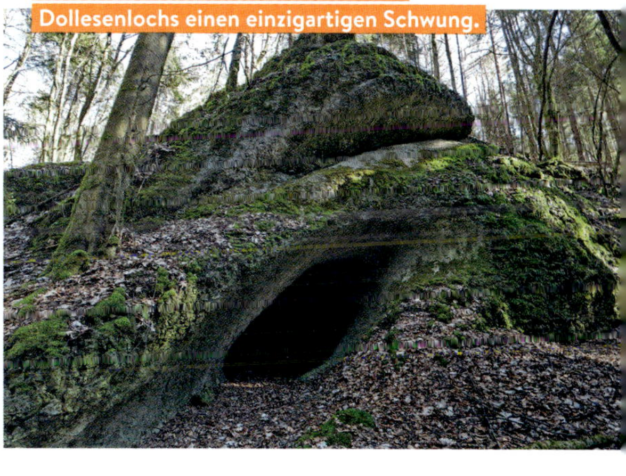

140 m geradeaus, bis links ein verwachsener Fahrweg **ohne Mk.** abzweigt **3**. Er bringt uns zu einem bizarren Massiv am linken Hang, in dem sich rechts das wilde Blocklabyrinth der Kleeberghöhle, links eine tiefe Ponorhöhle öffnet. Wir gehen nun nach links auf den Fahrspuren wenige Meter weiter, steigen rechts über eine Schneise wieder zum Schotterweg (**Pendolino-Mk.**) auf und biegen nach links auf ihn ein. Nach längerer Strecke zweigen wir mit **Blaupunkt** u.a. spitzwinklig links ab, überqueren den Grund, wandern am Gegenhang bergauf und nach Rechtsschwenk in Kehren zum Schelmbachstein empor. Bald stehen wir vor dem riesigen Portal der Sonnenuhr, so genannt, weil der Lichteinfall einst den Bauern die Zeit anzeigte. Man sollte durch die schon in der Latènezeit aufgesuchte gewaltige Durchgangshöhle unbedingt in die Felsarena der dahinterliegenden Doline aufsteigen. Wir gehen vom Portal kurz bergab, queren nach rechts durch die Flanke und erreichen nach Rechtsschwenk eine Wegteilung **4**: Der rechts abzweigende Stichpfad führt direkt zum imposanten Portal der Anton-Völkel-Grotte hinauf, in der kommunistische Widerstandskämpfer Flugblätter gegen das NS-Regime druckten (nur Eingangsbereich für Wanderer begehbar). Zurück bei P. 4, geht es deutlich bergab, dann mit Rechtsknick zu einem weiteren Highlight hinüber: Vor uns öffnet sich der schaurig tiefe Schacht der Breitensteiner Bäuerin, ein alter Kult- und/oder Begräbnisplatz, in dem Keramik und Schmuck v.a. der Urnenfelder- und Hallstattzeit sowie 24 menschliche Schädel gefunden wurden.

↓ Erinnert der Eckpfeiler der Weißen Hülle nicht an die Moais der Osterinseln?
↘ Das Felsentor weiter nördlich zeigt die Form des Trojanischen Pferdes.

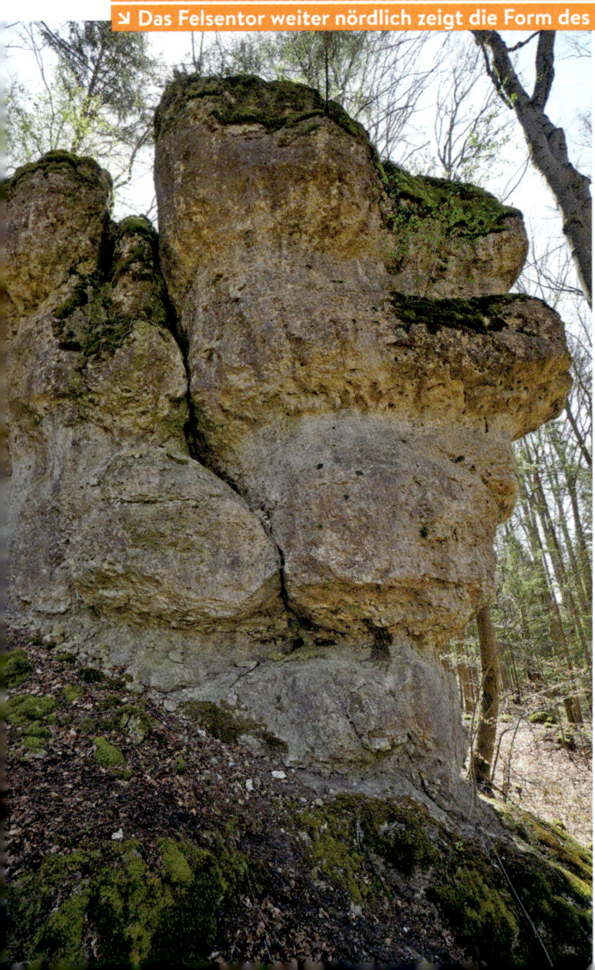

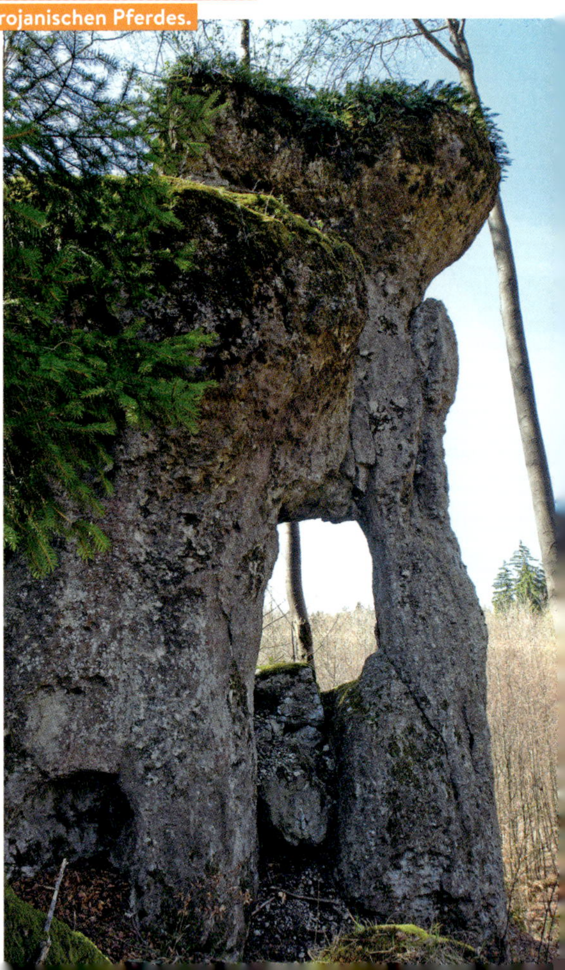

BRÄNDELBERGLOCH UND REHBERG

Blaupunkt führt uns nun zügig bergab, dann rechts zu einem Parkplatz und links an der Straße abwärts. Bald biegen wir rechts auf einen unbefestigten Fahrweg ab und treffen nach 70 m auf eine deutliche Pfadspur, die uns nach rechts **ohne Mk.** zu einer Kuppe hinaufbringt. Unterhalb der Felsen öffnet sich ein tiefer Trichter mit dem Eingang zum Brändelbergloch – ein eindrucksvoller Anblick, mit dem man sich zufriedengeben sollte, da der Abstieg zur schmucklosen Höhle extrem steil ist. Zurück auf dem **Blaupunkt**-Weg, geht es steil bergauf, dann links durch den Hang, wieder rechts aufwärts, über eine Forststraße hinweg, auf einem Wanderweg zügig bergan und zuletzt durch die Flanke des Brändelbergs. Bei Einmündung in einen breiten Weg führt uns die Mk. nach rechts weiter aufwärts, dann links abzweigend auf schmalem Weg an einer Wiese entlang, bei einer Gabelung im Wald zuletzt rechts zu einem Kruzifix hinüber. Kurz danach schwenken wir nach links und erreichen den Weg zum Rehberg, der uns rechts steil zur Anhöhe hinaufbringt. Von den Gipfelblöcken rechts der Bank genießt man einen Prachtblick über die Kuppen der Alb.

DOLLESENLOCH UND WEISSE HÜLLE

Nach der Rast führt uns die Mk. am Nordhang abwärts, mit Rechtsschwenk durch Felsgelände und dann an einer Wiese entlang zu einem Sattel hinab. Wir steigen auf dem Schotterweg (**Gelbkreuz**) nur 20 m nach links auf und biegen dann rechts auf einen begrünten Fahrweg **ohne Mk.** ab **5**, der uns über Wiesen in ein felsgesäumtes Waldtal hinabführt. Auf bald geschottertem Weg erreichen wir eine markante verbreiterte Fläche (Art Wendeplatz) **6**. Zunächst steht ein spannender Abstecher an: Wir wandern auf dem Schotterweg noch 350 m weiter abwärts. Linker Hand fällt eine große Buche mit drei Stämmen auf, genau gegenüber zweigt rechts ein begrünter Fahrweg ab, der uns mit Linksknick zu einem echten Highlight bringt: In einer von Kerben durchzogenen Felskuppel öffnet sich das Dollesenloch (1942 vorübergehend mit einer Tür verschlossen), das mit malerischen Auswaschungen fasziniert. Zurück an P. 6, biegen wir rechtwinklig (!) links auf einen begrünten Fahrweg ab, folgen ihm nur wenige Meter und steigen dann (bei der Fichte mit dem Buchstaben T) nach rechts auf Pfadspuren direkt zu den Felsen der Weißen Hülle auf. Man sollte zuerst einen Blick auf die wild zerklüftete Südseite werfen und dann aufsteigend an der Nordseite entlanggehen: An den bizarren Eckpfeiler schließen sich gewaltige, teils malerisch ausgehöhlte Wände und markante Türme an. Vom Ende der Felskette bringt uns ein Pfad im Linksbogen zu einem Fahrweg hinüber, der uns nach rechts über einen Sattel in ein idyllisches Tal hinabführt.

Sage

IN DEN ABGRUND VERBANNT

Kunigunde Schuhmann († 1729), die reiche Bäuerin auf dem Hofgut von Breitenstein (bei Königstein), galt zu Lebzeiten als Inbegriff des »bösen Weibs«. Sie drangsalierte ihre Untergebenen und jagte hartherzig und geizig alle Hilfesuchenden vom Hof. Nach ihrem Tod fand ihre Seele aufgrund ihrer Missetaten keine Ruhe, sondern rumorte schaurig in den alten Gemäuern. »Mit christlichem Brauch« oder durch die Zauberkraft eines Hirten (da sind sich die Sagen nicht einig) gelang es jedoch, den bösen Geist in Gestalt eines Raben in den schwarzen Abgrund am Schelmbachstein zu verbannen. Nur an Fronleichnam darf die »schwarze Kroha« heraus und soll schon manchen Vorüberziehenden das Fürchten gelehrt haben.

ZUR STEINERNEN STADT Wir biegen links mit **Rotpunkt** auf einen Schotterweg ein und wandern mit Prachtblick zum Fichtelberg an Wiesen entlang, dann in den Wald hinein zu einer Gabelung. Hier wählen wir rechts den als **Radweg 1** mk. Forstweg. 130 m später erblicken wir rechts eine Felsgruppe, gehen über eine deutliche Schneise auf sie zu und mit Linksschwenk zu dem Turm an ihrem Ende hinüber: Er entpuppt sich als eines der originellsten Felsentore der Alb. Auf dem Forstweg erreichen wir bald eine Wegteilung **7**, biegen links ab und wandern **ohne Mk.** auf einem Fahrweg zu einer Kuppe empor, dann deutlich bergab, an der Felsgruppe Felsbrunn vorbei (lohnender Abstecher nach rechts). Kurz vor dem Talgrund zweigen wir links ab und gelangen auf einer Hangstufe **8** zur imposanten Wandflucht »Vierte Dimension« mit tiefer Spalte links. Von der Hauptwand bringt uns ein Pfad wieder zum Fahrweg hinab. Auf ihm ist bald der Talgrund erreicht. Genau gegenüber bringt uns ein breiter Weg steil zum imposanten Doppel-Pilzfelsen der Zwei Brüder hinauf. **Grünpunkt** leitet uns von hier im Linksbogen an der zerklüfteten Nordseite der

INFO

TOURENCHARAKTER

Lange, an Höhepunkten reiche Wanderung mit mehreren stärkeren Anstiegen zu einzigartigen Karstgebilden (Höhlen, Durchgangshöhlen, Schachthöhlen, Ponoren, Felsriffen etc.) und durch malerische Trockentäler und Waldgebiete; fast durchgehend gute, z.T. unmarkierte Wege

AUSGANGS-/ENDPUNKT

Neuhaus a. d. Pegnitz, Bhf. (395 m), in der Nähe große Parkflächen (GPS z. B. 49.627564, 11.552004)

ANFAHRT MIT ÖPNV

Von Nürnberg Hbf. halbstdl. mit RE 30/31/33 oder RB 30, von Bayreuth oder Hof stdl. mit RE 30 bzw. RE 31 nach Neuhaus

GEHZEITEN

Distlergrotte 0:25 Std. – Mysteriengrotte/Eichelgarten-Durchgangshöhle 0:40 Std. – Kleeberghöhle 0:30 Std. – Schelmbachstein (Sonnenuhr) 0:20 Std. – Brändelbergloch 0:30 Std. – Rehberg 0:40 Std. – Dollesenloch 0:25 Std. – Weiße Hülle 0:20 Std. – Steinerne Stadt (Zwei Brüder) 0:45 Std. – Vogelherdgrotte 0:35 Std. – Krottensee 0:25 Std. – Rückweg 0:25 Std.

mittel **19,5 km** **680 Hm** **6:00 Std.**

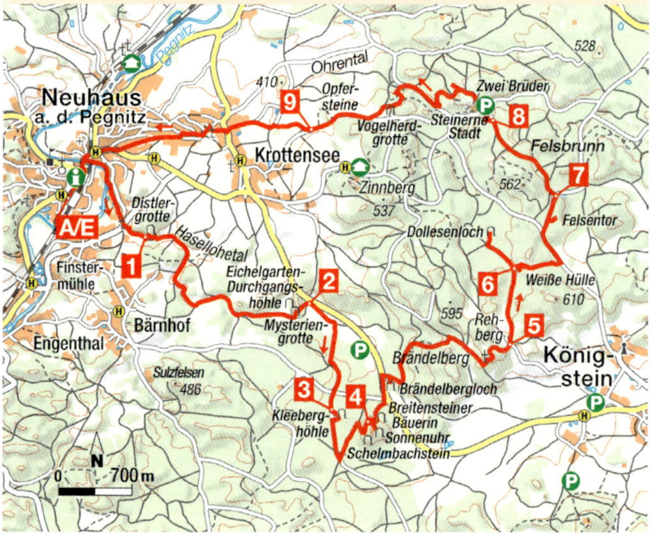

BESTE JAHRESZEIT

Frühjahr und Spätherbst, im Sommer machbar (außer vielleicht an Fronleichnam: s. Sage), aber in den Felsgebieten schlechtere Sicht

EINKEHR

Zahlreiche Gasthäuser in Neuhaus und Krottensee, sonst unterwegs keine

KARTE

ATK25 F11 Auerbach i. d. OPf.

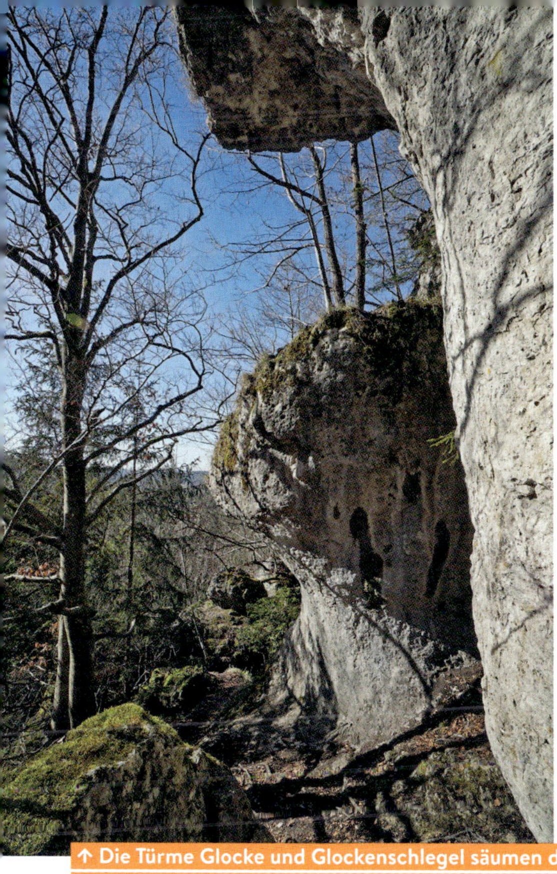

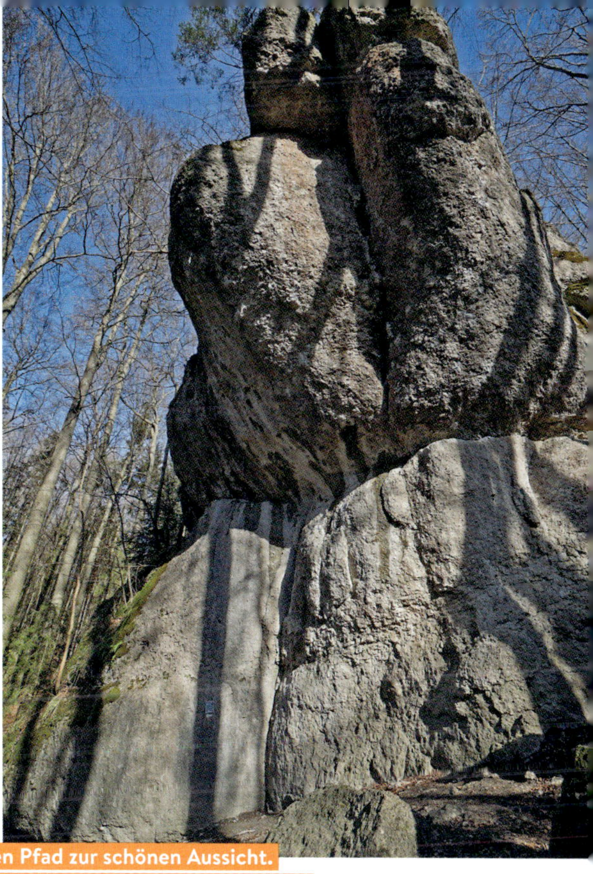

↑ Die Türme Glocke und Glockenschlegel säumen den Pfad zur schönen Aussicht.
↗ Am Riesenüberhang des Waldkopfs kletterte W. Güllich 1991 erstmals den 11. Grad.

Steinernen Stadt entlang und zu einer Kuppe empor, von wo ein Stichpfad (**Blaupunkt**) nach rechts, an malerischen Türmen vorbei, zu einem schönen Aussichtspunkt führt. Zurück auf dem **Grünpunkt**-Weg, steht bald der nächste spektakuläre Abstecher an: Nach links bringt uns ein Pfad zum Riesenüberhang des Waldkopfs (die Route Action directe über ihn galt lange als schwierigste der Welt).

ÜBER DIE VOGELHERDGROTTE ZURÜCK

Mit der Mk. geht es nun steil in ein wildes Felsentälchen hinab, am Gegenhang zu einer Forststraße hinauf und auf ihr rechts bergab. Bald zweigt links ein Wanderweg ab, der uns nach links (neue Wegführung) steil zu einem Felsdach mit kleinem Felsentor und dann rechts zur gewaltigen Durchgangshöhle der Vogelherdgrotte hinaufbringt. In ihr wurden Gefäßscherben der Latènezeit gefunden. Nach ihrer Durchquerung leitet uns die Mk. mit Linksknick zu einem Teerweg hinüber und auf ihm bergab, dann erst rechts, dann links abzweigend zu den sog. Opfersteinen hinauf. Die Vertiefungen auf den zwei Sandsteinblöcken (Kallmünzer) sind aber wohl natürlichen Ursprungs. Nach ihnen geht es links wieder zum Teerweg hinab und auf ihm weiter, dann auf einem rechts abzweigenden Fahrweg **9** in einen Grund hinunter und mit Linksschwenk nach Krottensee hinauf. Jenseits der Hauptstraße finden wir leicht rechts versetzt die Fortsetzung: Erst auf einem Fußweg, dann meist über Wohnstraßen leitet uns Grünpunkt, immer gut markiert, nach Neuhaus hinunter. Durch die Bahnunterführung und über die Pegnitzbrücke erreichen wir wieder den Bhf.

Auf den Spuren der Steinzeitmenschen

Petershöhle, Kühloch und Teufelstritt

Zwischen Velden und Hartenstein finden sich – neben weiteren Karstwundern – zwei der prähistorisch bedeutendsten Höhlen der Frankenalb: Während die Petershöhle weithin berühmt ist, versteckt sich das Kühloch, eine eindrucksvolle Vier-Raum-Höhle, fernab aller Wanderwege.

21

Ein fränkisches Lascaux? Die Decke der Petershöhle ist Werk der Natur.

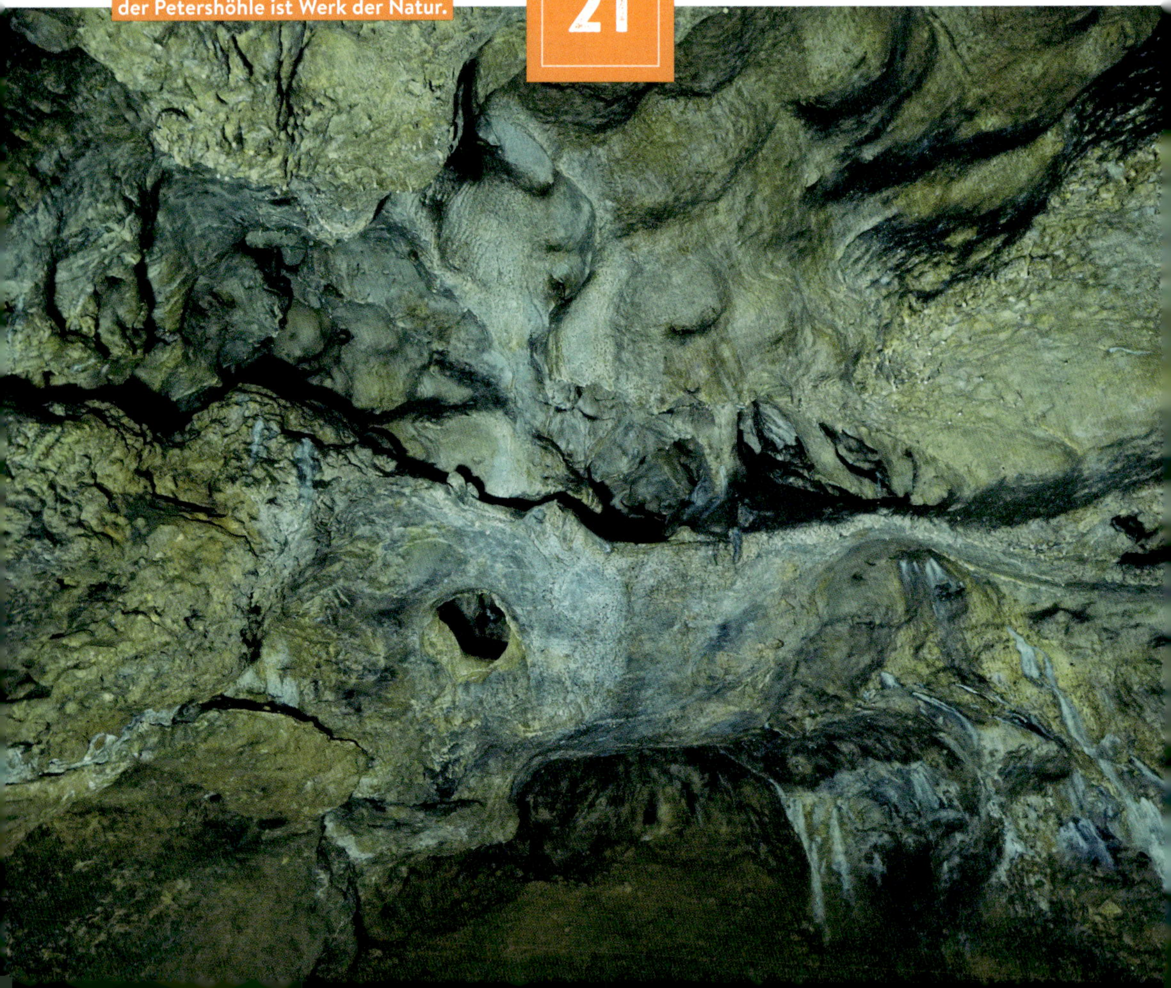

Unsere Tour führt von den Felsklippen und Magerrasen des Pegnitztals hinauf zur Petershöhle, zu den verborgenen Höhlenlandschaften am Kamm über ihr, dann auf vergessenen Pfaden zum Kühloch und über den sagenumrankten Teufelstritt zurück.

IM PEGNITZTAL Vom Bhf. Velden (Gleis 1) gehen wir auf den Tunnel zu und biegen mit **Gelbring** und **Nr. 2** links in einen Wanderweg ein, der erst ansteigt, dann eben durch die Flanke führt. Bald lohnt ein Abstecher nach links auf einem Pfad hinauf zur Neuensorger Wand: Nach rechts gelangen wir zu einer tiefen Spalte und einem imposanten Turm und steigen wieder vorsichtig zum mk. Weg hinab. Er leitet uns eben durch Wald weiter, dann durch felsgeschmückte Magerrasenhänge. Nach Überquerung eines Teersträßchens wandern wir, nun mit **Grünkreuz**, am Hang weiter, zur Talstraße hinab, dann auf ihrer rechten Seite bis zu einer Brücke. Jenseits der Pegnitz geht es auf breitem Weg links unter der Bahn hindurch und leicht bergan zu einer Wegteilung **1**: Der rechts abzweigende begrünte Fahrweg mündet in einen Schotterweg, auf dem wir **ohne Mk.** durch ein schönes Waldtal emporwandern.

ZUR PETERSHÖHLE Nach 250 m wird links ein klotziges Massiv sichtbar: Es lohnt, auf Pfadspuren zu seinem linken Ende aufzusteigen, wo ein malerischer Felsbogen zu bewundern ist. Auf dem Hauptweg wandern wir weiter talauf, bei einer Wegteilung kommt die Mk. **Blaustrich** hinzu. Mit ihr geht es geradeaus weiter, bei der folgenden Kreuzung **2** dann rechts auf einem Wanderweg zum Massiv der Petershöhle empor und unter den imposanten Nordabstürzen entlang. Von der nächsten Gabelung bringt uns ein Steig nach links steil bergan und, nochmals links abzweigend, an einer sehenswerten kleinen Höhle vorbei zu einem Sattel hinauf; unter uns öffnet sich der Kessel mit dem Eingang der Petershöhle. Nach Querung der linken Flanke steigen wir über Felsstufen zu ihm hinab und können beim Besuch der fantastisch geformten Neuen Räume und der links abzweigenden Oberen Etage großartige Eindrücke gewinnen.

Funde

KULTSTÄTTEN ODER ZUFLUCHTSORTE?

Schon bei der Entdeckung der Petershöhle im Jahre 1914 durch Rudolf und Kuno Peters wurde ein fast vollständiges Höhlenbärenskelett gefunden. Die Ausgrabungen von Konrad Hörmann (1914–28) brachten dann Knochen von 1500 Exemplaren zutage, dazu zahlreiche von Höhlenlöwen, Höhlenhyänen, Wollnashörnern u.a., daneben aber auch Spuren früher Menschen: Die Neandertaler hatten um 90 000 v. Chr. in der Höhle Station gemacht und neben Feuerstellen zahlreiche Steinwerkzeuge hinterlassen. Die von Hörmann aufgrund der Massierung von Bärenschädeln an einigen Stellen aufgestellte These von einem in der Höhle praktizierten »Bärenkult« wird heute von der Forschung (B. Hilpert, 2013) abgelehnt, da es gute natürliche Erklärungen (wie das Verschleppen der Kadaver durch andere Beutegreifer) gibt. Auch das Kühloch hat nicht nur den Tieren der Eiszeit (Höhlenbären, Bisons, Nashornern) als Zuflucht gedient, sondern war auch für die Menschen von großer Bedeutung: Ein geschliffenes Steinbeil, zahlreiche Pfeilspitzen und Keramikscherben belegen häufige Aufenthalte in der Jungsteinzeit, für ältere Epochen lassen sich wegen der durchwühlten Sedimente keine sicheren Erkenntnisse mehr gewinnen.

INFO

TOURENCHARAKTER

An Höhepunkten reiche Rundtour mit nur wenigen größeren Anstiegen zu zwei großen Höhlen, anderen faszinierenden Karstgebilden und einem schönen Aussichtspunkt, überwiegend auf guten Wegen, tw. ohne Mk.; nur bei den Höhlen Steilpassagen auf Pfadspuren, die aber meist gut zu begehen sind

AUSGANGS-/ENDPUNKT

Velden, Bahnhof (395 m), Station der Bahnlinie Nürnberg–Neuhaus a. d. Pegnitz, in unmittelbarer Nähe viele kostenlose Parkplätze (GPS: 49.610866, 11.518107)

ANFAHRT MIT ÖPNV

Mit RB 30 stdl. von Nürnberg oder Neuhaus (Anschluss von Bayreuth/Hof) nach Velden

GEHZEITEN

Felsbogen 0:30 Std. – Petershöhle 0:35 Std. – Viehtrift-Höhlenruine 0:10 Std. – Kühloch 0:55 Std. – Teufelstritt 0:30 Std. – Rückweg 0:20 Std.

BESTE JAHRESZEIT

Grundsätzlich ganzjährig reizvoll, von Mitte Oktober bis Mitte April sollten aber die Innenräume von Petershöhle und Kühloch wegen des Fledermausschutzes nicht betreten werden.

mittel | 7 km | 340 Hm | 3:00 Std.

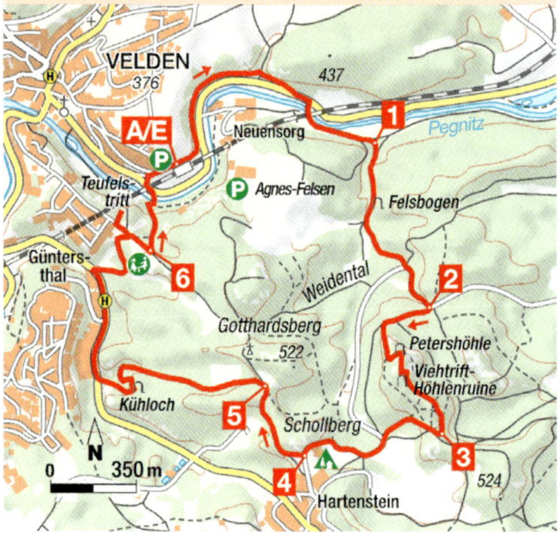

EINKEHR

Von P. 4 erreicht man nach links in ca. 10 Min. das Zentrum von Hartenstein mit mehreren Gasthöfen.

KARTE

ATK25 F11 Auerbach i. d. OPf.

HÖHLENWUNDERLAND AM KAMM Schon beim Zustieg zur Petershöhle beeindruckt das wilde Felsgewirr am Kamm über der Höhle. Um es zu erkunden, steigen wir vom Sattel mit Blaustrich steil am Fuß eines bizarren Turmes bergan. Kurz nach einer felsigen Steilstufe biegen wir **ohne Mk.** auf Pfadspuren rechtwinklig rechts ab, gehen zur Bergseite des Turms hinüber, queren leicht abwärts den Hang und treffen auf einen deutlichen Pfad, der uns an der Felskette sanft bergan führt. Wir passieren überhängende Türme, den flachen Viehtrift-Felsengang und gelangen unter einem großen Abri hindurch schließlich zur fantastisch zerklüfteten Viehtrift-Höhlenruine. Wir gehen nun unter dem Überhang zurück und steigen direkt nach ihm rechts zu einem Sattel auf, wo sich ein Prachtblick zum Ossinger auftut. Jenseits geht es zum **Blaustrich**-Weg hinab, auf den wir nach rechts einbiegen. Es folgt ein Traumpfad über den Felskamm mit Fernblick bis über Burg Veldenstein hinaus, dann ein Abstieg in eine Senke **3**.

ZUM KÜHLOCH Hier, vor einem Baum mit Mk. Nr. 6, zweigt rechts ein Wanderweg (**botanischer Lehrpfad**) ab, der an einer schroffen Felsburg vorbei erst steil, dann sanfter bergab führt und nach Vereinigung mit dem **Blaupunkt**-Weg den Talgrund erreicht. Dort biegen wir mit **Grünring** links in einen Forstweg ein, gehen bei der folgenden Gabelung halb rechts auf ihm weiter bergauf und gelangen zu einem Sattel am Schollberg (links ein schöner Felsturm). Kurz nach ihm biegen wir gegenüber einer grünen Bank **4** rechts in einen abwärts führenden Weg **ohne Mk.** ein, der nach kurzer Strecke in den **Grünstrich**-Wanderweg mündet. Er führt längere Zeit am Hang entlang, dann mit Rechtsknick zu einem Engpass hinauf; rechts oberhalb ein imposanter Felsturm. Nun heißt es aufgepasst: Genau 20 m nach dem Engpass **5** zweigt links ein begrünter Fahrweg **ohne Mk.** ab. Auf ihm geht es oberhalb einer Wiese am Hang entlang, dann steiler bergab, bei einer Gabelung rechts zur anderen Talseite und weiter durch ein felsiges Tal abwärts. Zuletzt erreichen wir die Wendeschleife eines Forstweges und gehen kurz nach links: Von der Mitte der Schleife führt ein Pfad links steil empor; oberhalb sieht man schon die drei Eingänge zum Nordteil des Kühlochs. Zuletzt quert man rechts durch den Hang und erreicht über eine steile Kehre das Hauptportal. Wir betreten ein auch prähistorisch bedeutendes Naturwunder. Vier Räume, getrennt durch niedrige Bückstellen, reihen sich aneinander: Auf eine Kammer, deren Decke eingestürzt ist, folgt eine imposante Halle, dann ein lichtloser hoher Raum, durch einen kaum passierbaren Schluf mit der zweiten Haupthalle verbunden. Um sie zu besuchen, steigen wir daher vom nördlichen Hauptportal halb links hinunter, queren am Fuß der begrünten Felsen nach links und steigen auf steilem Pfad zum Südportal empor: Vor uns öffnet sich der wohl formschönste Raum der Höhle.

ZUM TEUFELSTRITT Direkt vor dem Südportal stoßen wir auf eine steile Rinne, die uns wieder zur Wendeschleife hinabbringt. Wir wandern nun auf dem Forstweg talaus, dann rechts auf dem Gehsteig an der Straße entlang (imposante Felsgruppen gegenüber) und biegen 140 m nach dem Eingang der Eckart-Werke rechts in die Zufahrtsstraße zum Veldener Heinz-Neidhardt-Ring ein. Über Kehren geht es zum Bergrücken hinauf, dann kurz nach links, bis rechts ein Pfad zum Aussichtspavillon hinüberführt, der nur eingeschränkte Sicht bietet. Es lohnt daher, vor ihm links etwas abzusteigen und auf deutlichem Pfad an ihm vorbei zur vordersten Felskante vorzugehen: Traumhaft der Blick in den Talkessel von Velden. Zudem erkennt man mit etwas Fantasie in einem Felsen das große Hufeisen, das dem Ort den Namen Roßtritt oder Teufelstritt gab: Der Sage nach wollte der Teufel hier das Pegnitztal ohne Umweg über den Talgrund überwinden und katapultierte sich mit solcher Kraft zu den Höhen gegenüber, dass sein feuriger Pferdefuß sich tief ins Gestein einbrannte.

ABSTIEG Uns bleibt nur der normale Weg: Wieder am Neidhardt-Ring, gehen wir nach links zur ersten Kurve zurück, dann mit Mk. **Nr. 2** auf einem Schotterweg geradeaus am Waldrand weiter. Nach einer Bank **6** biegen wir scharf links in einen Wanderweg ein, auf dem wir, bei einer Gabelung nach links, über Kehren und an imposanten Felsen vorbei den Talgrund erreichen. Auf einer Brücke überqueren wir die Pegnitz und wandern nach links unter der Bahn hindurch. Jenseits der Straße geht es auf steilem Pfad zur Bahnhofsstraße hinauf und auf ihr nach rechts zum Startpunkt zurück.

Die nördliche Halle des Kühlochs beeindruckt mit ihren Dimensionen und Formen.

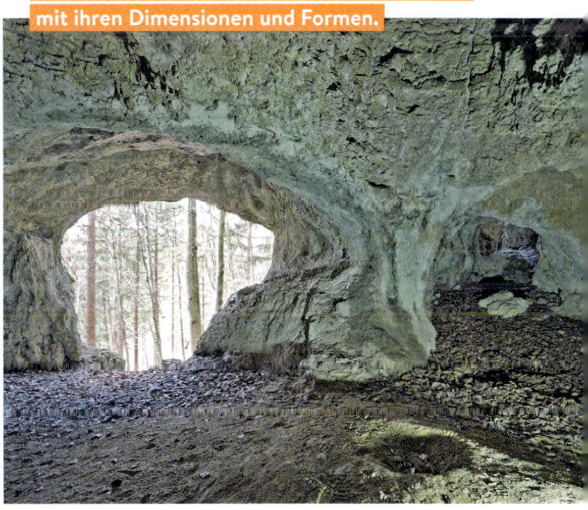

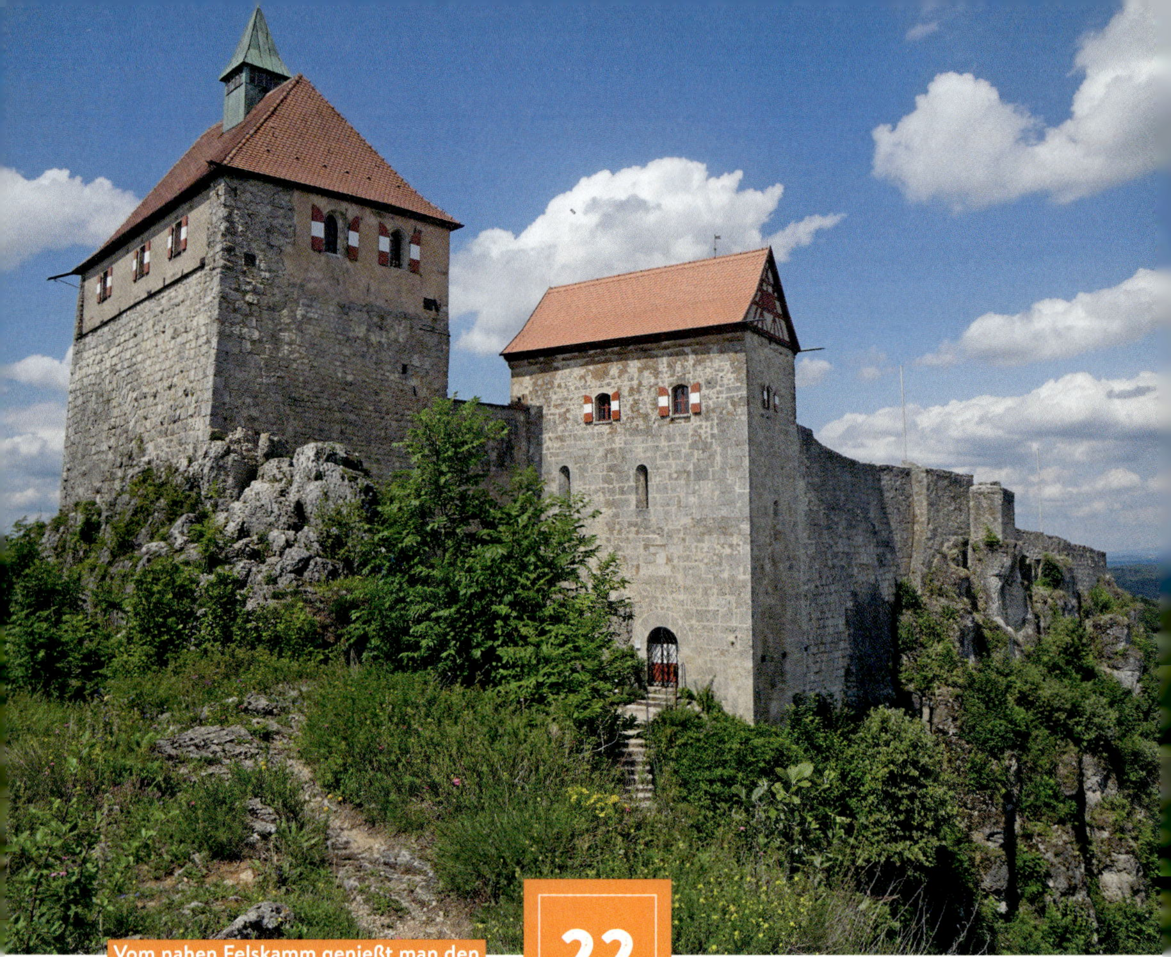

Vom nahen Felskamm genießt man den schönsten Blick auf Burg Hohenstein.

22

Im stillen Reich des Bärenmädchens

Von Burg Hohenstein zu Bolzenstein und Bärenloch

Auf dem höchsten Gipfel im weiten Umkreis errichtet, bildet die Stauferburg von Hohenstein ein bekanntes Wahrzeichen des Nürnberger Landes und einen Panoramaplatz ersten Ranges. Kaum Besuch erhalten die Naturwunder in ihrem Umfeld, wie der einzigartige Bolzenstein und das sagenumrankte Bärenloch.

Von den Aussichtswarten um die Burg (624 m) führt unsere Tour durch geheimnisvolle Felsreviere zum Bolzenstein, dem wohl originellsten Felsturm der Alb, und weiter zum versteckten Bärenloch, zuletzt mit Prachtblick zur Burg zurück.

ZUR FELSENBURG Von der Hst. im Ortszentrum geht man noch etwas bergan und biegt dann links (Ww.) in den Weg zur Burg ein, der uns über steile Stufen zum Langen Haus, der 1553 von der Reichsstadt Nürnberg als Sitz des Pflegers errichteten Unterburg, hinaufbringt. Nach Durchschreiten des Tors erreichen wir einen malerischen Platz am Fuß der auf gewaltigen Felsen erbauten Hauptburg, die ihre Ursprünge wohl im 11. Jh. hat und sich laut einer Urkunde von 1163 im Besitz der Herrscherfamilie der Staufer befand. Über Stufen und Kehren steigen wir zu ihrem Eingang (geöffnet von Ostern bis Oktober; Besichtigung lohnend) auf, dann weiter zum höchsten Kamm des Burgbergs. Man geht hier am besten nach links über den felsigen Grat (Vorsicht!) zu einer Säule (für eine Panoramatafel) hinüber, wo man einen Prachtblick auf die Burg und ein umwerfendes Panorama über die Kuppen der Alb und bis zum Fichtelgebirge genießt. Ein deutlicher Pfad bringt uns, etwas tiefer am Hang, nach rechts zum Fuß des Palas hinüber (zweite Säule), dann geht es steil bergab zu einem Metalltor an der Westseite der Burg.

NATURWUNDER BOLZENSTEIN Auf einem Schotterweg kommen wir, an einem Wasserhochbehälter vorbei, zu einer Wegteilung (Bank) hinab, wandern auf dem Fahrweg gut 60 m nach links und biegen dann spitzwinklig rechts auf einen Forstweg ab. Bei einer Gabelung **1** mündet bald der **Rotkreuz**-Weg ein; wenn man auf ihm noch ein kurzes Stück nach rechts weitergeht, erreicht man einen Felsturm mit malerischen Überhängen. Unsere Hauptroute führt jedoch in die Gegenrichtung: Wir folgen Rotkreuz ab P. 1 nur ca. 60 m nach links und zweigen am Beginn einer Wiese rechts auf einen Fahrweg **ohne Mk.** ab, der uns an zerklüfteten Felsen vorbei im Linksbogen durch Wald abwärts führt. Am Rand einer Wiese mit schöner Aussicht mündet er in einen breiteren Fahrweg, auf dem wir nach rechts erst eben die Flanke queren, dann im Rechtsbogen wieder an Höhe gewinnen. Wo er mit Linksknick auf Wiesen hinausführt, lockt rechts oberhalb ein schlanker Turm Felsenfreunde zu einem Abstecher. Zurück am Fahrweg, erreichen wir bald einen Teerweg und wandern auf ihm links bergab bis zu einer Gabelung. Hier biegen wir mit **Grünkreuz** u.a. rechts auf einen unbefestigten Fahrweg ab. Am Ende eines Zauns **2** weist uns ein Schild den Weg: Ein Pfad **ohne**

Sage

DAS BÄRENMÄDCHEN

Viele Jahre lang berichteten Wanderer, die zu später Stunde nach Hohenstein kamen, immer wieder von einer schaurigen Geistererscheinung im Felsrevier Bernlohe (= Bärnlohe) in unmittelbarer Nähe des Bärenlochs. Ihnen begegnete ein junges Mädchen in bunter Tracht und mit goldenen Armreifen an den Handgelenken. Wirre Haare umrahmten ihr wunderschönes Gesicht, ihr Blick war tieftraurig. Neben ihr trottete als treuer Beschützer ein riesiger kohlschwarzer Bär. Er flößte den Wanderern solche Furcht ein, dass sie schnell das Weite suchten, obwohl das Mädchen den Kontakt zu ihnen zu suchen schien und mit einer bittenden Geste auf sie zuging. Die Einheimischen vermuteten daher in ihr eine Arme Seele, die von einem gütigen Menschen die richtigen, erlösenden Worte erhoffte.

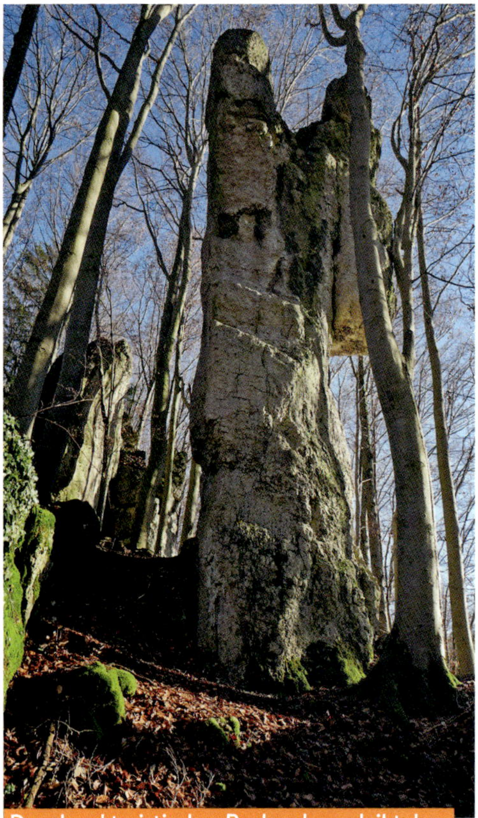

Der charakteristische »Rucksack« verleiht dem Bolzenstein seine einmalige Form.

Mk. bringt uns nach rechts steil zu einem großen Naturwunder hinauf: Vor einer malerisch überhängenden Wand baut sich der fantastisch geformte Turm des Bolzensteins auf. Um seine Formenvielfalt zu studieren, sollte man ihn auf Pfadspuren umrunden: Von der Bergseite gleicht er einem Bumerang, von W zeigt er die einzigartige Gestalt mit riesigem Rucksack.

ZUM BÄRENLOCH Wir gehen nun am Massiv oberhalb des Turms entlang auf einen großen Holzstapel zu, steigen vor ihm nach rechts bergan, gehen dann etwa 20 m nach links und biegen schließlich rechts in einen deutlichen Fahrweg ein. Auf ihm geht es im Linksbogen bergan, an einem Strommast vorbei, dann rechts in den Wald empor und wieder links durch eine Schneise unterhalb begrünter Felszacken entlang auf eine Wiese hinaus. Ausgeprägte Fahrspuren bringen uns nach rechts über die Wiese zu einem breiteren Fahrweg hinauf (rechts im Wald ein Block mit kleinem Felsentor). Auf ihn biegen wir mit **Rotring** u.a. nach links ein, wandern durch aussichtsreiche Hänge und kommen im Rechtsbogen zu einer Verzweigung **3** im Wald: Rotring leitet uns nach rechts sanft bergan, dann eben durch den Wald, zuletzt auf eine Freifläche hinaus, wo sich die Wege teilen **4**: Am einfachsten wäre es nun, nach links über den Vorplatz der großen Scheune zu einem Fahrweg hinüberzugehen. Wer dies wegen der (wohl eher für Kfz gedachten) Absperrbänder scheut, erreicht mit kleinem Umweg dasselbe Ziel: Man geht (Mk. **Gelbkreuz**) geradeaus zu einer Straße weiter, auf ihr 60 m links bergab und biegt dann links **ohne Mk.** in den besagten Fahrweg ein. Schon 50 m nach der Scheune zweigen wir rechts auf einen begrünten Fahrweg ab, der über eine Lichtung auf eine imposante Felskette (links eine malerische Halbhöhle) zu und im Rechtsbogen an ihr entlang abwärts führt. Wo er eine Linkskurve macht, wird links das Highlight sichtbar: Auf Pfadspuren erreichen wir das malerische Gelände des Bärenlochs (s. Seite 189): Über bizarren Überhängen und Aushöhlungen öffnet sich hoch oben das große Höhlenportal (Besuch der Höhle selbst nur bei trockener Witterung für absolut Trittsichere machbar) – ein magischer Ort, den sicher schon die Bewohner der 500 m weiter nordwestlich nachgewiesenen Vorzeitsiedlung aufgesucht haben.

RÜCKWEG Zu P. 4 zurückgekehrt, zweigen wir mit **Rotring** u.a. nach dem Hüllweiher links ab, steigen am Waldrand zu einer Kuppe auf und an begrünten Felsen entlang wieder bergab. Mit Prachtblick zur Burg gelangen wir am Waldrand zur Zufahrtsstraße nach Hohenstein und auf ihr wieder ins Ortszentrum hinauf.

INFO

TOURENCHARAKTER

Kurze, aber an Eindrücken reiche Rundtour mit nur kleineren Anstiegen zu einer imposanten Burg mit grandioser Fernsicht, einem fantastisch geformten Felsturm und in ein verwunschenes Höhlenrevier; meist gute, oft unmarkierte Wege

AUSGANGS-/ENDPUNKT

Hohenstein (575 m), Bus-Hst. in der Ortsmitte, nebenan die Parkplätze des Gh. Hohensteiner Hof (nur für Gäste). Wer mit Auto anreist, aber dort nicht einkehrt, muss bereits am Wanderparkplatz am Gemeindeanger (Ortseingang von O) parken (GPS: 49.585280, 11.426700) und dann Richtung Burg aufsteigen (Zusatzbedarf hin u. zurück 0:15 Std. und 35 Hm).

ANFAHRT MIT ÖPNV

Mo–Sa gut nutzbare Busverbindung mit Linie 338 vom Bhf. Hersbruck (r. Pegnitz), teils reguläre Fahrten, teils Rufbusse (mindestens eine Std. vorher: 0911/65 00 56 60), So nur Rufbusse

GEHZEITEN

Burg (Aussicht) 0:15 Std. – Bolzenstein 0:40 Std. – Bärenloch 0:30 Std. – Rückweg 0:20 Std.

BESTE JAHRESZEIT

Ganzjährig reizvoll, bei der Burg Vorteile im Sommer

leicht | 5,5 km | 220 Hm | 1:45 Std.

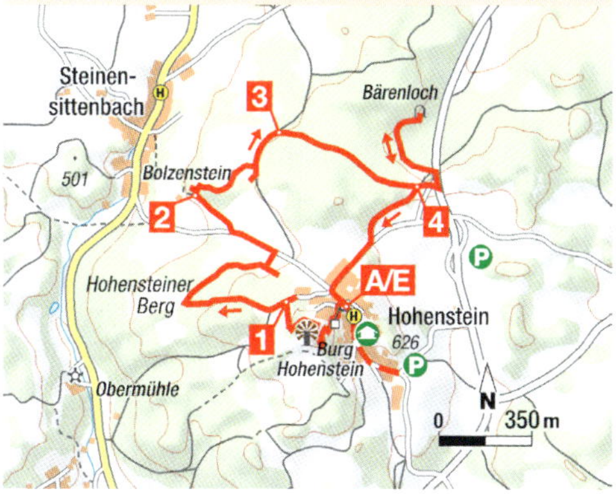

(Flug der Schwalbenschwänze), in den Felsgebieten bieten Frühjahr und Spätherbst bessere Sicht.

EINKEHR

Hohensteiner Hof, Tel. 09152/533

KARTE

ATK25 F11 Auerbach i. d. OPf.

Auch von der Bergseite zeigt der Bolzenstein eine einzigartige Silhouette.

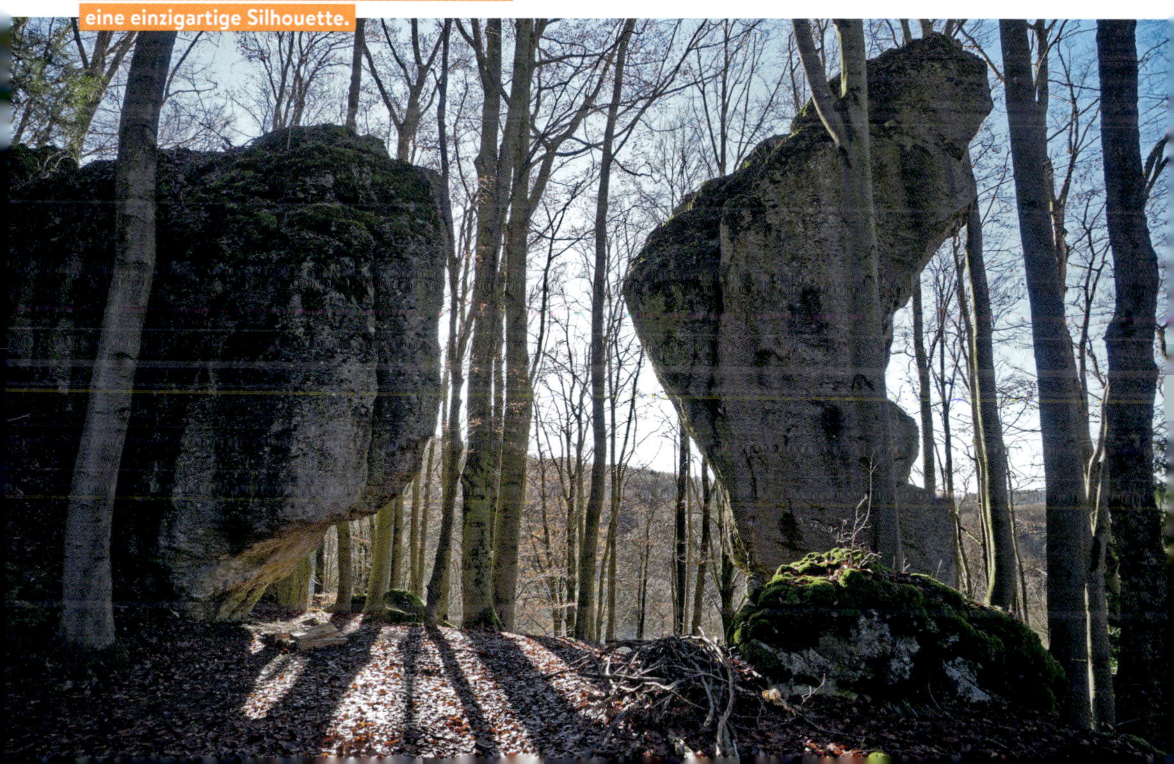

Talidylle, Riesenschlund und Schaukanzel

Vom Reichental über Kohlberg und Windloch zum Falkenberg

Zwischen Hirschbach und dem Pegnitztal findet man fast alles, was das Herz eines Naturfreunds höher schlagen lässt: ein malerisches Wandertal fernab vom Autolärm, versteckte Höhlen an den Hängen, einen hohen Felsgipfel, eine schaurige Schachthöhle und zum Schluss eine fast vergessene Schaukanzel ersten Ranges.

23

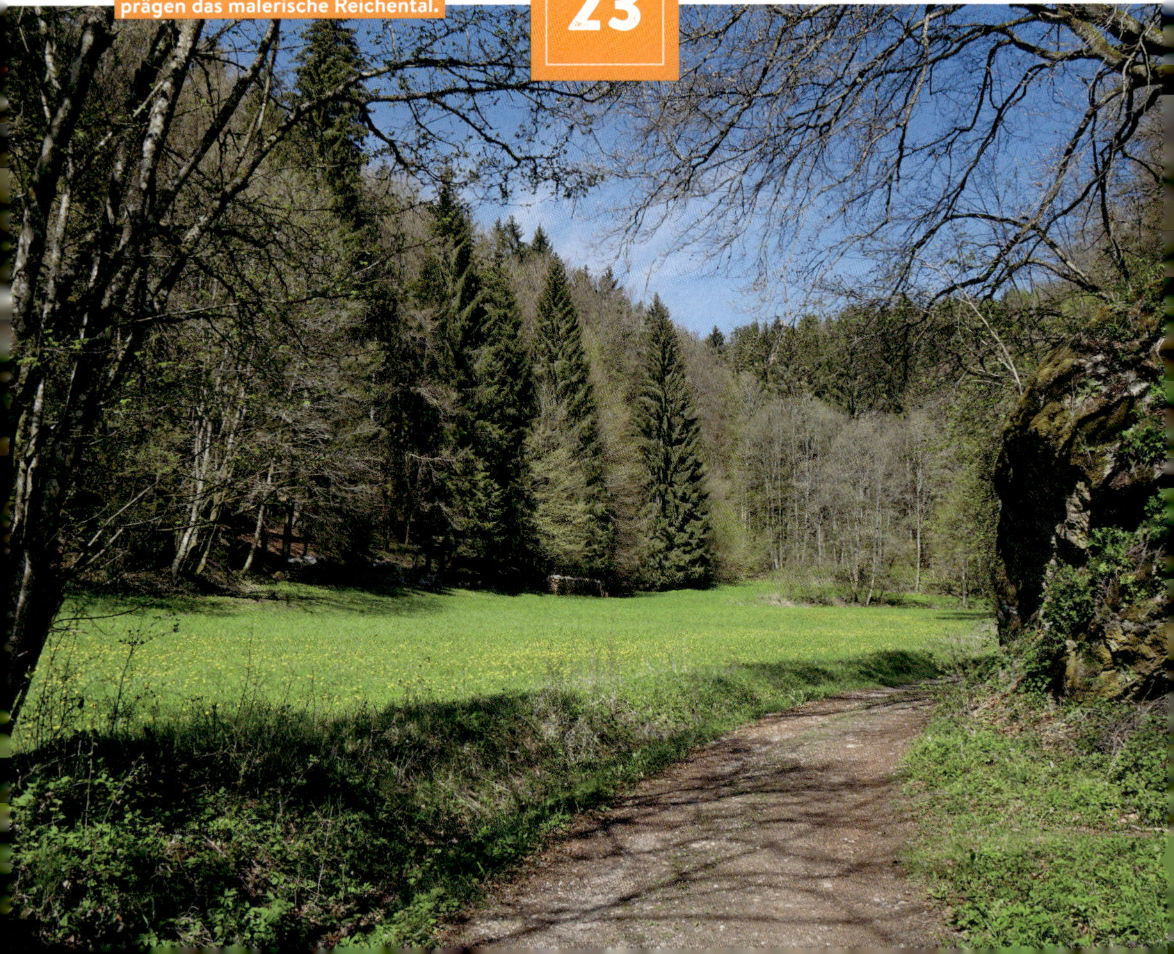

Felsen, Höhlen und idyllische Wiesen prägen das malerische Reichental.

Von Hirschbach führt unsere Tour durch das malerische Reichental hinauf zur Felsburg des Kohlbergs (562 m) mit ihrer Durchgangshöhle, weiter zum faszinierenden Windloch, über die Hochfläche zum aussichtsreichen Falkenberg und dann hinab ins idyllische Pegnitztal.

DURCHS HÖHLENREICHE REICHENTAL
Von der Hst. gehen wir kurz zur Wandertafel beim Gh. Goldener Hirsch zurück und wandern dann mit **Grünstrich** u.a. rechts ins Reichental hinein. Bald lassen wir das Teersträßchen hinter uns. Ein begrünter Fahrweg zweigt links ab und erreicht bei einer Talbiegung die ersten Highlights: Rechts des Weges baut sich ein imposanter Felsüberhang auf und kurz nach ihm führt bei einer Bank ein Stichpfad nach rechts in Kehren steil zum malerisch zerklüfteten Reichentalloch empor. Wieder im Tal, wandern wir an massigen Felsklötzen vorbei weiter talauf, bis an einer Wegbiegung **1** links ein Pfad abzweigt und uns über den Grund zu einer Bank unterhalb eines überhängenden Felsens hinüberbringt. Von ihr gehen wir auf Pfadspuren nahe am Talgrund unterhalb der Felsen entlang und steigen dann in einer nach rechts ausholenden Kehre zu dem großen Höhlenportal auf der Rückseite des Felsriegels auf. Bald betreten wir den hohen Raum der Reichentalhöhle – ein magisch schöner, völlig weltabgeschiedener Rastplatz. Zurück auf dem Talweg, führt uns Grünstrich bald durch idyllische, bald durch felsenreiche Abschnitte weiter sanft talauf.

ZUM KOHLBERG Am Ende einer langgezogenen Wiese folgt nach Rechtsknick die entscheidende Wegteilung **2**: Mit der Mk. **Gr. Höhlenweg** (Bär) geht es zunächst auf dem Fahrweg geradeaus weiter, bei der nächsten Gabelung dann nach rechts oberhalb des tiefen Leitgrabens bergauf. Immer geradeaus wandern wir auf weite Wiesenflächen hinaus bis zur Verzweigung bei einem Solitärbaum **3**:

Sage

EINE LUSTIGE SAGE

Der Schwendnergirgl ist auf einer Hochzeit in Eschenbach gewesen, hat tüchtig gebechert und sich dann zu Fuß auf den Heimweg nach Grünreuth gemacht. Da der Mond hell scheint, trübt zunächst nichts seine gute Laune. Doch als er – gerade zur Geisterstunde – das Heidenholz betritt, den Ort, wo es am meisten spuken soll, zieht Nebel auf. Da wird es dem Girgl schon etwas mulmig. Was ist das? Schleicht da nicht der dreibeinige Hase durchs Unterholz und hört man nicht ein schrilles Wimmern aus dem Zigeunergrab? Und dann: eine Schlange! Der Girgl weicht ihr aus und stolpert in ein ganzes Nest von Schlangen hinein, die sich um ihn winden. Das ist zu viel, er verliert das Bewusstsein. Als er wieder aufwacht, welch ein Schreck: Die Schlangen hängen nun am Baum und starren ihn an! Doch dann dämmert es ihm: Er ist in seinem Rausch in die Schlangenfichte hineingetorkelt.

Hier biegen wir mit unserer Mk. nach links und wandern auf einem Schotterweg auf den hohen Rücken des Kohlbergs zu. Am Waldrand zweigen wir links auf einen Wanderweg ab, der uns sehr steil zur Kammhöhe hinaufbringt. Oben gehen wir **ohne Mk.** rechts zu einem Hochbehälter hinüber, dann links an einem Wartungshäuschen vorbei und erreichen die wilden Gipfelfelsen, die man von beiden Seiten erkunden sollte: Die Südseite beeindruckt mit schroffen Türmen, im N dominiert eine bizarre Felsszenerie, die in der wild zerklüfteten Kohlberghöhle gipfelt, einer Durchgangshöhle mit kleinem Ausgang im S.

ÜBER GROSSMEINFELD ZUM WINDLOCH Zurück auf dem **Gr. Höhlenweg**, geht

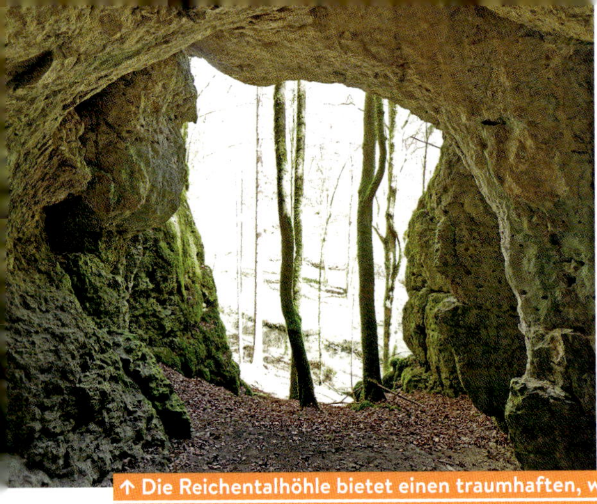

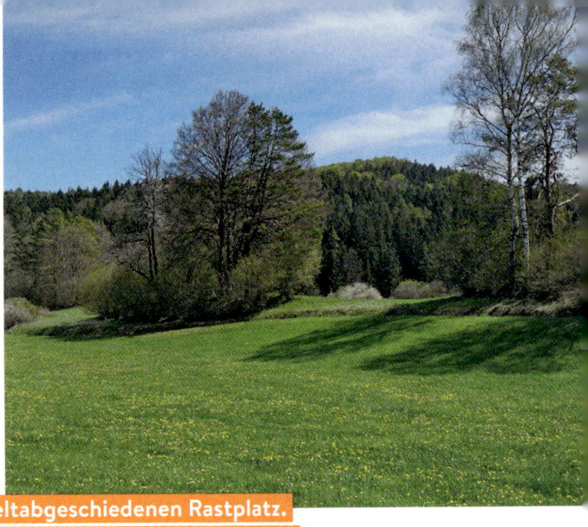

↑ Die Reichentalhöhle bietet einen traumhaften, weltabgeschiedenen Rastplatz.
↗ Die Landschaft um Großmeinfeld wird von der Kuppe des Kohlbergs dominiert.

es nach rechts steil bergab, bis ein Fahrweg kreuzt **4**. Auf ihm steigen wir **ohne Mk.** nach links zu einer Kuppe auf und wandern erst geradeaus, dann im Rechtsbogen zügig abwärts (links die Felsgruppe des Tiefensteins) und mit Linksknick zu einer Fahrstraße hinüber. Ihr folgen wir 250 m nach links und biegen dann links in ein Sträßchen ein, auf dem wir, immer geradeaus, das Zentrum von Großmeinfeld erreichen. Bei einem Fachwerkhaus mit hohem Giebel biegen wir mit **Grünpunkt** u.a. nach links, halten uns am Ortsrand halb links, bei der folgenden Wegteilung rechts und erreichen nach einer Senke den Ort, der in den Karten als Schlangenfichte eingetragen ist. Hier stand noch vor wenigen Jahrzehnten ein stattlicher Baum einer eiszeitlichen Fichtenart mit schlangenförmigen Ästen. Leider hat ihn ein Sturm zerstört, und so findet man im Umkreis nur kleineren Baumnachwuchs. Kurz danach geht es bei einer Gabelung nach rechts bergauf, dann auf einem links abzweigenden Fahrweg steil empor, zuletzt mit Linksknick auf einem Wanderweg eben weiter. Dann stehen wir staunend vor dem Schlund des Windlochs, einer der imposantesten Schachthöhlen der Alb: Vom Beginn der senkrechten Felsspalte bis zum Grund des Schachts sind es rund 50 Meter!

AUSSICHTSLOGE FALKENBERG Wir folgen nun der Mk. **Rotring**, die uns zunächst steil empor, dann mit Rechtsknick über den Rücken des Lohhügels führt. Kurz vor einer Lichtung zweigen wir mit der Mk. rechts auf einen Pfad ab, der uns über die Freifläche zu einem Fahrweg hinunterbringt. Auf ihm gelangen wir nach rechts bergab zu einer Kreuzung. Hier halten wir uns links, zweigen aber schon 20 m später wieder links auf einen Wanderweg ab, der sich durch schönen Wald schlängelt. Bei Austritt aus dem Wald **5** heißt es aufgepasst: Mit Rotring zweigen wir scharf rechts ab, wandern auf Wegspuren am Waldrand entlang und erreichen wieder einen unbefestigten Fahrweg. Auf ihm geht es nach rechts leicht bergauf, erst durch Wald, dann am Waldrand mit schöner Aussicht weiter. Bei Einmündung in einen Schotterweg wandern wir nach links an einem Gehöft vorbei bergab, schließlich im Rechtsbogen zu einer Weggabelung hinunter. Von hier steigen wir auf einem Fahrweg nach rechts wieder deutlich bergan und gelangen in einer weiten Linkskurve zu einem Parkplatz vor dem Falkenberghaus. Vor dem Parkplatz biegen wir jedoch **ohne Mk.** rechts ab, wandern auf etwas verwachsenem Pfad am linken Rand eines Felds weiter und treffen an seinem Ende auf die Mk. **Grünkreuz**. Ihr folgen wir nur kurz bis zu einer Gabelung **6**: Zunächst gehen wir geradeaus **ohne Mk.** auf einem breiten Weg weiter, erst eben durch den Hang, dann mit Rechtsknick steil zum felsigen Bergrücken hinauf. Über ihn führt uns ein Pfad nach links sanft abfallend zur vordersten Felskanzel des Falkenbergs – ein traumhafter Rastplatz, der ein fantastisches Panorama über das Pegnitztal und bis zur Burg Hohenstein bietet.

RÜCKWEG Nach dem Gipfelgenuss kehren wir zu P. 6 zurück, wandern nun aber mit **Grünkreuz** rechts bergab und mit Rechtsschwenk zum Falkenberghaus des DAV hinüber. Von hier geht es nach links sanft abwärts durch die Flanke, dann im Rechtsbogen steil zu einem Fahrweg hinunter. Er bringt uns über eine Kehre nach Artelshofen hinab. Wir überqueren Talstraße und Pegnitzbrücke und biegen dann links in einen geteerten Fußweg ein, der am Schlossgelände entlang aus dem Ort hinausführt. Über idyllische Wiesen erreichen wir den Bhf. Vorra, von dem uns die Regionalbahn nach Hersbruck zurückbringt.

INFO

TOURENCHARAKTER
Erlebnisreiche Streckenwanderung mit wenigen größeren Anstiegen durch ein höhlenreiches Tal, zu einem hohen Gipfel mit Durchgangshöhle, einer imposanten Schachthöhle und einem großartigen Aussichtsbalkon durchwegs auf guten, teils unmarkierten Wegen

AUSGANGSPUNKT
Hst. Hirschbach, Dorfplatz (379 m). Hierher vom Bhf. Hersbruck r. Pegnitz (günstige Park-and-Ride-Plätze) mit der Linie 446/498 (Hersbruck-Königstein) Mo–Fr 8:10 oder 10:10 Uhr, Sa 9:10 oder 11:10 Uhr, So vom 1.5.–1.11. um 9:58 Uhr mit RE 40/41 nach Etzelwang, weiter mit Bus 499 (Etzelwang, Abzw. Bhf. ab 10:25 Uhr)

ENDPUNKT
Vorra, Bhf. (362 m). Von hier mit RB 30 stdl. (11 oder 12 Min. nach jeder Std.) zurück nach Hersbruck r. Pegnitz

ANFAHRT MIT ÖPNV
Mit RE 41 oder RB 30 (oder Kfz) von Nürnberg nach Hersbruck r. Pegnitz, weiter wie beschrieben

leicht | 12,5 km | 380/397 Hm | 4:00 Std.

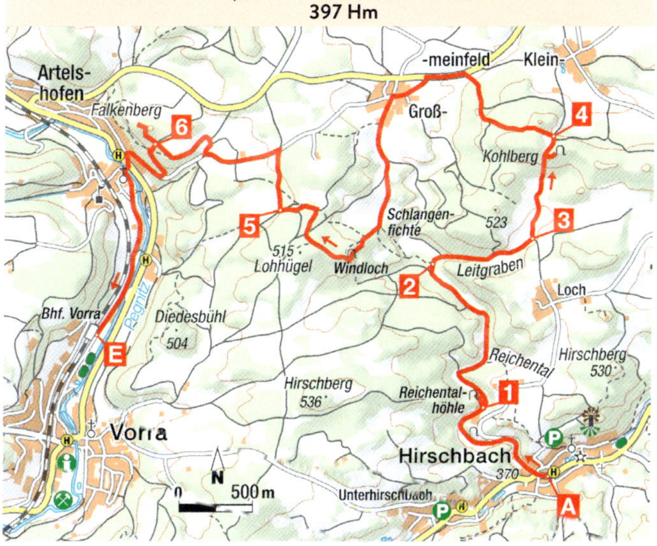

GEHZEITEN
Reichtalloch 0:15 Std. – Reichentalhöhle 0:10 Std. – Kohlberghöhle 1:05 Std. – Großmeinfeld 0:35 Std. – Schlangenfichte 0:15 Std. – Windloch 0:10 Std. – Falkenberg 0:50 Std. – Artelshofen 0:20 Std. – Bhf. Vorra 0:20 Std.

BESTE JAHRESZEIT
Ganzjährig reizvoll

EINKEHR
Erst in Artelshofen. Gh. Pechwirt, Tel. 09152/85 55

KARTE
ATK25 F11 Auerbach i. d. OPf.

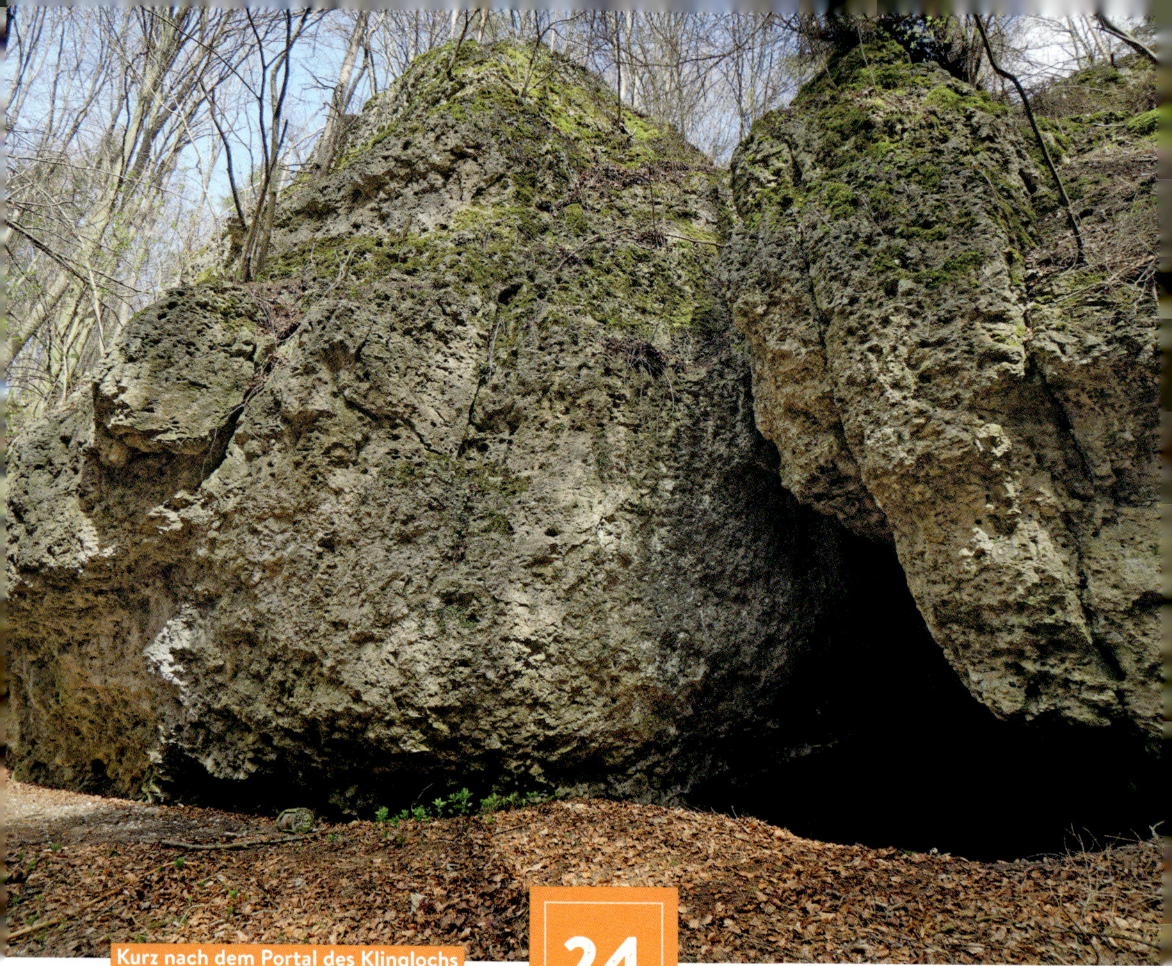

Kurz nach dem Portal des Klinglochs führt ein Schacht 20 m in die Tiefe.

24

Schatzhöhle und Höllenschlund

Grubenloch, Windloch, Klingloch und Sieben Brüder

In der wilden Kuppenalb zwischen dem Hirschbachtal und Etzelwang verbergen sich zahlreiche Naturwunder, die der Wanderer, der nur den markierten Wegen folgt, nie zu Gesicht bekommt: Dazu gehören zwei der schaurigsten Schachthöhlen der Alb und die jäh in die Tiefe führende Spalte des Windlochs bei Buchhof.

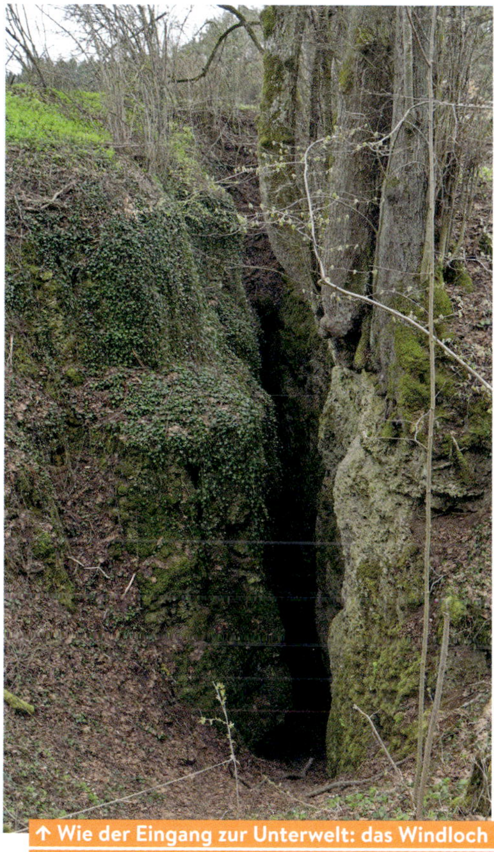
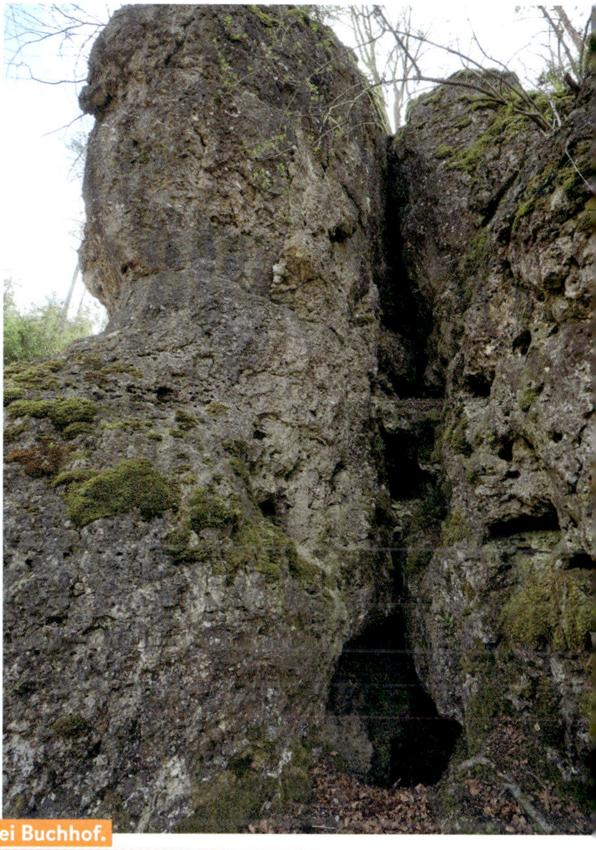

↑ Wie der Eingang zur Unterwelt: das Windloch bei Buchhof.
↗ Achtung: Der Schacht des Grubenlochs wurde schon Tieren der Eiszeit zur Falle.

Unsere Streckenwanderung führt von Oberklausen über das tiefe Grubenloch zum Windloch, weiter zum sagenumrankten Klingloch und über den aussichtsreichen Buchberg, die Burg Rupprechtstein (540 m) und die malerische Felsgruppe der Sieben Brüder zum Bahnhof Etzelwang.

ZUM GRUBENLOCH Wer zum ersten Mal in der Region ist, sollte den kurzen Abstecher zum Stadionberg nicht versäumen: Von der Hst. Oberklausen gehen wir dazu etwa 100 m an der Straße Richtung Hirschbach zurück und erhalten umfassende Aufklärung durch zwei Schautafeln: Von 1937–39 errichteten hier die Nationalsozialisten wegen der passenden Hangneigung eine Probe-Anlage (ein Zehntel des »Endprodukts«) für das in Nürnberg geplante »Deutsche Stadion«, das 420 000 Menschen aufnehmen sollte. Heute zeugen davon nur noch einige Betonfundamente, ansonsten hat von dieser Stätte menschlichen Größenwahns wieder die Natur Besitz ergriffen und ein Magerrasen-Biotop mit vielen Orchideen-Arten geschaffen. Nach der Besichtigung gehen wir zur Hst. zurück und biegen rechts auf den Teerweg in den Ort Oberklausen ein. Im Dorf wählen wir an der dreifachen Wegteilung den mittleren Weg, einen geschotterten Fahrweg **ohne Mk.**, der links an der weißen Doppelgarage vorbei und an Maschinenhallen entlang in ein schönes Waldtal hineinführt. Direkt vor dem ersten größeren Feld auf der linken Seite **1** zweigen wir auf einen begrünten Fahrweg ab, steigen, immer dem Hauptweg folgend, mäßig steil bergan, gehen an einer schönen Wiese entlang und wieder in den Wald hinein. Bei

Sage

SCHÄTZE AUS DER UNTERWELT

Als unermesslicher Abgrund war das Klingloch den Bauern seit jeher nicht geheuer und galt als Sitz böser Geister. Nur der Michel, ehemaliger Landsknecht im Dreißigjährigen Krieg und nun Knecht bei einem begüterten Bauern, wollte davon nichts wissen. Kühn erklärte er sich bereit, die Tiefe zu erkunden. Gesagt, getan: Kräftige Burschen ließen ihn an langen Seilen hinab mit der Verabredung, ihn auf Kommando wieder hochzuziehen. Dann: quälend lange Stille, danach: ein Schrei: »Zieht auf! Um Gottes willen, zieht auf!« Leichenblass kam Michel wieder ans Tageslicht und wollte über das Gesehene kein Sterbenswörtchen verlieren. Jedoch war er ein viel besonnenerer Mann geworden und gewann das Herz der Bauerntochter – nur erschien er ihrem Vater als nicht standesgemäß. Da machte er sich eines Tages auf, vorgeblich um sein Erbe in der Heimat anzutreten, und kam mit einem Haufen Geld zurück. Bald wurde Hochzeit gefeiert, doch das Glück währte nicht lange: Michel wurde zum Trinker, der seine Frau schlug und sein Geld verschleuderte. Ein Hirte behauptete, er kenne den Grund: Michel sei mithilfe eines Flaschenzugs erneut ins Klingloch hinabgestiegen und habe dem Teufel seine Seele für die Schätze verpfändet. Einmal noch ging er später zur Höhle hinauf, seine Frau folgte ihm heimlich: Beide wurden nie mehr gesehen.

einer Gabelung wandern wir auf dem Hauptweg nach rechts bergauf und erreichen kurz danach die entscheidende Verzweigung **2** bei einem Jägerstand (Metallgestell): Wir folgen links dem aufwärts führenden Weg und biegen schon nach 100 m wieder links in einen Fahrweg ein, der nach einem Steilanstieg an der Flanke entlangführt. Bald tut sich ein Prachtblick ins Hirschbachtal auf, rechts rückt ein Felsmassiv ins Blickfeld, das wie ein Doppelturm mit Spalte dazwischen wirkt. Erst nach dem Aufstieg auf deutlicher Pfadspur zeigt sich das wahre Wunder: In der Mitte öffnet sich der enge, 14 m senkrecht abfallende Schacht des Grubenlochs – einer der schaurigsten Abgründe der Alb und ein einmaliges Archiv der Eiszeitfauna, in dem neben menschlichen Skelettresten unter anderem mehrere Skelette von Vielfraßen gefunden wurden.

KLAUSENER BERG UND WINDLOCH Zur Wegteilung beim Jägerstand (P. 2) zurückgekehrt, biegen wir spitzwinklig links in einen begrünten Hangweg ein, steigen bei einer Gabelung links bergan und passieren auf neuem Forstweg eine imposante Felsgruppe. An ihrem Südende (Aufstieg nach links) beeindrucken ein imposanter Turm mit malerischen Aushöhlungen und eine glatte Felswand. Vom Turm wandern wir auf Fahrspuren den Hang hinunter und auf eine Wiese hinaus. Von hier geht es auf schwachen Wegspuren nach links an einem Feld bergauf, auf Fahrspuren über eine Wiese hinüber, zuletzt auf einem Fahrweg zur Zufahrtsstraße nach München (OPf.), auf die wir nach links einbiegen. Wir wandern geradeaus über eine Kreuzung hinüber und steigen sanft Richtung Buchhof auf. Am Ende eines Waldstücks sieht man links die **Grünkreuz**-Mk.: Genau gegenüber **3** zweigt rechts ein Fahrweg **ohne Mk.** ab. Auf ihm erreichen wir linker Hand eine Baumgruppe und stehen staunend vor einem spektakulären Naturwunder: Vor uns öffnet sich im Boden die tiefe

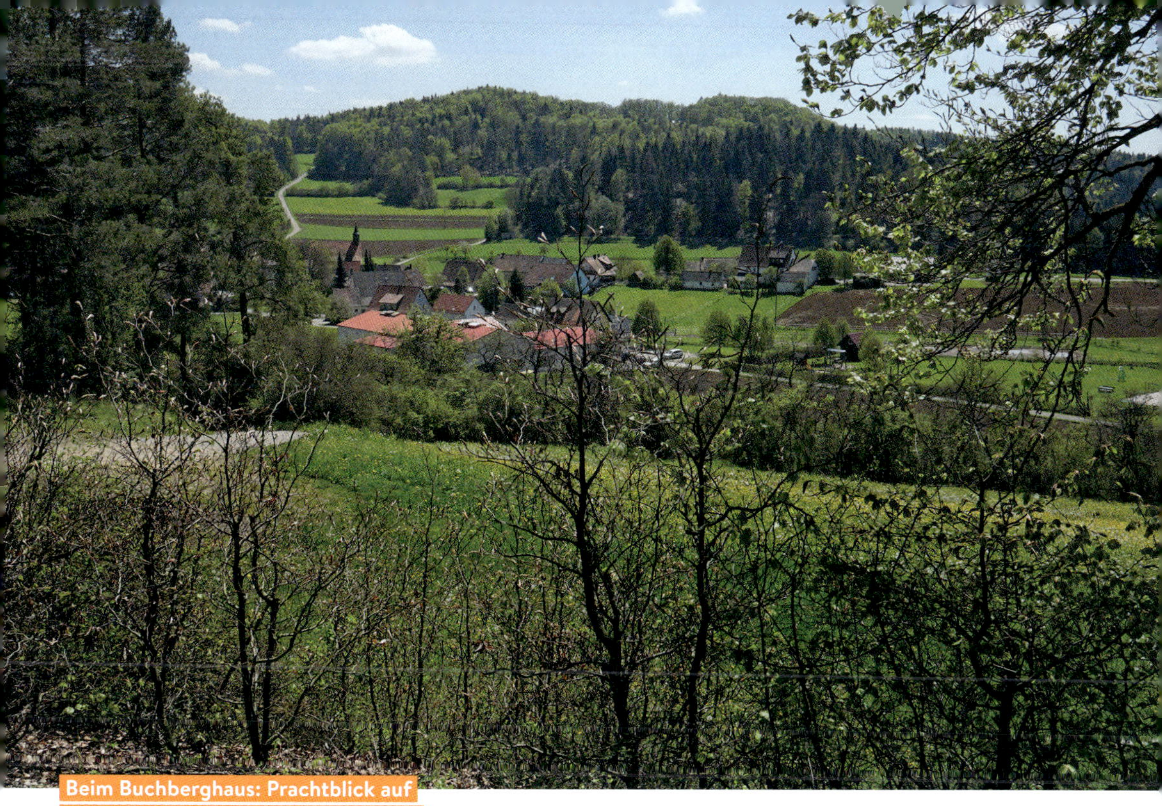

Beim Buchberghaus: Prachtblick auf Kirchenreinbach und Rupprechtstein

Spalte des Windlochs – so stellte man sich einst wohl den Zugang zur Unterwelt vor. Vorgeschichtliche Funde, darunter menschliche Skelettreste, erhöhen noch seine Aura; der Sage nach wohnen in ihm bösartige Haus- und Poltergeister, die durch einen zauberkundigen Hirten dorthin verbannt wurden. Der Wanderer sollte sich mit dem Blick von oben begnügen, da der sehr steile Hang (nicht nur bei Nässe) mit normalen Wanderschuhen kaum sicher zu begehen ist und auch das 2021 vorhandene Seil nicht vertrauenerweckend wirkt.

ÜBER DAS KLINGLOCH ZUM BUCHBERG

Zurück an P. 3, wandern wir mit **Grünkreuz** nach Buchhof hinein, gehen dort nun mit **Rotkreuz** u.a. nach rechts und biegen in der Dorfmitte (Briefkasten) rechts in einen anfangs geteerten, später geschotterten Feldweg ein. Auf ihm geht es steil empor, dann mit Prachtblick zur Hohen Zant über die Hochfläche. Bei einer Verzweigung wählen wir den mittleren Weg, der bald in den Wald hineinführt. In einer Senke nach einer Linkskurve zweigen wir mit der Mk. scharf rechts auf einen Wanderweg ab. Wo ein Fahrweg kreuzt **4**, heißt es aufgepasst: Wir biegen rechts **ohne Mk.** auf diesen ein, passieren einen kleinen Waldweiher und steigen geradeaus zu einem Sattel auf. Dort hält man sich rechts, quert den Hang unterhalb einer Reihe etwa 2 m hoher Felsen, steigt ein Stück ab und dann mit scharfem Linksknick auf einer Rampe direkt an den Felsen entlang zum Fuß einer hohen Wand hinunter. Vor uns öffnet sich das imposante Portal des sagenumwobenen Klinglochs, in dem Gegenstände und Skelette aus der Vorzeit geborgen wurden. Im schön geformten Vorraum, zu dem man am rechten Rand über Felsstufen absteigt, öffnet sich der 20-Meter-Schacht zu den tieferen Höhlenteilen, wir Wanderer können rechts davon eine leicht versinterte Seitengrotte bewundern. Wir kehren nun zur **Rotkreuz**-Mk. zurück und folgen ihr nach rechts. Sie führt uns auf schönen Waldwegen nach markantem Rechts- und Linksknick unterhalb der Gipfelfelsen des Buchbergs entlang und dann nach rechts steiler durch ein malerisches Felsental abwärts. Bald zweigt links ein schmalerer Weg ab und bringt uns zum Buchberghaus hinüber, wo sich ein Prachtblick auf Kirchenreinbach und zum Burgberg von Rupprechtstein auftut; oberhalb der Hütte lädt eine zerklüftete Felskette zur Erkundung ein.

ÜBER RUPPRECHTSTEIN NACH ETZELWANG Mit Rotkreuz gehen wir an der Hütte vorbei, nach rechts bergab, queren mit schöner Aussicht auf einem Schotterweg den Hang und wandern nach rechts auf einer Teerstraße nach Kirchenreinbach hinein. Im Dorf geht es nach links über den Reinbach zur Hauptstraße, dann nach rechts an ihr entlang bis zum Ortsausgang. Hier biegen wir links in einen anfangs geteerten Feldweg ein und steigen mit schönem Rückblick zur Zant zügig bergan. Vor einer Rechtskurve **5** wechseln wir zu einem begrünten Fahrweg über, der geradeaus weiterführt, und wandern dann, nun wieder mit der vertrauten Mk., mit Linksschwenk am Waldrand entlang. Bald biegen wir rechts mit der Mk. auf einen breiten Waldweg ein, verlassen ihn aber schon nach 20 m wieder und steigen auf schmalem Weg nach links steil in Kehren bergan, unter klotzigen Felsen vorbei. Oberhalb einer Wiese geht es mit Blick zur Burg Rupprechtstein sanfter aufwärts bis zur Einmündung in eine Straße, auf der wir rechts den gleichnamigen Ort erreichen; auf die Burg, heute im Privatbesitz, kann man nur einen Blick vom Eingangstor her werfen. Vom Sattel vor der Burg führen uns die Mkn. an einem blauen Haus entlang auf schmalem Weg steil bergab zu einer Wegteilung **6**. Hier biegen wir mit den Mkn. **Nr. 4 und 5** nach rechts, wan-

Highlight am Weg nach Etzelwang: links der Große Bär, daneben die Sieben Brüder

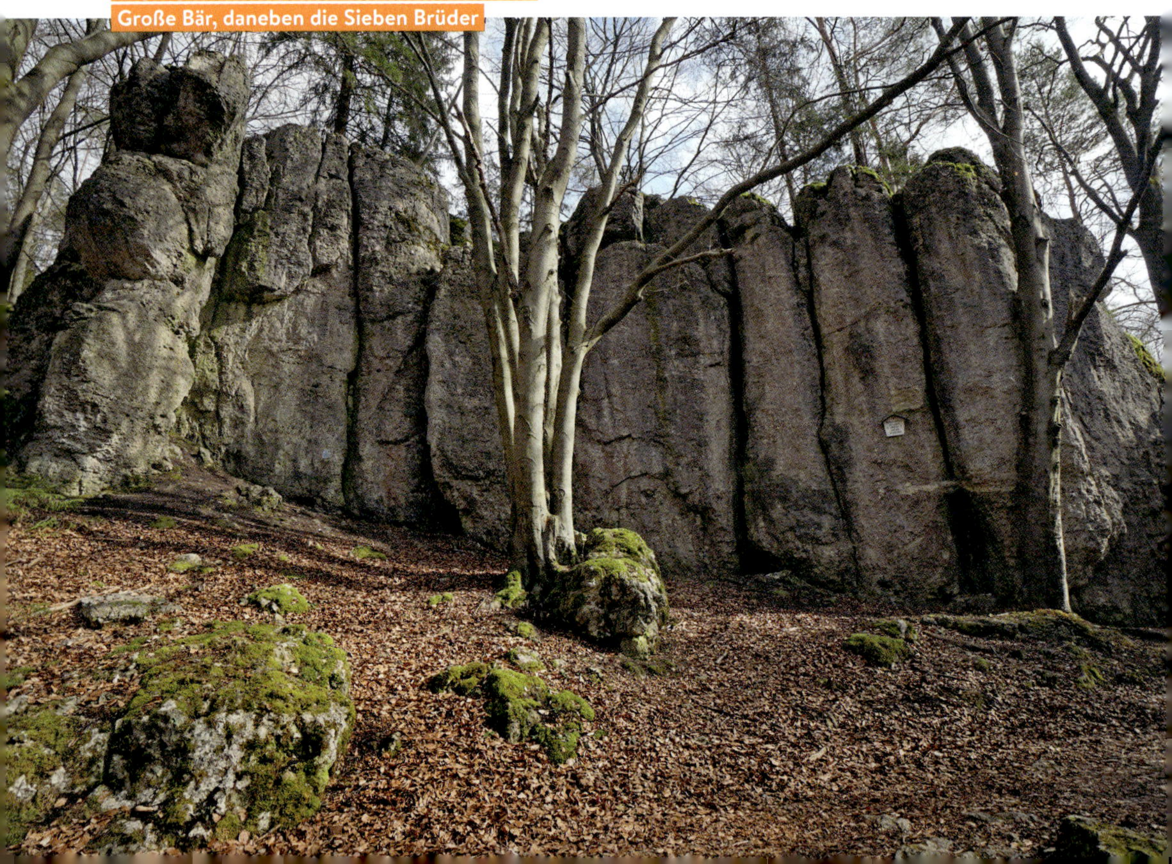

INFO

TOURENCHARAKTER

Abwechslungsreiche Streckenwanderung mit schönen Ausblicken zu drei spektakulären Schacht- und Spaltenhöhlen, mehreren Felsbastionen und einer Burg, fast durchgehend auf guten, nur mäßig steilen Wegen, nur beim Abstieg zum Klingloch steilere Passage auf Pfadspuren

AUSGANGSPUNKT

Oberklausen, Bus-Hst. (421 m). Hierher vom Bhf. Hersbruck r. Pegnitz (günstige Park-and-Ride-Plätze) mit der Linie 446/498 (Hersbruck-Königstein) Mo–Fr 8:10 oder 10:10 Uhr, Sa 9:10 oder 11:10 Uhr, So vom 1.5.–1.11. vom Bhf. Etzelwang (Parkplätze) mit Bus 499 (Abfahrt an der Hst. Abzw. Bhf. 100 m östl. 10:25 Uhr)

ENDPUNKT

Etzelwang, Bhf. (430 m), von hier stdl. (um x:46 Uhr) mit RE 41 zurück nach Hersbruck oder Nürnberg

ANFAHRT MIT ÖPNV

Mit RE (oder Kfz) von Nürnberg nach Hersbruck r. Pegnitz (bzw. Etzelwang), weiter wie beschrieben

GEHZEITEN

Grubenloch 0:30 Std. – Windloch 0:30 Std. – Klingloch 0:30 Std. – Buchberghaus 0:25 Std. – Kirchenreinbach 0:10 Std. – Rupprechtstein 0:25 Std. – Sieben Brüder 0:20 Std. – Etzelwang Bhf. 0:25 Std.

BESTE JAHRESZEIT

Ganzjährig reizvoll

EINKEHR

In Kirchenreinbach: Gh. Goldener Stern, Tel. 09663/12 85 oder Gh. Goldene Krone, Tel. 09663/585

mittel | 10 km | 360/351 Hm | 3:15 Std.

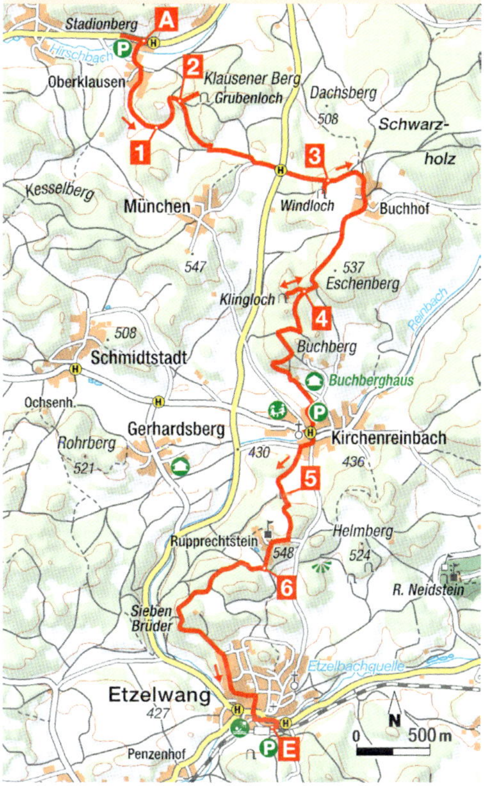

KARTE

ATK25 F11 Auerbach i. d. OPf.

dern am Rand eines Tälchens (schöner Blick zur Burg) entlang, dann links in den Wald hinein und zu einem Sattel empor. Jenseits geht es steil zu einer Wiese hinunter, mit Rechtsknick bergab, dann im Linksbogen unter bizarren Felsriffen vorbei durch den Hang. Bald taucht das letzte Highlight auf: An eine Felswand mit sieben Sektoren schließt sich ein imposanter Turm an, unschwer als »Die sieben Brüder und der große Bär« (s. Tafel) zu identifizieren. Ein schöner Waldweg bringt uns von hier, an weiteren Felstürmen vorbei, im weiten Bogen zum Ortsrand von Etzelwang. Die Mkn. führen uns geradeaus zu einer Kuppe hinauf, steil die Straße Am Hardt hinunter, dann rechts auf der Schulstraße zur Hauptstraße. Nach links erreichen wir den Dorfplatz und steigen kurz danach rechts über die Bahnhofsstraße zum Bhf. auf, von wo uns der RE nach Hersbruck zurückbringt.

Gräberfeld und Teufelsloch

Schaukanzeln und Höhlen um Glatzenstein und Hansgörgel

Der Glatzenstein ist nicht nur eine der großen Schaukanzeln der Frankenalb, sondern zugleich ein archäologischer Hotspot. Doch auch sein höherer Nachbar, der Große Hansgörgel, weiß, obwohl heute ganz bewaldet, mit magischen Fels- und Höhlenwelten zu begeistern.

Auf dem Glatzenstein: Fernsicht auf Lindelberg und Ruine Rothenberg

25

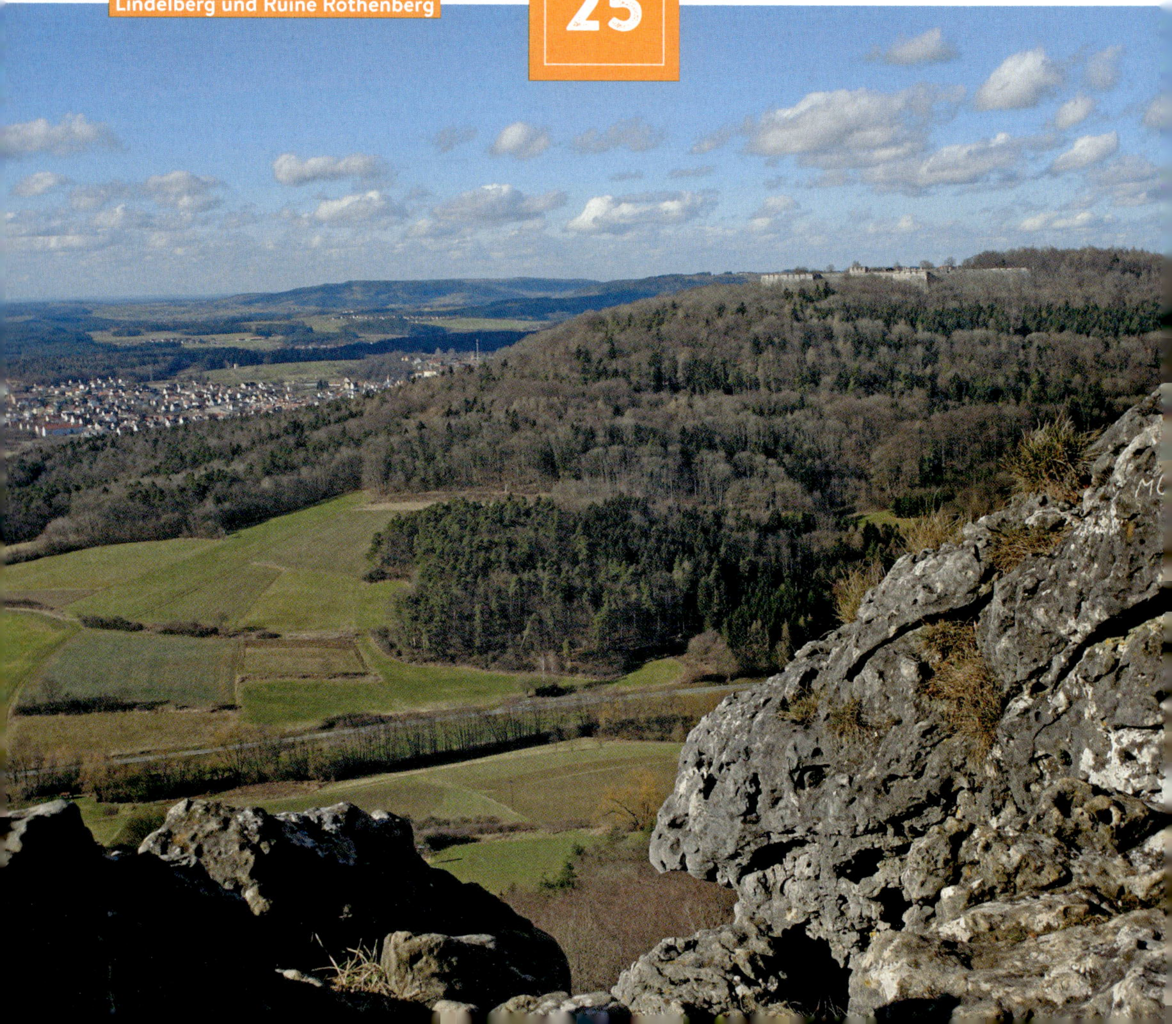

Nach dem Gipfelgenuss führt unsere Rundtour zu den kaum bekannten Höhlen unterhalb des Glatzensteins, zum Gräberfeld im Weidenschlag, über die Hochfläche zum Hansgörgel (601 m) und zum sagenumrankten Teufelsloch und dann auf einsamen Wegen zurück.

AUFSTIEG ZUM GLATZENSTEIN Gleich beim Parkplatz in Weißenbach können wir an der Infotafel etwas über den **Archäologischen Wanderweg** und die wichtigsten Funde der Region erfahren und treffen auch auf die zugehörige Mk.: Sie gibt eine kleine Reiterstatuette aus der Keltenzeit wieder, die bei Speikern ausgegraben wurde. Mit ihr, **Nr. 1 und 4** gehen wir auf der Hauptstraße nur noch wenige Meter weiter und biegen dann rechts in die Glatzensteinstraße ein. Auf dem steilen Teersträßchen gewinnen wir über eine Kehre schnell an Höhe, zweigen dann links (Ww.) auf einen Forstweg **1** und nochmals links auf einen Wanderweg ab, der uns, an einer Rastbank mit freiem Blick Richtung Nürnberg vorbei, mit mäßiger Steigung durch die Flanke führt. Kurz vor der Gipfelkuppe lohnt es, nach links auf einem Pfad ohne Mk. zu einem Turm mit bizarren »Teufelshörnern« und schönem Talblick hinüberzuqueren. Von hier geht es rechts zur Kuppe empor und nach links zu den wild zerklüfteten Gipfelfelsen mit großem Kreuz hinüber: Fantastisch der Ausblick über halb Mittelfranken bis nach Nürnberg und Erlangen. Besonders beeindruckt gegenüber die Ruine der Festung Rothenberg (1720–41 vom bayerischen Kurfürsten erbaut).

GEHEIMNISVOLLE HÖHLENWELTEN Beim Rückweg vom Gipfel queren wir kurz nach den Felsstufen nach links, gehen an der Hangkante oberhalb der Glatzensteinschlucht (malerischer gespaltener Turm) entlang und erreichen über eine Kuppe einen weiteren tiefen Einschnitt, rechts von einem Turm mit Gipfelfahne flankiert. Wir steigen in der Mitte dieses Grabens ein paar Stufen tiefer und queren dann links auf deutlichem Pfad zur Glatzensteinhöhle hinüber, einer kleinen Durchgangshöhle mit wild zerklüfteten Formen (s. Funde). Zur Hochfläche zurückgekehrt, folgen wir dem breiten Wanderweg nach links (Infotafel) und kommen zu einer Wegteilung. Hier lohnt ein Abstecher nach links: Wir kommen so zu einer weiteren Verzweigung **2**, steigen mit **Grünpunkt** u.a. nach links ab und erreichen linksseitig eine Schlucht zwischen bemoosten Felsen: Ein guter Pfad **ohne Mk.** führt uns durch diese bergab und im Linksbogen zu einem zerklüften Massiv mit der ca. 10 m tiefen Glatzenstein-Klufthöhle.

ZUM GRÄBERFELD Zurück an P. 2, hat man die Wahl zwischen zwei Varianten des Archäologischen Wanderwegs: Historisch Interessierte

Funde

FUNDORT GLATZENSTEIN

Die ältesten menschlichen Spuren im Umfeld des Glatzensteins finden sich im Gräberfeld Weidenschlag. Die insgesamt acht, bisweilen für weitere Bestattungen erweiterten Grabhügel werden in die Bronzezeit, konkret in die Jahre 1500–1200 v. Chr. datiert. Man fand in ihnen u.a. einen Armreif und Gewandnadeln aus Bronze, ferner ein Tongefäß und weitere Keramikfragmente. In der Bronze- und Urnenfelderzeit wurde auch die Glatzensteinhöhle temporär von Menschen aufgesucht. Die meisten Funde stammen jedoch aus der Zeit der Kelten um 500 v. Chr.: Sie umfassen neben Scherben fein verzierter Gefäße auch einen Löffel aus Ton – die Höhle diente also vielleicht als Versteck in Kriegszeiten.

können links die bescheidenen Reste eines mittelalterlichen Kalkofens (mit interessanter Infotafel) besuchen und dann durch Wald wieder die andere Wegvariante erreichen. Landschaftlich reizvoller ist der folgende Weg über die Hochfläche: Wir gehen zur Wegteilung beim Glatzenstein zurück und schwenken dort mit **ArchWW** und **Frankenweg** nach links. Nach einer Hütte biegen wir links vom Schotterweg auf einen begrünten Fahrweg ab und wandern am Waldrand entlang, bald mit prachtvoller Fernsicht bis zur Burg Hohenstein. Unsere Route führt danach auf einem Schotterweg links bergab, vereinigt sich mit der anderen Wegspange und erreicht den Rand des Waldgebiets Weidenschlag: Auf einem links abzweigenden Fahrweg gelangen wir nach 90 m zu einer Infotafel über dieses bedeutende Gräberfeld und finden rechts des Weges einen doppelten Grabhügel, auf dem eine riesige Buche (Biotop-Baum) gewachsen ist.

Am Fuß eines Baumes führt das Teufelsloch (Hansgörgelschacht) jäh in die Tiefe.

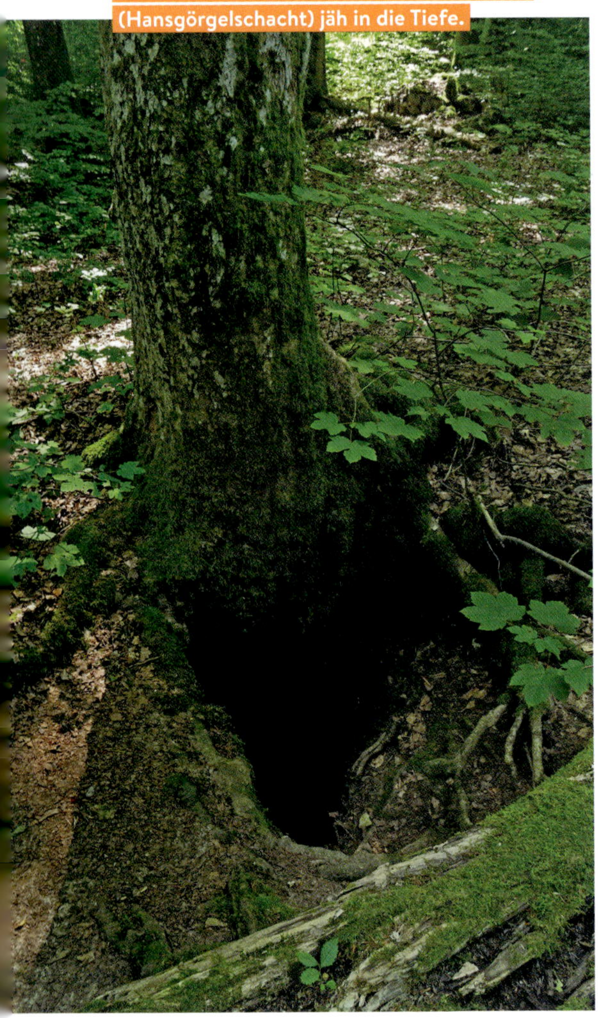

ZUM GR. HANSGÖRGEL Zurück am Schotterweg, gehen wir mit **Rotpunkt** nach links zu einer Wegkreuzung **3** hinüber, wo wir mit **Gelbkreuz** rechts auf einen geteerten Feldweg einbiegen. Mit schönen Blicken nach O und SO wandern wir geradeaus über die Hochfläche, zuletzt in einer Linkskurve abwärts. Genau hier **4** zweigen wir rechts auf einen anfangs geteerten, später geschotterten Weg ab, der uns erst bergan, dann eben auf die markante Kuppe des Hansgörgels zuführt. Bei einer Gabelung gehen wir nach rechts, bei einer dreieckig angelegten Wegteilung im Wald geradeaus weiter. Kurz danach zweigt links ein Wanderweg ab, der uns mit Rechtsknick zu den Gipfelfelsen hinaufbringt, in denen der Sage nach ein Schatz versteckt ist. Es lohnt, nach links zum zerklüfteten Kamm und noch weiter zum höchsten Punkt mit kleinem Gipfelkreuz aufzusteigen. Noch bis etwa 1930 war dieser waldfrei und als »Rigi des Pegnitztales« berühmt.

MYSTISCHES TEUFELSLOCH Wir gehen nun **ohne Mk.** rechts am Felskamm entlang und stoßen auf einen deutlichen Pfad, der nach links zwischen zwei 3 m hohen Felsen hindurch und zügig bergab führt. Bei einer Verzweigung halten wir uns links und gelangen über Kehren zu einem Wanderweg (Mk. **Frankenweg**) hinab, dem wir nach links folgen. Nach 150 m öffnet sich links des

INFO

TOURENCHARAKTER
Erlebnisreiche Tour, die begeisternde Panoramen, wilde Fels- und Höhlenszenerien, eine geheimnisvolle Schachthöhle und vorgeschichtlich bedeutsame Orte vereint; durchgehend gute Wege, auch auf unmarkierten Passagen problemlose Orientierung

AUSGANGS-/ENDPUNKT
Weißenbach (435 m), Wanderparkplatz (mit Brunnen) kurz nach dem Ortseingang links (GPS: 49.539850, 11.371346)

ANFAHRT MIT ÖPNV
Keine brauchbare Verbindung nach Weißenbach; möglich ist der Zustieg zum Ort vom Bhf. Speikern der RB 31 mit dem Archäologischen Wanderweg, der allerdings hin und zurück zusätzliche 2:30 Std. erfordert.

GEHZEITEN
Glatzenstein 0:25 Std. – Glatzenstein-Klufthöhle 0:15 Std. – Gräberfeld Weidenschlag 0:30 Std. – Gr. Hansgörgel 0:50 Std. – Teufelsloch 0:10 Std. – Götzenleite 0:45 Std. – Rückweg 0:20 Std.

BESTE JAHRESZEIT
Ganzjährig reizvoll

EINKEHR
Gh. zum Glatzenstein (09153/7906) beim Parkplatz, unterwegs keine

mittel | 10 km | 360 Hm | 3:15 Std.

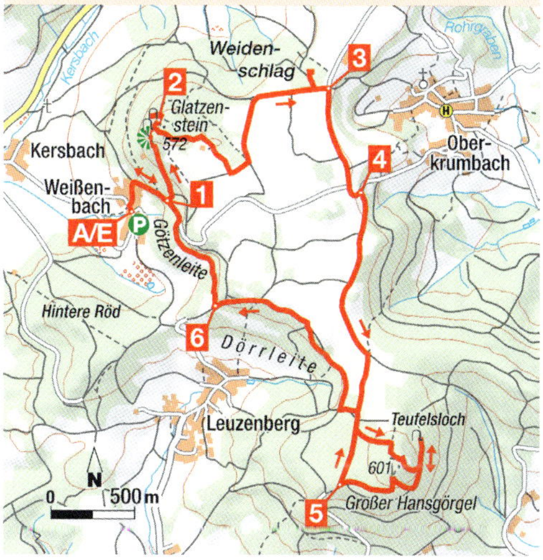

KARTE
ATK25 F10 Eckental und G11 Hersbruck (Tour geht bei beiden über den Blattrand hinaus).

Weges am Fuß eines Baumes der Eingang zum Teufelsloch: Mithilfe der Taschenlampe kann man erahnen, in welch schaurige Tiefen es hinabführt.

RÜCKWEG ÜBER DIE GÖTZENLEITE Wir machen hier kehrt, wandern zur Einmündung des Gipfelabstiegs zurück, nun aber auf dem Frankenweg geradeaus weiter, an einem Gedenkkreuz vorbei. Nach stärkerem Anstieg erreichen wir eine Verzweigung: Mit **Gelbkreuz** geht es scharf links bergab, dann eben durch die Flanke. Bei Einmündung in einen Schotterweg 5 wandern wir **ohne Mk.** rechts bergauf und erreichen bald die bekannte dreieckige Wegteilung. Mit **Nr. 6** und **Frankenweg** wählen wir hier links einen unbefestigten Fahrweg und zweigen bald rechts auf einen Wanderweg ab, der am Rand der Hochfläche entlang, dann durch die Flanke und zuletzt ansteigend zu den Felsen der Dörrleite hinaufführt. Auf einem Fahrweg geht es links weiter, dann nur noch mit **Nr. 6** (Frankenweg zweigt ab) auf einem Schotterweg geradeaus bergab, bis wir bei Austritt aus dem Wald zur entscheidenden Wegteilung 6 gelangen: Hier biegen wir **ohne Mk.** rechts auf einen Fahrweg ab, wandern am oberen Rand einer Wiese entlang, steigen an der Gegenseite etwa 10 m ab und treffen dort auf einen begrünten Fahrweg. Er führt uns weitgehend eben und mit schönen Fernblicken an der Götzenleite entlang und mündet schließlich in das bekannte Teersträßchen, das uns rasch zum Parkplatz zurückbringt.

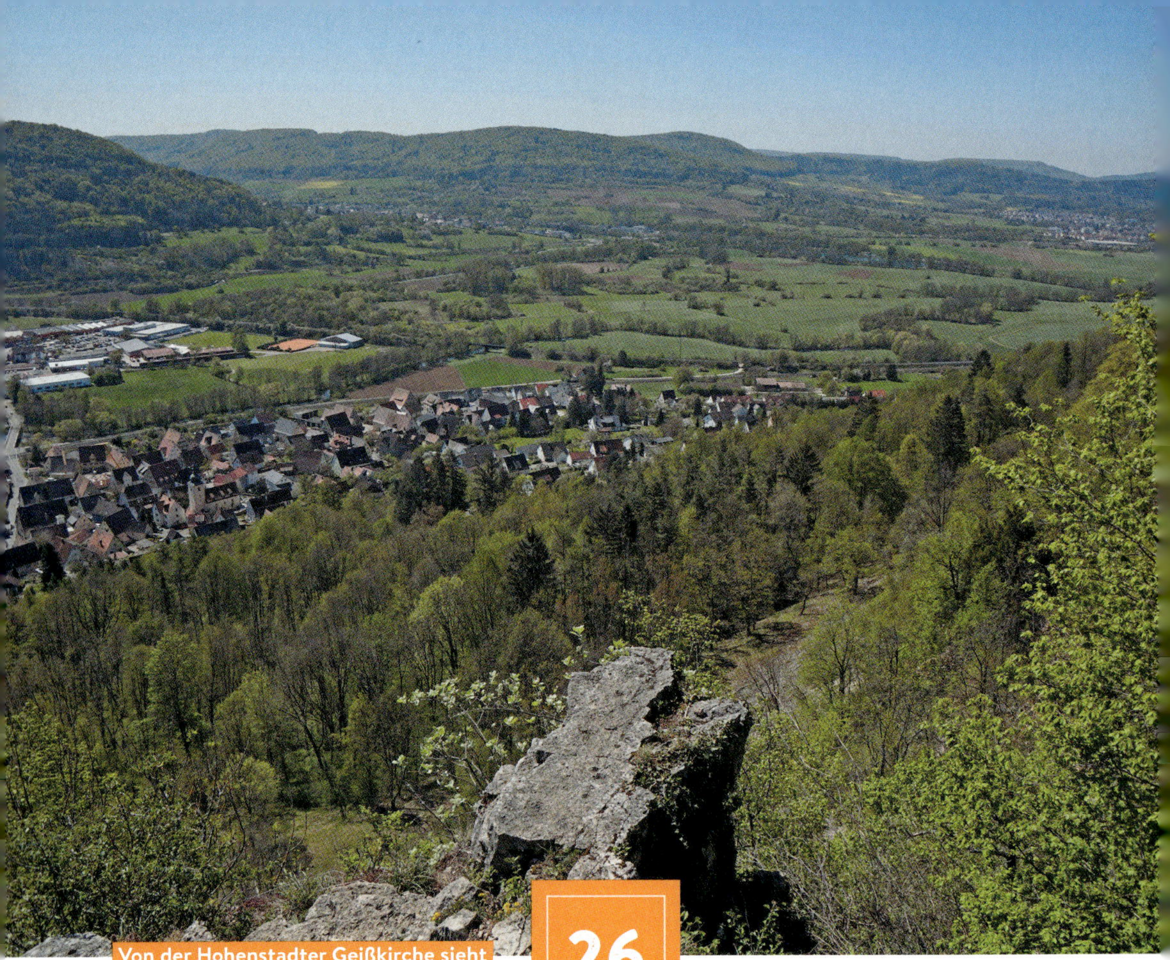

Von der Hohenstadter Geißkirche sieht man das ganze untere Pegnitztal.

26

Gipfelburgen und Höhlenwunder

Hohenstadter Geißkirche, Bienertstube und Windburg

Als grandiose Aussichtskanzel hoch über einem alten Bergbaurevier ist die Hohenstadter Geißkirche gut durch Wanderwege erschlossen. Das faszinierende Höhlengebiet des Lochbergs auf der anderen Seite des Pegnitztales dagegen bildet heute eine vergessene Welt von mystischem Zauber.

Unsere Tour führt über die blütenreichen Hänge des Lindenbergs hinauf zur Geißkirche (540 m), über das versteckte Hahnenloch zurück, durch das Pegnitztal nach Eschenbach und hinauf zu Luitpoldhöhle und Bienertstube, dann zur auch prähistorisch interessanten Felskanzel der Windburg und wieder ins Tal.

ZUR HOHENSTADTER GEISSKIRCHE Am Bhf. gehen wir durch die Unterführung zur Westseite hinüber, halten uns kurz links und steigen rechts über Stufen (Mk. **Löwensymbol**) zum Buchäckerweg auf, der uns nach links zur Hauptstraße bringt. Nach der Überquerung folgen wir ihr in gleicher Richtung für 70 m, steigen **ohne Mk.** rechts über die Straße Am Wald steil empor und wandern dann nach links auf einem Schotterweg mit schönen Ausblicken am oberen Ortsrand entlang, bis wir einen Wendeplatz erreichen. Gleich an dessen Beginn **1** zweigt (im Sommer etwas schwer zu erkennen) scharf rechts ein (später) deutlicher Pfad ab und führt durch ein idyllisches Waldstück bergan, in dem im Frühjahr unzählige Christrosen (streng geschützt!) blühen. Er mündet in einen begrünten Fahrweg, der uns nach links über eine kleine Kuppe zu einer Rasthütte und einer Wegteilung bringt. Etwa 50 m weiter links informiert eine Tafel an einem Baum über das hiesige Eisensandstein-Vorkommen, in dem (zuletzt in den 1930er-Jahren) Bergbau betrieben wurde. Von der Hütte geht es mit der Mk. **Vogel** nur ca. 20 m auf dem Schotterweg auf-

Sage

WASSERBURG UND WASSERMANN

Schloss Eschenbach, 1230 erbaut und nach der Zerstörung im Zweiten Markgrafenkrieg 1554 in der heutigen Form wieder errichtet, war bis ins 18. Jh. eine Wasserburg (erst dann wurde der Graben zugeschüttet). Der Sage nach lebte im Burggraben ein Wassermann, den die Kinder des Ortes ständig ärgerten. Als sie es einmal zu bunt trieben und ihm sogar einen Stein an den Kopf warfen, verließ er den Ort, nicht ohne einen Fluch auszusprechen: Eschenbach sollte in den folgenden Kriegen dreimal brennen – was dann auch tatsächlich eintrat.

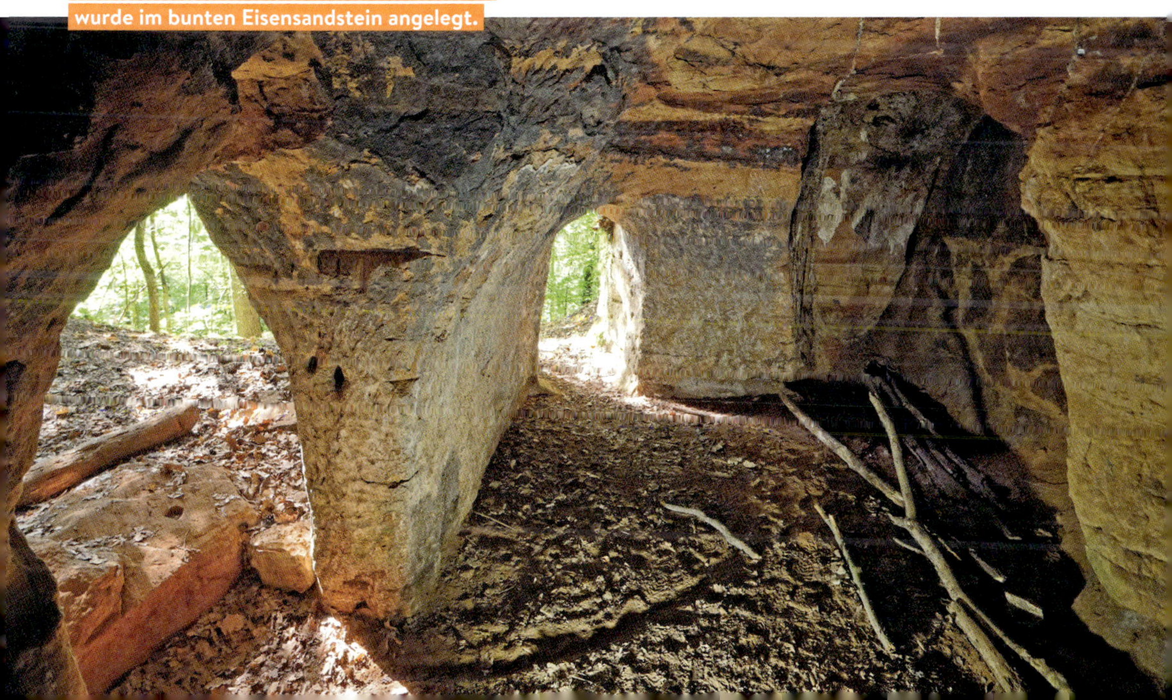

Die ehemalige Wohnhöhle des Hahnenlochs wurde im bunten Eisensandstein angelegt.

wärts, dann rechts auf einem Wanderweg in den Wald und zügig bergan. Bei einer Gabelung halten wir uns mit dem Vogelsymbol rechts. Bald öffnen sich vor uns die weiten Kalkschuttflächen des Lindenbergs unterhalb weiß leuchtender Jurawände – im Sommer ein wahres Pflanzen- und Schmetterlingsparadies, das man auf deutlichen Stichpfaden (Pfade nicht verlassen!) erkunden kann. Auf dem Hauptweg geht es am unteren Rand der Freiflächen weiter, dann steiler empor (nach rechts lohnt der Abstecher zu einem Sattel mit Prachtblick nach O). Es folgt ein starker Anstieg durch Wald, dann eine Hangquerung auf breiterem Weg. Wo der mk. Weg nach rechts abzweigt **2**, kann man getrost etwas abkürzen: Wir gehen halb links **ohne Mk.** auf dem Forstweg weiter, dann auf befestigtem Fahrweg nach links zum Rand der Hochfläche empor, wo wir wieder auf die **Vogel**-Mk. treffen. Mit ihr biegen wir links ab, passieren einige Holzstöße und steigen auf schmalem Pfad über Stufen empor. Nach ebener Querung geht es steiler bergab, dann zweigt links ein Stichpfad ab, auf dem wir über Felsstufen bis in die Nähe der Abbruchkante (Vorsicht!) absteigen: Prachtvoll der Blick zum Leitenberg und hinab auf das Kalkschuttgelände. Zurück auf dem Hauptweg, ist bald der Aussichtspunkt auf der Hohenstadter Geißkirche (mit Bank und Frankenfahne) erreicht, der mit umwerfendem Panorama über das Pegnitztal vom Moritzberg bis zum Dom aufwartet.

Tipp

AUFTEILUNG AUF ZWEI TOUREN

Die beiden Schlaufen der Tour, die jeweils am Bhf. Hohenstadt zusammenlaufen, lassen sich natürlich gut als separate Kurz-Touren begehen. Es ergeben sich dann folgende Werte: 1. Tag: 1:55 Std., 300 Hm, 2. Tag: 2:05 Std., 220 Hm.

ABSTIEG ÜBER DAS HAHNENLOCH Von der Bank geht es nach links an der Flanke unterhalb der Gipfelkuppe weiter, auf der sich in der späten Hallstattzeit ein Brandopferplatz und/oder eine Befestigung der Kelten befand. Danach gelangen wir zügig bergab zu einem Rastplatz mit schöner Sicht nach W. Nach einem Rechtsknick quert der Steig den Hang, führt dann in Kehren tiefer und nach links hinab zu einer Kreuzung **3**: Hier wechseln wir zur Mk. **Hase** über, die uns nach links fast eben durch den Hang führt, bald an blütenreichen Schutthalden vorbei, dann wieder in den Wald hinein. Nun heißt es aufgepasst: Wo es nach einer Kuppe steiler abwärts geht, zweigt rechts ein Pfad ab, der uns über Felsstufen zum Hahnenloch hinabbringt. Die Höhle im bunten Eisensandstein wurde zur Wohnhöhle mit zwei Eingängen ausgebaut und noch von 1811 bis um 1870 von der Familie eines Kalkbrenners bewohnt – ein wahrhaft magischer Ort. Zurück auf dem mk. Weg, erreichen wir bald die vertraute Gabelung, wandern mit **Hase und Vogel** rechts bergab und steigen dann auf dem Schotterweg bis zum Kriegerdenkmal (schöner Talblick) ab. Auf der gepflasterten Zufahrt gehen wir kurz abwärts, biegen aber am Beginn einer Kurve links auf einen Pfad **ohne Mk.** ab, der uns am oberen Ortsrand zum vertrauten Wendeplatz bringt. Auf bekannter Route gelangen wir zum Bhf. und unter den Gleisen hindurch zur Ostseite.

HÖHLENWUNDER AM LOCHBERG Wir folgen dort dem Teerweg nach links, wandern beim alten Bahnhofsgebäude mit der Mk. **Eichhörnchen** geradeaus weiter und biegen später rechts in einen geteerten Fußweg ein, der mit schönem Blick auf die umliegenden Berge durch die Pegnitzwiesen führt. Wo der Weg zum zweiten Mal ganz nahe an die Pegnitz herankommt, zweigen wir mit der Mk. rechts auf einen begrünten Fahrweg **4** ab, gehen am Fluss entlang, auf einer Brücke hin-

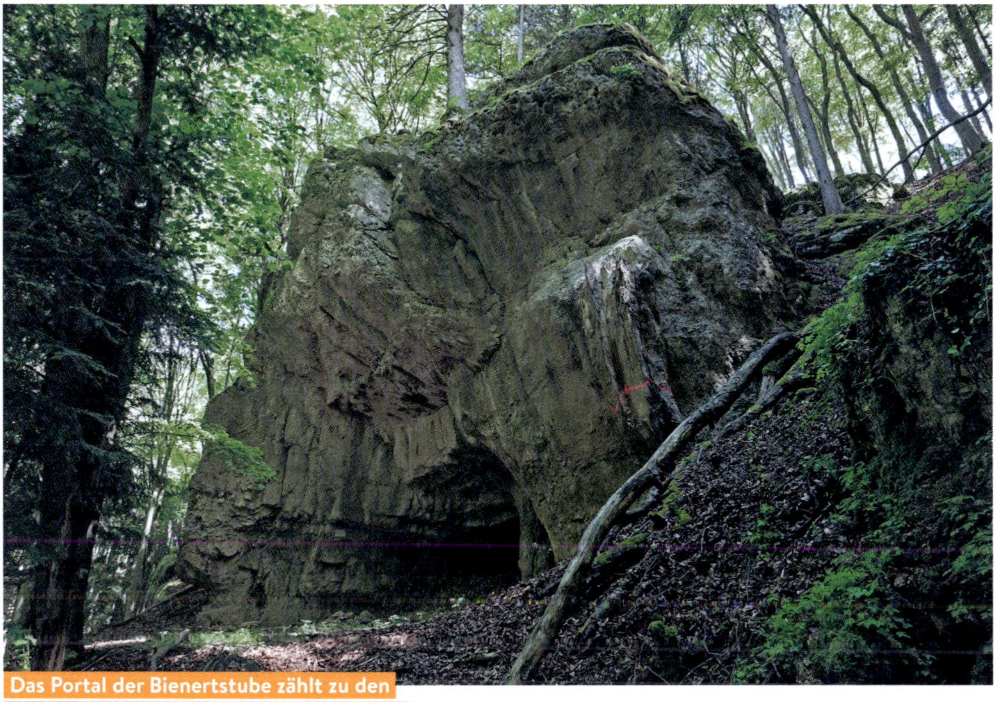

Das Portal der Bienertstube zählt zu den imposantesten Höhleneingängen der Alb.

über und steigen zum Ortsrand von Eschenbach auf. Eine Wohnstraße bringt uns nach links zu einer Verzweigung beim Café Jakobsklause. Nun geht es rechts steil bergan, kurz auf einer Straße, dann geradeaus weiter auf einem Wanderpfad an einem Bächlein entlang: Prachtvoll der Blick auf den Ort und sein Wasserschloss (s. Sage). Bei Einmündung in eine Forststraße folgen wir dieser nach rechts, biegen aber schon nach 25 m links in einen Forstweg **5** **ohne Mk.** ein, der schräg durch den Hang bergauf führt. Wo die Steigung endet, bringt uns ein Fußpfad nach rechts zum linken Ende eines großen Felsmassivs hinauf. Über den unscheinbaren Eingang betreten wir die Luitpoldhöhle, eindrucksvoll mit drei Räumen und leichter Versinterung. Nach der Besichtigung gehen wir (bei Talblick) nach links an bizarren Felsen entlang und stehen bald vor einem der gewaltigsten Höhlenportale der Alb: Unter einem riesigen Überhang öffnet sich der Eingang zur Bienertstube, auch das Innere begeistert mit malerischen Aushöhlungen.

HÖHENWEG ZUR WINDBURG Wir wandern nun auf deutlichen Pfadspuren geradeaus weiter, queren den Hang weitgehend eben unterhalb kleinerer Felsen und steigen dann leicht zu einem großen Massiv mit ovalem Strudelloch an. Unmittelbar an seinem Fuß geht es auf einem Absatz zu einem markanten Turm hinüber, danach zu einem Sattel oberhalb zweier bizarrer Türmchen hinauf. Hier halten wir halb links auf eine Wiese unterhalb zu und treffen bald auf den **Gelbkreuz**-Wanderweg. Auf ihm gehen wir nach links an der Wiese (schöner Ausblick) entlang, dann wieder durch Wald bergan, bis rechts ein begrünter Fahrweg **ohne Mk.** zu einem Sattel hinüberführt. Von hier geht es auf einem Schotterweg wieder nach rechts abwärts zu einer Weg-

INFO

TOURENCHARAKTER

Überaus abwechslungsreiche Tour (problemlos in zwei Halbtagstouren teilbar) mit zwei größeren Anstiegen zu drei großartigen Schaukanzeln, drei begeisternden Höhlen, wilden Felsrevieren, blütenreichen Kalkschuttflächen und schönen Talwiesen; überwiegend gute, oft schmale Wege, nur nach der Bienertstube kürzerer Abschnitt auf gut begehbaren Pfadspuren

AUSGANGS-/ENDPUNKT

Hohenstadt, Bahnhof (347 m), Station der RB 30, oder Parkplätze östlich der Gleise (GPS: 49.517191, 11.491859)

ANFAHRT MIT ÖPNV

Mit RB 30 stdl. von Nürnberg/Hersbruck oder Neuhaus (Anschluss von/nach Bayreuth/Hof) nach Hohenstadt

GEHZEITEN

Lindenberg (Kalkschuttflächen) 0:35 Std. – Hohenstadter Geißkirche 0:30 Std. – Hahnenloch 0:25 Std. – Bhf. Hohenstadt 0:25 Std. – Bienertstube 0:45 Std. – Windburg 0:40 Std. – Abstieg 0:40 Std.

BESTE JAHRESZEIT

Ganzjährig reizvoll, außer bei Schneelage

mittel 11,5 km 520 Hm 4:00 Std.

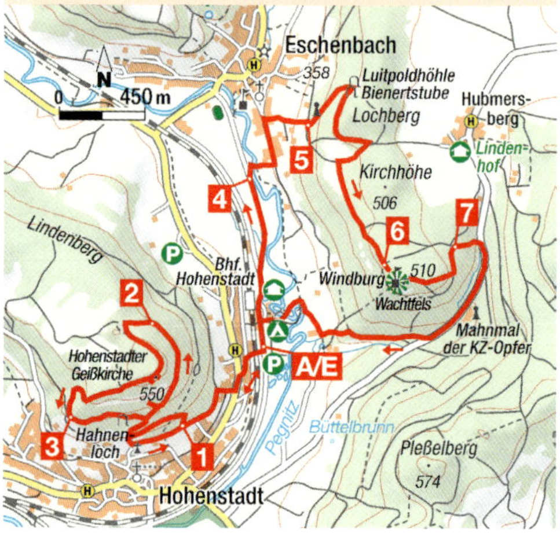

EINKEHR

Eschenbach: Café-Pension Jakobsklause, Tel. 09154/81 00, direkt an unserer Route oder Gasthöfe im nahen Ortszentrum

KARTE

ATK25 G11 Hersbruck

teilung: Mit **Grünpunkt** biegen wir links auf einen schmalen Weg ab, wandern zunächst stets geradeaus durch den Wald, nach stärkerem Anstieg dann bei einer Gabelung **6** links zur Windburg hinauf. Kurz unterhalb der Kuppe lohnt ein Abstecher auf deutlichem Pfad nach rechts zu einer fast kreisrunden Kleinhöhle und weiter zu einer malerischen Felsnische. Der Gipfel selbst wartet mit einem vorgeschichtlichen Ringwall und schöner Aussicht ins Pegnitztal auf.

RÜCKWEG Nach der Gipfelrast führt uns Grünpunkt zügig bergab, über eine Stromtrasse, dann im Linksbogen durch Wald tiefer. Bald folgt eine mehrfache Wegteilung **7**: Wo Grünpunkt nach links schwenkt, gehen wir geradeaus **ohne Mk.** auf einem markanten Hohlweg weiter. Er bringt uns, zuletzt durch etwas verwachsenes Terrain, zu einer Fahrstraße hinab. Auf ihr wandern wir, vorbei am Mahnmal für die Verbrennungsstätte des KZ Hersbruck (s. Tour 28), nach rechts 520 m abwärts, bis wir auf die Mk. **Grünstrich** treffen. Sie führt uns nach rechts auf einem (im Sommer verwachsenen) Pfad zu einem Fahrweg, dann bei Gabelungen zweimal nach links auf schmalerem Weg an einem Bächlein entlang zu einem Fahrweg hinab. Auf ihm geht es rechts zu einem Gestüt hinüber, dann links auf begrüntem Weg an der Pegnitz entlang, auf einem Steg hinüber, danach rechts weiter und mit Linksbiegung zum Bhf. und nochmals links zu den Gleisen.

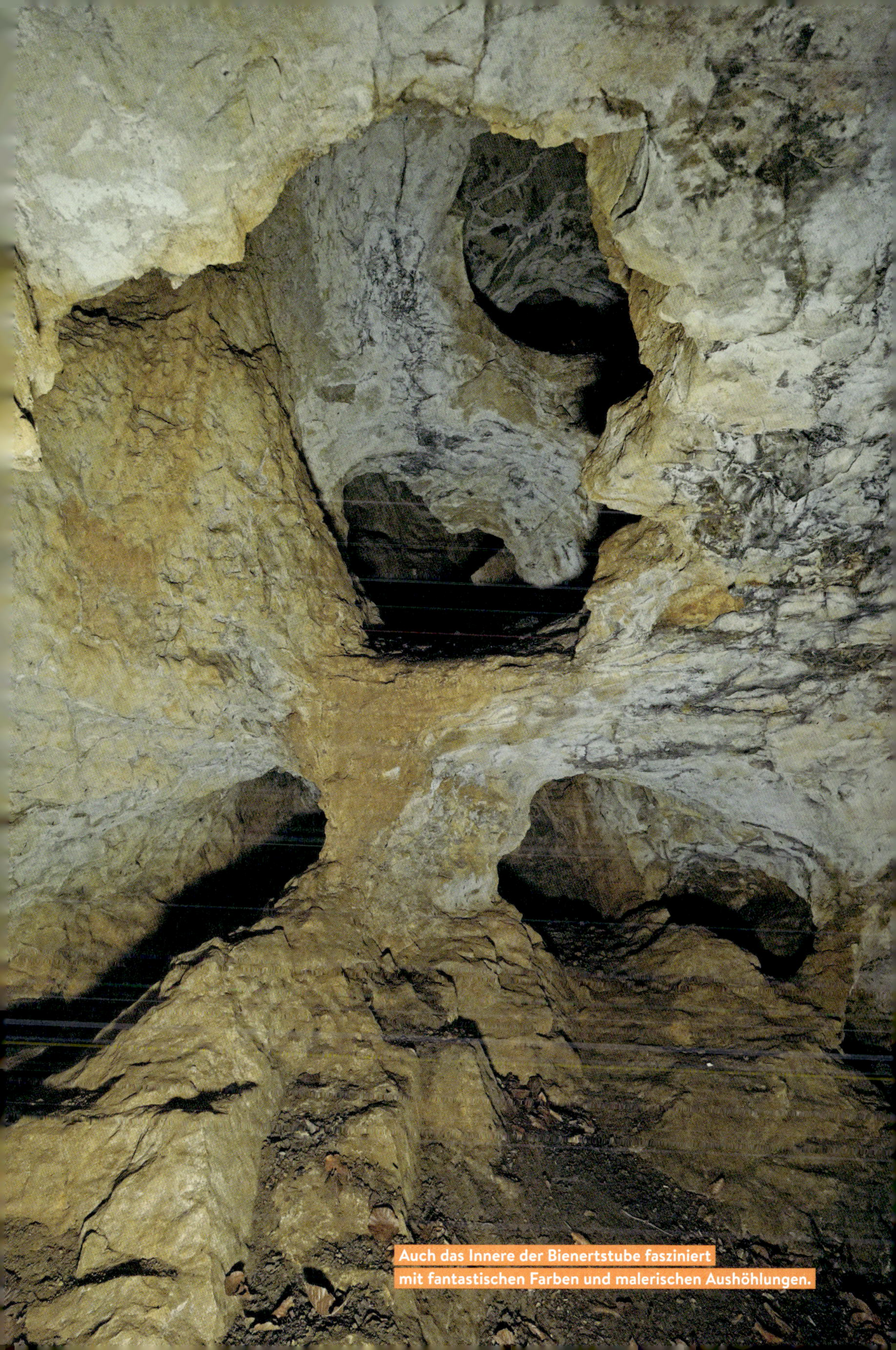

Auch das Innere der Bienertstube fasziniert
mit fantastischen Farben und malerischen Aushöhlungen.

Keltenstadt und Steinzeithöhle

Houbirg, Hohler Fels, Wachfelsen und Mühlkoppe

Kaum anderswo fühlt man sich der Vorzeit so nahe wie auf den hohen Keltenwällen der Houbirg oder in der Steinzeithöhle des Hohlen Fels. Nicht minder beeindruckt die atemberaubende Aussicht von Wachfelsen und Mühlkoppe oder die malerische Kapellenruine bei Arzlohe.

Der Aufstieg zur Houbirg verläuft direkt über den Keltenwall.

27

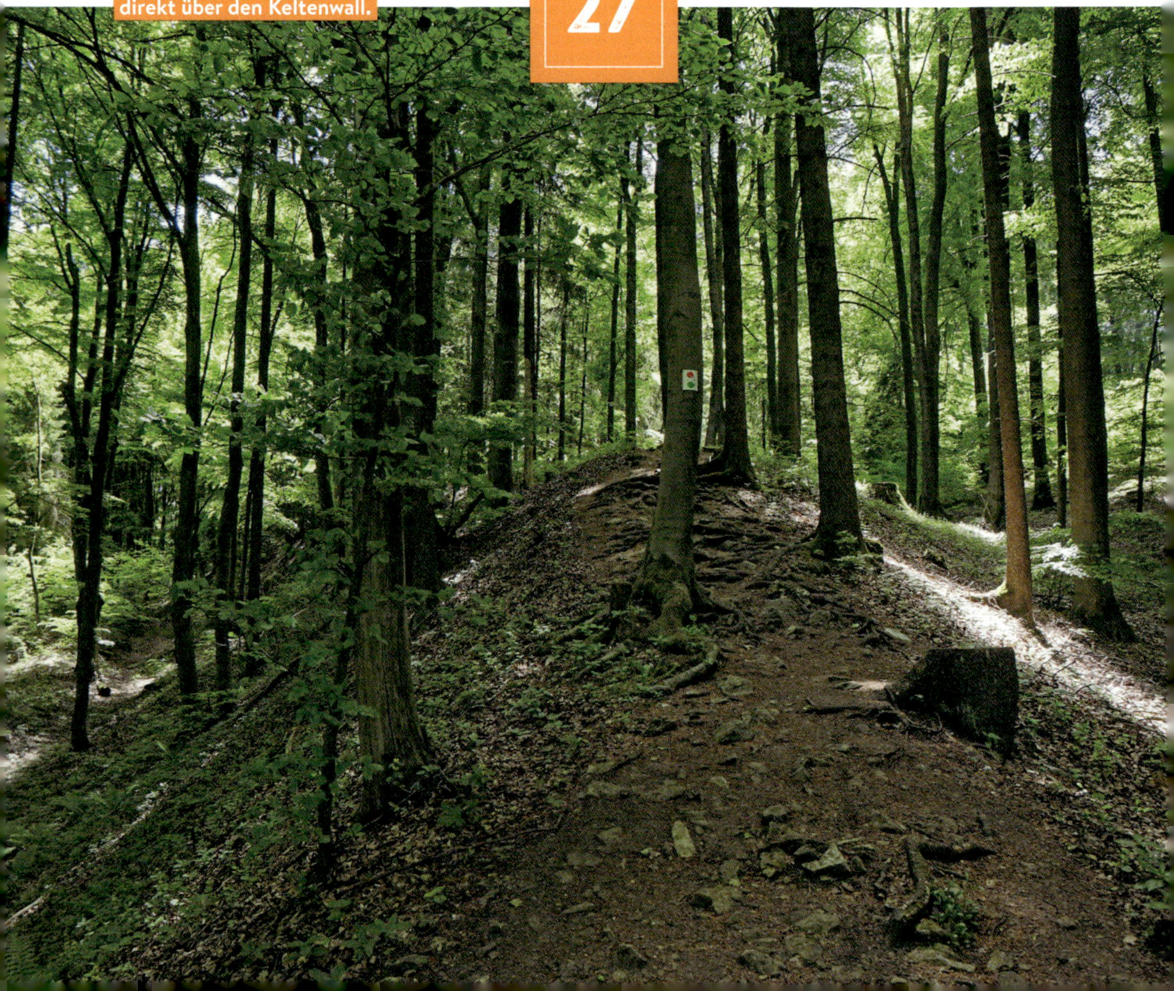

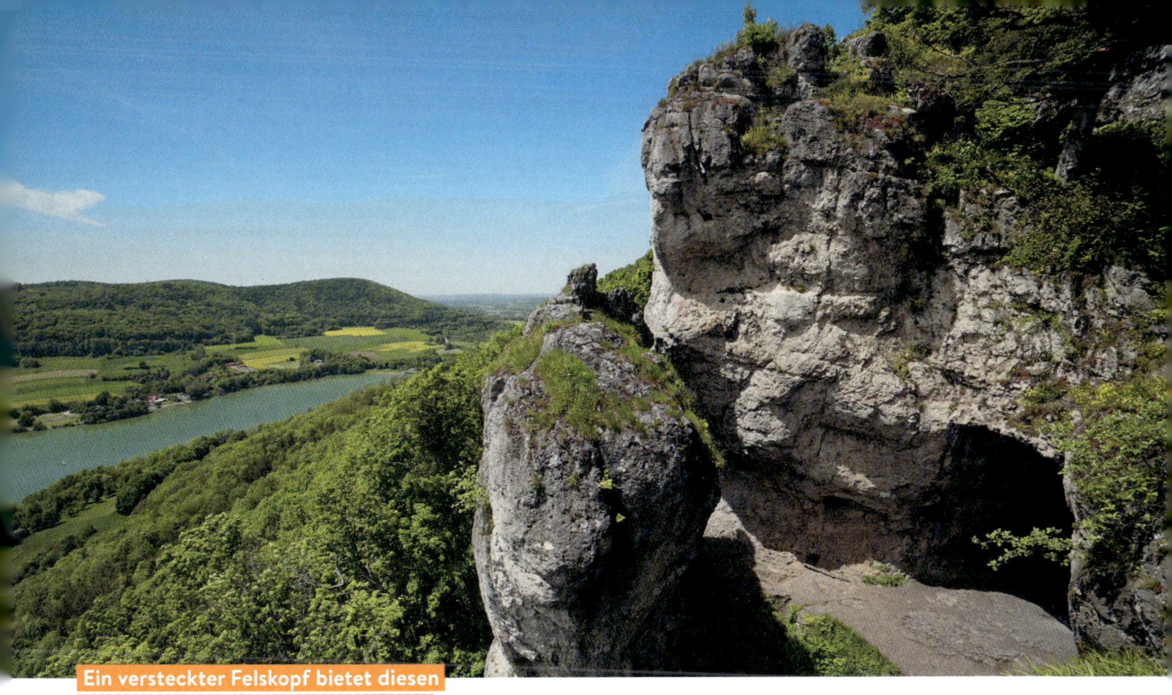

Ein versteckter Felskopf bietet diesen Prachtblick auf See und Hohlen Fels.

Unsere Tour führt von Happurg über die sagenumrankte Hunnenschlucht hinauf zu prächtigen Aussichtspunkten im Westen der Houbirg (617 m), überschreitet den gesamten Keltenwall, erkundet die einzigartige Felsenwelt des Hohlen Fels und bringt uns dann über Wachfelsen, Arzlohe und die sagenumrankte Mühlkoppe hinab nach Pommelsbrunn.

ÜBER DIE HUNNENSCHLUCHT ZUR KELTENSTADT Vom Bhf. Happurg wandern wir auf dem Gehsteig entlang der Straße stets geradeaus in den Ort hinein und passieren eine Gasse bei einem Haus mit rot-gelben Fensterläden. An ihrem Ende treffen wir auf die Mk. **Grünpunkt**. Mit ihr geht es nach links, bei einer Straßengabelung rechts steil empor und dann links zum Kriegerdenkmal hinüber. Kurz danach zweigt unser Weg rechts ab und erreicht einen Platz, der betroffen macht: den Dokumentationsort über das KZ-Außenlager und das Leid der Zwangsarbeiter im Stollensystem des sog. Doggerwerks (geplante NS-Flugzeugmotorenfabrik). Ein steiler Hohlweg bringt uns zu einem der Stolleneingänge hinauf. Nebenan, auf einem rechts abzweigenden Stichpfad, erreichen wir den Felskessel der Hunnenschlucht, eine der imposantesten Sandsteinformationen der Alb. Der Sage nach soll hier der Hunnenkönig Attila seine letzte Ruhestätte gefunden haben. Der Hauptweg überquert nun die Ausläufer der Schlucht und führt am Gegenhang steil empor, bei einer Gabelung links zu einer Forststraße hinauf. Auf ihr kommen wir nach rechts zu einer Infotafel über die Geschichte der Houbirg und 100 m weiter zu einer Wegteilung **1**: Mit Grünpunkt zweigen wir links auf einen unbefestigten Fahrweg und kurz danach erneut links auf einen Wanderweg ab, der an der Hangkante sanft bergan führt. Bald bringt uns ein Stichpfad links auf einen freien Hang mit einzelnen Kiefern hinaus: ein grandioser Rastplatz mit Prachtsicht auf Moritzberg, Hansgörgel, Happurg und Hersbruck.

Auf dem Hauptweg geht es weiter bergan und im Rechtsbogen zu einem hohen Punkt im NW des Plateauberges hinauf, dann abwärts, zuletzt links zu einer Infotafel hinüber. Nach kurzer Strecke (stets geradeaus) folgt die ent-

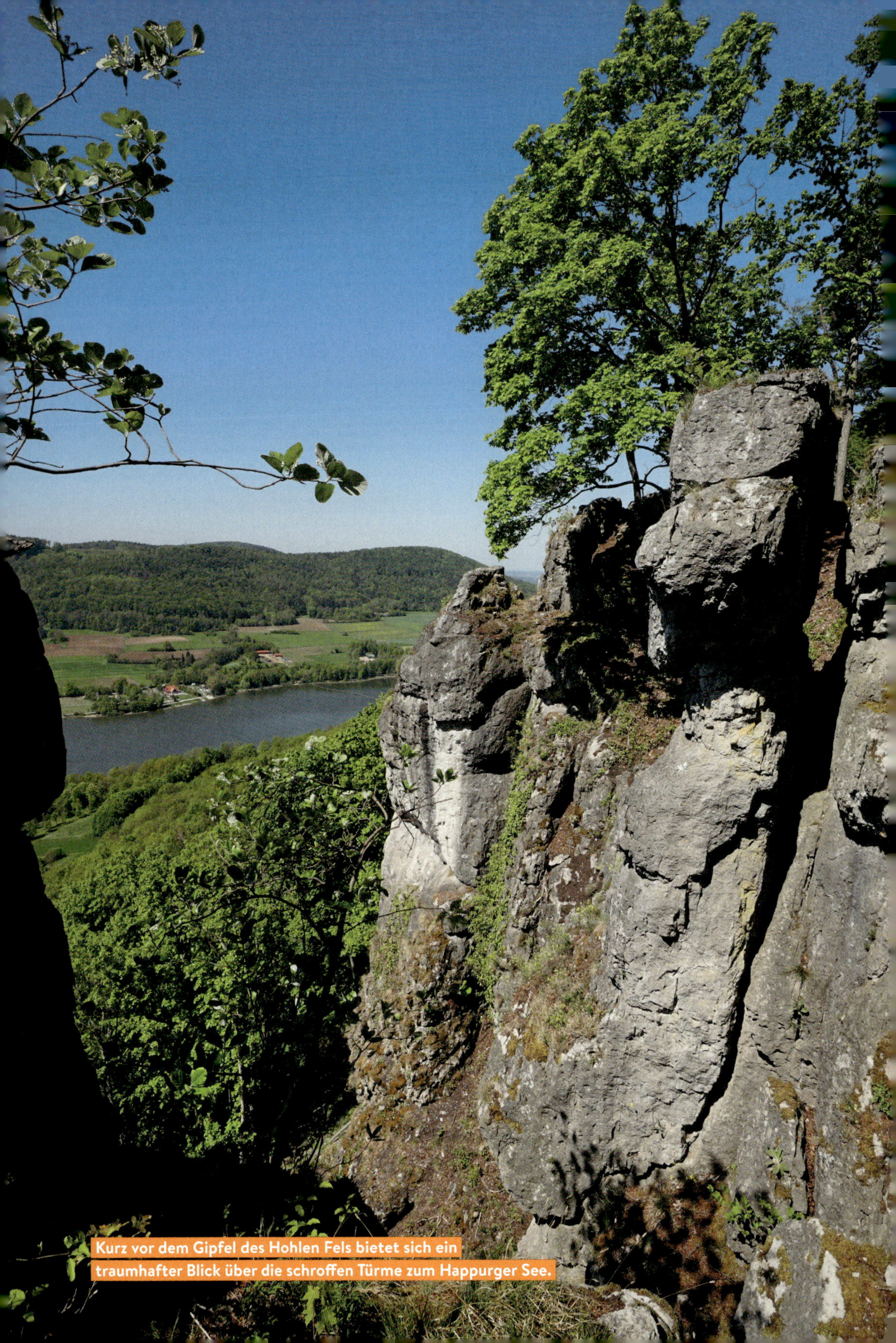

Kurz vor dem Gipfel des Hohlen Fels bietet sich ein traumhafter Blick über die schroffen Türme zum Happurger See.

scheidende Abzweigung **2** (Steinmännchen): Mit Grünpunkt biegen wir rechts auf einen schmalen Weg ab, der direkt über den imposanten, heute noch bis 11 m hohen Keltenwall verläuft – eine traumhafte Gratwanderung. Der Weg bringt uns steil zu einem Felskopf hinauf, überquert, kurz in die rechte Flanke ausweichend, eine Forststraße und folgt dann wieder steil ansteigend der Kammlinie des Walls. Nach einem weiteren Einschnitt (querender Forstweg) steigen wir mit dem **1000-Hm-Weg** gleich wieder links zum Wall auf, über den wir (bald wieder mit **Grünpunkt**) die Gipfelregion der Houbirg erreichen.

NATURWUNDER HOHLER FELS Mit Linksknick wandern wir zunächst auf dem Wall noch ein Stück bergab und gelangen dann, an bizarren Felsblöcken vorbei, auf breitem Weg hinab zum Plateau oberhalb des Hohlen Fels, wo sich eine Attraktion an die andere reiht: Nachdem wir am rechten Ende (bizarre Kiefer) den Traumblick auf den Happurger See genossen haben, wenden wir uns nach links, durchqueren ein fantastisches Felsrevier mit Spalten und Blöcken, steigen mit **Rotpunkt** eine Steintreppe hinunter und nach rechts zum Hauptfelsen auf (atemberaubender Tiefblick). Am Rotpunkt-Weg zurück, geht es die zweite Treppe hinab, dann zweigt rechts ein Pfad ab, der auf einen schmalen Felsrücken (nur für Schwindelfreie) hinausführt und den schönsten Blick auf den See, den Hauptfelsen, den vorgelagerten Gmabrocken und die Höhle unterhalb bietet. Nach dem Abstecher bringt uns der Hauptweg steil zu einem malerischen doppelten Felsentor hinab und durch dieses hindurch zu der geräumigen Höhle, in der seit 60 000 v. Chr. immer wieder Jäger der Steinzeit rasteten.

HÖHENWEG ZUM WACHFELSEN Vom Felsentor wandern wir mit Rotpunkt nach rechts leicht bergauf durch den Hang, gehen bei einer Gabelung **ohne Mk.** rechts auf gleicher Höhe weiter und halten uns bei der folgenden Verzweigung links. Unser Weg mündet bald in einen breiten Wanderweg mit der Mk. **Rot-Senkrecht** (auf gelbem Grund). Sie leitet uns bergab zu einer Lichtung, von dort mit Linksschwenk durch ein kleines Waldstück zu einer weiteren Freifläche, dann nach Rechtsknick wieder ansteigend in den Wald. Dort biegen wir rechts auf einen Pfad ab, der uns steil zur Felskuppe des Kupfers hinaufbringt. Genau am höchsten Punkt **3** zweigen wir **ohne Mk.** rechts ab, gehen auf deutlichem Pfad gut 40 m über den Kamm, dann auf Fahrspuren links in eine Senke hinab, zuletzt mit Rechtsschwenk an einer großen Buche vorbei auf begrüntem

Funde

METROPOLE DER KELTEN

Auf der Houbirg befand sich eine der größten Höhensiedlungen der Kelten in Süddeutschland. Schon in der vorangehenden Urnenfelderkultur wurden um 800 v. Chr. auf dem Plateauberg erste Befestigungen angelegt. Seinen Höhepunkt erlebte der Ort aber unter den Kelten, die in der späten Hallstadt- und frühen Latènezeit (um 550–400 v. Chr.) einen gewaltigen, mit Aufbauten aus Holz bewehrten Ringwall errichteten und die Zugänge zum Inneren mit sog. Zangentoren sicherten. Der Wall übertrifft mit gut 4,5 km Länge den Umfang der Stadtmauer der mittelalterlichen Reichsstadt Nürnberg. Der Innenraum war damals offenbar flächig besiedelt, wie verschiedene Funde von hochwertiger Keramik, Werkzeugen und Schmuck belegen. Zudem sollte die Siedlung in Kriegszeiten als Fluchtburg auch Schutzsuchende aus der Umgebung aufnehmen können. Um 400 v. Chr. wurde sie, wie viele andere Höhensiedlungen, in einer Krisenzeit aufgegeben.

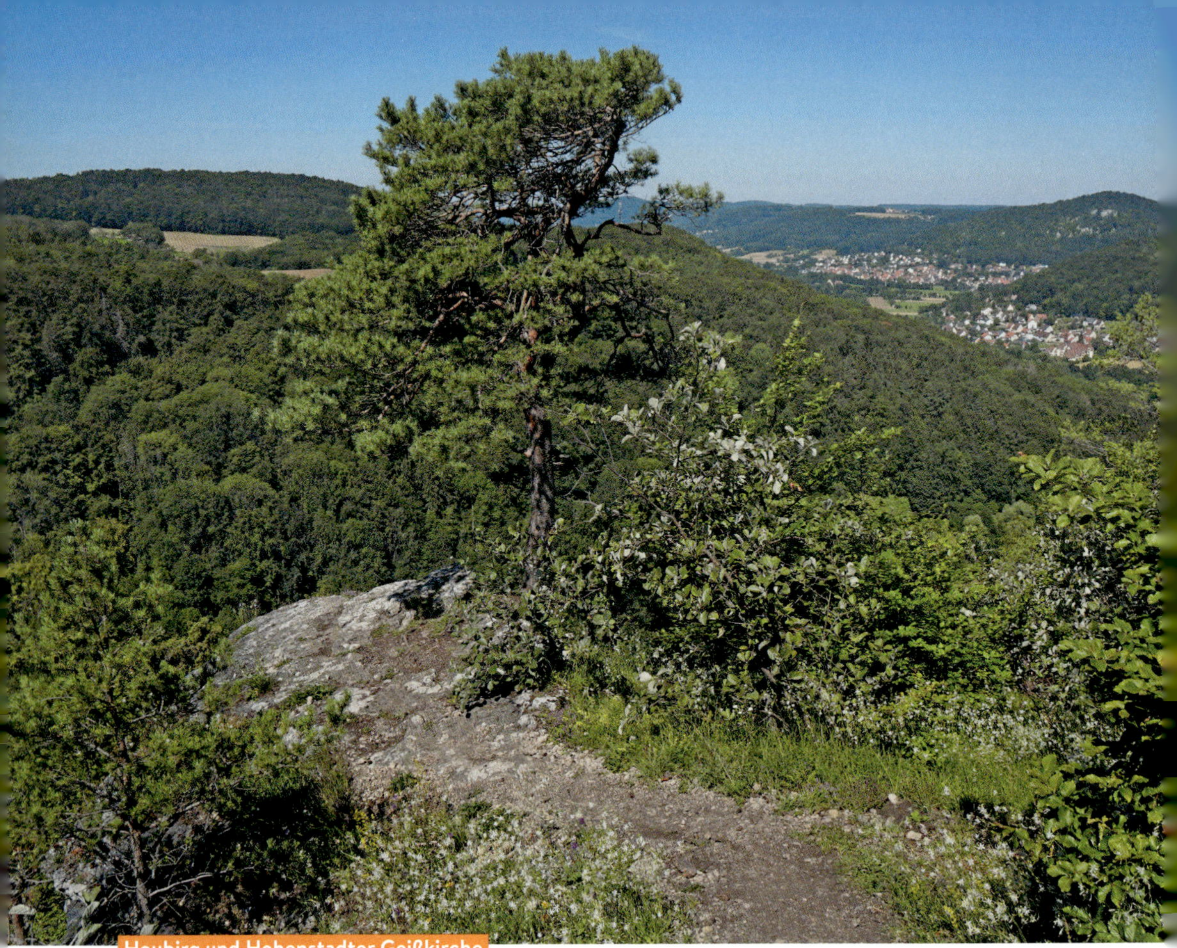

Houbirg und Hohenstadter Geißkirche dominieren den Ausblick von der Mühlkoppe.

Fahrweg in dichteren Wald hinein. Er mündet bald in einen querenden Steig, der nach links durch den Hang und dann im Rechtsbogen zügig zu einem Felsplateau oberhalb des Wachfelsens hinabführt. Ein deutlicher Steig bringt uns nach rechts um den Felsabsatz herum zu dieser einmaligen Schaukanzel hinunter: Rechts an der Felskante genießt man den schönsten Blick zum Happurger See, links von den Felsen nahe der verfallenen Berghütte einen umwerfenden Tiefblick ins Förrenbachtal (s. Seite 118 f.).

ÜBER DIE KAPELLENRUINE ZUR MÜHLKOPPE Zurück an P. 3, geht es mit **Rot-Senkrecht** nach rechts durch einen Märchenwald mit großen Blöcken zügig bergab, bei einer Gabelung links weiter, dann mit Rechtsknick zur entscheidenden Abzweigung **4** hinab: Wir biegen mit **Gelbkreuz** scharf links auf einen Wanderweg ein, der uns nach einem Rechtsschwenk in ein malerisches Tal bei Arzlohe hinabbringt. Auf dem Schotterweg erreichen wir rechts nach gut 50 m die spätgotische Kapellenruine zum Heiligen Baum – ein wahrhaft mystischer Ort.

Wir machen hier kehrt und wandern nach Arzlohe hinab, biegen aber schon bei der ersten Verzweigung rechts auf einen Schotterweg ab, der uns am Ortsrand entlang zur Einmündung in eine Fahrstraße bringt. Ihr folgen wir mit **Mk. M** 340 m nach rechts, biegen dann links in einen Fahrweg **5** ein und erreichen nach einem Linksschwenk bald den Waldrand –

prachtvoll der Rückblick auf den Kessel von Arzlohe und zum Dom. Bei der Wegteilung wählen wir mit **Mk. D** den Fahrweg rechts. Auf ihm gelangen wir durch Wald zu einer Wiese mit Prachtblick zum Zankelstein, dann geht es im Linksbogen steil zu einer Kuppe hinauf und jenseits zur Infotafel über den Burgstall Altes Haus (Reste einer Burg, die vermutlich im 13. Jh. auf dem Platz einer vorgeschichtlichen Wallanlage errichtet wurde) mit Rastbank hinab. Ein Pfad führt steil zur hohen Felsklippe der Mühlkoppe hinab: Prachtvoll der Blick auf Arzlohe, Houbirg, Pommelsbrunn und Hohenstadt. Der Sage nach soll in einer Höhle unterhalb ein Schatz versteckt sein.

ABSTIEG Von der Bank wandern wir mit Mk. D steil nach S bergab, dann im Rechtsbogen unterhalb der Felsen durch die Flanke. Bei einer Wegteilung geht es geradeaus auf einem Hangweg weiter, dann hinab zu einem unbefestigten Fahrweg. Auf ihm wandern wir nach links zunächst immer geradeaus abwärts, bis 20 m nach einer roten Bank **6** rechts ein Wanderweg abzweigt, der uns steil zu einem Schotterweg im Tal hinabbringt. Ihm folgen wir, an der alten Weidenmühle vorbei, nach links bis zu einer Fahrstraße, auf der wir nach rechts, über den Högenbach hinweg, den Bhf. Pommelsbrunn erreichen. Die S-Bahn bringt uns rasch nach Happurg zurück.

INFO

mittel	12,5 km	540/ 527 Hm	4:15 Std.

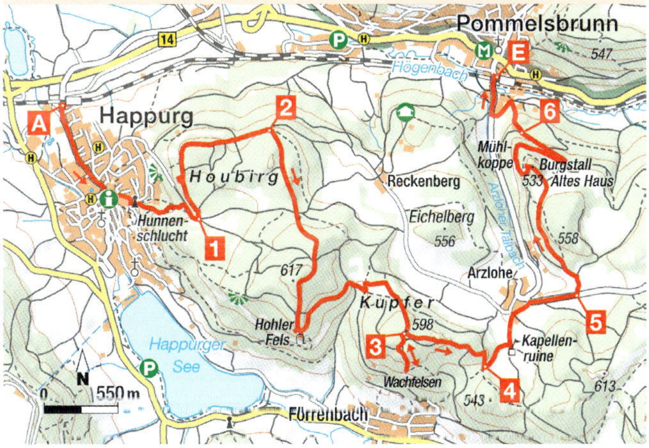

TOURENCHARAKTER
Streckenwanderung mit beträchtlichen Höhenunterschieden über einen der eindrucksvollsten Wälle der Keltenzeit zu mehreren spektakulären Aussichtspunkten und Felslandschaften und einer malerischen Kirchenruine; durchwegs gute Wege, nur im Bereich des Wachfelsens ohne Markierung

AUSGANGSPUNKT
Happurg Bhf. (346 m), Station der S 1 von Nürnberg Hbf. mit vielen Park-and-Ride-Plätzen (GPS: 49.500367, 11.467867)

ENDPUNKT
Pommelsbrunn Bhf. (359 m), von dort mit S 1 stdl. zurück nach Happurg

ANFAHRT MIT ÖPNV
Mit S 1 stdl. von Nürnberg Hbf. nach Happurg bzw. zurück von Pommelsbrunn

GEHZEITEN
Hunnenschlucht 0:25 Std. – Westaussicht der Houbirg 0:15 Std. – Houbirg Gipfel 0:55 Std. – Hohler Fels Höhle 0:15 Std. – Wachfelsen 0:40 Std. – Kapellenruine 0:30 Std. – Mühlkoppe 0:40 Std. – Pommelsbrunn Bhf. 0:35 Std.

BESTE JAHRESZEIT
Ganzjährig reizvoll, besonders schön im Frühjahr und Herbst

EINKEHR
Gh. zur Waldesruh in Arzlohe, Tel. 09154/12 18

KARTE
ATK25 C11 Hersbruck

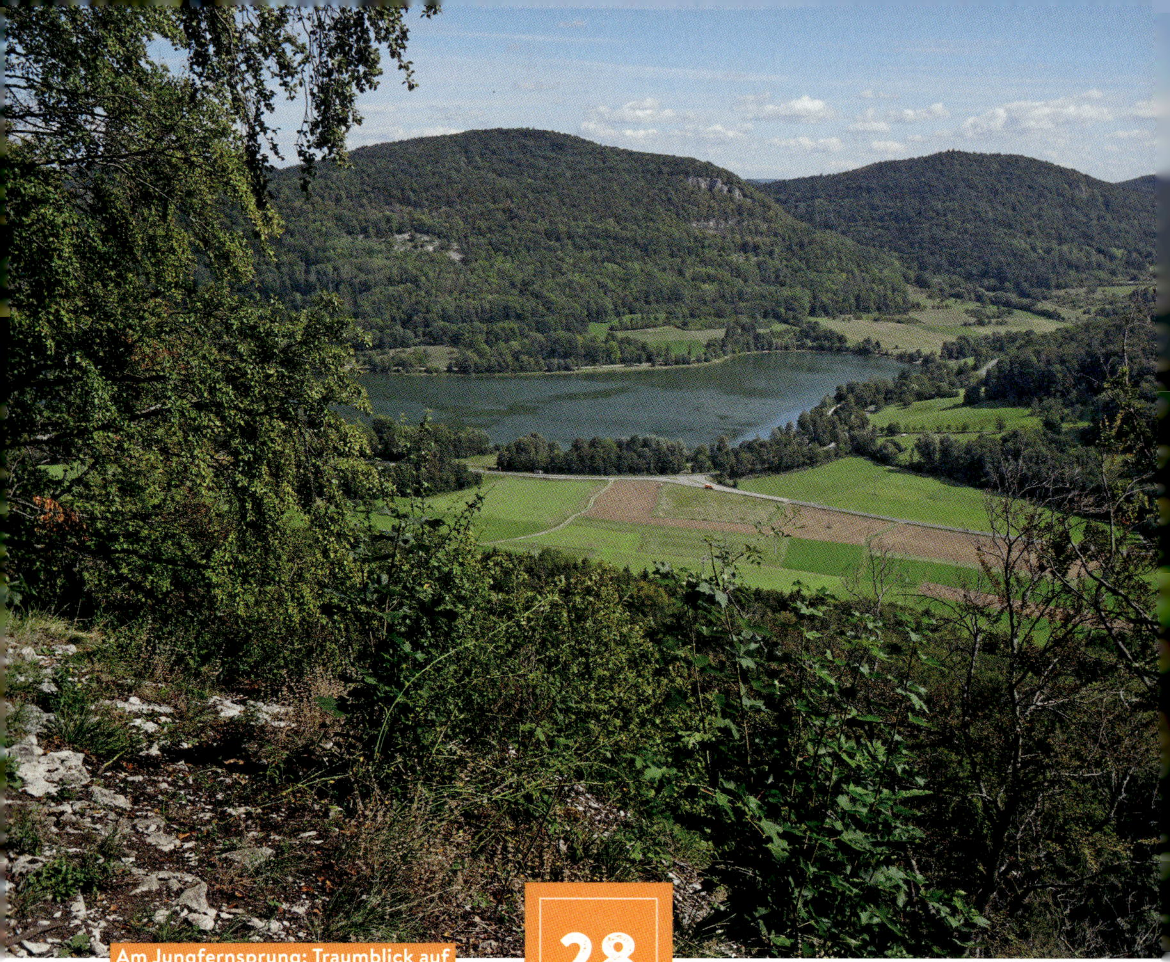

Am Jungfernsprung: Traumblick auf den Happurger See und die Berge

28

Sagenberge um den Happurger See

Steinernes Gassl, Reicheneck und Jungfernsprung

Rings um den großen Happurger Stausee erstreckt sich ein Panoramaland der Superlative, das mit faszinierenden Höhenwegen und spektakulären, teils sagenumwobenen Aussichtskanzeln begeistert. Nicht minder beeindruckt die filigrane Schönheit der Kainsbacher Kalktuffpyramide.

Unsere Rundtour führt durch das malerische Bergsturzgelände des Steinernen Gassls, dann hinab zum See, über die sagenumrankte Burg Reicheneck und die Sinterstufen zum Jungfernsprung (575 m) hinauf und durch aussichtsreiche Hänge zurück.

ÜBER DAS BRÜNNLE ZUM STEINERNEN GASSL Vom Parkplatz gehen wir ein kurzes Stück auf der Straße weiter und biegen dann mit **Grünstrich** u.a. links in einen bergauf führenden Fahrweg ein. Wenig später zweigt links ein Wanderweg ab, der uns an schroffen Sandsteinklippen entlang zügig bergan und über eine steile Kehre zum idyllischen Rastplatz an der gefassten Quelle des Brünnle hinaufbringt. Oberhalb geht es auf breiterem Weg weiter. Schon nach 160 m biegen wir beim Ww. zum Steinernen Gassl **1** mit Mk. **Nr. 3** rechts auf einen Pfad ab, queren in leichtem Auf und Ab den Hangwald und steigen dann zu einer blütengeschmückten Kuppe empor, wo sich ein Prachtblick auf den See und unsere Wanderziele Reicheneck und Jungfernsprung auftut. Mit der Mk. geht es nun stets geradeaus weiter, erst sanft, dann kurz steiler bergab, zuletzt nach links zu einem aussichtsreichen Bergsturzgelände mit riesigen Felstrümmern hinauf.

ABSTIEG ZUM SEE Der Pfad führt nun wieder in den Wald hinein und zu einer Wegteilung **2** empor: Mit Nr. 3 halten wir uns rechts, queren den Hang und steigen dann im Rechtsbogen steil zu einem breiteren Wanderweg hinab, auf dem wir, stets geradeaus, die Talwiesen bei Förrenbach erreichen. Bei Einmündung in einen Teerweg geht es mit **Nr. 2** nach rechts weiter; beeindruckend die gewaltige Bergkuppe des Hohlen Fels über uns. Kurz vor dem Seeufer stoßen wir auf unsere neue Mk. **Rotkreuz**. Sie führt uns auf einem Schotterweg nach links, über den Förrenbach hinüber und an idyllischen Buchten entlang.

ÜBER BURG REICHENECK NACH KAINSBACH Wo oberhalb bereits die Staatsstraße sichtbar wird **3**, heißt es aufgepasst: Mit einem Pfeil leitet uns Rotkreuz nach links auf einem Pfad über eine Wiese hinüber, steil zur Straße empor und jenseits auf einem Schotterweg zum Gedenkkreuz für die Opfer des KZ Hersbruck hinauf, das an das in der Nähe er-

Sage

DER JUNGFERNSPRUNG

Quälende Sorgen treiben den Bauern Fritz aus Ellenbach um: Hätte er seine Tochter Bärbel doch nicht allein über den Berg zu den Verwandten in Kainsbach gehen lassen, jetzt, mitten im Dreißigjährigen Krieg, wo noch einzelne Panduren plündernd durchs Land ziehen. Mit einem Dreschflegel bewaffnet zieht er los, um sie wenigstens auf dem Rückweg sicher zu geleiten. Fast hat er die Anhöhe erreicht, da stockt ihm der Atem: Die Bärbel rennt mit gerafftem Rock über den Gipfelweg, nicht weit hinter ihr johlend zwei bewaffnete Reiter. Oh nein: Die Reiter schneiden ihr den Weg ab, sie rennt direkt auf die Felskante zu. Und: Sie springt in den tödlichen Abgrund! Die Verfolger, denen die »Beute« so plötzlich entging, machen enttäuscht kehrt. Rasend vor Wut und Trauer stellt sich Fritz ihnen in den Weg: Den einen tötet der Dreschflegel, der andere ergreift die Flucht. Langsam steigt Fritz den steilen Hang zum Fuß des Felsens ab, um sein vermeintlich totes Kind nach Hause zu tragen – doch welche Freude, als er Bärbel dort, abgesehen von einigen Schrammen, wohlbehalten vorfindet: Ihr Kleid hatte sich in den Ästen der Bäume verfangen und so eine sanfte Landung ermöglicht.

baute Krematorium erinnert. Ein unbefestigter Fahrweg führt uns nach links am Mahnmal vorbei und, immer geradeaus, durch einen Wald mit riesigen Buchen stetig bergan. Wenn, wie im Sommer 2021, im oberen Teil des Aufstiegs der direkte Weg nach Reicheneck durch Windbruch versperrt ist, kann man getrost halb links weiter dem Fahrweg folgen (nur geringer Umweg): Er mündet bald in den **Gelbkreuz**-Wanderweg, auf dem man nach rechts mit sanftem Anstieg den Ortsrand von Reicheneck erreicht. Dort (unklare Mk.) umrundet man einen Neubau auf der linken Seite und gelangt an einem Bambuszaun entlang zu einer Wegteilung **4**: Gelbkreuz bringt uns nach rechts zur Burg(ruine) Reicheneck, 1238 erstmals bezeugt, in der Sage als Raubritternest verschrien, im 16. Jh. von der Reichsstadt Nürnberg zum imposanten Pflegschloss ausgebaut. Das eigentliche Burgareal ist nicht zugänglich, die am besten erhaltenen Teile, ein ehemaliges Torhaus und die anschließende Mauer, bieten aber auch von außen einen imposanten Anblick. Vom Vorplatz geht man die Schotterstraße ein Stück bergab und biegt dann rechts mit der Mk. in einen unbefestigten Fahrweg ein, der durch einen malerischen Engpass zu einer Gabelung hinabführt: Wir schwenken nach links, wandern mit prachtvollem Talblick auf einem Schotterweg abwärts

INFO

TOURENCHARAKTER

Sehr abwechslungsreiche Rundtour mit drei größeren Anstiegen, bei der ebenso die Sagenorte und die einzigartigen Ausblicke wie die faszinierenden Wasserwelten (Kalktuffpyramide, See, Bäche) begeistern; durchgehend gute, phasenweise schmale und steile Wege und Pfade

AUSGANGS-/ ENDPUNKT

Happurg, Parkplätze auf der rechten Seite des Höhenwegs (395 m, GPS: 49.492718, 11.475121), kurz nach dem Kriegerdenkmal (Zustieg vom Bhf. Happurg hierher wie in Tour 27 beschrieben in ca. 12 Min.) oder Bhf. Happurg (346 m)

ANFAHRT MIT ÖPNV

Mit der S 1 stündlich von Nürnberg Hbf. nach Happurg (Fahrzeit 35 Min.)

GEHZEITEN

Steinernes Gassl (1. Aussichtspunkt) 0:30 Std. – Happurger See 0:45 Std. – Reicheneck 0:35 Std. – Kainsbach 0:20 Std. – Kalktuffpyramide 0:25 Std. – Jungfernsprung 0:20 Std. – Rückweg zum Parkplatz 0:50 Std.

BESTE JAHRESZEIT

Ganzjährig reizvoll, außer bei Schneelage

EINKEHR

Gh. Zur Linde in Kainsbach, Tel. 09151/41 65

mittel | **11 km** | **510 Hm** | **3:45 Std.**

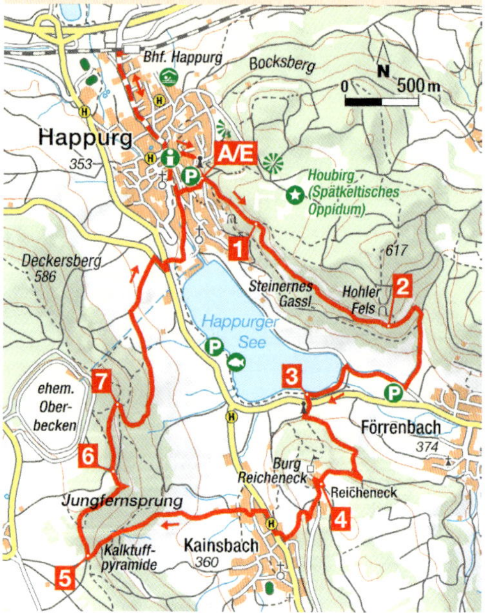

KARTE

ATK25 G11 Hersbruck

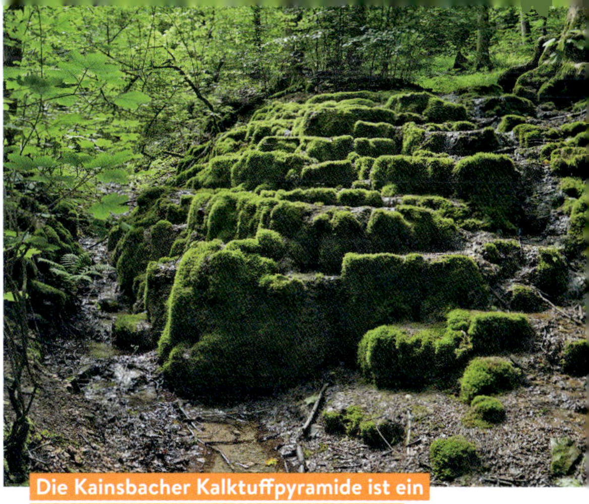

Die Kainsbacher Kalktuffpyramide ist ein malerisches Kleinod an unserer Route.

und gelangen auf einem Teerweg nach rechts zur Hauptstraße von Kainsbach.

ÜBER DIE KALKTUFFPYRAMIDE ZUM JUNGFERNSPRUNG Wir gehen nun **ohne Mk.** auf der Schupfer Straße 140 m nach rechts, links die Schmiedgasse hinunter, folgen der Dorfstraße knapp 30 m nach links und biegen zuletzt vor dem Hotel Mühle rechts in die Mühlgasse ein. Nach Überschreitung des Baches wandern wir auf einem anfangs geteerten Weg geradeaus aus dem Dorf hinaus. Nach einigen Scheunen geht es auf begrüntem Weg im Rechtsbogen durch Wiesen empor: Prachtvoll der Rückblick auf Kainsbach und zur Houbirg. Schließlich führt der Fahrweg in den Wald hinein und im Linksbogen bergauf. Nach Einmündung in einen Schotterweg (hier rechts) kündigt das Plätschern ein wahres Naturjuwel an: Das Bächlein hat eine gut 3 m hohe Pyramide aus unzähligen bemoosten Sinterstufen geschaffen – ein einmaliger Anblick. Nach der Besichtigung wählen wir, wieder mit **Gelbkreuz**, den Wanderweg, der rechts der Sinterstufen emporführt. Nach stärkerem Anstieg erreichen wir eine Wegteilung **5**: Mit **Rot-Senkrecht** und **Nr. 5** steigen wir nach rechts zum Rand der Hochfläche auf und wandern im Rechtsbogen an ihm entlang. Ein Stichpfad (Ww.) führt uns schließlich nach rechts zum letzten großen Highlight. Schon die Bank oberhalb des Jungfernsprungs bietet eine prachtvolle Aussicht, man sollte aber noch über Stufen bis nahe der Abbruchkante absteigen: Einmalig der Blick auf Happurger See und Kainsbachtal und das Panorama mit dem Hohlen Fels in der Mitte.

ABSTIEG Von der Bank bringt uns ein Pfad rechts zum Hauptweg zurück, dem wir nach rechts noch ein Stück folgen. Dann heißt es aufgepasst: In einer Linkskurve des breiten Weges **6** biegen wir rechts mit **Blaupunkt** u.a. (die Mk. findet sich erst in einiger Entfernung) auf einen Pfad ab, der durch die Büsche, dann steil bergab und zuletzt in ebener Querung durch die Flanke führt. Bei einer Gabelung geht es rechts bergab, dann folgt die nächste Wegteilung **7**: Auf breiterem Weg wandern wir mit **Blau- und Gelbpunkt** nach rechts abwärts, über einen Forstweg hinweg, dann im Linksbogen zum Waldrand hinunter, an diesem entlang und zuletzt auf Feldwegen mit schöner Aussicht zur Straße nach Deckersberg hinab. An ihr entlang führt uns die Mk. rechts zur Hauptstraße hinunter, dort kurz nach rechts und jenseits auf geteertem Fußweg nach links. Bald geht es auf einem Schotterweg rechts zum Kraftwerk hinab, vor ihm nach links und dann am Förrenbach entlang nach Happurg hinein. Auf Brücken überschreiten wir ihn und einen Seitenbach und erreichen eine Straßengabelung: Wer zum Parkplatz zurückkehren will, folgt rechts weiter der Förrenbacher Straße, biegt mit **Grünpunkt** rechts in den Engen Weg ein und steigt geradeaus über Stufen zum Friedhof auf. Ein Fußweg führt an der Friedhofmauer weiter bergan und mit **Rot-Senkrecht** u.a. im Rechtsbogen zum Höhenweg hinauf. Bahnfahrer wandern bei der Gabelung links mit **Blaupunkt** weiter, steigen halb rechts zum bekannten Haus mit den rot-gelben Fensterläden auf und erreichen auf vertrauter Route den Bhf.

Zur Akropolis der Kelten

Johannisburg, Hochberg, Spurzelgrub und Kirchtalwände

Als großes Höhenheiligtum der Kelten ist der Hochberg heute durch einen archäologischen Rundweg erschlossen. Zahlreiche grandiose Naturwunder in seiner Nähe wie die Schauloge der Teufelskanzel, die bizarre Johannisburg oder die malerische Höhlenruine Spurzelgrub verbergen sich jedoch abseits der Wanderrouten.

29

In der Felswildnis der Johannisburg lädt eine Höhle zur Rast ein.

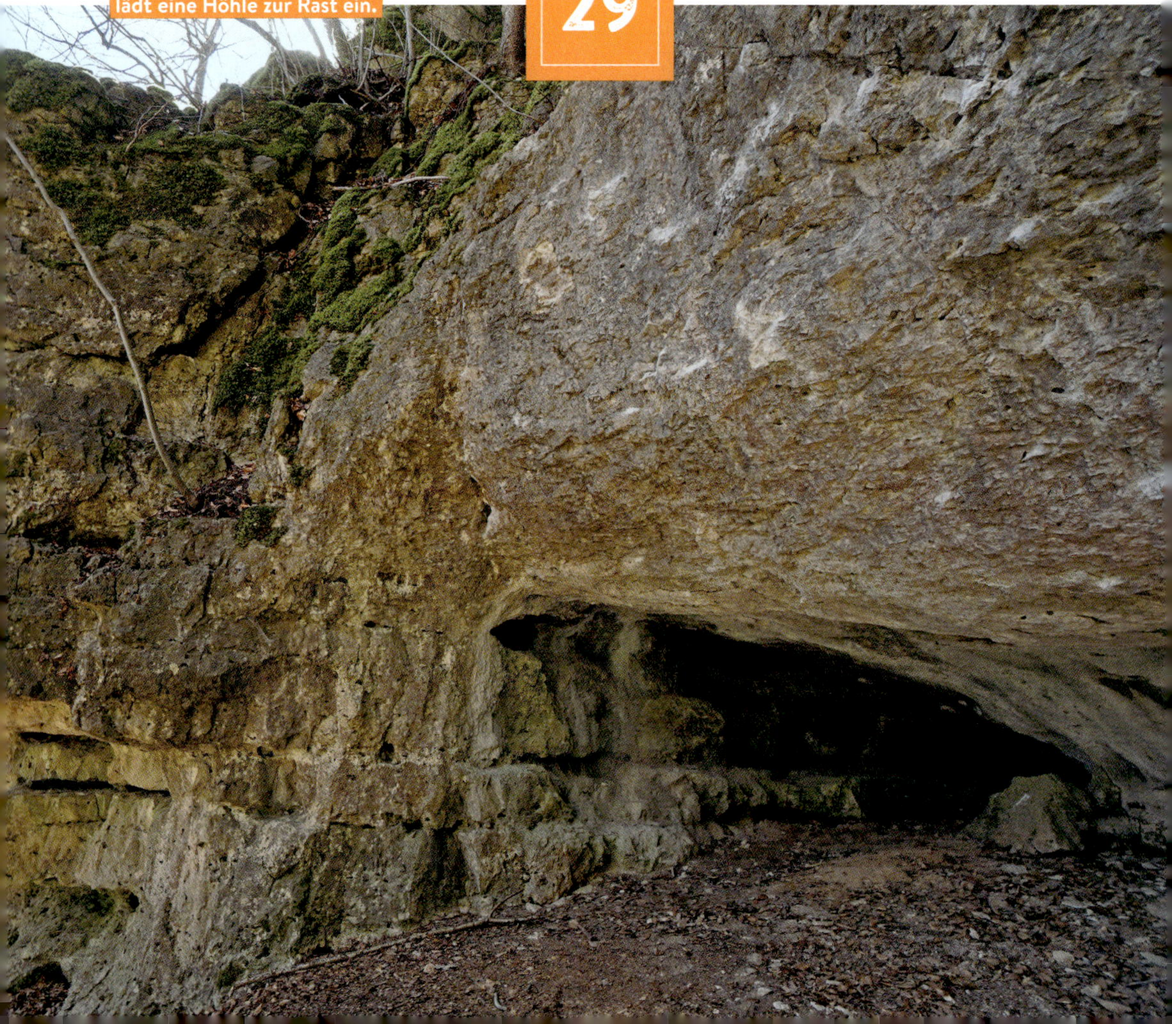

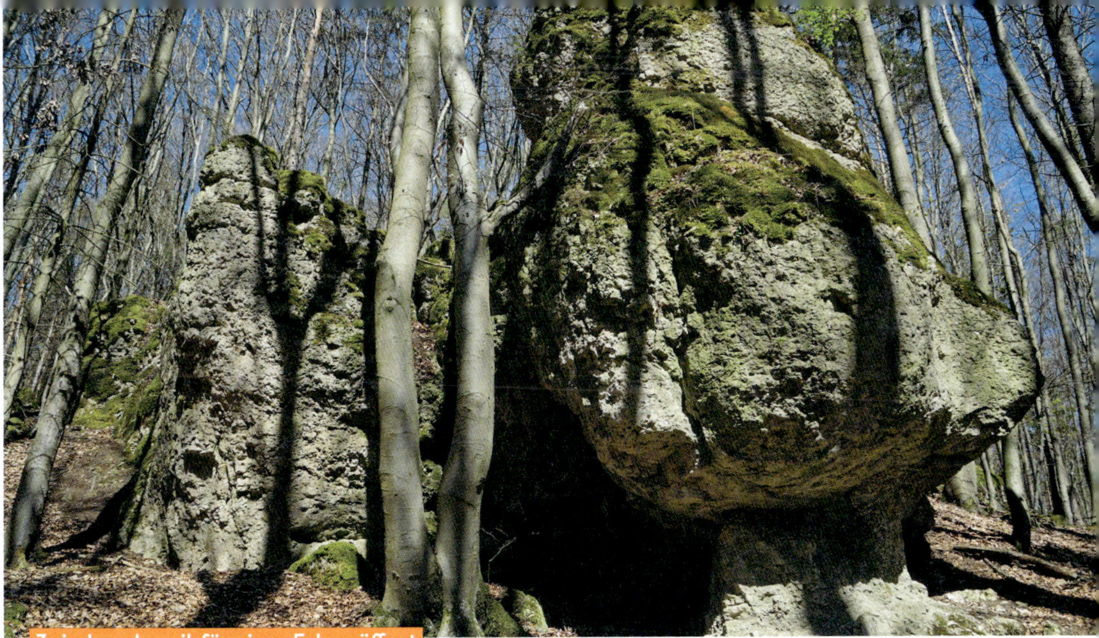

Zwischen den pilzförmigen Felsen öffnet sich der Eingang zur Hochberghöhle.

Von der kleinen Steinernen Rinne bei Aicha führt uns unsere Route durch ein idyllisches Tal hinauf zur Teufelskanzel, weiter über die Johannisburg und die Felsen- und Höhlenwelt am Hochberg-Südhang zum Gipfel (619 m), über Mittelburg nach Heldmannsberg, durch die artenreichen Magerrasen des Schottenlochs hinauf zur Spurzelgrub und zuletzt über die gewaltigen Felsbastionen der Kirchtalwände wieder ins Tal.

ZUR STEINERNEN RINNE Gegenüber der Hst. Abzw. Aicha führt uns ein Teersträßchen **ohne Mk.** an einem munteren Bach entlang zügig bergauf. Wo das Gelände flacher wird, zweigen wir spitzwinklig links auf einen begrünten Fahrweg ab und queren in leichtem Auf und Ab die felsgeschmückte Flanke. Nach einer Gabelung (hier links) gelangen wir mit sanftem Gefälle zur Hochholz-Quelle: In dem malerischen Areal rechts (vor der Hütte) sprudelt glasklares Wasser aus mehreren Quelltöpfen. Der nun schmalere Weg führt uns deutlich bergab und über das Bächlein hinweg, das nach links den Hang hinabfließt: Wer ihm am linken Ufer ein Stück weglos folgt, kann schöne

Funde

DER HEILIGE BERG DER KELTEN

Die erste Besiedlung des Hochbergs erfolgte schon in der Jungsteinzeit: Um 2800 v. Chr. entstand eine Höhensiedlung der schnurkeramischen Kultur, von der Gefäßscherben und ein Steinbeil zeugen. Ein bedeutendes Zentrum wurde er aber erst unter den Kelten: Im 6. und 5. Jh. v. Chr. schützten sie die Oberburg (Akropolis) auf der leichter zugänglichen Südseite mit Mauern und erbauten einen Ringwall um die im Norden anschließende Unterburg, die man über ein heute noch lokalisierbares Zangentor betreten konnte. Klar ist die Funktion als religiös-kultisches Zentrum: Ein Brandopferplatz befand sich wahrscheinlich auf dem Gipfel, sicher nachweisbar ist ein solcher am Fuß der schroffen Nordwände, wo verkohlte Tierknochen und Scherben von Tongefäßen gefunden wurden. Als die benachbarte Houbirg zum überregionalen politisch-wirtschaftlichen Zentrum aufstieg (s. Tour 27), wurde wohl auch das Kultzentrum dorthin verlegt.

Tipp

ZWEI-TAGES-VARIANTE FÜR AUTOFAHRER

In der beschriebenen Form ist die Tour nur mit ÖPNV gut zu machen. Für Autofahrer bietet sich eine Aufteilung auf 2 Tage an. 1. Tag: Man parkt am Parkplatz vor dem Seitental mit der Teufelskanzel (GPS: 49.472788, 11.522804), geht 250 m an der Straße weiter zur Steinernen Rinne und steigt dort in die Tour ein. In Mittelburg (P. 5) biegt man dann rechts mit Grünstrich auf den Weg nach Aicha ab, dann kurz vor Aicha spitzwinklig rechts auf das Teersträßchen ohne Mk. Bei einer Gabelung hält man sich rechts, zweigt 170 m nach ihr rechts auf den begrünten Fahrweg ab und kehrt, wie zu Beginn beschrieben, über die Hochholz-Quelle zum Auto zurück (Gehzeit Mittelburg–Parkplatz 1:00 Std., gesamt 3:30, 420 Hm). 2. Tag: Man parkt am Wanderparkplatz neben der Hst. Regelsmühle (GPS: 49.453252, 11.561908), geht an der Straße gut 400 m Ri. Hersbruck und wandert dann rechts mit Gelbkreuz über das untere Schottental zu P. 6 bei Heldmannsberg hinauf (weiter wie beschrieben; Gehzeit bis P. 6 0:30 Std., gesamt 2:05, 250 Hm).

Sinterstufen bewundern. Um seine größte Attraktion zu erreichen, steigt man jedoch besser auf dem Hauptweg bis zur Talsohle **1** ab, biegt dort scharf nach links und geht 100 m neben der Talstraße entlang. Staunend stehen wir vor einem streng geschützten Kleinod: Das Bächlein hat an einer Steilstufe erst in jüngster Zeit eine 60 cm hohe Steinerne Rinne gebildet.

ZUR TEUFELSKANZEL Wir kehren zu P. 1 zurück und biegen halb rechts auf den begrünten Fahrweg ein, der an einem Bach entlang in ein idyllisches Seitental hineinführt. Bei einer Gabelung halten wir uns rechts und erreichen eine Wiese (Quellgebiet) mit Prachtblick auf die schroffe Teufelskanzel im Talschluss. Von hier geht es auf deutlichem Pfad weiter empor, dann im Linksbogen, an großen Blöcken vorbei, zügig zum Rand der Hochfläche **2** hinauf. Hier schwenken wir nach rechts und gehen direkt am Waldrand entlang, bis rechts ein deutlicher Pfad in den Wald hineinführt. Nach einer Senke erklimmen wir über Felsstufen den Gipfel der Teufelskanzel: ein Traumplatz mit prachtvollem Talblick.

FELSWILDNIS JOHANNISBURG Zurück an P. 2, wandern wir auf unbefestigtem Fahrweg im Rechtsbogen auf die malerischen Wiesenflächen hinaus, folgen dann mit **Grünstrich** einem Schotterweg nach links und biegen am Waldrand nach rechts. Nach kurzem Anstieg zweigen wir mit **H** (= Hochberg), **D** u.a. rechts auf einen Wanderweg ab. Bald rücken die schroffen Abstürze der Johannisburg ins Blickfeld. Wir passieren einen imposanten Turm, eine Spalte und eine Wand mit Hohlkerbe und können nach ihr links steil in einen Kessel mit schöner Halbhöhle aufsteigen. Danach folgen wir wieder dem Wanderweg und der Mk. **D** (H zweigt rechts ab), bis der Abstecher zum spektakulärsten Teil der Felskette lockt. Kurz bevor der Weg im Rechtsbogen auf eine Wiese hinausführt, steht rechts eine Fichte mit drei flachen bemoosten Blöcken an ihrem Fuß: Genau hier biegt man rechtwinklig nach links, steigt an einem zerrissenen Felsklotz vorbei ein Stück den Hang empor, quert dann auf deutlichen Pfadspuren nach links und steigt zwischen zwei begrünten Felskegeln hindurch zu einem fantastischen Felswinkel auf. Hier öffnet sich eine malerische, 6 m tiefe Höhle – ein traumhafter Rastplatz fernab der Welt.

NATURWUNDER AM KELTENBERG Nach dem Abstieg gehen wir mit D nach links, biegen aber gleich am Beginn der Wiese **ohne Mk.**

rechts ab und gelangen am Waldrand auf Fahrspuren zu einer Kreuzung **3** auf der anderen Talseite. Wir wählen hier zunächst den unmarkierten Fahrweg, der geradeaus (!) in den Wald führt. Bald zeigen sich links am Hang die Attraktionen: ein schlanker Turm, ein Felsenfenster, ein markanter Abri, zuletzt – wieder nahe am Fahrweg – die Hochberghöhle mit zwei malerischen Kammern bei einem pilzförmigen Felsen. Zurück an P. 3, steigen wir mit Mk. **H** nach rechts bergan. Am Rand einer großen Wiese (Ww.) taucht die Mk. des Archäologischen Rundwegs (**ArchRW**) auf. Sie leitet uns ein Stück geradeaus weiter, halb rechts auf einem Fahrweg in den Wald (rechts ein imposanter Felsturm), dann auf einem Wanderweg rechts bergan. Bei einer Gabelung führt ein Stichpfad links zu einem keltischen Opferplatz am Fuß der schroffen Nordwände und zu einer Toranlage hinüber. Zurück am ArchRW, steigen wir steil über Felsstufen zu einem Plateau an der Südseite und mit Linksschwenk zum felsigen Gipfel des Hochbergs auf, wo einst die »Akropolis der Kelten« stand.

An der SW-Seite führt uns die Mk. durch eine Rinne hinab zu einer Infotafel über die jungsteinzeitliche Besiedlung, dann nach rechts steil zwischen bizarren Felsen abwärts zur Einmündung in einen unbefestigten Fahrweg **4**. Ihm folgen wir **ohne Mk.** nach links. Oberhalb zeigt sich bald eine bizarre Felsgruppe mit zwei Überhängen übereinander, direkt am Weg ein malerisches Felsentor. Vor einer eingezäunten Hütte geht es rechts bergab, dann im Bogen unter den gewaltigen Ostwänden entlang; Hauptattraktion ist eine 10 m tiefe Spalthöhle (steiler Abstecher). Über eine Wiese (auf der sich in Jungsteinzeit und Latènezeit eine Siedlung befand) gelangen wir zu einem Pflasterweg und wandern mit **Rot-Senkrecht** (auf gelbem Grund) rechts nach Mittelburg hinab.

HÖHENWEG NACH HELDMANNSBERG

Nach dem Dorfplatz führt uns die Mk. nach links, dann (an der Abzweigung **5** nach Aicha: s. Variante) geradeaus weiter und am Ortsende rechts auf begrüntem Fahrweg empor; prachtvoll die Sicht auf Ossinger und Zant. Nach einem Sattel wandern wir links bergab, bis der Blick auf Waizenfeld frei wird, zweigen aber gleich am Waldrand mit **Gelbkreuz** rechts ab, halten uns bei einer Gabelung links und steigen dann auf unbefestigtem Fahrweg wieder in den Wald auf. Immer geradeaus geht es über den Bergrücken weiter, dann deutlich bergab, bei einer Verzweigung nach rechts, zuletzt im Linksbogen auf die Hochfläche hinaus, wo sich ein Prachtblick auf Heldmannsberg und die Kuppen ringsum auftut. Bald biegen wir rechts ab: Die Mk. führt

Fernab markierter Routen verbirgt sich die malerische Höhlenruine Spurzelgrub.

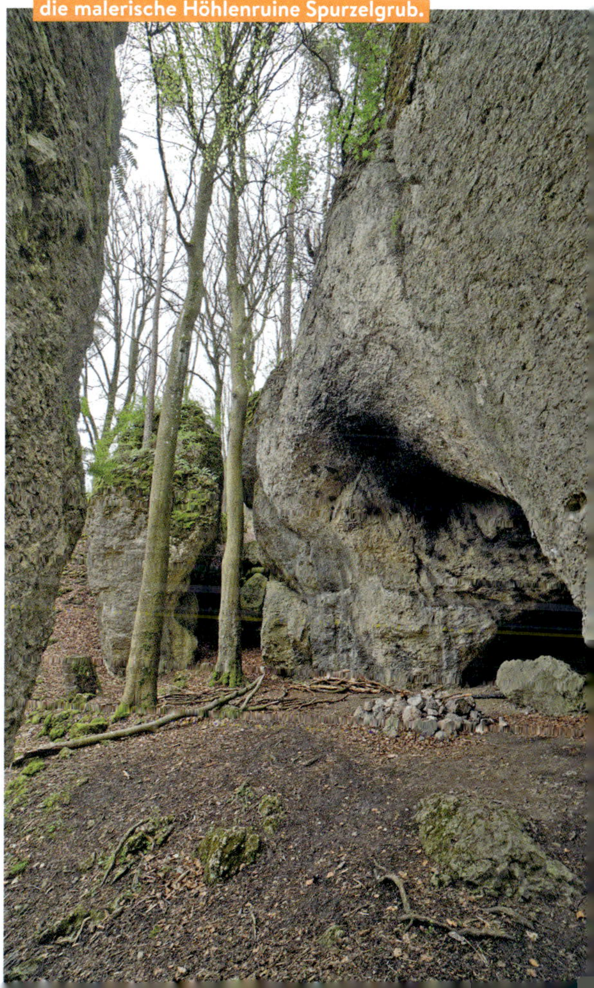

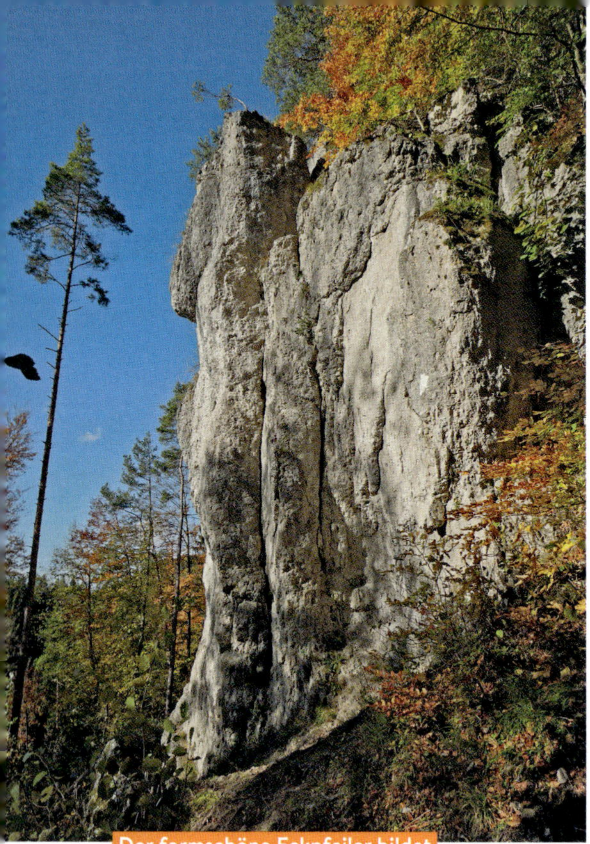

Der formschöne Eckpfeiler bildet das Schaustück der Kirchtalwände.

uns über Wiesen in den Ort, am Gh. Zum Schottental vorbei zur Hauptstraße, dort kurz nach rechts und wieder links aus dem Dorf hinaus. Schon nach 50 m zweigen wir bei einem Kruzifix 6 links ab und wandern **ohne Mk.** zur sehenswerten Wallfahrtskirche (1674) hinüber.

SCHOTTENLOCH UND SPURZELGRUB

Gleich östlich der Kirche öffnet sich ein prachtvoller Blick hinab in den tiefen Kessel des Schottenlochs. Rechts der Rastbänke finden wir bei einem Weidetor den Abstiegsweg: Ein guter Fußweg ohne Mk. führt durch dieses Naturjuwel mit seinen Magerrasen abwärts und mündet nach einem Rechtsbogen in den breiten Talweg. Mit **Rotring** folgen wir ihm kurz nach links, biegen aber bald rechts auf den Wanderweg ab, der uns mäßig steil zur Hochfläche und an ihrem Rand links zu einem Schotterweg hinüberführt. Auf ihm geht es nach rechts mit schöner Aussicht in weiten Bögen bergauf zu einer Anhöhe 7, wo bereits das erste Haus von Hofstetten sichtbar wird. Hier zweigen wir rechts auf einen Fahrweg **ohne Mk.** ab und wandern, zuletzt nur auf Fahrspuren, links am Waldrand entlang, in ein malerisches Tälchen hinab. Bald stehen wir vor einem einzigartigen Naturwunder: Vor uns öffnet sich die vorgeschichtlich bedeutsame Höhlenruine Spurzelgrub, ein wildes Ensemble aus bizarren Türmen, einem zentralen Felsdurchgang mit riesigem Überhang und einer anschließenden Querspalte, durch die man rechts zu den schroffen Abstürzen Richtung Schottental gelangt. Nach der Rast gehen wir den Hinweg zurück, folgen ihm ab Beginn der gepflasterten Steilstrecke noch 45 m und biegen dann rechts auf einen begrünten Fahrweg ab. Auf ihm wandern wir stets am Waldrand entlang, bis scharf rechts ein Fahrweg abzweigt, der uns nach weiterem Rechtsschwenk durch ein Waldtal zügig abwärts und auf eine Wiese hinausführt. Dort gehen wir halb links auf deutlichen Wegspuren am unteren Rand einer langen Buschreihe weiter und erreichen einen Pflasterweg (**Grünpunkt** u.a.), auf den wir nach links einschwenken.

ABSTIEG ÜBER DIE KIRCHTALWÄNDE

Kurz vor dem Ortsschild von Hofstetten 8 zweigen wir rechts auf einen Feldweg **ohne Mk.** ab und wandern mit prachtvoller Fernsicht (dominierend die Kuppe der Zant, auf der sich in der Bronzezeit eine Höhensiedlung befand) sanft bergab. Bei einer Gabelung geht es links auf gleicher Höhe weiter, dann bei einem Sattel rechts zu einem Jägerstand hinüber und rechts an ihm vorbei auf einem Fahrweg durch Wald abwärts. Bei einer Rechtskurve lohnt ein Abstecher nach links zur malerischen kleinen Kirchtalwandhöhle. Nun ist etwas Orientierungssinn gefragt: Wir gehen auf dem Fahrweg ab der Kurve noch 40 m abwärts und biegen dann an geeigneter Stelle **9** links in den Wald ab: Nach nur 50 m weitgehend wegloser Querung (immer auf gleicher Höhe bleiben!) stoßen wir auf einen deutlichen Pfad, der uns links zu einem Sattel am Nordende der Kirchtalwände hinaufbringt. Ein letzter großer Höhepunkt: An schroffen Wänden entlang führt uns ein Steig über Stufen zu einem gewaltigen Eckpfeiler hinab und weiter zu einem Massiv, das mit zwei Überhängen übereinander an eine versteinerte Welle erinnert. Zurück am Sattel, leitet uns der Pfad zunächst durch die Flanke sanft abwärts, dann steil bergab und mit Rechtsknick zum Schotterweg vor der Kirchtalmühle hinunter. Von hier kommen wir nach rechts in wenigen Minuten zur Talstraße und links an ihr entlang zur Hst. Regelsmühle.

INFO

mittel | **15 km** | **685/670 Hm** | **5:30 Std.**

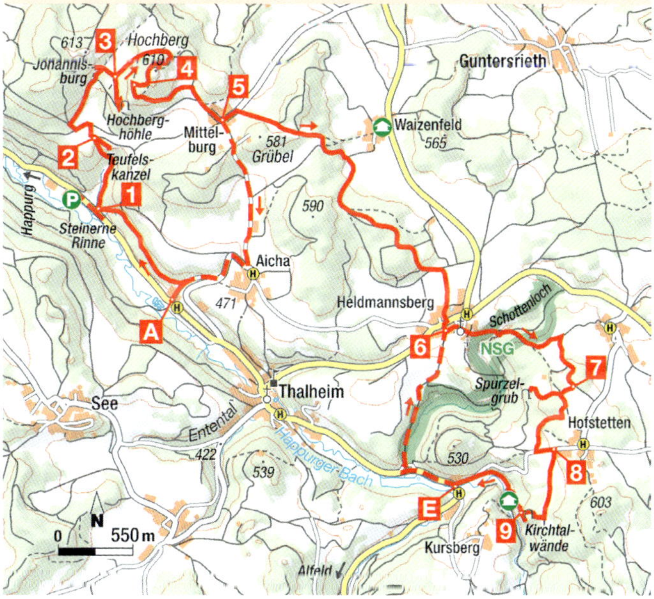

TOURENCHARAKTER

Erlebnisreiche Streckenwanderung (gut in zwei Rundtouren teilbar) mit beträchtlichem Höhenunterschied zu einem Gipfelheiligtum der Kelten, fantastischen Höhlen, Felsburgen und Aussichtskanzeln; durchweg gute, oft aber unmarkierte Wege

AUSGANGSPUNKT

Hst. Abzw. Aicha (395 m), hierher vom Bhf. Hersbruck r. Pegnitz (günstige Park-and-Ride-Plätze) mit Buslinie 334 Mo–Fr 7:35, dann wieder 11:10 (Schultage) oder 12:10, Sa 9:10, So 9:00 oder 11:00 mit Midibus (für Gruppen ist eine Anmeldung nötig)

ENDPUNKT

Hst. Regelsmühle (410 m), von hier mit Bus 334 zurück nach Hersbruck r. Pegnitz (Mo–Fr meist stdl., Sa 15:39 oder Rufbus, So 15:39 oder 18:39 mit Midibus)

ANFAHRT MIT ÖPNV

Von Nürnberg oder Amberg mit RE stdl. nach Hersbruck, weiter und zurück mit Bus 334

GEHZEITEN

Steinerne Rinne 0:25 Std. – Teufelskanzel (oben) 0:25 Std. – Johannisburg (Höhle) 0:40 Std. – Hochberghöhle 0:15 Std. – Hochberg Gipfel 0:30 Std. – Mittelburg 0:40 Std. – Heldmannsberg 1:00 Std. – Spurzelgrub 0:35 Std. – Kirchtalwände 0:40 Std. – Regelsmühle 0:20 Std.

BESTE JAHRESZEIT

Ganzjährig reizvoll, in den Felsgebieten um Johannisburg und Hochberg bessere Sicht im Frühjahr und Spätherbst

EINKEHR

Gh. Zum Schottental in Heldmannsberg, Tel. 09154/944 44

KARTE

ATK25 G11 Hersbruck

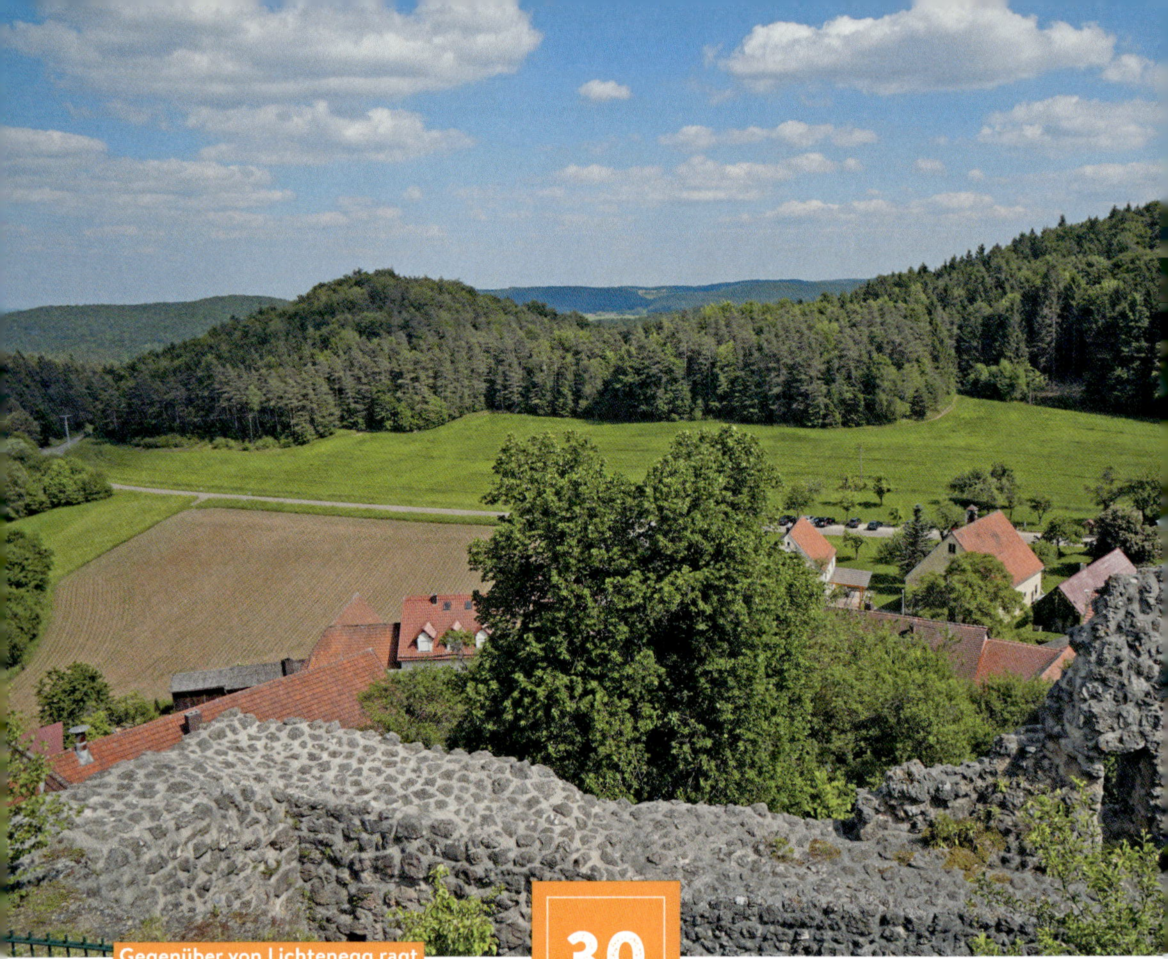

Gegenüber von Lichtenegg ragt der Spitzigberg (alte Fluchtburg) auf.

30

Naturschätze im Schatten von Burg Lichtenegg

Weißer Fels, Geiskirche, Felsensteig und Kuhfels

Die Burgruine von Lichtenegg, einer der großen Panoramaplätze der Alb, steht am Eingang zu einem Bergland von wilder Schönheit und großer vorgeschichtlicher Bedeutung. Schroffe Felsburgen, gewaltige Kessel, eine originelle Durchgangshöhle und ein malerischer Felsensteig erwarten uns.

Nach der Burgruine (585 m) besuchen wir die alte Fluchtburg des Spitzigbergs, die Klippen des Weißen Fels und die malerische Geiskirche am Rumpelfels, begehen den wundervollen Felsensteig am Kalbsfels und erkunden den wilden Kessel des Kuhfels. Aussichtsreiche Wege bringen uns über Bachetsfeld und Büchelberg zurück.

NACH LICHTENEGG Von Parkplatz oder Hst. in Högen gehen wir mit **Blaupunkt** (Achtung: völlig neue Wegführung, noch nicht auf Karten oder Wandertafeln verzeichnet!) zur Durchgangsstraße zurück, halten uns kurz rechts, steigen links über den Kirchenweg auf und dann rechts auf einem Pflasterweg zur Kirche empor. Dort zweigt rechts ein Fußweg ab und bringt uns mit schönem Talblick über Wiesen zu einer Wegteilung **1** hinauf. Hier biegen wir rechtwinklig rechts auf einen Fahrweg ein, passieren einige Scheunen und wandern in Biegungen sanft bergauf. Kurz nach einer gemauerten Scheune schwenken wir nach links und steigen über freie Flächen in den Wald auf. Bei einer Lichtung zweigt rechts ein Forstweg ab, der zunächst deutlich bergab führt, dann nach einem Linksknick sanft ansteigend die bewaldete Flanke quert. Zuletzt gelangen wir am Rande einer Freifläche (schöner Blick auf Lichtenegg) mit Rechtsschwenk zu einem Pflasterweg hinüber, der uns nach links zügig nach Lichtenegg hinaufbringt. Im Ort halten wir uns zweimal rechts und gelangen dann links durch den Gastgarten des Alten Schlosswirts auf gutem Stufenweg zur Burgruine hinauf. Auf der Kuppe befand sich schon in der ausgehenden Jungsteinzeit (Schnurkeramiker) eine Höhensiedlung. Die Burg entstand wohl im frühen 13. Jh. und wurde 1562 neu aufgebaut, bald aber ein Raub der Flammen. Der Aufstieg zum höchsten Punkt belohnt mit einem fantastischen Rundblick, der alle Kuppen der östlichen Frankenalb umfasst und bis zum 101 km entfernten Bayerischen Wald (Hoher Bogen) reicht.

FLUCHTBURG UND WEISSER FELS Schon bei der Ruine treffen wir auf unsere neue Mk. **Rotkreuz** (Erzweg). Sie leitet uns wieder zum Fuß des Burgbergs hinunter, nun aber geradeaus zur Hauptstraße und dort halb rechts auf einem Feldweg zum Waldrand hinüber. Dort **2** biegen wir links auf einen Wanderweg ab,

Malerische Türme und Felsnischen schmücken die wilden Nordabstürze des Kuhfels.

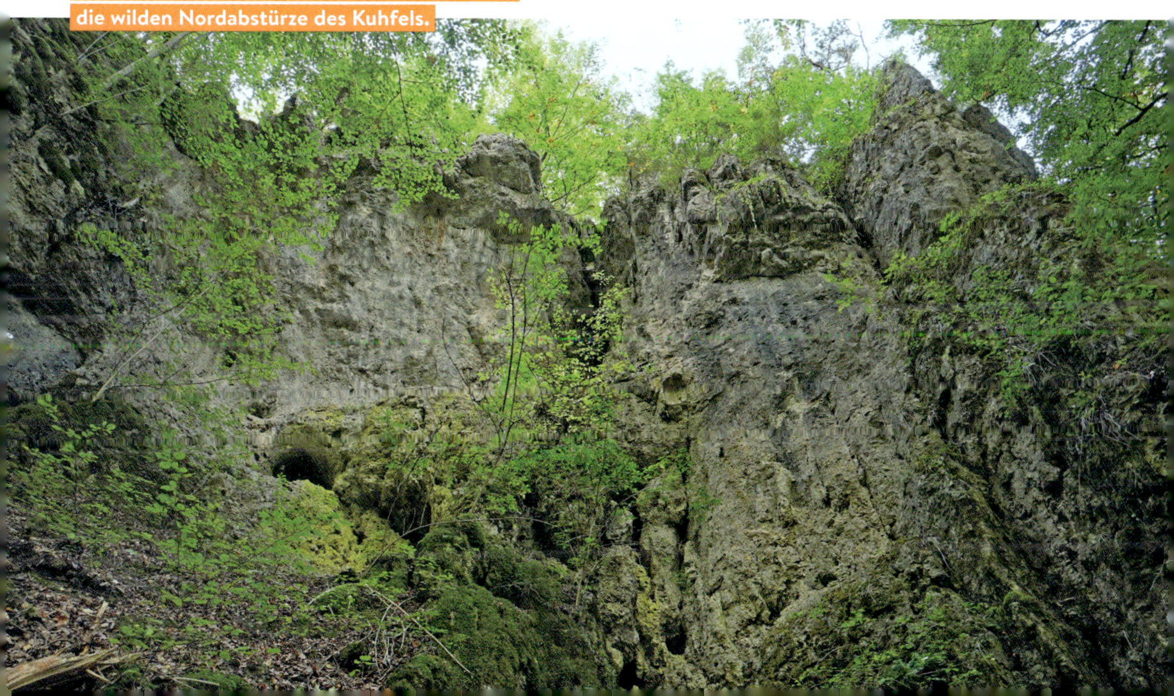

Sage

DER VERLORENE SCHATZ

Die Region zwischen Lichtenegg und Kutschendorf war nicht nur ein wichtiger Siedlungsplatz der Vorzeit, auch in der frühen Neuzeit ging es dort der Überlieferung nach im Schutze der Burg hoch her: Auf dem Tanzfleck bei Tannlohe wurden vielbesuchte Märkte mit allerlei Vergnügungen abgehalten. Die Einnahmen daraus sollen so groß gewesen sein, dass die Bewohner von Kutschendorf am Beginn des Dreißigjährigen Krieges eine ganze Truhe mit Goldstücken besaßen, die sie aus Furcht vor plündernden Landsknechten in einem Schacht auf einer Wiese vor dem Ort vergruben. Als dann der Westfälische Friede gekommen war, wollten sie den Schatz wieder heben. Die Truhe war schon fast aus dem Schacht gezogen, da kam – so die Sage – der Teufel auf einer Wildsau aus dem Wald herangestürmt. Starr vor Schreck, ließen die Kutschendorfer ihr Gold wieder in die Tiefe sinken – bis heute hat niemand mehr versucht, es zu bergen.

durchqueren ein Waldstück und gelangen nach Linksschwenk zu einer idyllischen Waldwiese. 30 m nach Austritt aus dem Wald steht ein vorgeschichtlich interessanter Abstecher an: Auf dem links abzweigenden Forstweg **ohne Mk.** steigen wir zügig bergan, halten uns links und erklimmen auf Pfadspuren den felsigen Gipfel des Spitzigbergs, auf dem sich – wie Reste von Wällen zeigen – eine Fluchtburg, vermutlich der Keltenzeit, befand. Zurück am **Rotkreuz**-Weg, geht es an pittoresken Felsen vorbei sanft abwärts, an einer Wiese entlang und rechts auf einem Sträßchen nach Tannlohe hinüber. Dort folgen wir mit Linksschwenk kurz der Hauptstraße, biegen dann rechts ab und wandern auf einem Feldweg nach Kutschendorf hinab und geradeaus durch den Ort. An seinem Ende zweigen wir links auf einen Fahrweg ab und durchqueren eine weite Ebene – zahlreiche Hügelgräber belegen dichte Besiedlung in der Vorzeit. Bald geht es durch Wald in Kurven bergab, rechts auf einem Wanderweg weiter und im Linksbogen zu einer Straße hinunter. Ihr folgen wir kurz nach rechts, dann zweigt links ein Wanderweg ab und bringt uns, immer geradeaus, zügig bergan, dann rechts durch die Flanke zu einem Sattel hinauf. Genau am höchsten Punkt lohnt ein Abstecher: Wir steigen an kantigen Blöcken vorbei zur Kammhöhe auf und queren dann nach links zu den malerisch überhängenden Abstürzen des Weißen Fels hinüber.

FASZINIERENDE GEISKIRCHE Nach Rückkehr zum Sattel führt uns Rotkreuz zügig zu einer Forststraße hinunter. Nun ist besondere Aufmerksamkeit gefragt, da der Weg stark verwachsen und die Mkn. spärlich sind; zudem erschweren neu angelegte Forststraßen die Orientierung. Wir gehen also geradeaus über die Forststraße hinüber und auf schmalem Pfad zu einem Baum mit Mk. **3**, schwenken dort scharf nach links und durchqueren auf stark verwachsenem Pfad ein Waldstück, bis wir wieder auf eine Forststraße treffen. Auch diese überqueren wir und finden genau gegenüber die Fortsetzung des Pfades, der nach einer ebenso verwachsenen Passage schließlich in einen Fahrweg mündet. Weiter mit Rotkreuz geht es nach rechts an verschlossenen Stollenlöchern vorbei, auf schmalerem Weg geradeaus weiter, dann mit Linksknick zu einer Wiese und nach rechts mit schöner Aussicht an ihr entlang. Nach sanftem Aufstieg durch Wald steht ein faszinierender Abstecher an: Wo der Wanderweg mit leichtem Rechtsknick wieder abwärts führt **4**, zweigt links ein Pfad **ohne Mk.** ab, der uns zur Kammhöhe des Rumpelfels hinaufbringt. Felsenfreunde werden das schroffe Massiv vor uns

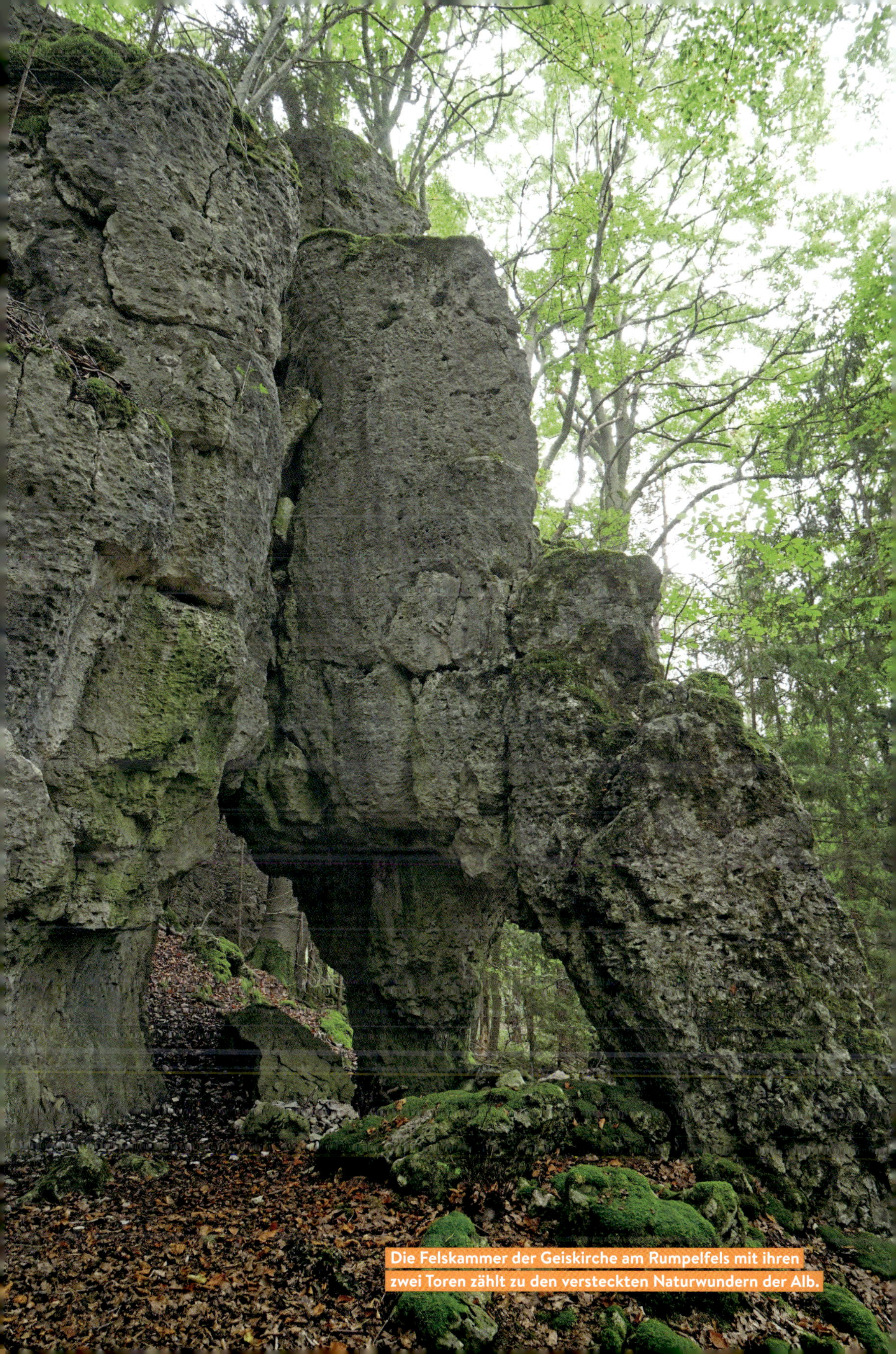

Die Felskammer der Geiskirche am Rumpelfels mit ihren zwei Toren zählt zu den versteckten Naturwundern der Alb.

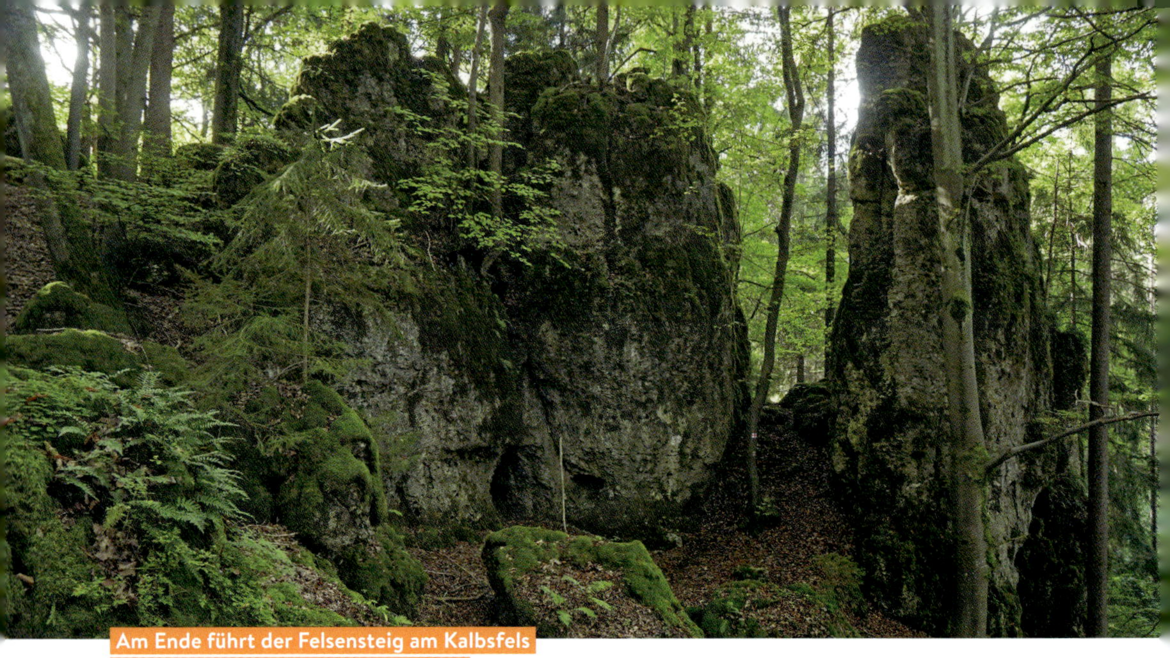

Am Ende führt der Felsensteig am Kalbsfels durch einen malerischen Durchgang.

mit Rechtsschwenk gegen den Uhrzeigersinn umrunden, die größten Wunder erreicht man aber schneller, wenn man nach links in die Flanke quert. Staunend stehen wir vor der dreieckigen Felsenkammer der Geiskirche, die mit ihren zwei Eingängen wie ein doppeltes Felsentor wirkt (nebenan eine kleine Spalthöhle).

FELSENWUNDER UM KUH- UND KALBSFELS Zurück an P. 4, geht es mit **Rotkreuz** steil zu einer Straße hinunter, dann rechts gegenüber auf einem Feldweg bergan und nach Linksschwenk auf gutem Wanderweg steil durch Wald empor zum Kuhfels: Bei der Kuhfelshütte links am Gipfel findet man noch bis 80 cm hohe Reste eines Walls, der einst eine vorgeschichtliche Fluchtburg umschloss. Die Mk. leitet uns nun mit Rechtsschwenk zu einem Sattel hinab und geradeaus weiter zu einer Gabelung, bei der wir uns links halten. Der folgende Abschnitt zählt fraglos zu den schönsten Felsensteigen der Alb: Unmittelbar am Fuß der Abstürze wandern wir in stetem Auf und Ab an bizarren Türmen, wild zerklüfteten Graten, der glatten Wand des Kalbsfels und kleinen Halbhöhlen entlang. Nach steilem Abstieg folgt ein weiterer Höhepunkt: Es geht noch einmal bergauf und durch den malerischen Einschnitt zwischen einem Zwillingsturm und einer Felswand hindurch. Danach mündet der Steig in einen breiteren Hohlweg: Auf ihm wandern wir links bergab, gehen dort, wo Rotkreuz rechts abzweigt, **ohne Mk.** geradeaus weiter und gelangen zu einem befestigten Fahrweg, dem wir nach links folgen. Wo er in einen querenden Fahrweg mündet **5**, steht ein weiterer Abstecher an: Wir gehen mit **Gelbkreuz** u.a. nach links, zweigen aber kurz nach Eintritt in den Wald rechts auf einen schmalen Waldweg ab und stehen bald vor einer grandiosen Szenerie. Wie ein Amphitheater öffnen sich über uns die Nordabstürze des Kuhfels, wild zerklüftet mit Nischen und Grotten, rechts flankiert vom gewaltigen Kuhfelsturm.

AUSSICHTSREICHER RÜCKWEG Zurück bei P. 5, leitet uns Gelbkreuz nun geradeaus auf die Hochfläche hinaus und in weiten Bögen nach Bachetsfeld hinein. Vor dem ehemaligen Gh. zum Postwirt schwenken wir mit der Mk. **Goldene Straße** (Löwe) nach links, wandern mit Rechtsknick am Ortsrand ent-

INFO

mittel | 15,5 km | 580 Hm | 5:00 Std.

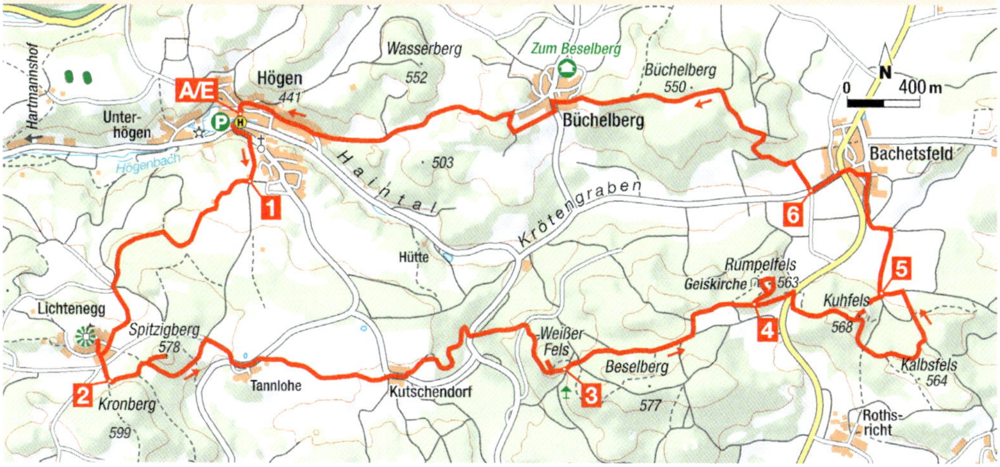

TOURENCHARAKTER

Erlebnisreiche Tour mit mehreren größeren Anstiegen zu einer Burgruine mit fantastischer Rundsicht, vorgeschichtlichen Fluchtburgen und imposanten Naturwundern (Durchgangshöhle, Felskessel, Türme und Wände); fast durchgehend gute, meist schmale (im Mittelteil im Herbst 2021 teils verwachsene) Wege, darunter einer der schönsten Felsensteige der Alb

AUSGANGS-/ENDPUNKT

Högen, Ortsmitte (418 m), Parkmöglichkeiten neben dem Gästeparkplatz des Hotels Sternwirt (GPS: 49.491359, 11.603598) oder Hst. der Buslinien 336 und 479

ANFAHRT MIT ÖPNV

An Schultagen brauchbare Verbindung vom Bhf. Hartmannshof mit Line 336 (Abfahrt teils bei der Kirche = Hst. Bahnhofstraße, 3 Min. entfernt), So vom 1.5.–1.11. sehr gute Verbindung mit Linie 479 (Birgland-Express)

GEHZEITEN

Ruine Lichtenegg 0:45 Std. – Fluchtburg Spitzigberg 0:20 Std. – Weißer Fels 0:55 Std. – Geiskirche (Rumpelfels) 0:35 Std. – Felsensteig Durchgang 0:35 Std. – Kuhfels Nordwände 0:15 Std. – Bachetsfeld 0:15 Std. – Büchelberg (Ort) 0:45 Std. – Rückweg 0:35 Std.

BESTE JAHRESZEIT

Ganzjährig reizvoll

EINKEHR

Alter Schloss-Wirt in Lichtenegg, Tel. 09663/26 16, Gh. Georg Pirner in Bachetsfeld, Tel. 09663/388

KARTE

ATK25 G11 Hersbruck

lang und dann nach links, über die Hauptstraße hinweg, auf einem Teersträßchen leicht abwärts. Bald biegen wir rechts auf einen Fahrweg **6** ab, der uns mit schönem Rückblick auf Kuh- und Rumpelfels bergan und in weiten Kurven durch felsgeschmückten Wald, zuletzt mit Linksschwenk zum Südhang des Büchelbergs hinaufbringt. Nach leichtem Abstieg erreichen wir das gleichnamige Dorf, gehen auf der Hauptstraße links abwärts und biegen dann rechts in einen Pflasterweg ein. Die Mk. leitet uns nun am Waldrand rechts bergauf, dann im Linksbogen zu einer Kuppe hinauf (schöne Fernsicht). Nach einem Rechtsschwenk geht es auf breitem Weg durch ein malerisches Tälchen mit prachtvollem Blick auf das Bergland um Lichtenegg stetig bergab nach Högen und über eine Wohnstraße (am Weg das Geotop Felsfuß) zum Startpunkt zurück.

PS: EINFACH MAGISCH

FÜR DIE MAGIE EINES ORTES ist nicht allein unsere Wahrnehmung, sondern genauso unsere Vorstellungskraft bestimmend. Dies wurde mir bei den Recherchen für dieses Buch immer wieder bewusst. Als ich z.B. die Hexenküche im Katzengraben (Tour 8) gefunden hatte (deren Lage, wie so oft, in keiner Karte verzeichnet ist), kam zu der Entdeckerfreude und zum Staunen über das Riesenmaul, das die Natur hier geschaffen hat, noch ein weiteres Element hinzu: Das Wissen, dass hier schon vor rund 10 000 Jahren, in der Mittelsteinzeit, Menschen gerastet haben, machte die Stunde, die ich hier in völliger Einsamkeit verbrachte, zu etwas ganz Besonderem. Und dies ist nur einer von unzähligen magischen Orten, die ich kennenlernen durfte.

Dabei hat sich auch die Zahl meiner Lieblingsorte in der Frankenalb noch einmal deutlich vergrößert. Ihr Reichtum an verborgenen Wundern, auf deren Existenz weder Karten noch Wanderführer noch das Internet auch nur den geringsten Hinweis liefern, frappiert mich stets aufs Neue. So stieß ich auch diesmal auf eine ganze Reihe von Naturdenkmälern, die ich zu den spektakulärsten der Region zählen würde. Dazu gehören – um nur wenige Beispiele zu nennen – das riesige Portal der Zauppenberger Wand mit der Schwalbensteinhöhle, die dichte Folge faszinierender Höhlen zwischen dem Kl. Hasenloch und dem Püttlachturm, das hohe Felsentor bei Affalterthal, die einzigartige Rosenberg-Höhlenruine oder die bizarre Welt um die Eichelgarten-Durchgangshöhle.

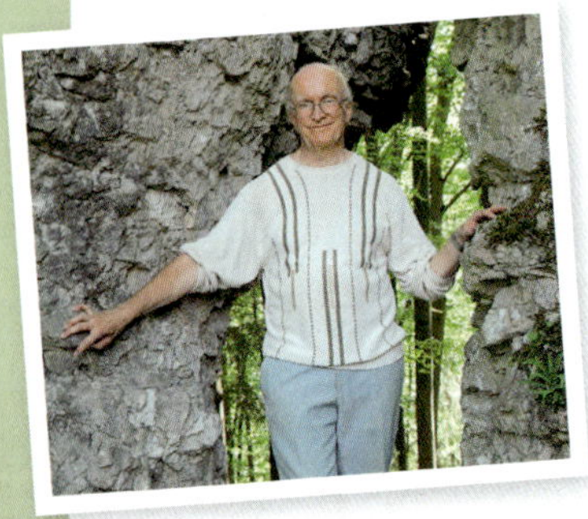

Mein Wunsch wäre, dass sich mehr Menschen für den Schutz und die Pflege dieser Naturwunder (die oft zugleich Denkmäler unserer Frühgeschichte sind) einsetzen. Dazu gehört nicht nur, dass man selbst keine Spuren hinterlässt (und ggf. auch einmal fremde Spuren beseitigt, indem man Müll zur nächsten Entsorgungsstelle transportiert). Ebenso wichtig ist die Schaffung eines Bewusstseins dafür, welch einzigartige Schätze sich quasi vor unserer Haustür verbergen. Denn nur so werden die Zuständigen dafür sorgen, dass Felsen und Höhlen zugänglich bleiben und nicht in einem immer unwegsameren Wald verschwinden. Und von solcher Pflege profitieren nicht nur Naturfreunde, sondern etwa auch felsenbrütende Vögel, die freien Anflug auf ihre Nistplätze benötigen.

Bernhard Pabst

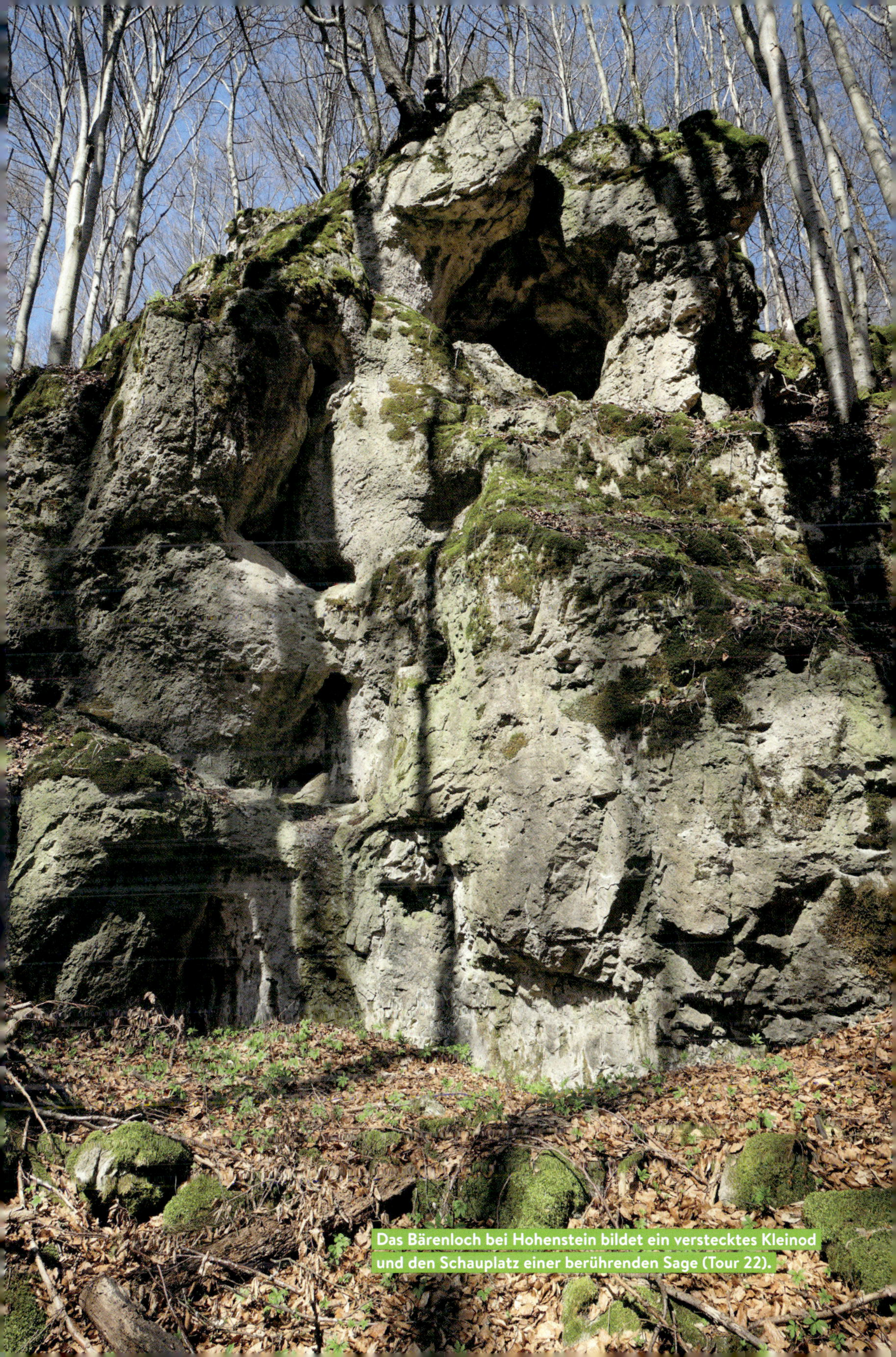

Das Bärenloch bei Hohenstein bildet ein verstecktes Kleinod und den Schauplatz einer berührenden Sage (Tour 22).

REGISTER

IMPRESSUM

Verantwortlich: Stefanie Krüger
Redaktion und Lektorat: Christian Schneider
Satz: BUCHFLINK Rüdiger Wagner, Nördlingen
Korrektorat: Eva Ebenhoch
Layout- und Reihengestaltung: Mathias Frisch
Covergestaltung: Rudi Stix
Repro: LUDWIG:media
Kartografie: Bruckmann Verlag GmbH, Heidi Schmalfuß
Herstellung: Alexander Knoll
Printed in Slovenia by Flojancic

Exklusiv für Sie als Leser:

MIT GPS-DATEN ZUM DOWNLOAD

unter: gps.bruckmann.de

★★★★★

Sind Sie mit diesem Titel zufrieden? Dann würden wir uns über Ihre Weiterempfehlung freuen.
Erzählen Sie es im Freundeskreis, berichten Sie Ihrem Buchhändler, oder bewerten Sie bei Onlinekauf. Und wenn Sie Kritik, Korrekturen, Aktualisierungen haben, freuen wir uns über Ihre Nachricht an Bruckmann Verlag, Postfach 40 02 09, D-80702 München oder per E-Mail an lektorat@verlagshaus.de.

Unser komplettes Programm finden Sie unter www.bruckmann.de

Alle Angaben dieses Werkes wurden vom Autor sorgfältig recherchiert und auf den neuesten Stand gebracht sowie vom Verlag geprüft. Für die Richtigkeit der Angaben kann jedoch keine Haftung übernommen werden, weshalb die Nutzung auf eigene Gefahr erfolgt. Insbesondere bei GPS-Daten können Abweichungen nicht ausgeschlossen werden. Sollte dieses Werk Links auf Webseiten Dritter enthalten, so machen wir uns die Inhalte nicht zu eigen und übernehmen für die Inhalte keine Haftung.
In diesem Buch wird aus Gründen der besseren Lesbarkeit das generische Maskulinum verwendet. Weibliche und anderweitige Geschlechteridentitäten werden dabei ausdrücklich mitgemeint, soweit es für die Aussage erforderlich ist.

Empfehlung der Redaktion Sie sind auf der Suche nach weiterführender Literatur? Dann empfehlen wir Ihnen die Titel »Vergessene Pfade Fränkische Schweiz« und »Entdeckertouren Fränkische Schweiz« von Bernhard Pabst. Oder Sie werfen einen Blick in die Zeitschrift BERGSTEIGER. Hier werden Sie bestimmt fündig.

Bildnachweis:
Alle Bilder stammen vom Autor, mit Ausnahme von: S. 11 (Bierkrug): StockNick/shutterstock.com.
Umschlagvorderseite: Im urweltlichen Kreizgraben (Tour 9)
Umschlagrückseite: Die Steinzeithöhle im Hohlen Fels (Tour 27)

Die Deutsche Nationalbibliothek verzeichnet diese Publikation in der Deutschen Nationalbibliografie; detaillierte bibliografische Daten sind im Internet über http://dnb.d-nb.de abrufbar.

© 2022 Bruckmann Verlag GmbH, Infanteriestraße 11a, 80797 München
ISBN: 978-3-7343-1985-3